인지적 접근법으로 본
제2언어 습득

A Cognitive Approach to Second Language Acquisition
: Grammar Development in Japanese and the-Effect-of-Instruction Research
by the Kaoru Koyanagi, Mine Fuyuki

Copyrights © 2016 by the Kaoru Koyanagi, Mine Fuyuki
Korean translation © 2025 by Solkwahak Publisher
All rights reserved.
Original Japanese language edition published by Kurosio Publishers,
Korean Translation rights arranged with Solkwahak Publisher.

이 책의 한국어판 저작권은 저작권자와의 독점 계약으로 도서출판 솔과학에 있습니다.
저작권법에 의해 한국 내에서 보호를 받는 저작물이므로 무단 전재와 복제를 금합니다.

인지적 접근법으로 본 제2언어 습득

: 일본어 문법 습득과 교실 지도의 효과

저자 고야나기 가오루, 미네 후유키
옮김 조영남, 우기홍

A Cognitive Approach to Second Language Acquisition

: Grammar Development in Japanese and the Effect-of-Instruction Research

솔과학

서문

　제2언어 습득연구는 다양한 이론이 전개되고 있으며, 다루는 분야도 매우 광범위하다. 이제는 제2언어 습득 연구자라 하더라도 모든 연구 분야를 망라해 정통하기는 어려울 정도로 연구 주제는 다방면에 걸쳐 있다. 또한 각 분야마다 연구 방법과 이론이 잘 정비되어 있어 독자성이 강하다.

　이러한 상황 속에서 본서는 인지적 접근법에 기반한 교실 환경에서의 제2언어 습득(Classroom/Instructed Second Language Acquisition) 연구 성과에 초점을 맞추고 있다. 이 분야에서는 교실 지도 효과를 탐색하는 연구가 활발히 이루어지고 있으며, 교수법 간의 효과를 거시적인 수준에서 비교해도 큰 차이를 발견하기 어려워, 더욱 미시적인 수준에서 교육적 개입의 효과를 탐색하는 방향으로 나아가고 있다. 또한, 어떤 유형의 교실 지도가 왜 효과적인지를 설명하려면, 그 배경으로 학습자의 머릿속에서 어떤 일이 일어나는지, 즉 인지적 메커니즘을 고려할 필요가 있다. 교육적 개입이 이러한 메커니즘에 부합하는지, 혹은 그 메커니즘을 효과적으로 활성화하는지를 이론적으로 고찰하는 것이다.

　이 분야는 수업 현장에 적용할 수 있는 교수법과 가장 밀접한 제2언어 습득 연구 분야이며, Robinson(2001)의 『Cognition and Second Language Instruction』 출판 이후 이론은 더욱 복잡하고 고도화된 양상을 띠고 있다. 일본어 교육에 관심 있는 사람들은 학습자에게 가르치기 위한 문법이나 지도법을 배우기 위해 대학·대학원의 일본어 교육 전공 과정이나 민간 일본어교사 양성 강좌를 수강하는 경우가 많다. 이들은 대체로 인문계 학문에 흥미와 강점을 가진 경우가 많으며, 인지심리학이나 뇌과학과 같은 주제를 다루는 교실습득연구는 그들의 기대와 크게 다르기 때문에 어렵게 느껴질 수 있다. 실제로 그러한 목소리를 자주 듣기도 한다. 영어로 쓰인 문헌이라면 그 어려움은 더욱 커진다.

따라서 본서는 교실습득연구에 관심이 있는 독자들에게 일본어로 정보를 제공하는 것을 하나의 목적으로 한다. 또한, 이 분야에서 연구를 계속하려면 영어 논문을 읽는 것은 피할 수 없기 때문에, 지금까지의 연구 동향과 주요 논점을 정리하는 데에도 중점을 두었다. 독자층으로는 제2언어 습득에 대한 입문 또는 개론적인 지식을 갖춘 학생이나 연구자를 상정하고 있다.

어떤 교육적 개입이 습득에 영향을 미치는지를 표면적으로 아는 것만이 아니라, 왜 특정한 유형의 개입이 효과를 발휘하는지를 학습자의 인지적 메커니즘에 비추어 이해하는 일은 연구자나 교육 실천자 모두에게 중요하다. 이러한 메커니즘 해명이 이루어지고 있다는 사실 자체가 제2언어 습득 연구의 성과라고 할 수 있다.

필자는 21세기에 접어든 이후, 교실습득연구의 동향이 일제히 인지적 프로세스나 메커니즘 해명으로 향하던 시기에, 이론이 급속히 어려워지고 기존의 지식만으로는 부족하다는 위기감을 느끼는 동시에 큰 지적 자극을 받았다. 그리고 약 20년이 지난 지금, 이 기회에 필자 자신도 연구 성과를 체계적으로 정리하고자 한 것이 본서를 집필한 동기이기도 하다.

본서를 집필한 고야나기 가오루와 미네 후유키는 일본어교육에 종사하고 있으며, 영어 문헌을 폭넓게 인용하면서도 일본어교육을 염두에 두고 교실습득연구를 개관하고 있다. 본서가 일본어교육 분야에서 제2언어 습득을 연구하는 연구자 및 학생에게 큰 도움이 되기를 바란다. 이를 위해 해외 연구 성과를 정리한 장 외에도, 일본어 문법 발달단계나 교실습득연구의 성과를 다룬 장도 포함하였다.

하지만 보편적인 습득의 인지 프로세스나 메커니즘이 존재하므로 일본어 교육 이외의 분야에 종사하는 사람들에게도 이 책이 유익하게 활용되기를 기대한다. 일본어와 영어, 혹은 그 외 다른 언어 연구 간에 접점이 형성되고, 활발한 대화가 이루어짐으로써 일본의 제2언어 습득연구에 기여할 수 있다면 더할 나위 없이 기쁠 것이다.

끝으로 본서의 출판에 있어 구로시오 출판사의 池上達昭 씨에게 깊이 감사드린다. 원고가 완성될 때까지 기다려 주시고, 세심한 교정을 거쳐 이 책이 마무리될 수 있었기에 이 자리를 빌려 감사의 뜻을 전하고자 한다.

고야나기 가오루

역자 서문

이 책은 제2언어 습득 연구자인 고야나기 가오루(小柳かおる) 선생님과 미네 후유키(峯布由紀) 선생님이 집필한 『認知的アプローチから見た第二言語習得 －日本語の文法習得と教室指導の効果－』를 한국어로 번역한 것이다.

교실에서 외국어를 가르칠 때 어떤 교수법이 좋은가요? 라는 질문을 간혹 받는다. 필자는 외국어를 배우고자 하는 동기부여를 제공하고 학습을 지속하는 힘을 키움으로써 결과적으로 운용능력이 향상되어 성취감을 느끼게 하는 수업이 좋은 교수법이라고 생각한다. 이를 위해 어떤 특정 교수법을 전면적으로 적용하기보다는 학습자의 개별 특성과 인지적 메커니즘에 맞추어 유연하게 교육적 개입을 해 나갈 필요가 있을 것이다. 그렇다면 어떠한 교육적 개입을 하면 외국어 습득에 효과적인가라는 질문에 대한 답으로써 과학적 실험에 근거한 다양한 연구 성과와 이론이 이 책에 제시되어 있다. 아직도 배운 지식을 교실에서 반복해서 가르치는 위주의 외국어 수업이 많은데, 어떻게 가르치면 그 내용을 장기 기억으로 유지하게 하면서, 실제 언어 사용에 이르게 하는지 교육적 개입에 따라 그 효과는 다르다. 이 책은 교육적 효과가 있는 지도법이 무엇인지 그간의 연구 성과에 대한 의미 있는 통찰을 제공하고 있다.

특히 영어, 일본어, 기타 언어를 대상으로 외국어 문법 습득의 성과가 망라되어 있어서, 어떻게 교실습득연구를 진행해야 하는지, 연구방법론적 측면에서도 도움이 되는 내용이 많다.

이 책은 (1) 언어학습에 있어서 학습자의 인지적인 측면의 개관, (2) '처리 가능성 이론 (Processability Theory) (Pienemann 1998)'을 기반으로 일본어 문법 습득의 특징과 문법의 발달단계 소개, (3) 인지적인 메커니즘을 효율적으로 활용하는 교실 지도를 시행하고, SLA에 대한 영향력을 검증한 연구 소개, (4) 일본어 교실습득연구에 대한 개관 및 향후 과제가 제시되어 있다.

이 책을 번역하면서 한국어로 어떻게 더 잘 전달할 수 있는지 용어 문제를 심도 있게 논의하면서 원문의 의도를 충실히 살리는 데 주력하였다. 전공서적의 특성상 내용이 어렵게 느껴질 수 있으나, 독자의 이해를 돕기 위해 모호한 표현을 최대한 배제하고, 문장의 흐름과 가독성을 고려하여 번역하였다.

이 책이 한국의 외국어 교육을 담당하는 교원과 제2언어 습득 연구자에게 새로운 시사점과 영감을 주는 촉진제가 되기를 바란다. 아울러, 학습자의 외국어 습득의 보편성과 개별성을 탐구하여 인간과 인간의 뇌를 한층 이해하는 계기가 되기를 기대한다.

2025년 9월 16일

옮긴이: 조영남, 우기홍

목차

서문 · 5
역자 서문 · 8

제1장 SLA 연구에 관한 이론 구축의 발자취 · 15

1. 뇌과학과 교육 · 17
   1.1 '뇌과학과 교육'의 흐름 속에서 · 17
   1.2 뇌과학과 SLA · 18

2. 인지적 접근법의 SLA와 일본어 습득연구 · 24
   2.1 인지적 접근법의 SLA 연구와 언어교육 · 24
   2.2 일본어 습득연구의 과제 · 26

3. 본서의 구성 · 29

제2장 SLA의 인지과정 · 31

1. SLA와 관련된 심리적 특성 · 33
   1.1 의식과 인식(awarness) · 33
   1.2 주의 · 39
      1.2.1 주의와 인식 · 39
      1.2.2 주의의 제약 · 44
   1.3 기억 · 47

    1.3.1 주의와 기억 · 47
    1.3.2 작동 기억 · 49
    1.3.3 기억과 인식 · 52
    1.3.4 언어지식과 장기 기억 · 55
    1.3.5 기억의 청킹(chunking) · 59

2. 언어 처리 · 64
  2.1 언어 처리의 메커니즘 · 64
  2.2 언어 처리와 언어학습 · 70
  2.3 처리 가능성과 문법 발달단계 · 74
  2.4 경합모델로 본 인풋 처리 · 78

3. 언어스킬의 자동화 · 81
  3.1 '자동화'의 개념 · 81
    3.1.1 자동성과 자동화 · 83
    3.1.2 정보 처리 접근법 vs 스킬 습득론 · 84
    3.1.3 기억 시스템에서 본 자동화 이론 · 88
  3.2 SLA의 '자동화'에 관한 실증연구 · 90

4. 명시적 학습 vs 암시적 학습 · 94
  4.1 '명시적/암시적' 구별 · 94
  4.2 SLA의 학습 유형에 관한 비교 연구 · 97
    4.2.1 규칙제시의 유무 · 97
    4.2.2 연결주의(connectionist)적 견해 · 99
    4.2.3 학습 유형과 언어형식의 난이도 · 102
  4.3 암시적 학습의 가능성 · 107

제3장 일본어 제2언어 습득연구 · 115

1. 문법 발달과 처리 가능성 이론 · 117
  1.1 처리 가능성 이론의 개요 · 117
  1.2 일본어 습득연구의 이론적 틀 · 122

2. 일본어 문장구조의 발달과정 • 125
   2.1 조사 • 125
      2.1.1 격조사 • 126
      2.1.2 부조사 'だけ' 'しか' • 129
      2.1.3 'は'와 'が' • 132
   2.2 태(voice) • 134
      2.2.1 시점 습득 • 137
      2.2.2 형식의 사용법 습득 • 144
   2.3 시제(tense)·상(aspect) • 155
      2.3.1 테이루·타의 습득연구와 상(aspect) 가설 • 162
      2.3.2 스루·시타·시테이루·시테이타의 사용법과 습득 • 170
   2.4 모달리티(Modality) • 175
      2.4.1 개연성을 나타내는 형식의 습득 • 176
      2.4.2 청자 지향의 모달리티 표현의 습득 • 182
   2.5 복문 • 187
      2.5.1 연용 수식절의 습득-접속사의 습득 • 188
      2.5.2 연체 수식절의 습득 • 194

3. 일본어 발달단계 • 203

제4장 교실 지도의 효과에 관한 SLA 연구 • 207

1. Focus on Form의 개념화 • 209
   1.1 교실습득연구의 역사적 변천 • 209
   1.2 Focus on Form의 정의 • 212
   1.3 실증연구의 성과와 문제점 • 221

2. 교실 지도 기술과 그 효과에 관한 실증연구 • 225
   2.1 인풋 처리 지도 • 226
      2.1.1 이론적 틀 • 226
      2.1.2 실증연구 • 230
      2.1.3 문제점과 향후 과제 • 247
   2.2 시각적 인풋 강화 • 250
      2.2.1 이론적 배경 • 250

		2.2.2 실증연구 • 254
		2.2.3 방법론상의 문제점 • 259
	2.3 피드백 • 261
		2.3.1 의미 확인 과정 • 261
		2.3.2 부정 피드백에 관한 실증연구 • 263
		2.3.3 제1언어 습득에서의 부정 증거 • 269
		2.3.4 고쳐말하기(recast)의 실증연구 • 270
		2.3.5 고쳐말하기(recast)의 심리언어적 타당성 • 284
	2.4 아웃풋 • 290
		2.4.1 아웃풋 가설 • 290
		2.4.2 아웃풋에 관한 실증연구 • 292
		2.4.3 아웃풋의 심리언어적 타당성 • 303
	2.5 프라이밍(priming) 활동 • 305

제5장 일본어에 관한 교실습득연구 • 313

1. 초기의 인터액션 연구 • 315
2. 사회문화이론으로 본 접근법 • 322
3. 인풋 처리-경합모델 • 326
4. 교실 지도의 효과 • 336
	4.1 서술적 문헌고찰 vs 체계적 문헌고찰 • 336
	4.2 교실 지도 효과의 크기 • 338
	4.3 목표언어 형식의 선택 • 343
	4.4 암시적 지도 효과 • 349

부록 • 360
인용 문헌 • 363
색인 • 409

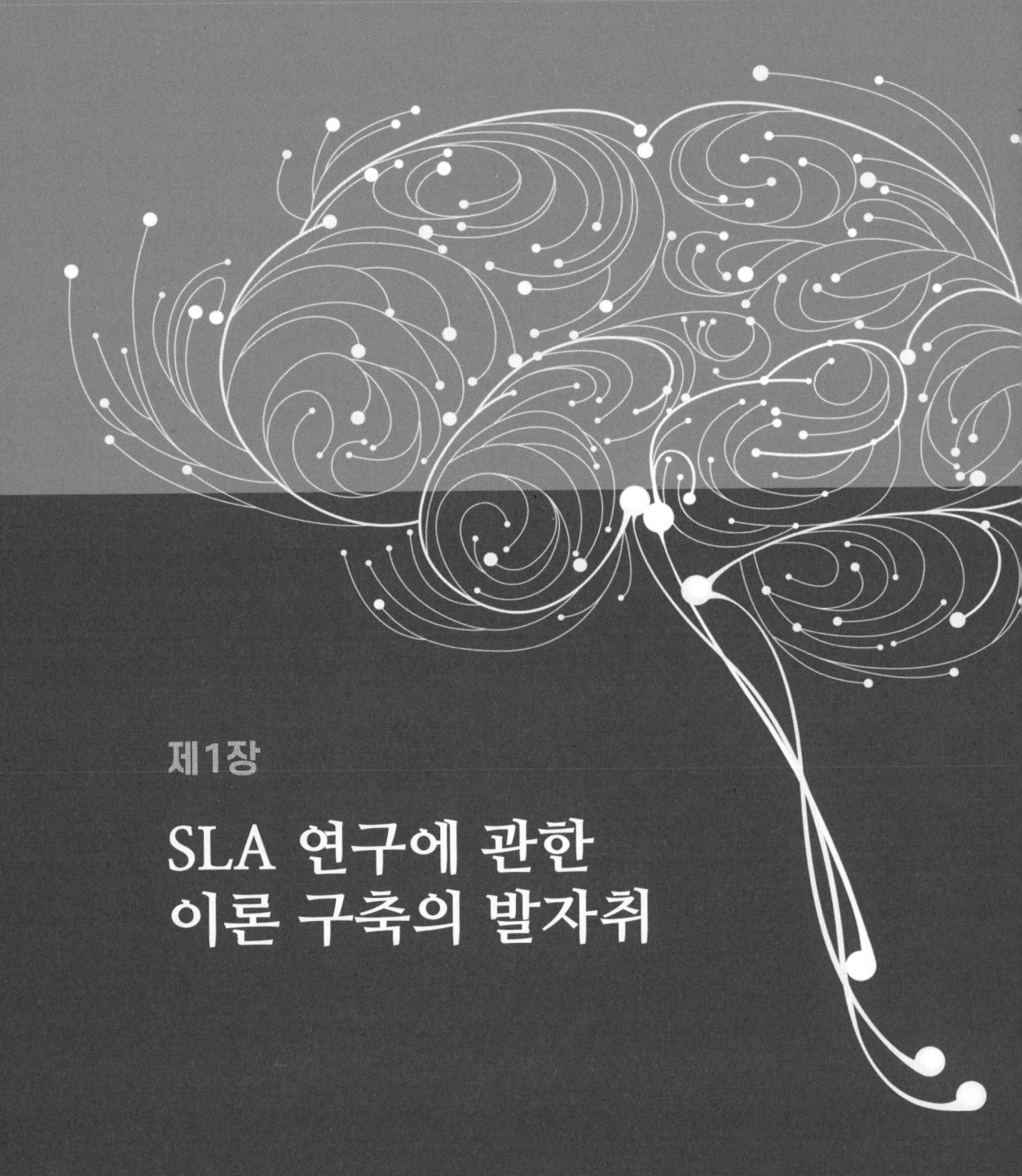

제1장

SLA 연구에 관한 이론 구축의 발자취

1
뇌과학과 교육

1.1 '뇌과학과 교육'의 흐름 속에서

요즘 '뇌과학과 교육'이라는 주제가 국내외에서 종종 화제가 된다. 뇌과학의 성과를 교육에 응용하고자 하는 움직임은 전 세계적으로 유행하고 있다. 예를 들면, 뇌과학의 발달을 통해 '베이비 사이언스(baby science)'(小西 2003)가 진보하여 뇌 발달에 맞추어 아이들을 어떻게 길러야 하는지와 관련된 논의도 활발하다. 옛날 사람들은 흔히 "세 살 버릇 여든 간다(三つ子の魂百まで)"라는 말을 자주 했다고 한다. 오늘날에도 생후 3살까지가 뇌 발달에 있어 중요한 시기라고 알려져 있다. 그래서 뇌과학의 결과에 맞추어 0~3살 아이의 조기교육에 대한 특집 기사가 매년 Newsweek 주간지에 실린다. 또한 최근에 어린이들이 비디오 게임이나 컴퓨터에 많은 시간을 소비하고 그다지 바깥에서 놀지 않는다고 하는데, 이러한 현상을 보고 뇌과학 연구에서 '게임 뇌'와 같은 존재를 제창한 사람이 나타나 이슈가 된 적도 있다. 저연령 시기부터 텔레비전이나 컴퓨터에 장시간 노

출된 세대의 뇌는 인지적인 면뿐만 아니라, 정서적인 면에도 나쁜 영향을 미친다는 경고가 종종 나온다. 이러한 예는 다른 나라뿐만 아니라 일본도 마찬가지로, 문부과학성(文部科学省)이 2002년에 '뇌과학과 교육'이라는 주제로 한 검토회를 발족시켰으며, 뇌 발달이나 뇌의 내부 메커니즘에 맞춘 학습 메커니즘을 밝히려고 하였다.

뇌과학이 이렇게 주목받게 된 배경에는 근래에 들어와 뇌 영상 처리 진단 장치의 기술적 혁신이 있다. 이와 같은 기술을 통해 환자의 진단을 넘어 고차원적인 인지 활동에 종사하는 건강한 사람의 뇌까지도 관찰할 수 있게 되었다. 성인뿐만 아니라, 영유아의 머리에도 뇌의 내부 활동을 보는 장치를 붙여 실험이 진행되기도 한다. 21세기는 기대를 담아 '뇌의 세기'라고까지 말하기도 한다. 문부과학성이 '뇌과학과 교육'에 대한 검토회를 설치한 당시에 '뇌의 구조를 알면, 영어 학습을 몇 살부터 시작하면 좋을지 알 수 있다'는 기사가 신문을 떠들썩하게 하였다. 그렇다면 뇌과학은 교육의 문제해결에 있어서 그 정도로 만능인 것일까? SLA에는 연구자 사이에 견해의 일치가 보이지 않고 논란을 일으키는 문제가 많은데, 뇌과학의 결과를 통해 SLA의 모든 논쟁에 결착이 지어질 수 있을까? 다음 절에서는 이와 같은 내용을 고려하면서 뇌과학과 SLA를 어떻게 연결할 수 있는지를 고찰하고자 한다.

1.2 뇌과학과 SLA

기본적인 뇌의 내부 메커니즘은 모든 행동에 공통적으로 적용된다. 어떤 자극이 지각기관에 인풋(input)이 되면, 컴퓨터처럼 이를 처리하고 계산하여 인풋 패턴에 맞는 반응이 운동기관을 통해서 아웃풋(output)이 된다. 이것이 인간의 행동을 관장하고, 동시에 이와 같은 자극과 반응의 반복으로 학습도 일어난다고 알려져 있다. 인풋에서 아웃풋까지의 일련의 흐름을 뇌의 '정보 처리' 과정으로 간주한다. 상대방이 메시지에 대해 말로 어떠한 반응을 하는 대화라는 언어운용의 한 형태도, 인풋(input)에서 아웃풋(output)에 이르는 '언어 처리(language processing)'라는 정보 처리 과정이다. 그리고 언어 처리와 동시에 머릿속에서 일어나는 언어학습도, 목표언어의 언어자료인 인풋을 받아 그 인풋 정보를 수용한 뒤 내재화하여 장기 기억에 통합하고, 필요하면 장기 기억에서 검색하여 아웃풋을 하는 정보 처리의 메커니즘과 관련이 있다. 이에 따라 요사이 언어 처리와 언어학습을 동일 메커니즘으로 파악하여 논의하려는 경향이 많다.

이와 같은 SLA의 학습 메커니즘을 해명하고자 하여 인지적 접근법의 입장을 가진 교실습득연구(Instructed/Classroom Second Language Acquisition)는, 최근 점점 인지심리학의 영향을 강하게 받고 있다. '뇌의 세기'라고 일컬어지는 21세기 인지과학의 궁극적인 주제가 '의식의 해명'이라고 하는데, 인지심리학과 인지적 접근법의 SLA에서도 습득은 의식적이어야 하는지와 같은 문제나 의식과 관련된 주의, 기억, 인식(awareness) 등이 중요한 연구 주제이다.

이러한 동향은 특히 금세기에 들어와 언어학습에서 '인지' 관련을 취급한 논문집(Robinson, 2001a)이나 SLA를 인지과학의 한 영역이라고 평가하는 논문(Long & Doughty, 2003)에도 나타난다. 또한 교실습득연구에서 교실 지도 기술의 타당성은 언어 심리면, 인지면에서 논해야 한다고 하며 인지에 대해 언급한 논문(예: Dekeyser 1998, Doughty 2001, N. Ellis 2003, Segalowitz 2003)이 증가하였다. 또한 인지심리학에 더하여 뇌과학의 선행연구를 언급하는 SLA 논문(예: Hulstijn 2002, Schumann et al 2004)도 늘었다.

하지만 뇌과학에서 언어학습에 대한 어떠한 시사점을 기대할 수 있다고는 하나 문부과학성의 제안처럼 뇌과학의 결과를 바로 언어교육에 응용한다는 자세는 너무나도 단순하고, 아직 양자의 거리가 좁혀지지 않아 뇌과학에서 교육으로 직접적인 응용은 시기상조라고 여겨진다. 실제로 뇌과학의 결과가 곡해되어 교육에 응용되는 경우가 있다. 예를 들면 뇌 임계기의 존재가 알려지자, 세간에서는 바로 아동 조기교육을 장려하는 움직임이 생겼는데, 어떤 소아과 의사(小西 2004, 榊原 2004)는 그러한 움직임에 경종을 울렸다.

또한 뇌과학 연구자는 언어교육 전문가가 아니기 때문에 뇌과학의 결과와 대조하면서 언어학습 과정을 긴밀하게 검증하는 SLA 연구가 필요하다. 山鳥・辻(2006)도 비침습(非侵襲)적인 영상 처리에 의한 실험연구에서 끌어낼 수 있는 결과를 환영하면서도 뇌의 물리적 변화가 바로 언어의 심리면으로 연결이 되지는 않기 때문에 임상에서의 확인이 꼭 필요하다고 설명하였다. 즉 학습자의 언어운용이나 언어 발달을 관찰한 후에 뇌의 혈류나 전위의 변화와 어떻게 연결되는지를 논의할 단계가 필요하다는 뜻이다.

山鳥・辻는 후천적인 실어증에 의해 언어장애를 가진 환자와 심신 장애가 없는 사람의 임상 데이터 비교는 언어의 본질 해명에 커다란 역할을 한다고 보았다. 언어 발달 연구에서 언어 발달 지체 어린이, 건강한 어린이와 성인, 거기에 인간과 가장 가까운 영장류의 뇌 기능 및 바깥에서 관찰이 가능한 행동을 검증하여 언어 발달에 불가결한 요인을 밝히고자 하는 접근법은 이미 찾아 볼 수 있다(乾・安西2001 등을 참조).

SLA에서는 관련 영역과의 연계와 함께 언어학습의 메커니즘이 밝혀지면 그 메커니즘을 활성화하기 위해서 교육 현장에서 무엇을 해야 하는지에 대한 제언도 할 수 있게 될 것이다. p.22의 [그림 1-1]에 제시된 것처럼 SLA 연구는 뇌과학과 언어교육을 연결하는 가교역할을 담당한다. 이상적으로는 실제로 뇌를 관찰하는 뇌과학 및 인간 행동에서 뇌 안의 메커니즘에 대한 가설을 세우고 검증하여, 이론화・모델화하려고 하는 인지심리학의 결과와 일관성 있는 학습모델이 SLA에서도 구축되어야 바람직하다. 그러기 위해서 인지적 접근법의 SLA 연구에서는 다음과 같은 문제를 다룰 필요가 있다(小柳 2004a, 2004b, 제2부 제12장의 논의도 참조).

- 언어형식을 알아차리는 데에 어느 정도의 인식(awareness)이 필요한가?
- 언어학습에서 어떠한 인지 자원(주의나 기억)의 제약이 있는가?
- 명시적 학습과 암시적 학습은 어느 쪽이 효과적인가?
- 장기 기억에 남는 언어학습이란 어떠한 것인가?
- 언어 지식의 자동화는 어떻게 일어나는가?
- 학습자가 언어학습에 이용하는 인지능력(작동 기억의 용량, 처리 속도)은 SLA에 어떠한 영향을 주는가?

(小柳 2003)

SLA 프로그램을 운영하는 미국 대학원에서는 심리학과 제휴해서 응용언어학이나 SLA를 전공하는 학생에게 인지심리학 수업을 받게 하는 곳이 늘어나고 있는데, 최근에는 뇌과학 훈련을 프로그램에 포함한 대학원도 있다. 예를 들면, 캘리포니아대학교 로스앤젤레스 캠퍼스(UCLA)에서 뇌과학과 응용언어학의 공동작업의 성과가 Schumann et al.(2004)의 논문집에 발표되었다. 여기서 Schumann(2004)은 뇌과학의 선행연구를 검토한 결과, 보편문법(UG)의 존재가 의심스럽고 모듈형(=UG 전용)인 UG의 뇌 영역을 특정하지 못한다고 기술하였다(뇌와 UG에 관한 논의는 川人·銅谷·春野 2002, N. Ellis 1999 등을 참조).[1] 그리

---

[1] 그러나 일본에서는 뇌과학을 활용하여 보편문법(UG, Universal Grammar)의 존재를 규명하려고 한 연구자도 있다(酒井 2002). 酒井는 문법 오류 판단 과제를 수행하는 동안, 뇌의 브로카 영역(Broca's area)이 활발하게 활성화되는 현상을 관찰했다고 보고하였다.

고 오히려 뇌과학은 동기나 기억에 대응하는 메커니즘을 뇌에서 발견하였고, 언어학습도 일반 학습 메커니즘과 동일하게 파악할 수 있다고 한다.

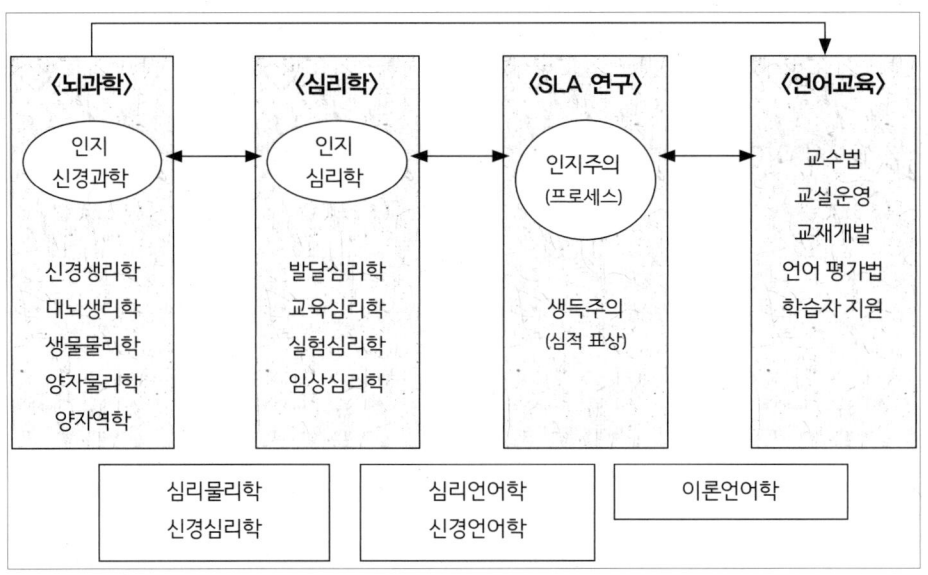

[그림 1-1] 뇌과학에서 언어교육으로의 흐름(小柳 2003, 2004b)

　뇌과학에서 얻은 힌트는 SLA 연구 관점에서 매우 매력적이지만, 앞서 언급했듯이 뇌과학의 성과를 참조하면 SLA에서 해결하지 못한 모든 문제에 대해서 해답을 얻을 수 있는 것이 아니라는 사실에 유의해야 한다. 뇌의 영상 처리 기술이 비약적으로 진보하였다고는 하나 fMRI(기능적 자기공명영상법) 등과 같은 뇌의 영상기술을 사용하여 뇌의 어떤 영역이 관련되어 있는지에 대한 사실이 밝혀졌지만 뉴런의 흥분상태가 촉진을 초래하는지, 억제를 초래하는지는 밝히지 못했다고 한다. 예를 들면, Crowell(2004)에 의하면 단어를 한 쌍으로 묶어 암기시키는 과제에서 한 쌍의 단어에 관련성이 있을 때는 뇌 활성화의 영역이 좁아지고, 반대로 단어끼리 관련성이 없을 때는 활성화하는 영역이 넓어진다고 한다. 하지만, 기억이 장기적으로 유지되는 쪽은 관련성이 있는 단어 쌍이다. 즉 뜻밖의 요소를 포함한 정보를 처리하는 데에는 뇌의 광범위한 영역을 사용할 필요가 있지만, 그것이 반드시 학습 효과로 연결되지는 않는다는 뜻이다.

Schumann(2004)은 인지심리학이나 SLA 연구 접근법과 뇌과학의 연구 접근법이 상당히 대조적이라고 논하였다. 인지심리학이나 SLA에서는 우선 인간의 행동을 관찰하고 기술하는 것부터 연구가 시작된다. 그리고 그 근저에는 어떠한 학습 메커니즘이 있는지를 가설검증형의 실험연구를 통해 고찰한다. 가설이 옳다는 확증을 얻을 수 없으면 가설을 정정하고 실험을 반복한다. 그렇게 해서 학습 메커니즘을 이론화, 모델화한다. 한편 뇌과학 접근법은 반대로 메커니즘을 우선시한다. 예를 들어, 뇌과학에서는 영상 진단 기술을 이용하여 어떤 특정 과제에서 활동이 왕성한 뇌의 영역, 혈류나 뉴런의 움직임, 신경회로 등의 메커니즘을 조사한다. 그리고 그것이 겉으로 드러난 인간의 행동과 어떻게 연결되는지, 행동 패턴을 어떻게 설명할 수 있는지를 고찰하는 식이다.

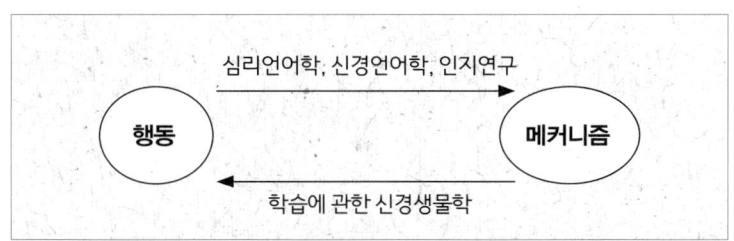

[그림 1-2] 심리학 및 SLA와 뇌과학의 접근법에 대한 차이
(Schumann 2004, p.14 참조)

따라서 SLA 연구에 뇌과학적인 견해를 수용할 때는 뇌과학이 모두 해결해 줄 것이라는 과도한 기대를 하지 말고 SLA의 실증연구와 대조하여, 뇌과학의 결과와 어떻게 일관성을 갖게 할 수 있는지를 신중하게 검토해야 한다. 다시 말하자면 뇌과학은 아직 만능이 아니며 SLA 연구가 수행해야 하는 과제가 아직도 많이 남아 있다고 할 수 있다.

2
인지적 접근법의 SLA와 일본어 습득연구

2.1 인지적 접근법의 SLA 연구와 언어교육

　　인지적 접근법을 통한 SLA의 실증연구는 SLA가 학습자의 인지과정에 어떠한 개입을 하고, 또한 그것이 언어 발달에 어떠한 영향력이 있는지를 검증한다. 개입이란 어떠한 방법으로 목표언어를 가르침으로써 학습자의 인지과정에 침입한다는 의미이지만 그렇다고 해서 이러한 연구가 지도법 그 자체를 연구한다는 말은 아니다. 교육적 개입 방법을 여러 가지로 조작하여 언어학습 과정에 어떤 영향을 미치는지를 검증함으로써 언어습득의 메커니즘을 밝히려고 하는 것이다. 영향력이 있다는 결과가 나오면 그 지도법은 유효하다고 할 수 있다. 하지만 결과에 영향을 미치는 매개변수(intervening variables) (학습자 간의 수준 차이, 예비지식 차이, 모어 차이 등)의 영향을 가능한 한 배제하고, 학습 과정의 극히 일부분을 독립변수(independent variable)로 해서 실시하는 SLA의 교육적 개입에 관한 실험은 좋은 내용을 뭐든지 받아들여 가르치려고 하는 교실의 실제 교수법과는 역시 성격을 달리한다. 지금까지의 SLA 연구에서는 오히려 독립변수가 좁혀지지 않고 어떠한 지도 기술이 습득에 어떠한 영향력이 있는지 명확하지 않다는 문제점이 지적되어(Norris & Ortega, 2000), 독립변수를 좁힌 연구가 한층 요구되고 있다. 하지만 현장의 많은 교사는 SLA에 좋다고 여겨지는 내용을 모두 망라한 교수법에 대한 시사점을 요구하고 있다. 따라서 SLA의 실험연구 결과를 해석하거나 실제 교육 현장에 응용할 때는 세심한 주의가 필요하다. 실험 결과 하나만을 보지 않고 관련된 연구와 대조하여 종합적으로 판단하는 시선이 필요하다.

SLA라는 학문 분야는 긴 역사를 자랑하는 철학 등의 타 분야와 비교하면 그 역사가 상당히 짧다. Selinker(1972)가 '중간언어(Interlanguage)'라는 용어를 제창한 무렵이 SLA 연구의 시작이라고 한다면, 겨우 40년 정도밖에 되지 않았다. 하물며 인지적 접근법의 SLA 연구가 왕성해진 시기는 더 최근이다. 하지만 SLA는 이론언어학은 물론이거니와 심리학이나 뇌과학, 교육학 등과도 관련된 학제적인 분야이고, 관련된 인지심리학이나 뇌과학과 같은 분야의 성숙과 함께 SLA 이론과 연구방법은 상당히 세련되어졌다. 하지만 연구를 해 보고 싶어 하는 사람은 이전보다 훨씬 고도하고 난해한 이론을 이해할 필요성에 직면해 있다. 특히 언어교육이라면 인문계의 학문으로서 취급되는 경우가 많지만, SLA는 이과 계열의 요소가 강한 학문이기도 하다. SLA 분야는 다방면에 걸쳐 있지만, 그중에서 언어교육에 대한 시사점을 가장 많이 얻을 수 있는 인지적 접근법의 교실습득연구는 인지심리학, 뇌과학의 영향이 크고, 가설검증형의 논리 구성이나 통계를 구사한 실험수법이 요구되기 때문에 문과 계열이라기보다 이과 계열에 가깝다. 이론언어학, 특히 생성문법의 연구자 사이에서도 언어학은 자연과학, 이과 계열 학문이라는 의식이 강한데(예를 들면 松本 외 1997, 郡司 외 1999 참조), SLA 연구도 앞으로는 이과 계열의 발상과 사고가 필요할 듯하다.

2.2 일본어 습득연구의 과제

　SLA는 일본어교육에서 관심이 높아지고 있는 분야 중 하나이다. 연구 면에서도 일본 국내의 논문 수가 1990년 무렵부터 증가하였다. 1990년에는 일본어교육 관계자가 '제2언어 습득연구회(JASLA)'를 설립하여 1년에 1회씩 전국대회를 개최하고 있고, 논문집 『제2언어로서의 일본어 습득연구(第二言語としての日本語の習得研究)』도 1년에 1회 발행하고 있다. 그러나, 일본어교육에 기여하는 SLA 연구가 필요하지만 일본 국내연구에서 언어학습의 메커니즘을 해명하려는 움직임은 없다. 첫 번째로 기술적 연구가 주류이기 때문에 학습자로부터 언어 데이터를 모으고 일본어학적인 분류로 오류나 발달과정을 기술하고, 연구자 나름의 설명과 해석을 하는 데에 머물러 있는 경우가 많은 것이 원인 중의 하나이다. 또한 교실담화나 인터액션의 프로세스를 관찰하는 연구는 많지만, 교육적 개입을 시행하는 실험연구는 경시되는 경향이 있다. 학습자를 실험 대상으로 삼는 방식에 대한 우려나 반발이 교육 현장에 존재하는 것도 사실이다. 기술적 연구는 SLA에서 'OO이 일어나는 것 같다'라는 가설을 생성할 수는 있지만, SLA의 근저에 있는 메커니즘을 제대로 증명한 연구가 아니다. 따라서 관찰이나 기술적 연구에서 파생된 가설이나 직관이 올바른지를 확인하기 위해서는 연구윤리 존중을 기본으로 엄밀한 가설검증형의 실증연구를 실시할 필요가 있다. 또한 관찰에 의한 직관이나 기술적 연구에서 생겨난 연구자 나름의 주관적인 가설을 한 걸음 진전시키고, 연구가설을 형성하는 데에는 SLA 이론이나 모델 등의 가설의 근거가 되는 이론적인 틀도 필요하다.

　한편 해외의 일본어 습득연구는, 당연하게도 해외의 연구 패러다임 속에서 이루어지기 때문에 다양한 이론에 기초한 연구가 이루어진다. 하지만 때때로 일본 국내연구에 무관심한 연구가 많다. 또한 일본 연구자가 해외의 일본어 습득연구를 살펴볼 때 일본어 논문만 참고하면, 그것이 SLA 전체에서 어떠한 연구 동향에 위치하는지 파악하기 어려울 수 있다. 따라서 일본어 습득연구는 일본어를 대상으로 하지만 일본어만의 연구에 머무르지 말고 해외의 SLA 전체의 동향을 항상 파악해야 하며, 국내외의 일본어 연구자 간의 대화나 교류가 더 필요하다(小柳 2001, 2004b, 제2부 제12장의 논의도 참조). 또한 일본어학습자(L1:영어)와 영어학습자(L1:일본어)의 정반대 자료가 연구에 새로운 통찰을 제시하기도 하므로, 국내에서도 일본어 습득이라는 울타리를 벗어날 필요가 있다.

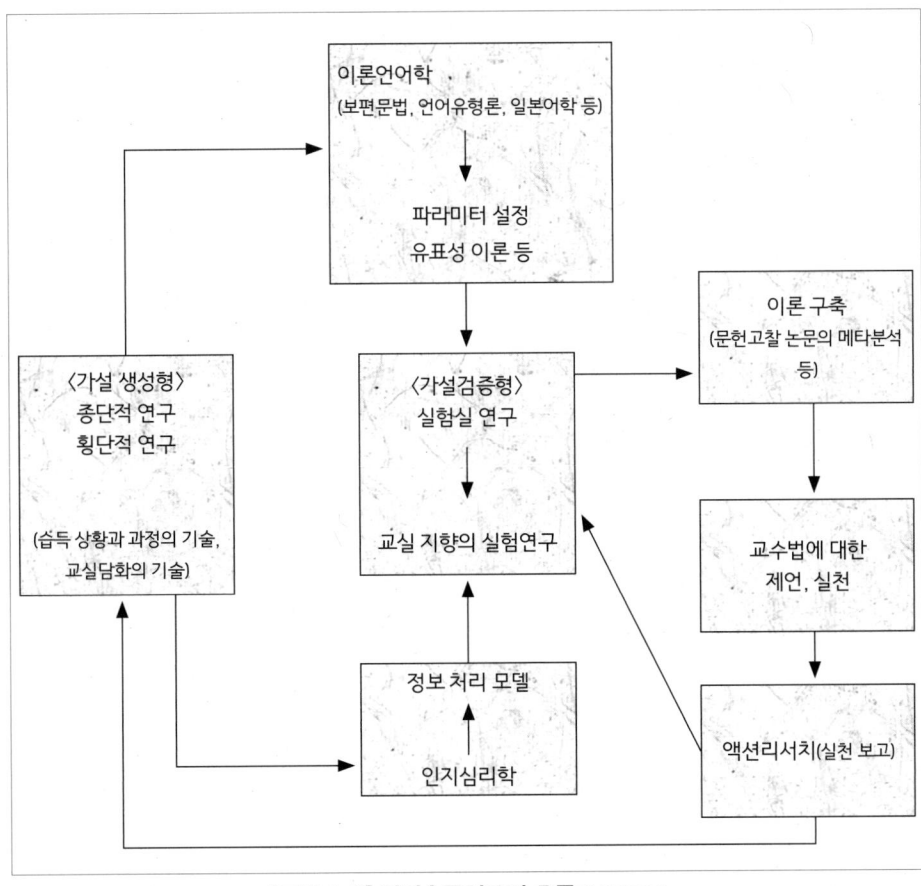

[그림 1-3] 언어습득연구의 흐름(小柳 2001)

향후 일본어교육에 기여하는 습득연구를 목표로 한다면, 다음과 같은 과제에 임할 필요가 있다.

1) 일본어 언어형식에 학습자의 모어와 관련 없이 존재하는 보편적인 습득 순서가 있는지를 체계적으로 해명한다.
2) 습득이 곤란하고 FonF의 대상이 될 수 있는 언어형식을 특정한다.
3) 어떤 습득 모델이나 습득 이론이 1), 2)를 가장 잘 설명할 수 있는지를 검증한다.
4) 교실 지도가 학습자의 습득과정에 어떻게 개입할 수 있는지를 검증하고 지도 기술의 유효성을 언어습득 이론에 기초하여 고찰한다.
5) 학습자 요인이 어떻게 영향을 주는지를 검증한다.
6) 교실 학습자의 습득과정에 대한 전체상을 파악하여 교수법을 제언한다.

(小柳 2000)

3
본서의 구성

　본서의 목적은 이러한 일본어 습득연구를 추진하는 데에 필요한 교실습득연구의 틀을 제시하는 데에 있다. 다양한 교실 지도가 SLA에 어떠한 영향을 주는지 고찰할 때는 그 배후에 있는 학습자의 인지적인 메커니즘이 어떠한지를 생각하는 것이 중요하다. 따라서 제2장에서는 지금까지의 SLA 연구에서 알게 된 언어학습에 있어서 학습자의 인지적인 측면에 대해 개관한다. 특히 SLA를 기억의 과정으로 파악한 인지적인 메커니즘을 소개한다. 제3장은 '처리 가능성 이론(Processability Theory)' (Pienemann 1998)을 기반으로 일본어 문법습득의 특징과 문법의 발달단계에 대해서 개관한다. 습득에 보편적 발달단계가 있다는 사실이 영어의 의문문이나 부정문의 형성에서 보인다고 알려졌지만, 일본어에도 일정한 발달단계가 있다고 한다. 그와 같은 단계가 생기는 이유는 언어 처리 과정의 작동 기억 등의 인지적인 제약 때문이라고 여겨진다. 이것은 제2장에서 소개하는 인지적인 메커니즘과도 연결되는 내용이다. 처리 가능성 이론에 입각하여, 각 발달단계에서 습득되는 언어형식에 살을 붙여나가면서, 일본어 문법습득의 전모에 조금이라도 가까워지도록 고찰하고자 한다.

제4장에서는 제2장에서 소개한 인지적인 메커니즘을 효율적으로 활용하는 교실 지도를 시행하고, SLA에 대한 영향력을 검증한 연구를 개관하여 각각의 지도 기술이 심리언어면에서 보았을 때 타당성이 있는지를 고찰한다. 또한 제5장에서는 일본어 교실습득연구를 개관하고 향후 과제를 확인한다.

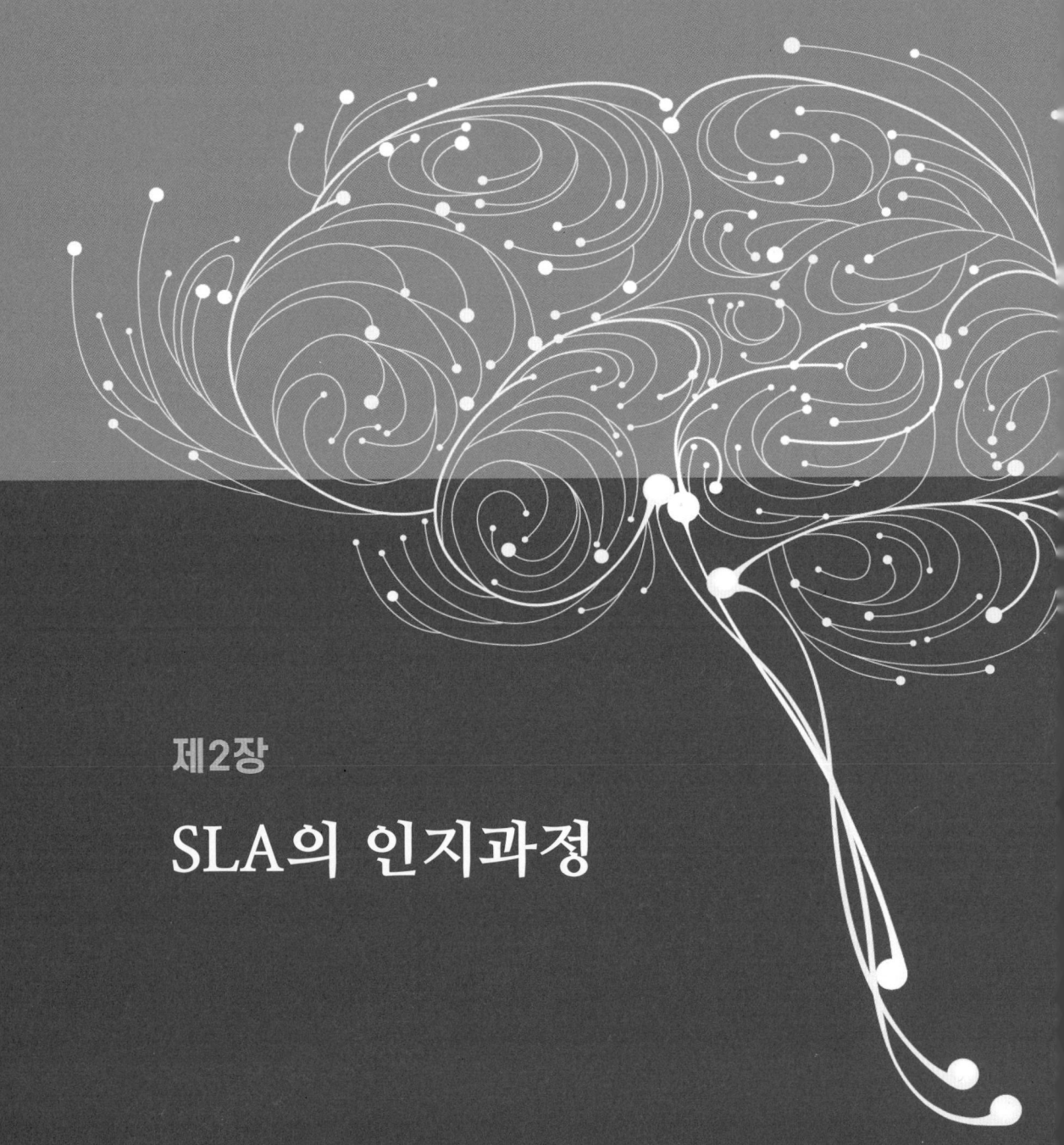

제2장

SLA의 인지과정

1
SLA와 관련된 심리적 특성

1.1 의식과 인식(awareness)

　교실 환경에서의 제2언어 습득연구(Classroom SLA/Instructed SLA)에서 오랫동안 논쟁이 된 문제 중의 하나가 습득은 의식적이어야 하는지 혹은 무의식적, 잠재 의식적으로도 일어나는지에 대한 것이다. 이 논의는 Krashen(1977, 1980 등)이 교실에서 의식적인 문법학습은 진정한 의미에서 습득으로 이어지지 않는다고 주장한 '습득/학습가설(Acquisition/Learning Hypothesis)'에서 시작되었다. 의식적인 문법학습에 의해서 얻은 명시적 지식(explicit knowledge)과 무의식적으로 인풋을 이해하여 습득한 암시적 지식(implicit knowledge)을 구별하여, 2개의 지식에 접점은 없다고 간주하는 의미에서 '논 인터페이스 가설(Non-Interface Hypothesis)'이라고도 한다. 이 가설은 의식적으로 얻은 지식과 무의식적으로 얻은 지식을 완전히 이분화한 사실에 대해서 습득과정이나 메커니즘의 인지적인 설명이 불충분하여 이론적으로 미비하다는 지적을 받아 80년대에 다양한 비판(Gregg,1984; McLaughlin, 1978, 1987 등)을 받았다.

이와 대조적으로 문법학습의 의의를 제창한 Sharwood Smith(1981, Rutherford & Sharwood Smith, 1985에 인용)는 다음과 같이 교육문법 가설(Pedagogical Grammar Hypothesis)을 제시하였다.

> 언어형식에 대한 주의가 최소한으로 억제되고, 주의가 산만한 자연습득의 상황에 있는 학습자에게 기대되는 습득 속도와 비교하면, 메시지 내용과는 별개로 특히 언어의 구조적 규칙성에 학습자의 주의를 끌어내는 지도 전략은 현저하게 습득을 가속화시킬 수 있다. (Sharwood Smith, 1981)

Rutherford(1987a,b,1988)나 Rutherford & Sharwood Smith(1985), Sharwood Smith(1981)는 목표언어의 언어형식의 특징에 학습자의 주의를 끌어내는 시도를 '의식화(consciousness raising)'라는 용어로 표현하고, 이 의식화야말로 교실 지도의 역할이라고 하였다. 이것은 Krashen에 대항하는 SLA의 인터페이스의 입장이다. 명시적 지식에서 암시적 지식으로 문법지식이 발달하는 과정에서 의식화가 중간언어와 목표언어의 차이를 서서히 메워가는 역할을 돕는다고 생각하였다. 인터페이스의 입장은 2개 지식 사이의 연결을 인정하고 SLA에서 언어형식의 지도에 어떠한 효과를 기대하는 것이지만, R. Ellis(1985)는 Sharwood Smith의 설이 아직 제2언어(L2)에 2개의 지식이 존재한다는 전제를 기반으로 하였으며, 따라서 인터페이스의 입장은 Krashen이 말하는 '습득'에 의한 지식, 즉 암시적 지식이 SLA의 주요한 지식원천이라고 하는 Krashen의 설명을 간접적으로 지지한 것이 아니냐는 의문을 던졌다.

Bialystok(1979, 1981)도 초기 연구에서 '명시적' 및 '암시적' 지식에 관하여 명시적 지식이 자동화 연습을 통해서 암시적 지식으로 전환된다고 하는 점에서 SLA에서 2개의 지식 사이에 상호작용이 있다고 논하였다. 이와 같은 견해는 인지심리학의 스킬 습득론에서 근거를 찾을 수 있다. Anderson(1983, 1985)의 ACT[*2](Adaptive Control of Thought) 이론에서는 장기 기억에서 다른 2종류의 지식[3]을 상정하였다. 이 2종류의 지식은 사물에 관한 지식을 언어로 하여 표현할 수 있는 선언적 지식(declarative knowledge)과 사물의 방법, 순서, 스킬에 관한 지식으로서 무의식적으로 접속되는 절차적 지식(procedural knowledge)이다. 그리고 ACT*이론에서는 선언적 지식이 연습을 통해 절차적 지식으로 변환된다고 생각하였다. L2 학습에서는 교실에서 배운 문법규칙에 관한 지식인 선언적 지식이 문법연습을 실시하는 동안에 절차적 지식으로 바뀐다고 생각하였다. 선언적 지식이 절차적 지식으로 변환되는 과정을 절차화(proceduralization)라고 한다. 그리고 연습이 축적되어 절차적 지식의 사용이 자동화(automatization)되어 유창하게 언어운용을 할 수 있게 된다고 보았다. 이것은 교실 지도에서 제공된 문법지식이 습득으로 연결된다는 강한 인터페이스의 입장을 이론적으로 지지하는 셈이다.

또한 Krashen이 주장한 지식의 이분화를 비판한 McLaughlin(1978)은 인지심리학의 Schneider & Schiffrin(1977)의 정보 처리 접근법을 SLA에도 응용하여, 언어습득이란 언어스킬 운용이 '통제적 처리(controlled processing)'에서 '자동적 처리(automatic processing)'로 이행하는 과정이라고 하였다. 이 틀에서는 학습에서 습득이 연속체를 이루는 것이라고 간주하지만, 다른 2종류의 지식의 존재와 학습 과정에서 지식의 변환은 상정하지 않았다(McLaughlin 1990).

---

2 일본어로는 'アクト・スター'라고 읽는다.
3 본서에서는 선언적 지식(declarative knowledge)과 명시적 지식(explicit knowledge), 절차적 지식(proceduralized knowledge)과 암시적 지식(implicit knowledge)을 거의 동의어로서 사용한다. 필자가 아는 한, 심리학 용어사전에는 '명시적/암시적 지식'이라는 항목은 발견되지 않았다. 심리학에서는 '선언적/절차적 지식'이라는 용어가 더 일반적이다.

그 대신에 습득과정에서 기억의 심적 표상(mental representation)에 인풋 정보가 통합될 때마다 중간언어 문법지식의 재구축(restructuring)이 일어난다고 하였다. 즉 기억에서 추상적인 심리적 구조인 표상 수준에서 어떠한 질적 변화가 일어난다고 하였다. McLaughlin은 2개의 지식을 구별하지 않았지만, 교실에서의 연습이 점차 자동적인 언어운용으로 연결되어 간다고 보는 점에서 교실학습에서 습득으로는 연속성이 있다고 보았다.

또한 앞서 기술한 Bialystok(1988, 1994)는 심리언어적 견지에서 고찰을 진행하여 과제(task)의 요구도에 따라 L2 사용에서 계통적으로 변화하는 요소가 있다는 점을 강조하는 2차원 모델을 개량안으로 제안하였다. Bialystok는 SLA를 일으키는 요소인 2개의 인지과정으로서 지식의 분석(analysis of knowledge)과 처리의 통제(control of processing)라는 2개 차원을 제시하였다. 지식의 분석이란 언어형식과 의미의 연결, 매핑(mapping)이 진행되고 있는 심적 표상의 분석 정도이고, 처리의 통제란 심적 표상에 대한 접속의 자동화 정도이다. 학습자의 운용능력이 향상됨에 따라 언어형식과 의미의 관계에 관한 지식은 더욱 분석적인 내용이 될 것이고, 심적 표상에 대한 접속은 더욱 유창하게, 혹은 자동화될 것이다. 이렇게 해서 Bialystok(1988, 1994)는 언어형식의 지도는 지식의 분석 촉진을 목적으로 하지만, 다양한 유형의 지도가 2개 차원 중 한 가지나 양쪽 모두를 발달시키도록 기능한다고 기술하였다. 그리고 분석과 통제의 상호작용의 결과로서 초점적 주의(forcal attention)를 배분하는 과정에서 인식(awareness)이라는 주관적인 감각, 즉 의식도 생긴다고 하였다. 하지만 Hulstijin(1990)은 이 모델이 과제의 요구도에 따른 언어사용의 차원을 나타내며 언어능력의 발달 모델은 될 수 없다고 지적하였다. Bialystok의 모델에서는 동일한 개인이라도 상황에 따라 2차원 모델의 어떤 부분에서 수행(performance)되는지가 달라진다는 점을 설명하고 있지만, 언어 발달이 어떻게 진행되는지는 명확하지 않다.

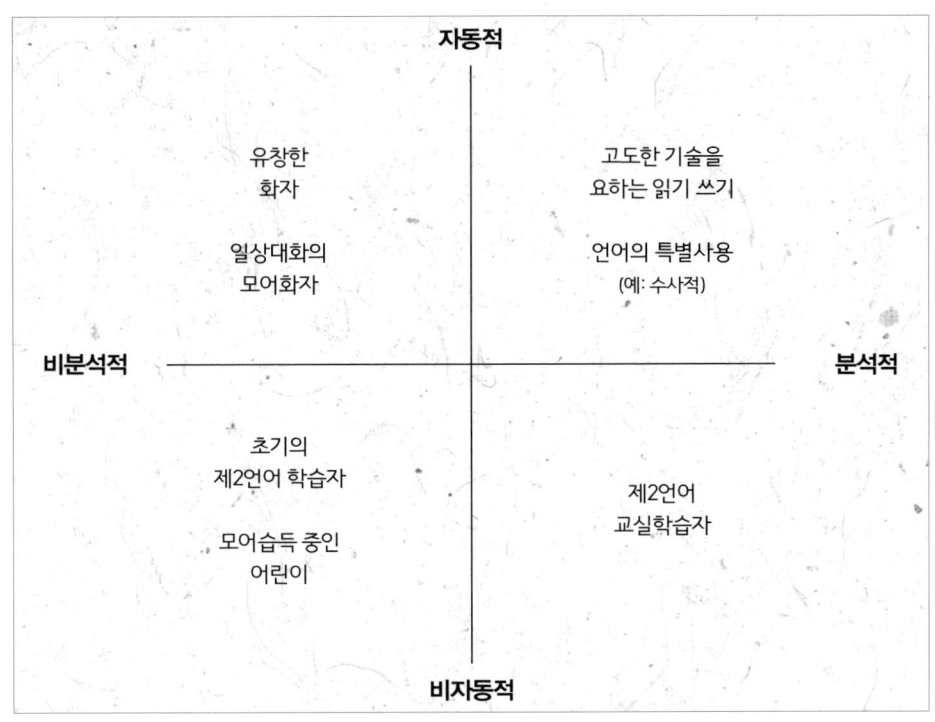

[그림 2-1] 언어운용 능력의 2차원 모델(Bialystok 1988)

    이와 같은 논쟁의 배경에는 '의식(consciousness)'이나 '인식(awareness)'이라는 개념의 정의를 내리는 데에 대한 어려움이나 모호함의 문제와, '명시적 지식'과 '암시적 지식'의 구별에 대한 혼란이 있었다. ('명시적' '암시적' 정의에 관해서는 제3절에서 자세히 검토하기로 한다). '의식'은 일상적으로도 사용되는 용어로, 생물학적인 각성 상태에서 철학의 대상인 깊은 사색 상태에 이르기까지 사용 범위가 넓은 단어이다. 苧阪(1994)는 [그림 2-2]와 같이 인지심리학에서 인지과정과 관련된 의식의 작용에는 세 가지 계층이 있다고 하였다. 이와 같은 계층에 입각하자면 '의식'이라는 단어는 SLA에서 논하기에는 다소 폭이 넓고 모호한 개념이라고 할 수 있다. 또한 SLA에서도 Schmidt(1990)는 Krashen(1985)의 틀인 '무의식(unconscious)'은 의도 없는 학습, 명시적 메타언어지식이 없는 학습, 인식(awareness)이 없는 학습 등 세 가지 의미로 혼동되고 있음을 지적한다. 또한 Tomlin & Villa(1994)는 '의식(consciousness)'은 인식(awareness), 지각(perception), 의도(intention) 등을 포함하며, 광범위한 의미로 사용되고 있는 단어이므로 SLA 연구의 기준으로 삼기에는 부적절하다고 간주하였다. 21세기는 '뇌과학의 세기'라고 일컬어지지만, 그 궁극적 목표 중 하나로 '의식의 해명'이 거론될 정도로 '의식'은 커다란 존재이다. 따라서 현시점에서는 SLA 실험에서 직접 조작하여 취급하기에는 적절한 개념은 아니다. 현재는 SLA 논의의 대상이 '주의'나 '기억'이라는 심리적 특성으로 옮겨가고 있다. 물론 주의나 기억은 의식과 관계가 있는 심리적 특성인 관계로 주의나 기억 문제를 규명함으로써 의식 구조도 조만간 그 실체가 밝혀질 것이다. 다음 절에서는 현행 SLA 이론의 관점에서 '주의'나 '기억'의 문제를 논하겠다.

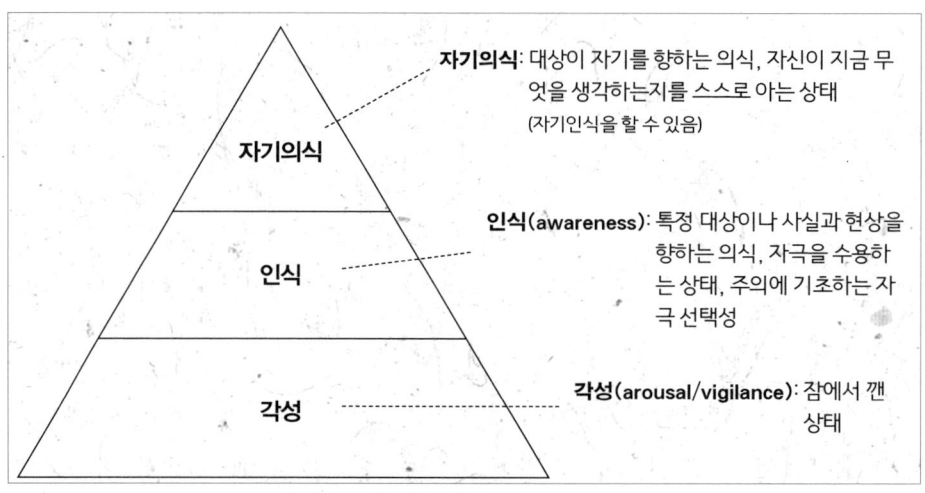

[그림 2-2] 세 가지 의식(苧阪 1994, p.13)

1.2 주의

1.2.1 주의와 인식

앞서 기술한 교육문법 가설 중, 학습자로 하여금 언어형식에 주의를 기울이도록 '의식화'의 도모가 중요하다고 주장한 Sharwood Smith(1981; Rutherford & Sharwood Smith 1985)는 후에 스스로가 그 용어를 '인풋 강화(input enhancement)'(Sharwood Smith 1991, 1993)라고 바꿔 말하고 있다. 물의를 빚은 '의식'이라는 용어가 아닌 학습자의 주의가 특정 언어형식으로 향하도록 외부에서 조작하여 인풋의 질을 높이려는 시도를 의미하는 용어로 바꾼 셈이다. 학습자의 내면에 있는 '의식'은 교사가 인위적으로 조작할 수 있는 성질이 아니기 때문에 교사가 외부에서 조절할 수 있는 교육적인 측면을 강조한 것이다. 또한 Schmidt(1990)는 습득의 첫걸음으로서 학습자가 인풋에 주의하여 특정 언어형식을 인식하고 수용하는 과정이 중요하다고 보고 '주목 가설(noticing hypothesis)'을 제시하였다. 또한 의미 있는 전달 활동에 종사함으로써 학습자의 주의가 적절하게 언어형식으로 가게 하는 것이 SLA를 촉진한다는 주장에 근거하여 Focus on Form(Long 1991)이라는 개념도 제창되었다. 이를 통해 교실 현장에서 어떤 방식으로 언어형식에 '주의'를 기울이게 했을 때 SLA가 더욱 효율적으로 촉진될 수 있는지가 논의의 대상이 되었다.

Schmidt(1990)는 스스로의 포르투갈어 학습 경험을 일기로 정리하고, 교실 밖의 모어화자와의 상호작용이나 교실 장면을 녹음하여, 후에 그들의 테이프와 일기를 교재와 조합하여 제3자와 분석한 다이어리 연구(Schmidt & Frota 1986)를 주목(noticing)의 증거로 들었다. 이 연구를 통해 밝혀진 사실은 인풋에 전혀 포함되지 않은 언어형식은 그의 발화에서도 산출되지 않는다는 점, 인풋으로 자주 들은 언어형식은 그의 발화에도 나타나는 경향이 있는 점, 그가 사용한 언어

형식은 사람들이 그에게 사용했었던 형식임을 깨달은 점, 또한 5개월간이나 들었음에도 인지하지 못한 언어형식이 교실학습을 통해 새롭게 인식되어 바로 사용되기 시작한 점 등이었다. 따라서 Schmidt는 (1) 기대감, (2) 빈도, (3) 지각적 탁월성(perceptual saliency), (4) 언어 처리 능력의 자동성을 포함한 스킬 수준, (5) 과제 요구도의 모든 요소가 인풋의 인지 가능성을 좌우한다고 하였다.

인지심리학자인 苧阪(2002)는 주의에 대해 사람이나 환경에 '주목'이라는 지향적인 성질을 띠며, 의식 활동의 기반이 되는 작용이라고 기술하였다. 하지만 '주의'라는 용어도 일상생활에서 흔히 사용되는 광범위한 의미의 단어이고 인지심리학에서도 '주의'의 성질에 관해서는 여전히 견해 차이가 존재한다. 주의에는 두 가지 유형이 있고, 외적인 자극을 받아 상기되는 수동적 주의와 스스로가 자극을 선택하여 향하는 능동적 주의가 있다고 한다(水田·宮地 2003). Tomlin & Villa(1994)는 인지심리학의 문헌을 개관한 후에 Posner(1992)를 기반으로 주의의 세 가지 구성요소로서 경계감(alertness), 지향성(orientation), 검출(detecion)을 특정하고, SLA 과정을 더욱 엄밀하게 연구해야 한다고 제언하였다. 그들은 '인식(awareness)'이 주의를 증가시키는 보조적인 역할을 담당할 뿐이고 '의식'과 똑같이 SLA와는 직접적인 관계가 없다고 논의하였다. Tomlin & Villa의 견해에 따르면 주의의 세 가지 구성요소 중에서 '검출'은 언어습득에 사용되는 언어자료로 들어오는 인풋을 체로 거르는 역할을 한다는 점에서 SLA에서는 가장 중요한 요소이다. 그리고 '검출'이 일어날 가능성은 '경계감'이나 '지향성' 혹은 두 요소에 의해 높아진다[그림 2-3 참조].

'경계감'이란 학습자가 인풋을 받아들이는 일반적인 준비상태(readiness)를 가리키지만, 동기와도 관련이 있다. 교사의 격려나 시각보조 교재는 학습자가 어떤 인풋이 들어오는지를 예측하고 받아들일 준비를 돕는 역할을 한다. 한편 '지향성'은 들어오는 인풋에 대한 학습자의 기대를 가리키는데, 예를 들어 인

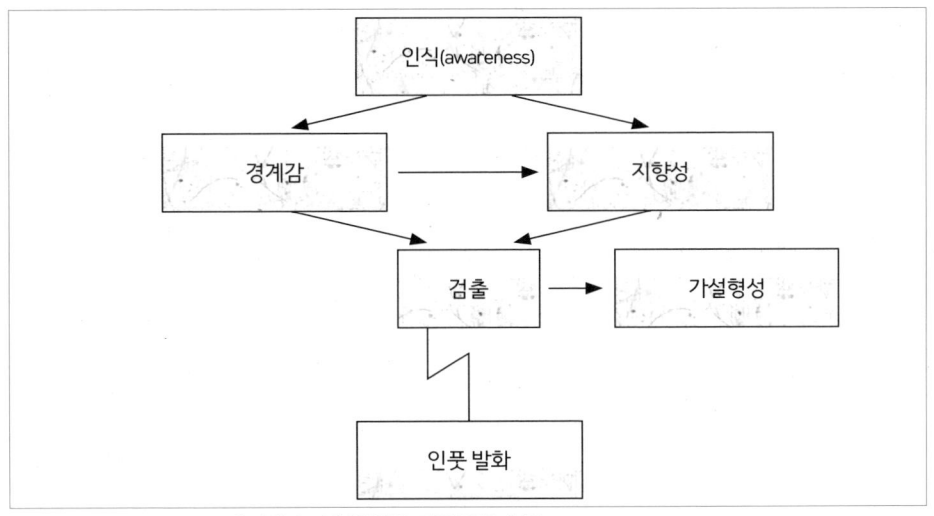

[그림 2-3] 주의와 제2언어 습득(Tomlin & Villa, 1994)

풋 중에서 특정 언어형식이 높은 빈도로 주어지거나, 인풋 중에서 특정 부분이 강조되면 학습자가 들어오는 인풋에 집중하도록 돕는다고 할 수 있다. 학습자의 주의를 언어형식으로 기울이게 하는 인풋 강화 등의 지도는 이 지향성의 제고를 목표로 했다고 할 수 있다.

    Schmidt(1990)가 말하는 '주목'은 Tomlin & Villa(1994)의 틀에서는 '선택적 주의를 향한 범위 내의 검출'이라고 재정의된다. 언어형식의 지도는 검출 기회를 증가시키게 되는 경계감이나 지향성 레벨에 호소하도록 설계되어야 한다. 의식적으로 주의를 기울인, 즉 인식(awareness)을 동반한 인풋만이 '주목'으로서 수용된다고 하는 Schmidt 견해와는 다르다. Tomlin & Villa는 인식(awareness)이 주의를 증가시키기 위한 보조적인 것이고, 암시적, 잠재 의식적인 학습도 가능하다고 하였다. 또한 Tomlin & Villa는 '경계감'이나 '지향성'은 '검출'의 가능성을 높이는 경우가 있다고 하지만, 어느 쪽도 주목의 필수조건으로는 보지 않았다. Leow(1998)는 Tomlin & Villa(1994)에 근거하여 주의의 세 가지 요소의 유무를 조작한 실험으로 그들의 입장을 지지하고자 했지만, Simard &

Wong(2001)은 Tomlin & Villa(1994)의 주의 틀은 신경과학의 뇌의 활성부위에서 세 가지 기능을 분리한 것으로, 반드시 L2 학습에 대응한다고는 할 수 없다는 의문을 제기하였다. 그리고 주의의 세 가지 기능이 학습에 존재하는지, 존재하지 않는지의 양자택일이 아니라 비중으로 파악해야 하며, 과제 유형, 언어 항목의 성질, 개인 차와도 상호작용함으로써 세 가지 비중이 변화한다고 하였다.

이와 같이 '의식'을 대신한 '주의' 틀에서도 학습에 인식(awareness)이 필요한지 논쟁이 계속되었다. 실증연구에서 예를 들면 Rosa & O'Neill(1990)은 고차원 수준의 인식(awareness)이 학습 과정 전반에 걸쳐 중요하다고 논하였다. 실험에서는 스페인어 학습자에게 조건문을 목표언어 항목으로 두고 문제해결 과제(cross word puzzle)를 수행하여 인지된 정보(intake)와 인식(awareness)의 수준과 학습 조건의 차이(언어형식의 설명유무와 규칙을 찾는다는 지시유무)의 관계를 조사하였다. 인지된 정보(intake)는 다지 선택의 인식 테스트로, 인식(awareness)의 수준은 사고 발화법(think-aloud)을 통해 프로토콜을 분석하여 측정하였다. 그 결과 언어형식을 설명받은 학습자는 암시적 학습의 학습자,[4] 즉 접한 문장을 단순히 기억에 머물게 할 뿐인 학습자보다 인지된 정보(intake)에 영향력이 있었다고 한다. Rosa 등에 의하면 암시적 학습의 단순히 '기억하기' 행위는 인지적 부담이 높고, 주목이 일어나기 어렵다고 한다. 단, 인지심리학의 최근 동향에서 암시적 학습의 성공 조건은 의미 있는 상황에서 정보를 처리하는 것이 중요시되어, 무엇을 근거로 암시적 학습이라고 할 수 있는지에 대해서는 논의가 필요하다(제3절을 참조). Rosa & O'Neil은 고차원 수준의 인식(awareness)은 특정 언어형식을 검출하는 습득의 초기 단계보다 오히려 가설 형성, 검증과 같은

---

4 암시적 학습(implicit learning)을 '잠재학습'이라고 번역할 수 있지만, 아직 정확한 번역어는 없는 것 같다. 심리학에서는 "latent learning"의 번역어로서 '잠재학습'이 상당히 정착했지만, 사용되는 상황이 다르다고 한다. 언어학습 상황에서 수면학습과 같은 유형의 학습을 잠재학습(subliminal learning)이라고 부르는 경우도 있기 때문에 본서에서는 '암시적 학습'이라고 하였다.

세련된 인풋 처리로 연결되어 뛰어난 학습 효과가 생기는 데에 중요하다고 하였다. 따라서 교실학습에서는 항상 학습자의 인식(awareness) 수준을 높이 유지할 수 있도록 아이디어가 필요하다고 한다(주의와 인식(awareness)에 관한 연구 결과는 Leow(2000)를 참조).

SLA의 이와 같은 논쟁 속에서 Schmidt(1995, 2001)는 인지심리학에서 약 1세기에 걸친 실험연구를 거쳐도 '학습에 주의가 필요한가'라는 물음에 대해서 아직 명확한 답은 나오지 않았다고 하면서도, 적어도 주의를 많이 기울이면 기울일수록 확실히 학습이 많이 일어난다고 기술하였다. 또한 SLA의 실증연구(Leow 2000, Rosa & O'Neil 1999)를 보면 앞서 기술한 것처럼 주목에는 고차원 수준의 인식(awareness)이 필요하다고 한다. 단 90년대의 연구는 Schmidt(1990)의 조작적 정의를 기반으로 '목표 언어형식의 무엇인가를 알아차렸다' '문법규칙을 알았다'와 같은 언어 보고를 할 수 있는 수준을 고차원의 인식(awareness)이 존재하는 증거로 간주했지만, 최근에는 인식(awareness)을 측정하는 어려움이나 문제점도 지적되었다. Robinson(1995, 2003)은 경험을 언어화하는 능력에는 개인 격차가 있고 말로 할 수 없는 성질의 인식도 있어서 언어학습에서 인식은 잠재 기억(implicit memory)에서 측정해야 한다고 논하였다. Jourdenais(2001)도 학습자의 언어보고에는 일관성이 없다는 점을 제시하며 프로토콜 분석 등은 반드시 주목을 정확히 반영하지는 않는다고 보고 있다.

이와 같은 논의를 거쳐 현재는 주목의 대상이 보편문법(UG)의 원리나 문법 규칙이 아니라 언어범례나 표층구조로 재개념화되었다(Doughty 2003, Schmidt 2001). 즉, 학습자는 인풋 중의 어떠한 정리된 표현이나 동사의 말미 활용부분 등의 표층적인 언어형식에 선택적으로 주의를 기울일 필요가 있다. 또한 Doughty(2003)는 규칙을 알고 있다는 메타언어적 인식과 인지적인 주목은 성질이 전혀 다른 심적 과정이고, 주목은 인풋 처리에서 소리나 단어 분절화(segmentation)의 절차를 촉진해야 하는 것이라고 하였다. 하지만 이와 같은 이론상의 제안은 이루어지고 있으나, 향후 실증이 더 필요하다. 또한 앞서 기술한 바와 같이 인식(awareness)이 기억과 관련된 것이라는 견해(Robinson, 2003)도 있어서, 이것은 1.3.3에서 다루기로 한다.

1.2.2 주의의 제약

인지심리학에서 주의 연구가 활발해진 당초에 주의에는 용량 제한이 있다는 사실이 전제되었다. 따라서 그 한계에 대처하기 위해서는 인풋 중의 정보는 선택될 필요가 있고, 어느 단계에서 정보가 선택되는지(Broadbent 1958), 혹은 주의를 분할하여 2개 이상의 자극을 처리할 수 있는지(Kahneman 1973등)와 같은 문제가 연구의 관심을 모았다. 하지만 최근 '주의'에 관한 인지심리학의 동향에서 Robinson(2003)은 주의의 용량 제한이라는 견해는 이제는 무효하다고 하였다. 왜냐하면 많은 인풋을 동시에 병행하여 처리가 가능하다는 사실이나, 자극이 완전히 분석된 후라도 정보가 선택된다는 점이 실증되었기 때문이다. 따라서 정보의 대부분은 일단 지각적으로 처리되지만, 그 안에서 정보를 선택하는 것이 아니라 인지 과제의 요구에 따라 불필요한 정보는 활성화가 억제되거나 배제되고 있다고 여겨졌다(Schmidt 2001, Robinson 2003 등을 참조). 또한 Robinson(2003)은 주의의 제약은 과제에 대처하는 주의 배분의 플래닝(planning)이나 과제 수행을 관리할 때의 시간적인 제약으로서 설명해야 한다고 하였다. 자극과 반응 사이에서 선택지가 몇 가지 있는 경우나 정보 코드가 유사하여 혼동되는 경우, 자극 간에 간섭이 일어나 주의가 이탈하여 과제 수행의 효율성이 떨어진다고 보았다. Robinson은 경합모델(Competition Model) (Bates & MacWhinney 1987)에서 제시한 습득과정도 간섭의 일례로서 설명할 수 있다고 하였다. 경합모델의 틀에서는 문장을 이해할 때 어순이나 격, 명사구의 유생성(有生

性) 등의 중요한 단서가 인풋 안에서 경합한다고 보았다. 따라서 학습자는 L2에서 L1과는 다른 중요한 단서를 발견해야 한다. 하지만 문장을 처리할 때는 유사한 단서(언어 대 언어) 사이에서 간섭이 일어나고, 그들의 단서 사이에서 주의가 분산될 가능성이 있다. L2 학습자는 적절한 단서를 발견하는 데에 어려움을 동반하여 습득에 시간을 요한다고 여겨진다(경합모델에 대해서는 본장 2.4를 참조).

이와 같은 인지심리학이나 심리언어학의 동향에 근거한 SLA의 이론연구와 교실습득의 실증연구에서 '주의'에 대한 취급에 아직 상당한 격차가 있다. SLA 연구 중에는 용량 제한이 있는 주의 단일자원 모델(Kahneman 1973)을 전제로 하는 연구도 여전히 많다(Skehan 1998, VanPatten 1996 등).

Robinson(1995)은 Wickens(1989)의 다차원 모델을 인용하여 동일 자원 내에서는 용량의 제약이 있는데, 과제가 요구하는 차원이 다른 경우, 예를 들면 처리 코드가 언어적인지, 공간적인지, 모달리티가 청각 혹은 시각인지, 처리 유형이 언어 처리인지 수동 조작인지라는 다른 차원의 주의는 경합하지 않는다고 보았다. 하지만 동일 자원 내에서는 역시 용량 제한이 있다는 견해이다. 그 후 Robinson(2003)은 인지심리학의 새로운 연구 동향을 감안하여, 용량 제한이 있다는 견해를 방기하면서도 자원의 차원 구별은 유지하여 SLA에서 '주의' 개념의 틀을 제안하였다. 그리고 주의 자원이 같은 차원의 자원 내에서 주의를 분배할 때 경합하는 코드 사이에서 간섭이 일어난다고 보고 다차원 자원의 견해와 간섭모델의 견해를 융합하려고 하였다. 간섭이 일어나 주의가 산만해지면 원활한 과제 수행이 방해된다고 여겨졌다.

L2 학습과 관련된 또 하나의 주의 제약으로서 '심적 노력(mental effort)'이 있다. 과제 수행에 어느 정도의 심적 노력을 동반하는지는 실행(performance)의 유창성과도 관계되기 때문이다. 인간은 익숙하지 않거나 어려운 과제를 수행할 때 주의 자원(attentional resources)을 소모한다. 머리를 사용하여, 즉 심적 노력

을 하여 과제를 수행한다는 뜻이다. 하지만 과제에 익숙하여 점차 자동적으로 수행되면 그다지 주의 자원을 소모하지 않아도 과제를 달성할 수 있다. 주의 자원을 소모한다는 말은, 말하자면 소모를 조금이라도 막으려고 하는 부분에 심적 노력을 동반한다는 뜻이다. 앞서 기술한 Schneider & Shiffrin(1977)은 스킬의 습득은 통제적 처리에서 자동적 처리로 이행하는 과정으로 인식하여 스킬이 향상됨에 따라 심적 노력은 필요하지 않게 된다고 생각하였다. 이와 같은 견해는 McLaughlin(1987, 1990)에 의해 SLA에도 응용되었다. 따라서 SLA에서 '주의'는 인풋 중에 있는 언어형식에 주의를 기울여 수용하는 단계뿐만 아니라, 스킬의 자동화, 즉 언어운용의 유창성에도 관여하게 되는 셈이 된다. 그리고 어떤 과제 수행이 자동화되어 거기에 주의 자원이 불필요해지면 새로운 과제에 주의를 기울일 수 있게 되어, 거기에서 다음 학습이 생겨날 여지가 생긴다고 여겨졌다('자동화' 문제는 제3절에서 다룬다).

SLA에서 '심적 노력'으로서의 주의도 지금까지는 용량 제한이 전제가 되어 논의되었다. 그러나 Robinson(2003)은 심적 노력을 시간 제약 속에서 주의를 유지하기 위해 필요한 정보 처리 에너지로 이해해야 한다고 주장하였다. 예를 들면 과제의 구성요소가 다른 차원의 주의 자원에 분산되는 경우는 심적 노력을 그다지 필요로 하지 않는다. 한편, 같은 차원 내에서 주의를 배분해야 하는 경우에는 주의 배분의 조정과 시간 관리의 상호작용이 생기고 거기에서 주의를 유지하기 위해서 에너지, 즉 심적 노력이 필요하게 된다고 생각하였다. 또한 스트레스 등의 정서 수준도 심적 노력의 필요 여부에 영향을 미친다고 하였다.

이상과 같이 언어학습에서 '주의'는 중요한 역할을 한다고 생각하였는데, 그 개념에 대해서는 인지심리학에서도 다양한 이론의 변천이 있었다. Schuchert(2004)는 SLA에서 '주의'를 신경생물학적으로 파악하는 가운데 언어학습에서 주의를 일원적으로 파악하는 방식은 적절하지 않고, 주의를 신경생물학적인 요소(신경적인 네트워크 등)와 시시각각으로 변화하는 환경(행동상의 목표, 기억의 형성 단계)과의 상호작용을 동반하는 다이나믹한 '과정(process)'으로 파악해야 한다고 하였다. 언어과제를 수행하는 동안, 시간 제약 속에서 원활하게 주의를 배분하는 것은 과제 성공의 중요한 열쇠가 된다. 그러나 어디에 주의를 배분할지 결정하는 것은 작동 기억(working memory)의 제어기능에 달려 있으며, 이는 주의와 기억의 메커니즘과 밀접하게 연관되어 있다(小柳 2001, 2005a의 문헌고찰 참조). 다음 절에서는 SLA의 '기억'의 문제를 다루고자 한다.

1.3 기억

1.3.1 주의와 기억

종래부터 기억은 단기 기억(STM: short-term memory)과 장기 기억(LTM: long-term memory)의 이중 저장고로 파악되었다. 이 기억 모델에서 인풋은 우선 감각 등록기(sensory register)를 통과하고, 또한 STM에서 매직넘버인 7±2 항목이 보유 가능하며(Miller, 1956), 중요한 정보만이 LTM에 전송된다고 여겨졌다. 하지만 연구가 진행됨에 따라 설명하지 못한 부분도 나왔다. 예를 들어 새로운 내용을 기억하지 못하는(=STM)데 오래된 일을 기억하는(=LTM) 뇌 손상 환자의 사례가 존재하기 때문에 STM을 LTM의 입구로 생각하기가 어려워졌다. 또한 우리들이 텍스트를 읽을 때 문자에서 정보를 얻는 상향식(bottom-up) 정보 처리의 과정이 진행되지만, 내용을 이해하는 데에는 문자 정보뿐만 아니라 문자 정보의 구조를 지탱하는 언어지식이나 상식, 내용에 관한 배경지식 등 LTM에 있는 지식도 사용한다. 읽기에는 STM과 LTM 쌍방이 관여하고 있다고 여겨진다. 하지만 STM이 보유하는 능력을 측정하는 테스트와 읽기 능력에는 상관이 보이지 않음으로써(Daneman & Carpenter 1980, Harrington & Sawyer 1992) STM과 읽기의 관련성을 설명하기 어렵게 되었다. 다시 말하면 STM과 LTM을 구별하여 2개의 다른 저장고를 상정하고, STM에서 LTM으로의 전송경로를 기억으로 보는 것이 이 같은 정보 처리의 메커니즘을 잘 설명하지 못하는 셈이 된다. 따라서 일시적으로 수동적으로 정보를 보유하는 STM이 아니라, LTM으로부터의 정보를 사용하며 새로운 인풋을 통합하여 정보를 처리하는 능동적인 작업 공간으로서 작동 기억(WM: working memory) (Baddeley 1986, Baddeley & Hitch 1974)이라는 개념이 도입되었다. WM은 개념적으로는 STM과 다르지만, 신경생물학적으로 보면 기억의 시스템상에서 구별하기란 어렵기 때문에 SLA 문헌에서도 동의어처럼 사용되는 경우가 있다. WM은 주의를 향해서 활성화된 인지 자원의 총체로, 기억의 기능이나 메커니즘, 또는 과정으로 인식해야 한다고 여겨진다(斎藤2000a 참조).

또한 앞서 기술한 바와 같이 기억은 주의와 표리일체를 이루고 있다고 파악하였다. Robinson(1995)은 의식이나 인식(awareness)의 논쟁의 혼란을 피해 일찍부터 SLA에서 기억의 기능에 착안하였다. 그리고 '주목'을 '단기 기억에서 검출과 인식(awareness)을 동반한 리허설(복창)'(p.296)이라고 정의하였다. 주의와 기억은 실은 이 '주목'의 단계뿐만 아니라 SLA의 과정 전반과 관련되어 있다. 주의란 인풋을 부호화(encoding)하고, WM/STM에서 활성화 상태를 유지하며, 또한 저장된 인풋을 LTM에서 검색하는 '과정(process)'이다(Robinson 2003 참조). 부호화란 기억을 형성하는 제1단계로서 시각이나 청각으로부터 들어 온 인풋을 머릿속에서 정보 처리를 실행하는 데에 적합한 코드(부호)로 변환하는 과정이다. 부호화할 때는 인풋에 주의를 기울여야 한다. 또한 언어학습을 진행하기 위해서는 부호화된 정보를 WM/STM에서 활성화 상태로 유지하고, 정보 처리의 작업장에 올려놓을 필요가 있다. 그곳에서 인풋이 기존의 언어지식에 합치하는지를 판단한다. 즉 기존 정보와 미지 정보의 인지 비교(cognitive comparison)를 실행하는 셈이다. 그리고 기존의 언어지식에 합치하지 않는 경우는 새로운 언어자료를 분석해야 한다. 활성화 상태가 유지되는 이유는 거기에 초점적 주의(focal attention)가 기울여지고 있기 때문이다. 이와 같은 프로세스를 거쳐 LTM에 지식이 통합된다. LTM에 지식이 저장된다는 말은 인지심리학적으로 보면 심적 표상(mental representation)이라는 추상 레벨의 지식구조가 머릿속에 형성되었다는 뜻이다. 이 심적 표상이 실제로 언어운용에서 사용되기 위해서는 LTM에서 신속하게 검색되어야 한다. 검색이 용이하다는 말은 효율적인 검색이 가능한 형태로 심적 표상이 LTM에 저장되고 있다는 뜻이다.

1.3.2 작동 기억

주의의 용량제한 논쟁과는 달리, WM/STM에는 일정한 용량이 있고 LTM에는 용량의 한계가 없다고 일반적으로 알려져 있다. WM을 상정함으로써 STM과 LTM의 연결을 설명할 수 있게 되었지만, WM과 LTM의 관계는 인지심리학에서도 아직 연구의 여지가 남아 있다(三宅2000 참조). WM은 활성화된 LTM의 부분 집합이라는 견해도 있고, 장기 기억에서 의식적으로 나온 정보가 활성화되면 작동 기억이 된다는 견해도 있다고 한다. SLA에서는 Cowan(1997)을 근거로 전자의 견해가 채택되고 있다(예: Doughty 2001, Robinson 2003). WM은 바로 언어학습의 작업장이고, 미지 정보와 기지 정보를 연결시키는 기능을 하여 SLA에 기여한다(Doughty 2001)고 여겨진다. 뇌과학이나 인지심리학에서 학습이란 일반적으로 미지 정보와 기지 정보를 연결시켜 가는 과정을 가리킨다.

WM의 용량은 읽기 폭 검사(RST: reading span test) (Daneman & Carpenter 1980)로 측정된다.[5] RST는 피험자에게 문장을 구두로 읽게 하고 문장 안의 단어

---

5   읽기 폭 검사의 실시 방법에 대해서는 苧阪満里子(1998, 2002)를 참조.

하나를 기억해 두도록 지시하고, 복수 문장을 모두 읽은 후에 기억한 단어를 재생하도록 요구한다. 이것을 2문장 조건에서 5문장 조건(때로는 6문장 조건)까지 실시한다. 음독이라는 정보 처리를 하면서 단어를 기억해야 하므로 정보 처리와 보유라는 WM의 기능을 측정하고 있다고 본다. 용량이 적어지면 처리를 위한 WM의 자원을 소비하고 보유에 할당할 수 없게 된다. 혹은 반대로 정보를 보유하려고 하면 처리를 위한 WM의 자원을 사용하지 못하게 된다. 즉 정보 처리와 보유를 위해 자원의 교환(trade-off)이 있다고 여겨진다. 하지만 인지심리학에서는 RST가 무엇을 측정하고 있는지가 종종 논의되고 있다(Miyake & Shah 1999 참조). 처리와 보유는 각각의 과정으로, RST가 측정하는 것은 보유 쪽이라는 주장도 있다(Towse, Hitch & Hutton 1998) (WM에 관한 해설은 苧阪(満)2002가 상세하므로 참조). RST가 무엇을 측정하는지는 인지심리학에서 아직 논의되는 문제이지만, SLA에서 RST나 그 음성버전의 읽기 폭 검사는 일정한 평가를 받은 WM 테스트로서 최근에는 연구 도구로 이용되고 있다.

　　WM은 중앙 실행체계(central executive)와 종속 시스템으로서의 음운 고리(phonological loop)와 시각-공간적 스케치 판(visuo-spatial sketch pad)으로 구성된다는 견해가 일반화되었다. 중앙 실행체계는 LTM의 표상을 활성화하는 작용을 하고, 초점적 주의가 어디로 향할지를 의미하는 주의 배분을 조정하거나 과제 수행의 진행 상태를 관리하는 제어 기구와 같은 것이다(齋藤 2000b, 森下·近藤·苧阪 2000 참조). 음운 고리는 언어적으로 부호화된 정보를 일시적으로 보유해 둔 곳이고, 음운 코드의 소재를 보유하는 음운적 저장(phonological store)과 시간과 함께 감퇴하는 음운 코드 정보를 재활성화하는 내적인 조음 컨트롤 과정(articulatory control process)의 프로세스로 이루어진다. 시각-공간적 스케치 판은 아직 음운 고리만큼 해명되지 않았지만, 시각적 공간적 소재의 이미지를 생성하고 일시적으로 보유하는 시각적 정보(visual cache)와 감퇴하는 시각

정보를 재활성화하는 작용을 하는 내적 기록체계(inner scribe)라고 부르는 부분으로 구성되어 있다. 즉 WM 기능 중 정보 처리는 중앙 실행체계가 담당하고, 정보의 보유는 음운 고리와 시각-공간적 스케치 판이 담당한다고 할 수 있다.

WM은 정보 처리와 관련된 능동적인 기억이기 때문에 언어이해나 학습, 추론, 계산 등 고차원적 인지활동을 관장한다고 한다. 실제로 WM의 용량이 제1언어(L1)의 독해력과 상관이 높다는 사실은 이미 알려져 있다(Carpenter, Just & Miyake 1994, 苧阪·苧阪 1994). 독해 과정에서는 상향식(bottom-up) 처리와 하향식(top-down) 처리가 동시에 이루어진다. 스크립트에서 얻은 정보를 취사선택하고, 필요한 정보를 특정 시점까지 보유하면서 LTM의 지식(언어지식이나 배경지식 등)도 꺼내면서 정보를 처리하여 텍스트에 의미를 부여하는 과정이 필요하기 때문에 WM의 용량이 영향을 주는 것은 당연하다. 시각으로 인풋된 언어의 문자 정보도 일단 음운 코드로 변환되어 구음(構音) 컨트롤 과정에 들어온다고 한다. 또한 Baddeley(2000)의 개정된 모델(다음 [그림 2-4]를 참조)에서는 LTM에서 꺼낸 정보의 활성화 상태를 유지하거나 복수의 정보원에서의 표상을 유지할 수 있는 '에피소드 완충제(episode buffers)'의 존재를 제안하였다.

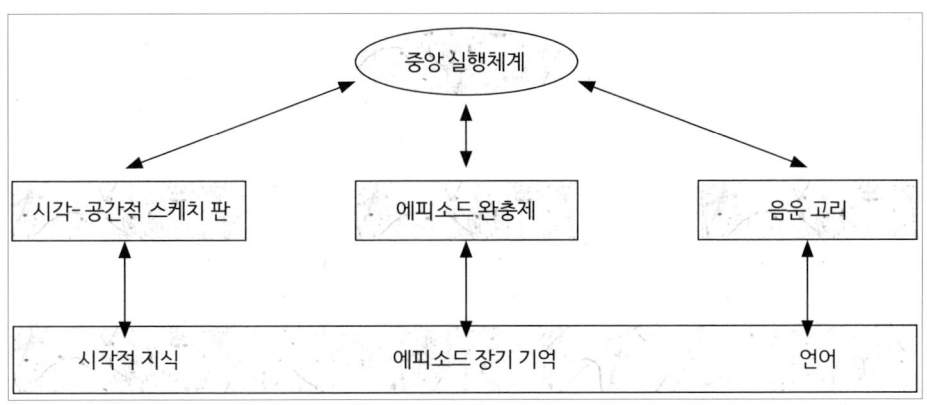

[그림 2-4] 작동 기억의 모델(Baddeley, 2000)

또한 WM이 SLA와도 상관관계가 있다고 지적하였다(Geva & Ryan 1993, Miyake & Friedman 1998, 苧阪·苧阪·Groner2000, Sawyer & Ranta 2001 등). SLA는 L2 인풋을 받아 기존의 중간언어 지식에 새로운 인풋을 추가하고, 심적 표상을 재편성하면서 구축하여 아웃풋을 하는 과정이다. 따라서 독해와 똑같이 그 과정에 WM이 관련될 것이라고 충분히 예측할 수 있다. 또한 WM의 과제 수행은 LTM의 도움을 받아 기능하는 것으로 보인다. 예를 들어 WM의 보유 기능을 갖는 음운 고리(언어성 단기 기억)의 정보 처리는 LTM의 음운 지식의 도움을 받아 보유가 가능해진다고 한다(N. Ellis 1996, 齋藤2000b, J.N Williams 1999). LTM의 음운 지식과 합치하는 음운 정보만이 WM에서 유지된다는 의미이다.

이와 같이 인풋에서 아웃풋에 이르는 정보 처리의 메커니즘으로 SLA를 파악하는 인지적 접근법의 교실습득연구는 정보 처리 과정 전반에 관련된 기억 메커니즘을 이해하는 것이 중요하다. 이와 같은 기억 메커니즘에 비추어 어떠한 교육적 개입이 SLA에 효율적인지에 대한 논의도 이루어져야 한다.

1.3.3 기억과 인식

小松(2000)는 당초부터 약 20년 전까지는 인식(awareness)에 관해서 '무엇인가를 알아차렸다'는 수동적인 심적 상태가 주목받았는데, 그 밖에도 능동적으로 작용하는 측면이 있다는 점도 무시하지 못한다고 하였다. 이 문제의 탐구는 인지심리학에서 인식(awareness)과 기억의 관계에 관한 연구로도 이어진다. 이와 같은 기억연구의 새로운 동향을 통해서 Robinson(2003)은 언어학습에서 기억과 인식(awareness)의 관계를 논하였다. 먼저 인풋 중에 검출된 정보는 STM으로 들어오며, 거기에서는 인식(awareness)의 외부에서 LTM의 정보에 자동으로 접속할 수 있다고 하였다(N.Ellis 2001도 참조). 예를 들면 UG 원리나 이미 습득된 언어항목은 인식(awareness)의 외부에서 자동으로 인식된다고 여겨진다.

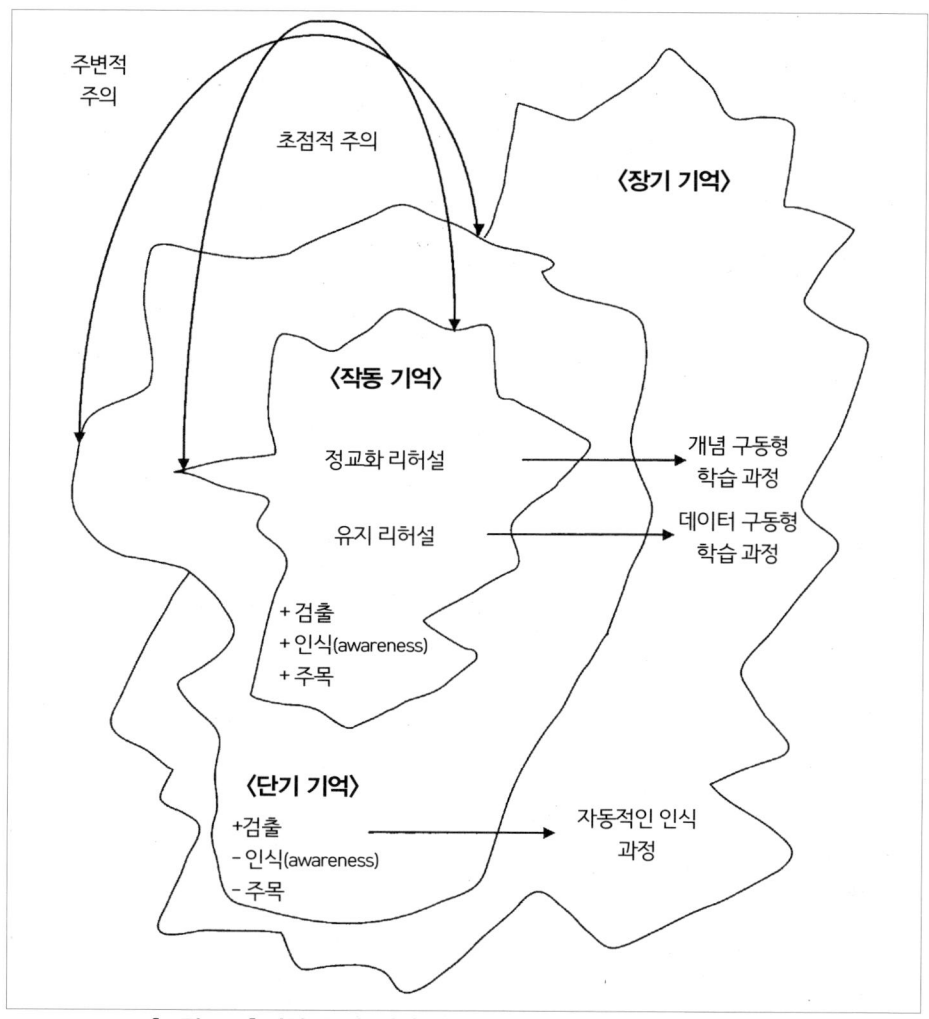

[그림 2-5] 기억, 주의, 인식(awareness)의 관계(Robinson 2003; 小柳 역)

그리고 새롭게 들어온 인풋 정보가 LTM의 심적 표상과 유사성이 없다고 판단되었을 때 학습의 필요성이 생기고 거기에 초점적 주의가 맞추어져 WM이 된다. 그리고 학습을 진행하기 위해서, 즉 LTM에 새로운 정보를 통합하기 위해서 심적인 리허설(복창) 과정이 생긴다. 리허설에는 2종류가 있는데, 데이터 구동에서 범례중심의 처리를 실시하는 경우에는 유지 리허설(maintenance rehaearsal)

이 일어나고, 개념 구동에서 스키마 중심의 처리를 하는 경우에는 정교화 리허설(elaborative rehearsal)이 일어난다. 유지 리허설은 잊지 않도록 목소리를 내서, 또는 마음 속에서 복창하는 유형의 리허설이다. 한편 정교화 리허설이란 항목끼리 관련짓거나 이미지화하여 정보를 부가해 가는 유형의 리허설이다. 어떤 유형의 리허설이 우세하게 작용하는지는 학습 과제의 성질에 따라 인지적으로 무엇이 요구되는지와 상호작용이 있다. 인식(awareness)은 리허설하는 과정에서 생기기 때문에 리허설이 어느 일정량, 즉 하한기준(threshold level)을 넘으면 LTM에 정보가 통합된다([그림 2-5] 참조).

SLA에서 데이터 구동형의 암시적 학습(implicit learning)과 개념 구동형의 명시적 학습(explict learning)의 대비가 종종 논의되고 있는데, Robinson에 의하면 그것은 어떤 학습 유형에 강하게 의존하는지와 같은 정도의 문제이며, 양쪽 모두 리허설과 LTM으로의 통합이라는 관점에서 보면 동일 기억의 메커니즘이 관련되어 있다고 보고 있다. 이것을 '근본적 유사 가설(Fundamental Similarity Hypothesis)'(Robinson 1997a) 이라고 한다. 한편, 어린이의 L1 습득은 암시적 학습의 전형이고 성인의 L2 학습은 명시적 학습에 대한 의존이 강하다는 점에서 성인과 어린이는 전혀 다르다는 '근본적 차이 가설(Fundamental Differences Hypothesis)'(Bley-Vroman, 1989)과도 모순되지 않는다고 한다. 하지만 L1과 L2 모두 동일한 기억 시스템이 작동하며, 주의와 인식(awareness)이 필요하다는 관점에서 동일한 학습 메커니즘이 적용된다고 여겨지고 있다. 또한 사고 발화법(think-aloud)에 의한 프로토콜 분석 등을 이용한 인식(awareness) 측정 방법의 문제점이 지적되고 있다는 사실(Jourdenais 2001)을 앞서 기술하였는데, Robinson(2003)은 인지심리학에서 이용되는 잠재 기억(implicit memory) 측정 방법이 인식(awareness)을 더 적절히 측정할 수 있다고 보았다.

이상 살펴본 바와 같이 의식, 인식(awareness), 주의, 기억의 메커니즘은 서로 밀접한 관련이 있다(苧阪1994, 2000, 2002 등도 참조). 의식은 인식(awareness)을 내포하고 있고, 현 시점의 SLA에서 논하기에는 개념의 폭이 넓어 직접 실험 대상이 될 수는 없다. 따라서 의식 그 자체를 논쟁의 대상으로 삼기는 어렵다. 그로 인해 의식 대신에 주의를 논의하게 되었다. 교사가 외부에서 교재나 지도 기술을 조작하여 학습자의 주의를 언어형식에 기울이게 하는(=Focus on Form) 것이 SLA의 촉진으로 이어진다(Long 1991)고 여겨지고 있는 것처럼 주의의 역할은 중요하다. 하지만 '주목 가설'(Schmidt 1990)에서 주의를 논의했을 때는 주의가 기울여지는 조건으로서 학습자 자신이 무엇을 알아차렸는지 언어화할 수 있는 수준의 인식(awareness)이 필요하다는 조작적 정의가 제안되었기 때문에 규칙에 주목하는 것이 중요하다는 등의 오해도 생겼다. 인식(awareness)은 개념 구동의 규칙학습(명시적 학습)뿐만 아니라 데이터 구동의 학습(암시적 학습)에서도 리허설의 결과로서 생기기 마련이다. 그리고 주의와 기억도 표리일체의 메커니즘이다. 또한 기억은 미지 정보를 수용하여 지식으로서 정착시키는 학습 과정 그 자체이기도 하고, 그 지식을 꺼내어 사용한다는 의미에서는 언어운용의 과정이라고도 생각할 수 있다. SLA에서 '의식'이나 '주의'가 종종 논의의 대상이 되었는데 향후에는 '기억'이라는 관점에서 SLA를 한층 면밀하게 검증할 필요가 있다. '기억'은 용량 제한 등의 논쟁이 있는 '주의'와 비교하면, 이론상 결정적으로 큰 견해의 차이는 그다지 보이지 않는다. 또한 측정하기가 어려운 '주의'나 '인식(awareness)'과 달리 '기억'은 인지심리학에서 측정 방법도 어느 정도 확립되었고, SLA 연구에 이용할 수도 있다. 따라서 다음 절에서는 기억 시스템의 관점에서 SLA를 더욱 자세히 살펴보기로 한다.

1.3.4 언어지식과 장기 기억

SLA를 기억 시스템의 관점으로 보기 위해서는 언어지식이 저장되는 장기 기억(LTM)의 성질에 대해서도 이해해야 한다. 일시적인 기억이 어떻게 하여 LTM으로서 고정화(consolidation)되는지 또한 그때의 LTM의 표상은 어떠한 형태를 취하는지, 그리고 어떻게 검색(retrieval)되어 과제 수행에 이용되는지에 대한 문제는 언어학습의 지속효과나 언어스킬의 자동화(유창성)를 생각하는 데에 중요하다. 또한 Krashen 이래 논의가 끊이지 않은 명시적 지식과 암시적 지식의 접점이 있는지에 대한 여부, 혹은 어떤 지식이 진정한 습득으로 이어지는지와 같은 논의도 기억의 메커니즘에서 논의할 필요가 있다고 여겨진다. 기억의 하위 범주의 구분은 연구자에 따라 견해가 다소 다르지만(예를 들면 山下2000의 정리를 참조), 여기서는 SLA의 기억을 신경생물학적인 메커니즘과 연결시켜 논한 Schumann(2004)의 분류([그림 2-6])를 제시한다.

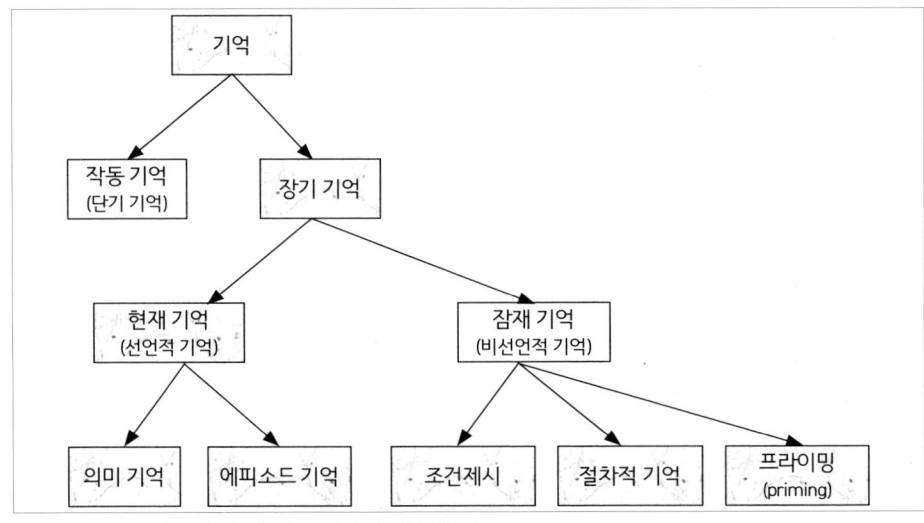

[그림 2-6] 기억의 계층적 분류(Schumann, 2004; Fabbro, 1999에 근거)

LTM은 크게 현재 기억(선언적 기억)과 잠재 기억(비선언적 기억)이라는 2종류의 기억으로 나눌 수 있다. 현재 기억에는 특정 시간이나 장소가 관계되고, 개인적 경험에 관한 기억인 에피소드 기억(episodic memory)과 일반적인 개념이나 지식에 관한 기억인 의미 기억(semantic memory)이 포함된다. 의미 기억은 언어를 사용할 때 필요한 기억이고, 어휘나 그 의미, 사용법에 관한 규칙의 체계화된 지식 등을 포함한다.[6] 메타언어적인 지식을 학습자에게 제시해야 되는지, 즉 문법 설명을 해야 하는지의 여부가 SLA에서는 논의되지만, 이러한 메타언어적인 지식은 선언적 기억에 포함된다. 한편 비선언적 기억 속에서도 절차적 기억은 음악이나 운동 등 스킬에 관한 기억이라고 한다. 언어운용은 절차적 지식이 지탱하기 때문에 대응하는 기억은 절차적 기억이라고 여겨진다.

선언적 지식이란 일반적으로 Krashen이 말하는 의식적인 문법학습을 통해 얻은 명시적 지식에 대응하는 기억이라고 여겨진다. 선언적 기억의 형성 과정에는 뇌의 해마라고 불리는 영역이 관련되어 있다고 알려져 있다(Crowell 2004, Hulstijn2002 등을 참조). 언어는 적어도 어휘를 부호화할 때 해마가 활성화된다는 사실이 fMRI를 이용한 연구 등에서 확인되었다. 또한 의미적 측면을 갖지 않고, 표층구조에 규칙성이 있는 인공문법(artificial grammar)[7]의 부호화 실험에서도 해마 영역이 활발하게 활동하는 것이 인정되었지만 문법성에 익숙해지면 그 활성화의 범위는 감소한다고 한다(Crowell 2004). 즉 학습이 진행되면 동일한 과제에 소모하는 노력은 줄어든다고 할 수 있다. 한편 절차적 기억은 Krashen이 말하는 무의식적으로 인풋을 이해하면서 일어나는 습득을 통해서 얻게 된 암시적 지식에 대응하는 기억이라고 여겨진다. 절차적 기억은 언어스킬의 '자동화'와 관련된 기억이기도 하다. 절차적 기억의 형성이나 검색에는 뇌의 전두연

6　의미 기억의 개념을 1970년대에 제안한 Tulving(1991)의 분류에서는 의미 기억을 잠재 기억으로서 취급하고, 잠재 기억으로서 의미 기억, 지각표상 시스템, 절차적 기억, 이렇게 3종류를 들고 있다. 의미 기억을 현재 기억과 잠재 기억의 어느 쪽에 포함할지는 연구자에 따라 견해의 차이가 보인다. 또한 의미 기억과 에피소드 기억의 경계선도 때때로 논쟁이 된다.

7　인지심리학 실험에서 종종 이용되는 인공문법(artificial grammar)은 문자배열 등에 규칙성을 갖게 한 것이다. SLA 실험에서 이용되는 인공언어(artificial language)는 가공의 언어라고는 하지만 의미영역을 보유하고 있고, 실제 존재하는 영어나 일본어 등의 자연언어(natural language)와의 대비로 사용된다.

합야(前頭連合野)의 피질 하에 있는 대뇌기저핵(Basal ganglia)이 관련되어 있다는 사실이 알려졌다(Lee 2004 참조). 즉 선언적 기억과 절차적 기억에서는 뇌의 다른 영역이 활성화되어 다른 신경회로가 형성될 가능성이 높다.

 SLA에서는 Krashen 이래 '명시적 지식(explicit knowledge)/암시적 지식(implicit knowledge)'이라는 용어가 사용되었지만, 필자가 아는 한 이들 용어는 심리학 사전의 표제어에서 보이지 않았다. 또한 '명시적 학습(explicit learning)/암시적 학습(implicit learning)'이라는 용어도 심리학 사전에는 실려 있지 않았다. 암시적 학습이 주목받기 시작한 것은 비교적 최근의 일이다(Berry 1998, Stadler & Frensch1998 등을 참조). 본서에서 SLA를 논할 때는 현재 기억(explicit memory)과 선언적 기억(declarative memory)을 거의 동일한 의미로 사용하고, 또한 잠재 기억(implicit memory)과 절차적 기억(procedural memory)을 거의 동일한 의미로 사용하기로 한다. 또한 기억과 학습, 지식의 구별도 종종 문제가 되는 부분이다. 학습이란 세계에 관한 지식을 습득하는 과정이고, 기억이란 지식을 부호화하여 저장하고 나중에 검색하는 과정이지만(Kandal, Schwartz & Jessell 2000), 생물학적인 세포 레벨로 보면 학습은 기억의 결과 그 자체이고 기억과 학습을 나누어 생각하기는 어렵다고 한다(Jones 2004). 또한 뇌 안의 메커니즘에서 지식이란 기억의 심적 표상을 말하며, 선언적 지식을 언급했을 때 선언적 기억이 시사되고 있다고 여겨진다.[8] 본서에서는 〈표2-1〉의 같은 열(칼럼) 안의 용어는 거의 동의어이고, 세로로 나뉜 열의 용어는 관련된 개념으로서 다루고자 한다.

---

8 단, 엄밀하게 말하면 기억은 저장된 기억의 검색 과정까지를 시사하는 동적인 개념이지만, 지식은 기억된 알맹이를 가리키는 정적인 개념이다.

〈표 2-1〉 Explicit(Declarative)과 Implicit(Proceduralized)의 대응표

	EXPLICIT	IMPLICIT
학습	명시적 학습(explicit learning) (개념 구동형 학습)	암시적 학습(implicit learning) (데이터 구동형 학습)
지식	명시적 지식(explicit knowledge) 선언적 지식(declarative knowledge)	암시적 지식(implicit knowledge) 절차적 지식(proceduralized knowledge)
기억	현재 기억(explicit memory) 선언적 기억(declarative memory)	잠재 기억(implicit memory) 절차적 기억(procedularized memory)

1.3.5 기억의 청킹(chunking)

기억은 동적인 과정으로 취급되는데, 여기서는 기억 형성의 메커니즘을 살펴보고자 한다. 뇌의 활성화 영역이나 신경회로를 보면, 선언적 기억과 절차적 기억에는 다른 영역이 관여한다(Hustijn 2002, Paradis 2004 등을 참조)고 한다. 또한 언어의 뇌 안의 메커니즘을 언어 산출과 관련된 브로카 영역(Broca's area)과 언어이해와 관련된 베르니케 영역(Wernicke's area)으로 설명하기에는 지나치게 단순하다. 신경회로를 통한 뇌의 다른 영역과의 연결 등도 살펴볼 필요가 있다. 뇌를 보면 언어학습도 다른 운동이나 인지스킬 학습과 똑같이 청각적, 시각적 자극을 수용하고 정보 처리를 가공하여 어떠한 반응을 아웃풋한다는 의미에서 뇌의 일반적인 학습 메커니즘으로 설명할 수 있다고 여겨지고 있다(Schumann 2004 등을 참조). 선언적 지식이 언어학습에 필요한지는 SLA에서 논의되는 문제이지만, 적어도 언어운용 능력의 습득에 착목한다면 언어운용을 지탱하는 절차적 지식을 습득하는 것, 즉 절차적 기억을 형성하는 것이 최종 목표가 된다. 이때는 습득과 관련된 기억의 메커니즘으로 청킹(chunking)이라는 과정이 보인다(N.Ellis 1996, 2001, 2003 참조).

청킹(chunking)이란 개개의 정보를 더 큰 유닛으로 통합해 가는 과정을 말

하며, 청크(chunk)란 기억의 편성(編成) 유닛을 말한다(Newell 1990).[9] 청크(chunk)라는 단어는 원래 STM에 보유할 수 있는 항목이 7±2라고 한 Miller(1956)가 명명한 용어이다. 예를 들면 7자리의 전화번호 숫자를 하나씩 기억하면 7항목이 되지만, 3자리와 4자리로 나누어 기억하면 2항목이 되어 그 이상의 항목을 STM에 보유할 수 있다는 뜻이다. 당시에는 한 덩어리로 기억한다는 기억전략을 가리켰지만, 현재의 기억 이론에서는 심리적 실재성(psychological reality)을 동반한 개념으로 여겨진다. 즉 청크(chunk)는 추상적인 레벨에서의 기억의 심적 표상이다. 언어지식이 기억으로서 LTM에 축적되어 자동화되는 순서는 언어의 하위 수준부터 시작한다. 먼저 음소, 음운부터 시작하여 이것이 단어, 여러 단어로 연결된 구(phrase)와 같이 더 상위 수준의 기억 편성 유닛, 즉 더 큰 청크(chunk)로 통합된다. 이 과정이 청킹(chunking)이다.

    N. Ellis(1996)는 대부분의 언어습득은 서열학습(sequence learning)이고 추상적인 문법지식은 서열정보의 분석에서 파생한다고 논하였다. 언어의 서열학습에는 어휘와 담화 서열을 배우는 두 가지 과정이 필요하다. 어휘에서는 음절 구조, 음소 배열 등 언어의 음운적 특징의 배열(=서열)을 배운다. 담화에서는 구(phrase), 연어(collocation) 등의 어휘 유닛의 배열을 배워야 한다. 그리고 문법학습은 저장된 어휘적 유닛의 서열에서 규칙성을 추출하는 과정이라고 한다. 예를 들면, 언어는 수초의 시간적인 길이를 가지고 소리가 연결되었지만, 학습자는 그러한 소리의 덩어리를 들었을 때 말의 흐름을 분석하여 바로 의미를 알 수 있는 단위인 청크(chunk)로 할 필요가 있다. 단어의 단위를 인식하는 데에는 음소나 음운 유닛을 먼저 발견할 필요가 있고, 거기서부터 점차 단어의 경계를 알

---

9   청크(chunk)라는 용어는 언어교육에서 연어(collocation), 정형표현(formulaic speech) 등과 동등한 의미로 사용될 때도 있다. 본서에서는 심리적 실재성이 있는 기억 메커니즘에서 기억 유닛을 가리키는 용어로 사용된다.

게 된다. 학습 초기에는 청크(chunk)의 단위가 작고, 단어 인지도 어려울 때도 있지만, 언어습득이 진행되면 같은 소리의 연결을 들어도 청크(chunk)의 단위가 커지기 때문에 하나의 단어 혹은 복수 단어의 덩어리로서 패턴 인지가 신속하게 일어나 빠르게 이해할 수 있다고 여겨진다. 또한 LTM에서 청크(chunk)를 불러내어 언어를 산출할 때도 커다란 유닛으로 불러낼 수 있어서 검색 과정이 신속해진다. 그리고 청크(chunk) 단위를 연어(정해진 문구)와 같은 몇 개의 단어로 정리된 단위로 불러낼 수 있다면, 화자는 남은 인지 자원을 더 상위 수준의 담화 구성에 사용할 수 있게 된다.

학습 과정에서는 동일한 패턴이 높은 빈도로 일어나면 연합적인 결합 패턴으로서 LTM에 저장된다. 또한 특정 동일한 상황에서 반복되거나, 또는 동시에, 혹은 인접해서 주의를 기울인 항목은 LTM에서의 검색에서도 연합되어 함께 검색된다고 여겨진다(N. Ellis 1999). 최근에는 습득을 기능과 언어형식의 매핑(mapping)에서 중요한 단서를 발견해 가는 과정으로 보는 경합모델도 이 청크(chunk)가 문법 습득에 중요한 역할을 한다고 한다(MacWhinney 2005). 예를 들면 일본어에서 언어를 개개의 단어 수준으로밖에 처리할 수 없으면 격조사의 기능을 추출하기 어렵다. '図書館で本を借ります' '図書館にコピー機があります'의 조사 'で/に'는 동사 '借ります/あります'에 의해 결정되지만, 학습자가 처리할 수 있는 청크(chunk)가 작으면 장소의 명사구와 동사를 동시에 처리할 수가 없다. 학습자는 더 큰 청크(chunk)로 언어를 처리하고, 그와 같은 인풋이 축적되지 않으면 형태소 등의 규칙성을 추출할 수가 없다. 청킹(chunking)의 메커니즘으로 보면, 언어의 창조성은 이미 알고 있는 청크(chunk)의 새로운 조합을 통해 완전히 새로운 문법 구조, 혹은 완전히 새로운 생각을 표현할 수 있다고 한다. 이와 같은 기억의 청킹(chunking)에 의한 언어습득과정은 LTM에 영속적으로 저장되는 연합적 연결 패턴의 세트를 형성하는 과정이고, 또한 언어운용

의 자동성, 유창성에 이르는 과정이기도 하다(N. Ellis 2001).

　이와 같은 기억의 청킹(chunking) 과정에 관해서는 그것에 대응하는 뇌 안의 메커니즘도 존재한다(Lee, 2004)고 한다. Lee에 의하면 절차적 기억의 저장이나 검색에는 전두연합야(前頭連合野)의 피질 하에 있는 대뇌기저핵(Basal ganglia)이 관련되어 있는데, 뉴런의 투사, 즉 피질 정보의 통합이나 분류의 과정이 기억의 청킹(chunking) 과정과 일치한다고 한다. 대뇌기저핵에서는 약 1만 개의 뉴런이 투사된 후 단일 뉴런에 통합되는 수렴(convergence)의 과정, 그리고 하나의 영역에서 뉴런이 산포되고, 산포된 뉴런끼리 연결할 수 있는 발산(divergence)의 과정, 또한 발산에 의해 연결이 가능한 뉴런이 통합되는 재수렴(reconvergence)의 과정을 반복하고 있다. 수렴, 재수렴의 과정은 바로 언어정보가 통합되고 커다란 청크(chunk)가 되어 가는 과정이라고 여겨진다. 이러한 메커니즘에 의해 인지적 행동의 흐름이 정해진다. 언어스킬도 이러한 과정을 거쳐 자동화에 이른다고 여겨진다. 즉, 규칙을 하나씩 검색하는 것이 아니라 필요에 따라서 청크(chunk)에 해당하는 적절한 신경회로가 한 번에 검색되어 언어스킬의 자동화로도 연결된다.

　N. Ellis는 연결주의(connectionist)적인 견해로 일련의 연구를 수행하였으며, 언어의 암시적 학습 과정의 검증이 더 필요하다는 교실습득 현상(Doughty, 2003 참조)에서 청킹(chunking)의 메커니즘 규명은 향후 한층 중요해지리라 생각된다. 한편 보편문법(UG)에 의한 생득적인 입장의 연구자와는 견해가 대립한다(Loup, 1996, Major1996 등). 하지만 UG 노선의 연구는 언어능력(competence)을 연구 대상으로 하고 있으나, 그 언어능력이 언어운용(performance)에 어떻게 연결되는지는 관심의 대상이 아니다. 언어운용은 비문법적인 문장도 생성되기 때문에 UG 노선의 연구자에게 원래 과학적 검증의 대상이 될 수가 없다. 그러나 언어교육의 관점에서 볼 때, 언어는 사용하기 위해 존재하며, 언어운

용(즉, 언어 처리: Language processing)을 간과한 채 언어능력을 논하는 것은 비현실적이다. 언어 처리의 과정을 생각할 경우, 역시 기억의 시스템을 시야에 두고 SLA를 논할 필요가 있다고 여겨진다. 기억의 청킹(chunking)에 의한 언어습득과정에 대한 견해는 언어의 처리 단위(processing units)에서 본 보편언어 발달단계와도 통하는 내용이 있다. 이것은 다음 절에서 살펴보기로 한다. 또한 제3절에서 자동화의 문제를 다루려고 하는데, 청킹(chunking)은 기억의 표상이 통합되어 언어 처리가 효율적으로 변하는 과정이라는 의미로 기억 기반의 자동화 이론과도 연결된다. 언어습득을 언어 처리와 동일한 메커니즘 속에서 모델화하려고 하는 교실습득연구의 동향(Doughty 2003, Pienemann 1998, 2003 등) 속에서 언어 처리를 하는 인지적인 공간인 기억을 핵심으로 한 습득 이론의 확립은 의미있는 일이라고 생각한다.

2
언어 처리

▬▬ 2.1 언어 처리의 메커니즘

언어를 이해하거나 산출할 때 머릿속에서 일어나는 과정을 인지적인 용어로 언어 처리(language processing)라고 한다. L1과 L2에서 처리 시스템이 공유되고 있는지에 대한 여부는 논란의 여지가 있지만, 적어도 언어를 사용한다는 점에서 L1과 L2에서 완전히 다른 언어 처리의 메커니즘이 기능하고 있다고는 생각하기 어렵다. 따라서 L1의 언어 처리 모델을 개관하여 언어를 사용할 수 있다는 말은 어떤 의미인지[10]를 먼저 고찰하고, L2의 언어 처리 및 그 시스템의 구축(=SLA)에 관한 논의로 이어가고자 한다. [그림 2-7]에서 소개하는 내용은 Levelt(1989, 1991, 1993, 1999a,b)의 언어 처리 모델이다.

---

10 말을 할 수 있다는 것은 어떤 의미인지에 대한 문제를 羽藤(2006)가 SLA의 지견을 반영하면서도 전문용어를 사용하지 않고 평이하게 해설하였기 때문에 참조하기 바란다.

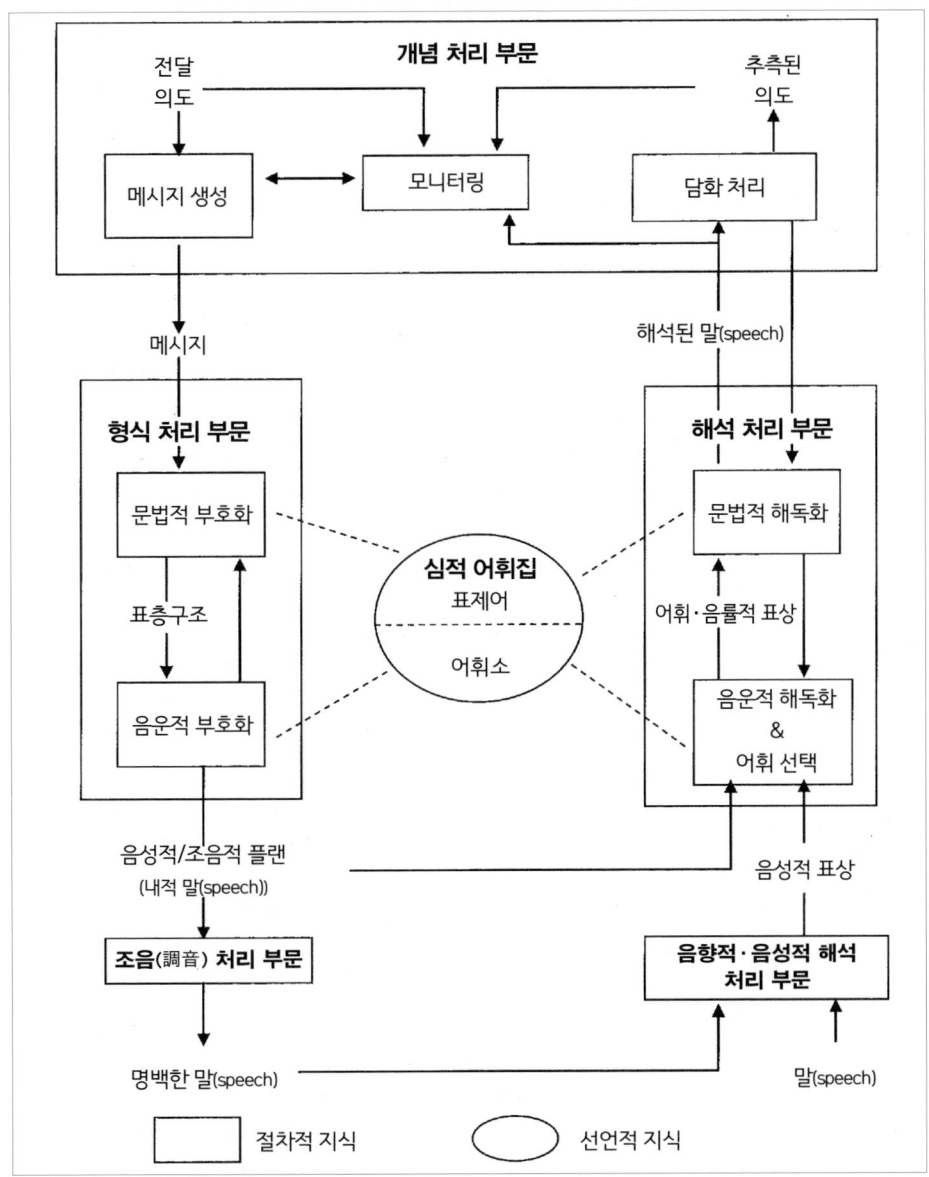

[그림 2-7] **언어사용의 처리 과정**(Levelt, 1993, p.2)

Levelt(1989)는 L1의 말실수(speech error)[11]에 관한 일상생활의 실제 사례나 말실수를 유발하는 심리언어적인 실험연구 결과를 정리하고, 발화 플래닝(planning)의 계층을 특정하여 L1의 언어 산출 모델로서 제안하였다.

이 모델은 언어 처리에서 심적 어휘집(mental lexicon) 부분만이 선언적 지식이고, 그 이외의 운용 시스템은 절차적 지식의 도움을 받아 기능한다. 또한 언어 처리의 각 단계는 모듈이 되어 각각 전용의 자립된 기능이 있지만, 언어 처리는 점증적으로 진행되어 특정 메시지의 청크(chunk)가 형식 처리로 보내지는 한편, 개념 처리 단계에서 다음 청크(chunk) 처리가 이미 시작되는 것처럼 병렬적으로 처리가 진행된다. Levelt(1999b)에 의하면 영어를 L1으로 하는 성인은 1초에 2~3 단어, 소리로 10~12의 음소를 내게 된다고 한다. 각각의 언어의 모듈 계층이 동시에 병행하여 순식간에 처리가 진행되기 때문에 언어 처리는 고차원적이고 복잡한 인지스킬이라고 할 수 있다. 또한 언어 처리의 속도로 보면, L1 화자의 언어 처리 시스템은 고도로 자동화된다고 볼 수 있다.

〈언어산출〉

[그림 2-7]에서 왼쪽이 언어산출의 과정이고 오른쪽이 언어이해의 과정을 나타낸다(모델의 개요는 Levelt 1989, 1993, 1999a, b를 참조[12]).

언어산출 시에 먼저 메시지가 있는 개념 처리 부문(Conceptualizer)에서 화

---

11 말실수(speech error)는 동일한 언어 수준에서 발생한다고 한다. 예를 들어, 소리 간의 교체가 이루어지거나, 단어 수준에서 개념적으로 유사한 어휘나 소리가 비슷한 어휘로 교체되는 현상이 나타난다. 이와 같은 증거를 근거로 Levelt는 언어 처리의 모델을 구축하였다. 일본어의 말실수에 관해서는 寺尾(2002)가 상세히 제시하였다. 또한 L1에서 다른 모델과의 비교는 Kormos(2006) 및 Levelt(1999b)에 상세한 논의가 되어 있기 때문에 참조하기 바란다.

12 Levelt(1999a, b)는 모델을 개정했는데, 언어이해의 과정이 언어산출의 모니터 과정에 편입되어 언어산출에 초점을 둔 도면으로 되어 있기 때문에 본서에서는 개정 전의 도면을 이용하였다. 개정한 부분에 대해서는 본문 안에서 언급하기로 한다.

자가 스스로 어떠한 의도를 전달하기 위해서 메시지를 생성한다. 그때 그 의도를 어떻게 전달할지, 발화행위를 어떤 순서로 할지 플래닝(계획책정)을 할 필요가 있다. 이것이 매크로 플래닝(Levelt, 1989)이라는 절차이며, 더 상세한 마이크로 플래닝의 절차와 구별된다. 마이크로 플래닝에서는 무엇(누구)을 중심으로 사건이나 장면을 기술하고 명제를 구성하는지 등을 결정해야 한다. 여기서는 언어 특유의 플래닝도 필요하고, 언어형식으로서 시제를 표현하는지, 명사의 숫자나 젠더를 나타내는지와 같은 플래닝도 포함된다. 예를 들면 많은 언어에서 동사의 시제가 필요하지만, 중국어와 같이 시제를 형태소로 나타내지 않는 언어에서는 시제에 관한 플래닝은 필요하지 않다. 이 단계에서는 아래의 형식 처리에서 필요한 모든 정보가 개념화된다. 개념적으로 구축된 언어화 이전의 메시지(preverbal message)는 형식 처리 부문(Formulator)으로 보내진다.

형식 처리 단계에서는 문법적 부호화(grammatical encoding)와 음운적 부호화(phonological encoding)가 이루어진다. 문법적 부호화는 메시지의 통사적인 표층구조를 형성하는 단계이다. 표층구조를 구축하기 위해서는 심적 어휘집(mental lexicon)에서 메시지의 개념에 해당하는 어휘 항목을 불러내야 한다. 어휘는 문법 정보를 포함한 표제어(lemma)와 음운 또는 문자소 정보를 포함한 어휘소(lexemes)로 이루어진다. Levelt(1989, 1993)의 첫 모델의 표제어에는 사전적인 낱말의 의미정보도 포함되었지만, 개정판(Levelt, 1999a)에서는 개념과 낱말의 의미정보를 구별하기가 어려워 어휘의 의미적인 정보는 개념단계에서 처리된다고 보았다. 따라서 문법적인 부호화 단계에서는 개념화된 의미정보에 합치하는 표제어에 접속하여 그 통사적인 정보(명사나 동사 범주 등)나 문법소성(성, 수, 시제 등)의 정보를 근거로 표층구조가 형성된다. 이 단계의 표층구조란 구(句) 구조 등으로 정리된 표제어 순서인 배열을 말한다. 그리고 다음 음운적 부호화 단계에서 심적 어휘집의 어휘소에 접속하여 표층구조에 음성 상의 플랜을 부여한다. 음운형식이 만들어지면 조음 처리 부문(Articulator)으로 보내지고 조음·발음기관의 운동을 통한 아웃풋으로서 말(speech)이 발성된다. 아직 음성화되지 않은 음성 상의 플랜과 음성화된 말(speech)은 언어이해 처리 과정으로 보내 모니터할 수 있다.

〈언어이해〉

오른쪽의 언어이해 과정은 언어산출 처리와는 반대로 소리 분석부터 시작되지만, 독해에서 알려진 것처럼 이해에는 상향식(bottom-up)과 하향식(top-down) 처리가 있고 화살표는 아래에서 위로와 위에서 아래로도 향해진다. 귀에 들어온 말(speech)은 먼저 음향적, 음성적 해석 처리 부문(Acoustic phonetic processor)으로 들어온다. 어떤 정리된 음성 패턴이 심적 어휘집의 어휘를 활성화하는데, 이때는 예를 들면 어두의 음성적 특징을 공유하는 단어가 함께 활성화되어 경합한다. 한층 분석을 계속함으로써 적절한 어휘가 선택되고 음운적 해독(phonological decoding)이 이루어진다. 음운형식의 어휘정보가 시간의 흐름에 따라 계속해서 얻어지면 문법적 해독(grammatical decoding)이 이루어진다. 여기서는 통사 처리가 이루어지고 단어 범주(명사나 동사 등)나 문법적 의미정보가 해독된다. 이렇게 해서 해석된 말(speech)에 담화 처리(discourse processing)가 이루어진다. 담화 처리에는 예를 들면 지시사와 그 지시 대상의 발견도 포함된다. 또한 담화나 백과사전적인 지식을 통해 하향식(top-down)으로도 이해가 이루어지고 그때까지의 이해과정이 맞았는지를 체크하는 모니터 기능이 작용한다.

이와 같은 산출과 이해의 언어 처리는 계층적, 모듈식(modular) 단계가 설정되어 있지만, 실제 언어운용은 신속하게 행할 필요가 있어, 모든 계층 처리가 병렬적으로 거의 동시에 순식간에 일어난다고 할 수 있다. 대화에서는 언어산출과 이해의 양쪽 과정이 거의 동시에 일어나게 되어 처리는 한층 복잡해진다. [그림

2-7]에서 심적 어휘집 부분만이 선언적 지식이라고 하지만, 각 부문, 및 그들을 코디네이트해서 움직이는 시스템 전체는 절차적 지식의 도움을 받아 기능한다. 언어 처리 순서는 기본적으로 어떤 언어에도 공통적이라고 하지만, L1 이외의 언어를 습득하는 경우에는 L1과는 다른 어휘 형태소·통사, 음운규칙 등을 이용하여 새롭게 언어 처리 시스템을 구축해야 한다.

80년대 이후의 습득연구에서는, 의미 있는 상황에서의 상호작용이나 글 텍스트와 자신의 내면 간의 대화를 통해 내용을 이해하는 과정이 언어 습득에 효과적이라고 여겨져 왔다(Long, 1996 참조). 이는 의미 있는 맥락을 벗어나 메타언어적인 연습을 하는 것보다, 언어를 실제로 사용하는 과정에서, 즉 통상의 언어 처리 시스템을 작동시키면서 언어를 학습하는 것이 기본 전제이다. 학습자의 입장에서 L2 사용은 교실 활동이든 생활 밀착 장면이든 그 장소의 전달 요구(needs)를 채우기 위한 언어사용이지만, 한편으로 머릿속에서는 동시에 언어학습도 진행되고 있다. 따라서 언어 처리의 인지적인 과정을 이해한 후에 그 과정에서 어떤 교육적 개입을 할 수 있는지를 고찰하는 것이 중요하다. 그 과정에서 주의나 기억 등의 인지 자원을 효율적으로 활용하는 교실 지도를 생각할 필요가 있다.

앞서 기술한 Levelt의 모델은 de Bot(1992, 2002)이 바이링걸 모델로서 L2에 응용한 이래 SLA의 언어 처리 모델로도 이용되고 있다. L2에서는 코드 스위칭의 사례가 L1에서 발견된 언어 처리 계층이 L2에도 적용할 수 있는 근거가 된다. L1에서는 간섭에 의해 음소끼리, 형태소끼리, 단어끼리처럼 동일 언어구조 수준에서 말실수(교체)가 일어나는데, L2에서는 두 언어 간의 코드 스위칭의 형태로 나타난다. 따라서 그것이 언어 처리의 플래닝 단위이고, 즉 모듈 계층의 존재를 나타내는 증거로 간주된다. Levelt의 언어 처리 모델은 언어산출뿐만 아니라 언어이해, 특히 독해 과정에도 적용된다. Levelt의 모델을 언급한 연구로는 예를 들면 아웃풋 가설(de Bot, 1996; Izumi, 2003), Focus on Form(Doughty, 2001), 처리 가능성 이론(Pienemann, 1998), 어휘습득(Nation, 2001), 독해(門田・野呂2001) 등이 있고, SLA에서 종종 인용된다.

    Levelt는 초기 모델을 일부 개정했는데 Kormos(2006)가 그 개정판을 바이링걸 모델로서 재검토하였다. 개념 처리 부문의 메시지 생성 과정은 L1과 L2 모두 공통적이지만, L2에서는 새로운 어휘를 심적 어휘집에 축적하거나, L2의 문법이나 음성의 부호화를 위해서 새로운 언어 처리 시스템을 구축할 필요가 있다. 언어산출에서 L1과 L2의 커다란 차이는, L1에서는 메시지의 개념화에 주의를 기울이면 문법이나 음성화의 부호화가 자동적으로 일어나지만, L2에서는 어휘나 통사, 음성 처리에 주의 자원을 종종 소모해 버린다. 따라서 L2에서는 발화를 모니터하기 위한 주의 자원은 거의 남아 있지 않아서 L2 학습자는 내용과 형식, 어휘와 문법 어느 쪽을 우선시할지 결정해야 한다. 또한 앞서 기술한 바와 같이 de Bot(1992)은 언어특유의 순서는 개념 처리 단계의 마이크로 플래닝에 있다고 하였으며, 개념적으로 무엇을 문법화할 필요가 있는지에 대한 플래닝도 포함하여 L2 처리 시스템을 구축할 필요가 있다. L2 학습자가 습득해야 할 언어 능력은 이와 같은 시스템을 유창하고 정확하게 작동시킬 수 있도록 하는 것이고, 이와 같은 시스템을 작동하는 데에는 어떤 교실 지도가 효과적인지를 생각할 필요가 있다.

2.2 언어 처리와 언어학습

    통상의 언어 처리에서 언어이해 과정은 메시지의 의미를 이해하는 데에 있고, 언어산출 과정은 무엇을 전달하는지에 초점이 맞추어져 있다. 이러한 처리 모드를 Focus on Meaning(FonM)이라고 한다. 교실 바깥에서 L2를 자연습득하고 있는 경우의 언어 처리는 대개 FonM 모드로 설정된다. FonM은 인간의 언어 처리의 디폴트 값(초기설정 값)이기도 하다(Doughty, 2001). 그리고 언어 처리를 실행하는 과정에서 인지적인 의미로 언어학습도 머릿속에서 진행된다고 한다면, FonM은 언어학습의 디폴트 모드이기도 하다(Doughty, 2003). 이것은 자연습득환경을 교실로 가져오려고 한 몰입식 프로그램으로, 원어민 화자만큼 유창하더라도 문법적 정확성은 원어민 화자와 거리가 좀 먼 것처럼(Swain 1991), FonM에서는 언어형식의 정확성에 대한 습득이 진행되지 않는다고 한다. 한편 전통적인 문법교육에서는 언어형식에 주의가 너무 기울어져, 의미가 처리되지 않는다는 문제가 있다(VanPatten, 1990). 이와 같은 언어형식에만 주의가 기울여진 처리 모드를 Focus on FormS(FonFS)라고 한다. SLA란 표현하고 싶은 개념이나 의미/기능을 어떠한 언어형식으로 나타내는가, 혹은 청크(chunk)로서 수용한 표층구조의 개개의 언어형식이 어떠한 의미/기능을 나타내는지를 발견하여 연결해 가는 매핑(mapping)의 과정이다. 하지만 FonFS에서는 중요한 의미/기능 부분이 결여되어 매핑(mapping)이 촉진되지 못한다. 따라서 언어학습을 촉진하는 처리 모드로서 Focus on Form(FonF) (Long 1991)이 제창되었으며, SLA가 일어나는 데에는 언어형식과 의미/기능의 동시처리가 중요하다고 여겨져 왔다(Doughty & Williams, 1998a, b; Long & Robinson, 1998 등). 학습자는 사전이나 문법서를 참조하는 등의 방법으로 비교적 쉽게 FonFS로 전환할 수 있다. 하지만 FonF로의 전환은 의미 있는 상황에서 과제의 인지적 요구도가 적절하고 학습자가 발달적 준비성(readiness)이 있다면 불가능하지는 않지만, 실제로 그러한 조건이 갖추어지는 일은 드물다. 따라서 교사가 학습자의 인지과정에 교육적 개입을 시행할 필요가 있다. 기본적으로는 FonM의 교실 활동을 시행하는 동안에 적절히 FonF 모드로 전환하는 일이 교실 지도의 역할이다(Doughty, 2001). 여기서는 언어 처리와 언어학습의 관계를 인지적인 관점에서 살펴보고자 한다.

Doughty(2001)는 지금까지의 교실습득연구의 다양한 개념이 교육적인 용어로 정의되어 왔다는 반성으로부터, 향후에는 이들을 더 인지적인 용어를 이용하여 논의하고, 언어학습 과정을 엄밀하게 검증할 필요가 있다고 하였다. 교육적인 개념과 그에 대응하는 인지적인 특성을 〈표 2-2〉에 나타냈다. 이러한 언어 처리와 언어학습은 기억 시스템과 크게 관련이 있다. 언어학습에는 학습 소재로서 언어 데이터인 인풋이 필요하고, 먼저 음성적으로 처리된 인풋은 STM에 들어온다. 앞서 기술한 Robinson(2003)의 기억모델로 말하자면 STM의 인식(awareness) 외부에서 자동으로 LTM과 기존 지식의 패턴 인지가 일어나지만, 기존 지식과의 유사성이 인정되지 않는다고 감지했을 때 학습의 필요성이 생긴다고 한다. Doughty(2001)는 처리된 언어가 학습자의 L2 능력을 뛰어넘을 때 언어학습을 위한 처리가 시작된다고 하는데 이것은 언어 처리 시스템이 대처 불가능하다고 판단한 경우, 즉 Robinson이 말하는 STM이 새로운 학습 타깃을 검출했다는 의미를 가진다고 할 수 있다.

언어학습을 위한 처리 과정으로서 Doughty(2001)는 계속적이고 비교적 자동적으로 일어나는 매크로 처리(macroprocessing)와 단기적이고 순간적으로 일어나는 마이크로 처리(microprocessing)를 구별하고 있다. 매크로 처리에서는 인풋의 내재화, 매핑(mapping), 분석, 재구축이라는 인지 처리가 이루어진다. 분석이 진행되면 LTM의 심적 표상이 구조화되지 않은 모호한 표상에서 점차로 명시적, 분석적인 형태로 이행한다. 분석을 위해서는 개념의 음운 형태로의 계속적인 매핑(mapping)이 필요하다. 따라서 교사가 문법 설명을 했다고 해서 매핑(mapping)이 완료되는게 아니고 학습자의 머릿속에서 인식이 되고, 시간을 들여 계속적으로 실행되어야 한다. 그리고 기존 지식에 통합될 때는 심적 표상을 재편성할 필요성이 생기는데, 그것이 '재구축(restructuring), (Mclaughlin, 1990)이다. 이것은 매핑(mapping)과 달리 어떤 시점에서 심적 표상에 돌발적인

〈표 2-2〉 Focus on Form과 인지적 특성과의 대응(Doughty, 2001, p.209)

'언어형식의 초점화'의 개념	인지적 특성
1. 마이크로 과정	
초점화(Focus)	선택적 주의, 기대, 지향성
(학습자에 의한) Focus on Form	작동 기억에서 언어형식과 의미/기능의 동시 처리
Focus on FormS	명시적 학습 (메타언어적 연습인 경우가 많음)
차이(gap)에 주목	검출, 인지 비교
(교사 혹은 다른 학습자에 의한) Focus on Form, 교육적 개입	인지적 개입 주의를 기울이게 하거나 끌어낸다
2. 매크로 과정	
Focus on Meaning	암시적(경험적) 학습
언어학습을 위한 처리 (인지된 정보(intake))	음성, 어휘/의미, 통사의 부호화, 규칙 추출, 모니터링, 플래닝, 리허설, 기억의 검색
언어사용	말(speech) 처리(언어산출, 이해)
언어학습	인풋의 내재화, 분석, 언어형식, 의미 및 기능의 매핑(mapping), 재구축
3. 리소스	
중간언어 지식	장기 기억에서의 심적 표상
일반지식(world knowledge)	담화와 백과사전적 지식

질적 변화가 일어난다고 여겨진다. 매크로 처리는 전달 요구(needs)를 채우기 위한 언어운용에서 벗어나, 즉 오프라인에서 자동으로 진행되어, 외부에서 교사가 직접 접속할 수가 없다. 그래서 Doughty(2001)는 일정한 짧은 시간 사이에 일어나기 때문에 개입이 가능한 마이크로 처리에 손을 씀으로써 결과적으로 매크로 처리에도 영향을 미쳐 SLA를 촉진할 수 있다고 보았다. 하지만 Doughty는 매크로 처리 과정이 아직 완전히는 해명되지 않았다는 문제점도 지적하였다.

마이크로 처리는 통상의 인지 처리(=FonM)로 들어간다는 의미이고, SLA에서 종종 이용되는 '교육적 개입(pedagogical intervention)'이라는 표현은 '인지적 개입(cognitive intrusion)'이라는 의미가 강한 말로 표현된다. 마이크로 처리 과정에서는 특정 언어형식에 선택적 주의(selective attention)가 기울어져서, 인지 비교(cognitive comparison)가 이루어진다. 인지 비교를 촉진하기 위해서는 학습자가 언어학습의 요구를 인지적으로 감지했을 때 그것을 타깃으로 교육적 개입을 하면 효율성이 좋다고 여겨진다. 인지 비교는 인풋과 LTM의 심적 표상, 아웃풋과의 사이, 또한 발화 의도와 인풋, 아웃풋과의 사이에도 일어난다. 이와 같은 인지 비교의 기회가 많으면 주목이 발생한다고 여겨진다. 심적 어휘집을 검색하여 대응하는 어휘가 없는 경우에는 새롭게 L2의 표제어가 작성된다. Doughty(2001)는 매크로 처리에서 매핑(mapping)의 성패, 즉 FonF에 의한 교육적 개입의 지속 효과는 마이크로 처리의 언어형식과 의미/기능의 주의 통합 수준에 달렸다고 한다. 깊은 통합 수준에서 처리된 것이 LTM에 남는다고 할 수 있다.

2.3 처리 가능성과 문법 발달단계

언어 처리의 메커니즘과 관련하여 Pienemann(1998)은 Levelt의 모델을 이용해 중간언어에 보편적인 발달단계가 존재한다는 사실에 대한 설명을 추가한 처리 가능성 이론(Processability Theory)을 제창하였다. 이것은 Pienemann 자신의 영어나 독일어의 의문문이나 부정문의 발달단계에 관한 연구에 기초한 다차원 모델(Multidimensional Model) (Pienemann & Johnston 1987; Pienemann, Johnston & Brindley 1988)이나 교수가능성 가설(Teachability Hypothesis) (Pienemann, 1989)을 한층 발전시킨 이론이다. 또한 언어 처리의 메커니즘을 언어 습득과정에 통합하여 이론적으로도 기여하려고 한 이론이다(Pienemann, 2002). 처리 가능성이라는 관점에서 본 SLA는 언어를 처리하는 데에 필요한 스킬의 습득이라고 파악된다.

Pienemann의 초기 연구에서는 L1과 L2 모두 공통되고, L2의 자연습득과 교실습득에서 모두 바뀌지 않는 강고한 발달단계가 존재한다는 사실이 밝혀졌다. 모든 언어에서 공통된 통사 발달단계로서 다음과 같은 단계가 있다고 여겨졌다.

> 제1단계: 어휘, 정해진 문구를 말할 수 있다.
> 제2단계: 표준적인 어순의 문장을 만들 수 있다.
> 제3단계: 문말의 요소를 문두에 두는 등 문장 요소를 움직일 수가 있다.
> 제4단계: 문장의 구성요소에 대한 인식이 생기고, 문장 안의 요소를 앞이나 뒤로 움직일 수가 있다.
> 제5단계: 단문구조 안에서 다양한 요소를 자유롭게 움직일 수가 있다.
> 제6단계: 복문구조 안에서 요소를 움직일 수가 있다.
>
> (Pienemann & Johnston, 1987; Pienemann, Johnston, & Brindley, 1988)

언어습득에 이러한 발달단계가 존재하는 이유는 인지적인 제약이 통사 발달에 영향을 미치기 때문이라고 생각하였다. 다차원 모델에서는 말(speech)에 있어서 문장 구성요소를 얼마나 이동시키는지를 뜻하는 언어 처리 과정에는 기억 등의 인지 자원에 제약이 따르기 때문에 문장 요소를 움직이는 구조일수록 표출이 늦어진다고 생각하였다. 예를 들면 영어에서 어순을 바꾸지 않고 상승 어조로 의문문을 만들기는 쉽지만 조동사를 문두에 내어 주어와 조동사를 도치하는 의문문을 만들기는 한층 어렵다.

새롭게 전개되는 처리 가능성 이론(Pienemann, 1998)에서는 언어 처리의 언어 하위 수준의 절차적 스킬의 자동화 정도에 따라 언어산출에서 표출되는 언어구조에 발달적 특징이 나타난다고 한다. 이 계층은 언어산출에 있어서 어휘를 심적 어휘집에서 불러내어 통사적인 구조를 조정하고 문법 부호화를 실행한다는 언어 처리 절차(Levelt 1989)와 일치한다. 그리고 이것은 동시에 인지면의 처리 능력이 어휘 수준의 처리에서 복잡한 구문 처리로 자동화가 진행되는 언어 발달단계이기도 하다. 문법 부호화 절차에는 표제어, 범주, 구 구조, 단문, 종속절이라는 계층이 존재한다. 학습자는 심적 어휘집에 표제어를 더해 표제어(어간)에 문법범주를 부여하고 구(句) 구조의 기능을 결정하며, 또한 문장의 절점(節點)에 구 구조를 부여해 간다는 단계를 거쳐 문장구조가 축적되어 가는 과정을 거친다. 또한 처리 가능성 이론은 구문이 파생하는 단계를 어휘·기능문법(Kaplan & Bresnan 1982)으로 설명한다. 또한 점증 절차적 문법(Incremental Procedural Grammar) (Kempen & Hoenkamp, 1987)을 수용하여 언어산출은 어휘, 구 구조, 문장구조 처리로 각 계층의 문법 정보를 교환하면서 점차로 상위구조로 문장이 파생되는 모습이 언어 발달단계와도 일치한다고 본다. 일본어 문법 발달단계에 대해서는 다음 장에서 논하겠다.

    제1언어 습득에서는 아이가 태어나고 나서 약 1년의 침묵기 동안에 먼저 모어의 모음을 인식하고, 점차로 자음이나 소리의 변별단위를 발견해 간다. 기본적인 소리를 인식할 수 있게 되면, 음률적 정보를 기반으로 단어 구조를 분석하고 단어 단위를 인식할 수 있게 된다. 그리고 시간적인 통합이 있는 소리의 연결에서 단어나 덩어리를 꺼내게 된다. 이것이 분절화(segmentation)라고 하는 과정이다. 단어 단위로 분절할 수 있게 되면, 그 처리에 인지 자원을 소모할 필요가 없어지기 때문에 한층 커다란 덩어리를 꺼낼 수 있게 된다. 이와 같이 심적 표상이 형성되어 스킬이 자동화되어 가는 과정은 언어의 하위 수준부터 시작된다. SLA에서 새로운 언어 처리 시스템을 구축해 가는 데에는 역시 FLA와 동일한 과정이 필요하다. L2에서도 새로운 어휘나 문법에서 언어 처리가 가능해지도록 해야 한다. 하위 수준의 처리가 자동화되어 거기에 주의를 기울일 필요가 없어지면, 그 위의 수준에 주의를 기울일 수 있게 되고 처리 단위는 커진다.

이것은 앞서 기술한 기억의 청킹(chunking) 과정에도 해당하는 내용이라고 생각한다. 조금씩 처리 단위인 청크(chunk)가 통합되고 더 큰 단위가 되면 복잡한 구문을 이해하거나 산출하기는 쉬워진다. 신속함이 요구되는 자발적인 언어 운용에서 L2의 언어능력이 불충분한 학습자가 한정된 시간 내에 개념 처리에서 음운 처리까지 언어 처리를 실행하기는 힘들다. 그래서 표출하는 언어에 발달적인 특징이 보인다. 이와 같은 처리는 작동 기억(WM)이 담당하지만, 필요한 부분에 주의를 배분하고 언어 처리 시스템의 모든 부문을 조정하고 과제 수행을 관리할 때 시간적인 제약을 받는다고 여겨진다.

이와 같이 언어 처리 단위든 기억의 청크(chunk)든, 언어습득의 근저에는 음운식별 능력이 있다. L2에서 L1 소리의 부정적 전이가 종종 보이는 이유는 특히 학습 초기에는 L2의 소리도 L1의 음운체계로 지각해 버리기 때문이다. 외국어 학습장애를 가진 대학생은 L2뿐만 아니라 L1의 음운식별 능력이 약하다는 보고(Ganschow & Sparks, 2001; Sparks & Ganschow, 2001등)도 있으며, Skehan(1998)도 학습초기 단계에서는 음운식별 능력이 상당히 중요하다고 하였다. 또한 언어습득을 청킹(chunking) 과정으로 보면, 소리를 분석해서 기억의 편성 유닛을 형성하는 것이 추후 문장구조의 규칙성의 추출, 복잡한 문장구조의 생성과도 연결되기 때문에 음운 스킬은 언어학습 전반에 영향을 미친다고 여겨진다. 하지만 Doughty(2003)는 이러한 인풋 처리, 특히 소리의 분절화 과정은 L1에서는 연구가 이루어졌지만, L2에서는 아직까지 그다지 해명되지 않았다고 지적하였다.[13] 따라서 이 과정의 해명이 급선무이고, 교실 지도도 이러한 분

13　최근에는 목표언어의 최초 접촉에서 초기 인풋 처리를 살펴보는 연구가 나왔다(Rast, 2008; Gullberg & Indefrey, 2010 등)

절화 과정을 촉진하는 내용이어야 한다고 하였다. 또한 Doughty는 습득의 단위가 언어항목이 아니라 처리 단위(processing units)로 해야 하고 물의를 빚은 Krashen의 'i+1'에서 '+1'의 타깃은 다음에 처리 가능한 것(processable)이어야 한다고 하였다.

Pienemann의 모델은 언어구조의 표출단계를 나타낸 것으로 올바른 사용 순서를 나타낸 모델이 아니다. 각각의 단계의 구조적인 특징을 나타내고 있지만 잘못된 문장도 혼재하고 있는 경우가 많다. 하지만 단계가 올라감에 따라 오류도 점차 소멸해서 언어 처리도 신속하게 실행된다고 여겨진다. 표출순서를 습득의 지표로 하는 이유는 학습자의 언어가 복잡한 발달과정을 거치기 때문이다. 한번은 올바르게 사용되었던 언어형식이 어떤 때부터 부정확하게 되거나 사용하지 않게 될 때도 있다. 그러한 시기를 거쳐 다시 올바른 사용이 증가한다. 이와 같은 언어 발달 곡선을 U자형 행동(U-shaped behavior)이라고도 부르지만, Pienemann의 모델은 최초에 사용이 시작된 때를 습득의 시작 시기로 간주하고 발달단계를 판단하고 있다.

2.4 경합모델로 본 인풋 처리

Krashen(1985)의 '인풋 가설' 이래 SLA에서는 인풋이 늘 연구의 대상이 되었지만, 실은 인풋 처리 과정에는 해명되지 않은 점도 많다(Doughty, 2003)고 하였다. 그중에서 경합모델(Competition Model)이 오래전부터 인풋 처리 문제 해명에 매달렸었다. 이 모델은 생성문법에서 말하는 '언어능력(language competence)'뿐만 아니라 '언어운용(language performance)'도 포함하여 습득이라고 간주하고, 언어습득이란 기능 레벨(의미 혹은 발달의도)과 형식 레벨(표층형식 혹은 표현수단)을 직접 연결시켜 가는 과정이라고 파악하였다. 그 매핑(mapping)

과정에서 열쇠가 되는 것이 단서이고, 언어에 따라서는 중요한 단서가 어순이나 격이기도 하다. 경합모델에서 중요한 개념은 '단서의 타당성(cue validity)'과 '단서의 강도(cue strength)'이다. 단서의 타당성은 언어의 어떤 영역에 있어서 단서를 입수할 수 있는 사례가 전체에서 차지하는 비율, 즉 이용가능성(availability)과 어떤 단서가 올바른 해석에 이르는 비율, 즉 신뢰성(reliability)에 기반하여 결정되어 단서가 의미와 언어형식의 연결에 무게나 강도를 더해 간다. 즉 다양한 단서가 경합하는 속에서 그 언어 특유의 단서를 획득해 가는 것을 습득이라고 간주하는 점이 '경합모델'이라고 부르는 이유이다. 경합모델은 언어습득을 개개의 언어를 특징짓는 단서(어순이 중요한가, 격이 중요한가)의 차이를 배우고, '단서의 강도'를 습득하는 과정으로 보았기 때문에 규칙을 내재화하는 과정으로는 보지 않았다. 또한 경합모델은 보편문법의 파라미터와 같이 L1과 동일한가, 또는 다른 파라미터를 재설정하는가라는 양자택일의 접근법으로는 언어에 따른 변이나 개인 격차를 설명하지 못한다고 하면서 보편문법과 같은 언어 이론적인 접근법을 대체하여 습득과정을 설명하려고 시도하였다(경합모델의 개관은 MacWhinney, 1987; Bates & MacWhinney, 1987; MacWhinney, 2001을 참조). 영어와는 다른 언어적 특징을 갖는 일본어는 경합모델의 적절한 연구 대상이 되었다(일본어 실증연구는 본서 제5장 제3절을 참조).

현재 경합모델에 관한 연구는 인풋을 받았을 때 어떠한 단서를 이용해서 올바른 해석에 이르는지에 연구의 주안점이 두어져, 인풋이 어떻게 아웃풋으로까지 연결되어 가는지는 설명되지 않았다. 따라서 경합모델이 목표로 하는 언어운용 능력 습득의 포괄적인 모델로 하기에는 아직 불완전하지만, 언어와 기능이 1대 1의 대응만이 아닌 복잡한 매핑(mapping) 처리를 필요로 할 때는 습득이 어려워진다고 할 수 있다. 단서를 교실 지도 안에서 어떻게 조작할 수 있는지를 검증한다면 FonF 연구에 도입할 수 있다. 또한 아웃풋에 이르는 메커니즘까지는 설명되지 않았지만, 언어형식과 의미의 매핑(mapping) 과정의 어떤 측면을 시사한다고 여겨진다. 근래 경합모델은 제1언어 습득 및 바이링거리즘을 포함한 제2언어 습득의 광범위한 현상을 설명할 수 있는 언어습득의 통합모델(Unified Model)(MacWhinney, 2005, 2008, 2011 참조)로서 한층 발전하고 있다. 예전부터 경합모델은 L2에서 중요한 단서가 L1과 다른 경우에 습득이 어려워진다고 했지만, L2, L3로 습득할 때는 이미 학습한 언어 단서도 활성화될 가능성이 있다고 생각해 L2, L3 모두 L1과 동일한 매커니즘을 통해서 포괄적으로 습득을 파악하려고 하였다

3
언어스킬의 자동화

3.1 '자동화'의 개념

DeKeyser(2001)는 SLA 연구에서 '자동화(automatization)'라는 개념이 1990년쯤까지는 그다지 관심을 받지 못한 영역이라고 기술하였다. 인지심리학에서 Schneider & Schiffrin(1977)이 '자동성(automaticity)'이라는 개념을 도입한 이래, McLaughlin, Rossman & McLeod(1983)가 SLA에도 도입하였지만, '자동화' '자동성'이 어떠한 것인지는 아직 충분히 이해되었다고는 하기 어렵다. '자동화'란 일반적으로 '자동성'이 어떻게 발달하는가라고 여겨지지만, '자동성'이라는 용어를 어떻게 해석할지에 대한 정의도 흔들리고 있다. 우리들은 경험적으로 일상생활에서 어떤 스킬이나 동작이 자동으로 실행된다는 것이 무엇인지를 알고 있지만, 인지적 의미에서 엄밀하게 '자동성' 또는 '자동화'가 무엇을 가리키는지를 생각해 볼 필요가 있다. 왜냐하면 그것은 언어교육에서 일반적으로 유창한 L2 사용이라고 간주하는 것이나 유창성의 발달과정과 같다고 해도

되는지를 알아야 하기 때문이다. SLA에서 언어운용 능력의 발달을 살펴볼 때 이러한 이론 틀은 어떤 연습이 진정한 자동화를 초래하는지와 같은 시사점도 생긴다고 기대할 수 있다.

　　Schmidt(1992)는 '자동화'란 무엇인지를 고찰하기 전에 L2에서 '유창성'이 어떻게 파악되는지를 논하였다. 그리고 일상대화에서 우리들이 '그 사람은 독일어가 유창하다'고 말한 경우, 대개는 '좋은 화자'라는 의미에서 언어운용 능력을 포괄적으로 파악하여 '유창성'이라고 표현하는 경우가 많다고 한다. 또한 Schmidt는 모어화자(NS)가 비모어화자(NNS)의 말(speech)의 유창성을 평가한 연구(Lennon, 1990; Riggenbach, 1991 등)에서 유창성의 판단은 역시 포괄적으로 이루어져서 때때로 정확성도 포함한 평가라고 하였다. 말하는 속도나 포즈(pause)의 길이뿐만 아니라 어휘의 풍부함이나 구문의 복잡성 등을 동반하여 숙달도와 동등하게, 또는 적어도 숙달도의 구성요소로 판단할 때도 많다. L1 화자의 유창성을 개념화시킨 Fillmore(1970)에 따르면 원래 유창성이란 광범위한 언어능력을 포함한 용어로 정의되었다. 적은 포즈로 끊김없이 말할 수 있는 능력은 당연하고, 논리적으로 일관성이 있게 심도있는 내용을 말하기, 상황에 맞게 적절한 방법으로 말하기, 풍부한 창조성을 지니고 말하는 능력까지 포함하고 있다. 하지만 언어교육의 세계에서는 어째서인지 '정확성' '유창성'이 종종 구별되어 교실에서는 어떤 단계에서 어느 쪽에 비중을 두어야 하는지와 같이 대비시켜서 생각하는 경우가 많다. 교수법의 변천을 보아도 정확성과 유창성 사이에서 늘 이론의 논쟁이 있었다. Lennon(2000)은 L2의 유창성을, 말하는 속도 등의 시간적인 척도로 측정하는 저차원의 유창성과 사고를 언어화하는 과정과 관련된 고차원의 유창성을 구별해야 한다고 하였다. 후자는 생각하고 있는 동안에 필러(Filler, 일본어에서는 'えっと', 'あのう' 등)를 넣거나, 적절한 어휘에 접속할 수 없는 경우에는 다른 말로 표현하는 패러프레이즈(paraphrase) 능력도 포함된다.

SLA 연구 중 특히 과제(task)에 관한 연구(Foster & Skehan, 1996; Robinson, 2001b; Skehan, 1996, 1998; Skehan & Foster, 1999 등)에서는 과제에 따른 언어 운용을 정확성, 유창성, 복잡성으로 나누어 측정한다. 그중에서 시간적인 의미에서 유창성의 척도로서 말하는 속도나 포즈의 길이, 또한 주저함의 정도를 측정하는 척도로서 시작 부분의 실패(false starts)나 반복, 자기정정의 횟수 등이 유창성의 지표로서 종종 이용된다(R. Ellis & Barkhuizen 2005, Ch.7도 참조). 이것은 심리언어학적인 접근법의 SLA에서 연구 도구로써는 유효하지만(Towell, Hawkins, & Bazergui, 1996), 언어교육 현장에서 많은 학습자를 한정된 시간에 이렇게 분석하고 평가를 내리기는 어렵다. 교육 현장에서 이용되는 평가는 오히려 언어행동의 기술에 기초한 수준 판정이다. 하지만 실제로는 언어 테스트에서 특별한 훈련 없이는 평가자의 '유창성'의 기준이 개개인마다 다른 경우도 많다. 이상적으로는 SLA의 유창성 측정을 통한 언어 발달단계와 ACTFL-OPI로 대표되는 유창성을 포함한 언어운용 능력에 관한 수준 판단이 일치하는 것이 바람직하다. 따라서 인지적 관점에서 스킬 자동화를 언어 학습과 연관지어 이해하는 것은 매우 중요한 과제이다. SLA를 가장 촉진한다고 추정되는 FonF의 언어 처리 모드는 학습자의 정확성과 유창성 모두 동시에 향상시키기를 목표로 하고 있지만(Doughty, 1998), 어떻게 해서 그것이 가능해지는지를 알아야 할 필요가 있다.

3.1.1 자동성과 자동화

Segalowitz(2003)는 '자동성' 개념의 변천을 논하였다. 초기 연구에서는 '자동성'이란 신속한 처리, 탄도적(ballistic)이며 중단 없는 처리, 다른 정보 부하에 영향받지 않은 독립된 처리로 파악되었다. 그 후 인지 자원으로서의 '주의'의 사고에서 심적 노력을 필요로 하지 않은 처리, 즉 주의 자원을 필요로 하지 않은 자동적인 처리, 무의식적으로 행해진 처리로 파악되었다(DeKeyser, 2001의 '자동성'의 기준에 관한 동일한 논의도 참조). 하지만 이들은 자동적이지 않은 처리와 비교할 때의 상대적인 개념이어서, 실제로 '자동성'의 정의를 내리기는 어렵다. 인지심리학에서 '자동성'에 상기와 같은 특징이 있다는 사실은 암묵적 양해를 얻었지만, '자동화' 이론은 그와 같은 '자동성'의 엄밀한 정의 문제를 피하고 제안되었다는 점이 실상이었다고 할 수 있다(Segalowitz, 2003 참조). DeKeyser(2001)는 자동화를 자동성으로 연결시키는 과정으로 볼지, 자동화 과정을 거친 결과를 자동성으로 간주할지와 같은 모호한 점이 있다고 하면서도 자동화 과정은 관찰이나 실험을 통해 실제 증명이 가능하므로 탐구할 만한 가치가 있다고 하였다. 다음 절에서는 SLA에 영향을 미친 인지심리학의 자동화 이론과 SLA의 실증연구를 검토하고 자동화와 언어운용의 유창성과의 관련성을 생각해 보고자 한다.

3.1.2 정보 처리 접근법 vs 스킬 습득론

(1) Shiffrin & Schneider(1977)의 자동적/통제적 처리

스킬이 어떻게 하여 자동화되는지는 Shiffrin & Schneider(1977), Schneider & Shiffrin(1977)의 정보 처리 접근법이나 Anderson(1983)의 스킬 습득론(ACT*이론)으로 설명할 수 있지만, 양자의 견해는 조금 다르다. 두 견해는 SLA 연구에도 영향을 주었지만, McLaughlin(1987, 1990; McLaughlin & Heredia, 1996)이 전자의 견해를 일찍이 도입하였다. McLaughlin은 Krashen의 모니터 이론을 강하게 비판한 것으로도 유명하다. 정보 처리 접근법에서 자동화된 정보 처리를 '자동적 처리(automatic processing)'라고 한다. 자동적 처리란 몇 번이나 시행을 거쳐 동일한 인풋을 동일 활성화 패턴에 계속적인 매핑(mapping)을 완료한 후에, 거기서 구축된 표상이 기억에서 자동으로 활성화되는 과정이다. 활성화된 표상은 연합적인 연결로 정리된 것이다. 자동화에 이르는 이전의 과정은 '통제적 처리(controlled processing)'로 구별된다. 통제적 처리에서 기억의 단편적인 표상이 활성화되고 처리 과정은 주의 자원의 제약을 받는다. 학습에서 그때까지 통제적 처리를 행한 스킬이 자동화되면, 거기서는 더 이상 주의를 기울일 필요가 없어진다. 주의 자원을 더 어려운 과제에 사용할 수 있고, 새로운 학습이 일어난다. 이렇게 해서 서서히 인지적으로 복잡한 과제도 수행할 수 있게 된다고 여겨진다.

또한 어떤 스킬이 자동화될 때마다 자동화된 처리 순서가 순차적으로 통합되어 새로운 심적 표상을 만든다. 이 과정을 '재구축(restructuring)'이라고 한다. 이 접근법에서는 자동화되는 과정에서 심적 표상이 질적(=심적 표상의 내용 변화)으로도 변화한다고 파악하고 있다. 언어 처리는 음운에서 담화에 이르는 계층적인 처리를 실행하는 복잡한 인지스킬이며, 스킬이 발달함에 따라 각 계층 처리에 필요한 주의 자원이 감소한다고 해석하였다. 이렇게 해서 통제적 처리에서 자동적 처리로 이행한다는 이론이 L2 언어스킬의 자동화를 설명하는 데에 적용되었다(McLaughlin, Rossman & McLeod, 1983, McLaughlin, 1990). 단 정보 처리의 발달단계는 설명되지만, 자동화의 학습 메커니즘으로써의 이론까지는 되지 못한다는 비판(Schmidt, 1992)도 있다.

(2) Anderson(1983)의 ACT* 이론

한편, Anderson(1983)의 스킬 습득론(ACT* theory: adaptive control of thought)은 LTM에 두 가지 지식이 존재한다고 생각하였으며 선언적 지식과 절차적 지식으로 분류하였다. 유창한 언어운용은 절차적 지식(=암시적 지식)에 기반하여 이루어졌다는 견해로 Krashen의 논 인터페이스 가설과도 일치한다. 하지만 Krashen과 달리 전통적인 문법학습에서 얻어지는 선언적 지식과의 사이의 인터페이스를 인정하는 입장을 지지하는 심리학 이론이다. 언어스킬이 자동화되는 과정은 먼저 선언적 지식을 습득하는 것부터 시작된다. 그리고 그 선언적 지식을 연습함으로써 지식이 절차화(proceduralization)된다. 그때 언어화하여 표현할 수 있는 메타언어적 지식인 선언적 지식이 처리 순서나 스킬을 지탱하는 절차적 지식으로 변환(convert, transform)된다고 본다. 그리고 또한 연습을 거듭함으로써 절차화 지식이 자동화된다고 보고 있다. 지식이 자동화된 후에 선언적 지식이 반드시 사라진다고는 할 수 없다. 경우에 따라 선언적 지식을 유지하고 있다고도 여겨진다. 예를 들면 영어가 유창한 사람이라도 영어교사라면 선언적 지식을 계속 유지하고 있지만, 국제무대에서 활약하는 비즈니스맨이라면 영어를 정확히 사용해도 문법규칙은 잊어버릴 수 있다. 이 스킬 습득론은 스킬이 반드시 선언적 지식에서 출발한다는 점이 전제가 되어 비판을 받았다. 후에 Anderson & Fincham(1994)은 절차적 지식의 원천은 항상 선언적 형태에서 시작될 필요가 없다는 점을 인정하였지만, 지금도 기본적으로는 선언적 지식을 습득의 출발점으로 파악한다.

　Anderson의 ACT*이론은 그 후에도 개정이 시도되어, ACT-R 이론(Anderson & Lebriere, 1998)으로 발전하였다. 기본적인 견해는 변하지 않지만, 개별 선언적 지식이 절차화 과정에서 선언적 지식의 청크(chunk)가 되어 프로덕션 규칙을 형성한다고 생각한다. WM에서 처리를 용이하게 하기 위해서 몇 가지 청크(chunk)가 더 큰 유닛으로 변환되는 청킹(chunking)이 일어난다. LTM의 검색에서는 선언적 지식에 직접 접속하지 않고 프로덕션 규칙을 통해 과제를 수행한다고 여겨지고 있다. 하지만 프로덕션 규칙이 몇 개의 선언적 지식의 집합이라는 점에서 검색에서는 규칙 기반의 지식에 접속한다고 판단한다. 단 이 이론을 SLA에 응용한 DeKeyser(1998, 2001)는 규칙 기반의 선언적 지식에서 학습이 시작된다고 해도 기계적 드릴과 같이 의미나 기능 부분이 결여되어, 언어형식과의 매핑(mapping) 기회가 배제되는 연습에서는 절차화나 자동화가 일어나지 않는다

고 하였다. DeKeyser도 상황(Context)에서 연습의 중요성을 강조하고 있다.[14]

정보 처리 접근법이든 ACT* 이론이든 공통점으로, 인지스킬은 주의를 향해서 과제 수행을 제어할 필요가 있는 단계에서 주의 자원을 그다지 소모하지 않고 자동으로 처리를 실행할 수 있는 단계로 이행한다는 점은 견해가 일치한다. 또한 그 도중의 특정 단계에서 심적 표상(지식)에 어떠한 질적인 변화가 일어난다고 보는 점도 공통적이다. 전자는 '재구축', 후자는 '절차화'라고 부르지만, 이와 같은 변화는 연습을 거듭하면서 어떤 때 돌발적으로 일어난다고 한다. 양자의 차이점은 언어학습의 시작에 선언적 지식이 필요하다고 간주하는지의 여부이다. 이제 교실습득연구에서는 선언적 지식으로 시작되는 명시적 학습이 본래 암시적이게 될 언어지식의 습득으로 이어진다는 견해를 반드시 지지하지는 않는다(Doughty & Williams, 1998b; Long & Robinson, 1998; Norris & Ortega, 2000의 문헌고찰 참조). 규칙이 복잡하고 어려운 경우는 명시적 학습은 폐해가 되기조차 한다고 여겨진다(MacWhinney, 1997; Doughty, 2003 등). 또한 DeKeyser(1997)는 스킬 습득은 연습한 스킬 고유의 것이고, 인풋 연습은 인풋, 아웃풋 연습은 아웃풋에만 영향을 미친다고 하는 점에서 인풋의 수용이 아웃풋으로 이어진다고 생각하는 정보 처리 접근법과는 입장을 달리한다. ACT*이론이 제창되었을 때는 단순한 인지스킬에 관한 연구가 많았지만, 최근에는 복잡한 인지스킬에 관한 연구도 진행되고 있다. 그리고 자동화 이론은 지금까지는 주의와의 관련으로 논해지는 경우가 많았지만, 지금은 수행(performance)을 LTM의 검색과정으로 다루며 기억에서 자동화를 논하는 이론도 있다. 현재 SLA를 기억의 과정으로 논하는 경우가 많아져, 기억에서 자동화를 파악하는 것이 특히 중요하게 되었다.

---

14 이제 '연습'이 의미하는 바는 단순한 문형연습(pattern practice)이나 기계적인 드릴을 가리키지 않게 되었으며, SLA에서 '연습'의 개념이 재정립되고 있다(DeKeyser, 2007, 참조).

3.1.3 기억 시스템에서 본 자동화 이론

자동적으로 처리되는 수행(performance)은 LTM의 심적 표상의 재빠른 검색을 필요로 한다. 이때 어떤 표상이 형성되어 있으면 검색을 신속하게 실행할 수 있을까? 매핑(mapping)이 진행되어 고도로 분석된 심적 표상은 규칙 기반인가 항목 기반인가, 또한 어느 쪽이 검색에 효율적인가라는 문제도 SLA의 논의 대상이 된다(R. Ellis, 1999 등). 규칙으로서 지식이 저장되어 있다면 기억의 저장공간은 콤팩트(compact)하고 문장의 생산성, 창조성이 높다는 추측이 성립된다. 한편 항목 기반의 지식, 즉 언어가 용례나 정형표현의 형태로 저장된다면, 막대한 양의 기억을 필요로 하지만, 기억으로부터의 검색은 신속하게 그대로 꺼내어 사용할 수 있다는 이점이 있다. 자동성이란 어떠한 기억의 표상에 기반한 수행(performance)일까?

Logan(1988)은 학습이 반드시 선언적 지식에서 절차적 지식으로 변환됨으로써 일어나는 것이 아니라는 전제하에 기억 기반의 사례 이론(Instance Theory)을 제창하며, 접속하는 지식은 규칙이 아니라 과거에 경험한 사례(instance)라고 주장하였다. 사례란 함께 일어난 이벤트의 표상을 의미하며, 자동적인 수행(performance)에서는 단 한 번의 검색으로 문제에 대한 과거의 해결책인 사례를 찾을 수 있다. 스킬의 발달과정에서는 초기에는 알고리즘(문제해결을 위한 특정 수법, 조작순서)에 기반하여 수행(performance)이 이루어지지만, 범례(examplar)가 축적되면 알고리즘 검색에서 범례 검색으로 변환이 일어난다. 즉, 관련된 다양한 알고리즘이 통합되어 한 번의 검색으로 그것들을 모두 불러낼 수 있다. 그리고 범례를 직접 기억에서 검색할 수 있게 되면 검색도 가속화된다고 한다. Logan에 의하면, 자동성이란 항목 기반의 기억 검색에서 파생하였다. 어떤 정리된 유닛으로서 기억에 표상이 형성되면 검색은 효율성 좋게 자동적으로 실행된다고 여겨진다. 하지만 언어이해와 같이 무한하게 과거의 사례와 다른 문장을 듣거나 읽는 경우도 있다는 점을 생각하면, 사례만으로 언어운용이 성립하는지 의문이 생긴다. 따라서 DeKeyser(2001), Kormos(2006)는 Palmeri(1997)가 주장한 바와 같이 과거 사례와의 유사성에 기초한 항목검색이 실행된다는 견해를 도입함으로써 항목 기반이 수행(performance)의 자동화를 설명할 수 있다고 주장하였다.

이와 같은 Logan의 이론은 데이터 구동형의 암시적 학습의 가능성을 시사하고 있다. 또한 알고리즘이 범례로서 통합되는 과정은 기억의 청킹(chunking)의 시스템에서 더 커다란 기억 유닛의 청크(chunk)를 형성해 가는 학습 과정과도 통한다. Schmidt(1994)는 암시적 학습에 의한 수행(performance)은 규칙 기반과 동일하게 보이는 의사결정이 실은 개개로 저장된 범례와의 유사성, 혹은 자동적인 기억 기반의 패턴 인식 메커니즘에 기초를 둔다고 하였다. 현재는 자동적인 수행(performance)을 지탱하는 기억검색에서 검색되는 정보가 규칙 기반인지 항목 기반인지에 대한 논의에서 양자의 견해에 아직 차이가 있다. 어떠한 이론으로 설명하든, 뇌과학에서 실증된 바로는 학습 중에는 뇌의 활성영역이 넓지만, 스킬이 일단 자동화되면 활성영역이 좁아진다고 한다(Segalowitz, 2003 참조). 따라서 자동화된 스킬은 기억의 더 큰 청크(chunk)나 범례로 통합되어 새로운 학습에 기억 용량을 주입할 여유가 생긴다고 여겨진다.

Skehan(1998), DeKeyser(2001)는 선행연구에서 추론하여 적어도 언어운용에서 양쪽의 소스가 존재하고, 상호작용도 있다고 보았다. 예를 들면, 언어학습의 초기 단계에서는 청크(chunk)나 정형표현과 같이 언어형식을 미분석한 채로 기억하는 경우가 많다. 덩어리로써 기억한 내용은 필요시에 그대로 꺼내기 편하므로 접속이 빠르다는 이점이 있는 대신에 방대한 기억을 필요로 한다. 한편 규칙에 의한 기억은 분석 단계를 거치고 콤팩트(compact)한 규칙으로 보유되기 때문에 기억 용량은 적어서 생성률이 높다. 하지만, 규칙에서 생성하는 데에는 전달 장면의 심리적 압박이 있는 경우와 같이 상당한 노력이 필요해 정보 검색에 실패할 때도 있다. 따라서 Skehan(1998)은 규칙에 기반한 후에 다시 한 번 범례가 축적되면 두 종류의 기억의 장점이 합쳐져 정확하고 신속한 접속이 가능해질 수 있다고 하였다. 이와 같은 기억 검색에서 접속하는 지식이 규칙 기반인지 항목 기반인지에 대한 논쟁은 개념 구동의 명시적 학습과 자료 구동의 암시적 학습 중 어느 쪽이 효율이 높은지, 어느 쪽이 자동화로 연결되는지와도 관계가 있어, 이 문제는 제4절에서 다시 언급하기로 한다.

3.2 SLA의 '자동화'에 관한 실증연구

SLA에서는 읽기에서 단어 인지의 자동화 연구, 즉 언어이해 처리 과정의 입구 프로세스에 관한 연구가 몇 가지 진행되었다(예를 들면 Segalowitz & Segalowitz, 1993이나 Segalowitz, Segalowitz & Wood, 1998 등). 언어이해 과정은 인풋이 음성정보든 문자정보든, 문자정보의 입구가 시각일 뿐이고, 문자가 음운정보로 변환된 후의 처리 과정은 공통적이라고 여겨지고 있다. 읽기에서 하위 수준의 단어 인지가 자동적이라면 기존에 알고 있던 지식을 이용한 하향식(top-down)처리 등에 처리 자원을 사용할 수 있다고 여겨진다. 현재 문법 처리에 관한 '자동화'와 관련된 실증연구는 매우 적지만, SLA 실증연구에서는 언어운용의 유창성의 지표로서 반응시간(reaction time)을 측정하고, 정확성의 지표로서 오용률(error rate)을 측정하는 경우가 많다.

앞서 기술한 바와 같이 DeKeyser(1998)는 인지심리학의 ACT*이론을 SLA에 응용하였다. 언어학습에서는 명시적인 문법 설명을 통해 제시된 선언적 지식을 일시적으로 저장해 두고, 문법에 초점을 둔 의사소통 연습을 통해 뭔가 의미 있는 내용을 전달하면서 언어형식과 의미의 매핑(mapping) 촉진을 목표로 하였다. 완전히 절차화된 선언적 지식은 필요에 따라 신속히 꺼낼 수 있는 절차적 지식이 된다고 생각하였다. 그리고 더 넓은 상황에서 다양한 형태의 선언적 지식을 조합시킨 사용을 촉진하고 복수의 언어형식의 조합에 초점을 맞춘 전달활동을 한다면, 문법지식으로의 접속은 비교적 쉽게 자동화된다고 하였다. 이와 같은 방식은 영국의 의사소통 교수법(communicative approach)이 일본의 언어교육에 영향을 미치게 된 이래, 실제로 일본어교육 현장에서도 상당히 도입되고 있다고 생각된다.

그 실증연구로서 DeKeyser(1997)는 인공언어 Autopractan의 컴퓨터 학습을 통해 명시적 설명으로 제공된 문법지식의 자동화에 관해 인풋 연습과 아웃풋 연습의 효과를 검증하였다. 규칙의 제시와 연습은 시각 보조 교재를 사용하여 의미도 중시하였으며, 메타언어 테스트에 대한 반응시간의 감소와 오용률의 감소를 통해서 자동화라고 간주하였다. 그 결과, 두 연습 그룹 모두 최초의 과제를 수행하는 데에 상당히 시간이 걸렸으나 그 후 점차로 시간이 단축되었다. DeKeyser는 언어스킬의 습득도 다른 인지스킬의 습득과 동일하게 선언적 지식이 절차적 지식으로 전환되는 과정(=절차화)에서 지식의 질적 변화에 시간을 필요로 하고, 그 후에 전환된 지식이 자동화된다고 보았다. 여기에서는 반응시간의 감소(유창성)와 오용의 감소율(정확성)이 연동되어 변화한 점이 중요하다. 따라서 자동화에 이르는 과정은 단지 유창성뿐만 아니라 정확성도 동반하여 신장되었다. 이 발달 패턴은 자동화를 설명하는 이론의 접근법이 다르더라도 다른 인지스킬의 습득에서도 나타났다(DeKeyser, 2001). 단, 이 실험도 ACT* 이론에 기초한 다른 스킬 습득의 실험 결과와 마찬가지로 연습효과는 스킬과 연결되어 있다고 하였다. 즉 인풋 연습은 인풋에, 아웃풋 연습은 아웃풋에만 영향력이 있고, 연습효과는 연습한 방향으로만 효과가 있었다고 한다. 이것은 인풋이 아웃풋에 연결되어 있다고 전제한 정보 처리의 SLA의 이론적 틀과는 견해가 다른 점이다. DeKeyser는 인공언어를 이용했기 때문에 연습에는 제약이 있다고 생각하지만, 그림 제시를 제외하면 연습은 메타언어적인 성격에 가깝다.

또한 Robinson(1997b)은 기억 기반의 사례 이론(Logan, 1988, 1990)을 SLA에서 검증하였다. 여기서 영어의 여격 교체에서 가공의 새로운 동사를 만들어 4개의 학습 조건; (a)예를 암기하도록 한 암시적 학습군(implicit condition) ; (b) 문장의 의미를 이해하도록 한 우발적 학습군(incidental condition) ; (c)시각적으로 인풋을 강화한 텍스트를 보고 의미를 이해하면서 읽도록 한 인풋 강화군(enhanced condition) ; (d) 문장을 보기 전에 규칙을 제시받은 규칙 학습군(instructed condition)을 비교하였다. 그리고 문법성 판단 테스트를 통한 미지의 동사로의 지식 전이의 정도와 기억 검색의 자동화 정도를 분석하였다. 그 결과 (1) 기억형 학습인 암시적 학습군과 어느 정도의 기억형 학습인 우발적 학습군은 학습단계에서 얻은 지식을 미지의 문장으로 전이하지 못하였다, (2) 어느 정도의 기억형 학습이라고 할 수 있는 인풋 강화군은 미지의 단어를 접했을 때 규칙에 기반한 지식을 드러냈지만, 이와 같은 지식으로의 접속은 의식적인 노력이 필요하였다, (3) 규칙 중심의 학습인 규칙 학습군은 정확성과 속도에서도 최고의 수행(performance)을 보여 주었다는 사실을 알 수 있었다. 즉 명시적 지식이 주어진 후에 범례를 많이 읽은 그룹이 지도 직후의 테스트로 판단하였을 때 가장 유효하였다고 할 수 있다. 따라서 SLA에서 기억 기반의 암시적 학습이나 우발적 학습의 효과를 발견하지 못한 점에서 이 실험을 통해 보았을 때, Logan의 사례 이론을 SLA에 적용하는 데에는 한계가 있다고 생각된다. 하지만 앞서 기술한 바와 같이 DeKeyser(2001)은 새로운 항목에 사례검색이 적용되는 데에는 유사성 기반의 항목 검색 과정을 상정해야 한다고 주장하기 때문에, 효과를 찾기 위해서는 학습에 좀 더 시간을 들일 필요가 있을지도 모른다. 또한 여기서 언급한 실험실 연구[15]는 언어형식 규칙에 초점을 둔 내용이어서 언어운용 본래의 복잡한 인지스킬로써의 언어능력에 대한 심층적인 검증은 이루어지지 않았다고 할 수 있다.

어찌 되었든, SLA에서 자동화에 관한 실증은 적어서, 자동화가 어떻게 진행되는지를 결론짓기는 시기상조이지만, 인지심리학이나 SLA의 선행연구에서 한 가지 말할 수 있는 것은 자동화는 단지 언어운용에서 유창성만을 나타내지는 않는다는 점이다(Segalowitz, 2003의 상세한 논의도 참조). 이론상의 입장은 다르더라도 여기에는 특정 시점에서 심적 표상에 어떠한 질적변화가 생기고, 즉, 정확성과도 관련된다는 것이다. 또한 학습곡선을 보면 정확성과 유창성의 발달은 연동되어 일어난다. 따라서 정확성과 유창성 중 한쪽만을 촉진한 FonM이나 FonFS와 다르게, 정확성과 유창성 모두 고려한 Focus on Form(Long, 1991; Long & Robinson, 1998 등)이 언어학습의 처리 모드로써 장려되고(Doughty, 1998 참조), 복잡한 인지스킬의 자연스러운 발달과정에서 보았을 때, 양쪽을 동시에 키우는 것을 목표로 하는 것이 이치에 맞다고 할 수 있다(小柳 2005a, b).

15　교실 지도의 효과를 살펴본 연구에서는 자연언어를 이용해서 교실 또는 교실과 가까운 실험환경에서 실시하는 연구와 대비하여 인공언어를 이용한 컴퓨터 실험을 실험실 연구라고 부른다.

4
명시적 학습 vs 암시적 학습

4.1 '명시적/암시적' 구별

앞 절에서는 스킬이 자동화되는 과정을 논했는데, SLA에서는 어떤 유형의 학습이 그와 같은 자동화를 촉진하는지가 중요한 연구 주제가 된다. 앞 절의 스킬의 자동성이 규칙 기반의 기억표상에서 오는지, 혹은 항목 기반의 기억표상의 검색에 기반하는지와 같은 논의와도 관련된 문제이다. 또한 Krashen 이후에 '의식적/무의식적'이나 '명시적/암시적'을 어떻게 구별하는지와 같은 정의와 관련된 문제에서 나타난 것처럼 논쟁이 끝나지 않은 영역이기도 하다. 본 절에서는 효율성이 높은 언어학습이라는 관점에서 명시적 학습(explicit learning)과 암시적 학습(implicit learning)에 관한 연구를 정리해 교실습득연구가 탐구해야 할 길을 살펴보고자 한다.

SLA에서 Krashen의 '논 인터페이스 가설' 이후에는 의식적인 문법학습을 통해 얻어진 지식, 즉 명시적 지식의 획득이 습득으로 연결되는지가 논쟁의 대상이었다. 그런 의미에서 명시적 지식과 암시적 지식의 대비로 논의되는 경우가 많았다(예를 들면 R.Ellis, 1994; Robinson, 1994의 논쟁을 참조). SLA 연구에서는 문법지식을 언어를 통해 기술할 수 있는 것을 편의상, 명시적 지식을 갖고 있다고 간주하였다. 예를 들면, Green & Hecht(1992)는 영어 모어화자와 초급부터 고급까지의 영어학습자를 피험자로 하여 암시적 지식과 명시적 지식의 관계를 조사하였다. 피험자에게 12개의 문법 오류를 보여 주고, 가능하다면 틀린 이유에 대해 설명하거나 오류에 대한 문법 규칙을 기술하고 오류를 정정하도록 요구하였다. 이때 피험자는 규칙을 형성할 수 있었던 때가 하지 못했을 때보다 오류를 정정할 수 있는 경향이 있었지만, 오류를 올바르게 정정한 것 중에서 43%의 학습자, 57%의 모어화자가 명시적 지식을 갖고 있지 않는데도 정정할 수 있었다. 또한 학습자에 한정해서 말하면, 고급학습자일수록 높은 수준의 명시적 지식을 보여주었다. 따라서 Green & Hecht는 학습자가 먼저 암시적 지식에 의지하고 있다는 점, 또한 명시적 지식은 학습자가 가진 지식의 극히 일부이지만, 명시적 지식도 SLA에 효과가 있다고 하였다.

　　제2절에서 다룬 언어 처리 모델에서 알 수 있듯이 언어운용은 절차적 지식(≒암시적 지식)에 기반해서 성립된다. 따라서 유창하고 정확한 언어운용을 목표로 하는 경우의 도달점(goal)은 언어스킬의 절차적 지식을 습득하는 일이다. SLA에서 논의해야 할 점은 그러한 지식이 어떻게 해서 발달하는지, 다시 말하면 심적 표상의 형태가 어떻게 변화, 발달하는지이다. 앞 절의 기억에서 검색하는 표상이 규칙 기반인지 항목 기반인지와 같은 문제도 언어 발달과정에서 어떤 심적 표상이 형성되고 어떻게 변화하는지와 관련이 있다. 이와 같은 문제 탐구를 위해서 다른 유형의 학습 효과를 조사함으로써 습득 모델을 검증, 수정하고 이론화를 목표로 하고 있다.

　　Doughty & Williams(1998b)는 언어학습에서 '명시적/암시적' 개념을 〈표

2-3〉과 같이 파악하였다. 이 두 가지는 양극화된 경향이 있지만, 표의 열(칼럼)이 세로로 양극화된 것이 아니라 암시적 학습이라도 명시적으로 주의를 인풋에 기울일 수 있어서, 실제 교실 지도는 더 유연하게 대응해야 한다고 한다. 그리고 '명시적/암시적' 개념은 양극화가 아니라 연속체를 이룬다고 한다. 확실히 교실에서 실천할 때는 이러한 유연성이 필요하지만, 인지심리학이나 SLA 실험에서는 엄밀한 조작을 하는 경우가 많다. 인지심리학에서는 암시적 학습의 실험군에서 학습 후에 의도적인 규칙 추출을 시행한다고 보고한 피험자를 데이터 분석에서 제외하고 순수한 암시적 학습의 피험자 데이터만을 수집하기도 한다. 다음에서는 인지심리학의 실험 패러다임에 영향을 받은 학습 조건의 차이에 따라 SLA에 미치는 영향력을 검증한 SLA 연구를 살펴보고자 한다.

〈표 2-3〉 암시적 및 명시적 언어학습(Doughty & Williams, 1998b, p.230)

영역	암시적	명시적
중간언어 지식 (심적 표상)	- 생득적(보편적) - 직관적 - 범례 기반	- 명시적(분석된 언어 고유의 지식) - 규칙 기반
중간언어 지식으로의 접속 및 / 또는 사용	- 자동적(노력을 필요로 하지 않음) - 유창, 숙련	- 고의적(노력을 필요로 함) - 유창성이 결여됨
학습 　분석 　가설검증 　인지 비교 　차이(gap), 공백을 알아차림 　재구축	- 귀납적 - 우발적 - 내재적 - 인식(awarness) 없음 - 지각하지 못함	- 연역적 - 의도적 - 인식(awarness) 있음 - 주목
주의	- 유인됨(attract) - 무의식적	- 향해짐(direct) - 의식적
언어 조절의 발달	- 경험적 - 자동화됨	- 연습에 의함 - 절차화됨
교육적 개입	- 개입이 자연스러움, 　또는 없음	- 현저 - 개입적 - 메타언어적

4.2 SLA의 학습 유형에 관한 비교 연구

지도 효과에 관한 SLA 연구에서 '명시적/암시적'은 처음에 문법규칙을 설명할지 말지라는 학습의 유형뿐만 아니라, 예를 들면 교정적 피드백을 줄 때 명확히 오류를 지적하거나 오류의 원인을 설명하거나 하는 명시적 피드백과 넌지시 오류를 고친 문장을 제시하는 암시적 피드백 중 어느 쪽이 효과가 있는지를 비교하는 데도 사용한다. 또한 문법 설명을 의미 있는 전달활동 속에 포함하여 제시할 때도 있다. 이와 같은 실증연구는 제4장에서 다루기로 하고, 여기서는 인지심리학의 실험연구의 패러다임과 병행하여 실시되는 명시적 학습과 암시적 학습을 비교한 SLA 실증연구를 살펴보고자 한다. 즉, 규칙이 제시되어 그 규칙을 적용하는 연습을 하는 명시적 학습과 규칙은 제시되지 않고 용례가 많이 제시되는 유형의 암시적 학습을 비교한 연구이다. 언어교육에서 교사가 어떻게 메타언어 정보를 조작하는지는 SLA 성패와 관련된 중요한 관심사이다.

4.2.1 규칙제시의 유무

SLA에는 실험실 연구(laboratory studies)가 많지 않지만, 관련 연구를 몇 가지 소개하고자 한다. N. Ellis(1993)는 스코틀랜드어의 연음화(soft mutation) 규칙에 관한 컴퓨터 학습에서 스코틀랜드어를 영어로 번역하는 과제를 내주었다. 비교한 학습 조건은 용례가 무작위로 제시된 암시적 학습 조건("random group"), 단어를 학습하고 규칙을 제시받은 명시적 학습 조건("rule group"), 규칙이 제시되고 연음화하는 경우와 연음화하지 않는 경우의 전형적인 용례가 제시된 명시적 학습 조건("rule + instance group")이다. 이들 세 가지 실험군에는 모두 스코틀랜드어 표현이나 문장이 제시되었으며 영어로 번역하는 공통된 학습 과제가 부여되었다. 컴퓨터는 오류를 범하면 시행을 반복하도록 설계되었으며, 그래도 오류가 정정되지 않을 때는 올바른 영어 번역이 화면상에 나타난다. 그리고 학습 후에는 규칙 인식(awarness)을 조사하는 테스트와 문법성 판단 테스트를 실시하였다. 또한 암시적 학습과 동일한 학습을 실시하고 후자 2개의 실험군과 학습량이 동등해지도록 조작된 통제군("yoked random group")이 두어졌다. 피험자는 언어적성 테스트(MLAT) 점수에 기초하여 4개의 그룹이 동질해지도록 나뉘었다. 실험 결과 암시적 학습 조건의 피험자는 규칙을 기술하지 못하였으며 명시적 지식은 발달하지 않은 것으로 나타났다. 또한 문법성 판단 테스트에서는 이미 학습한 항목 문제는 잘 풀었지만, 아직 학습하지 않은 항목은 지식의 일반화가 진행되지 않았다는 점이 밝혀졌다. 반대로 규칙만 제시된 그룹은 학습 후에도 규칙을 기술할 수 있지만, 문법성 판단 테스트에서 새로운 항목으로 학습을 전이하지 못하였다. 하지만 규칙과 용례 양쪽이 제시된 명시적 학습 조건은 규칙 기술과 문법성 판단 테스트 모두 뛰어나다고 보고되었다. 따라서 규칙을 제시받을 때는 명시적 지식이 발달하지만 제시받지 않을 때는 그와 같은 지식이 잘 발달하지 않고, 또한 규칙제시만으로는 새로운 항목에 적용이 가능하다는 규칙을 일반화할 수 없다는 사실이 이 실험에서 밝혀졌다.

　명시적 지식의 유무에 의한 학습 조건을 언어형식의 난이도와의 관계로 검증해 보면, 결과는 한층 복잡해진다(小池 2002 리뷰도 참조). 예를 들면 DeKeyser(1994, 1995)은 문법을 암시적으로 학습하기와 명시적으로 학습하기 중 어느 쪽이 효과적인지를 조사하기 위해 다음과 같은 가설을 세웠다.

　　　가설 1 간단한 범주 규칙에 관해서 명시적/연역적 학습이 암시적/귀납적 학습보다 뛰어나다.
　　　가설 2 언어적 프로토타입에 관해서는 암시적/귀납적 학습이 명시적/연역적 학습과 동등하거나 더 뛰어나다.

그리고 문법성 판단 테스트, 메타언어 테스트와 언어산출 테스트를 통해 학습 효과를 측정하였다. 그의 인공언어 Implexan을 이용한 실험에서는 가설 1만을 지지하는 결과가 나와, 형태소나 통사 규칙성과 같은 간단한 규칙은 암시적 학습(그림과 함께 예문을 봄)보다 명시적 학습(규칙제시)에서 학습이 더 진행된다고 한다. 가설 2에 관해서는 통계적으로는 유의하지 않지만, 이형태(allomorph)와 같은 더 추상적이고 미세한 구별이 있는 규칙은 명시적인 학습이 어려워 보인다. 따라서 규칙학습이 유효한지는 언어형식의 성질에 따른다고 한다. 예를 들면 영어 복수형의 -s와 같은 간단한 형태소는 명시적 지식으로써 학습하기가 가능하지만, 영어 과거형의 불규칙동사와 같은 더 복잡한 규칙은 과거형을 포함한 인풋을 받음으로써 암시적으로 학습이 가능하리라 추정할 수 있다.

4.2.2 연결주의(connectionist)적 견해

Schmidt(1990)는 프랑스어 명사의 젠더에 관한 모어화자(NS)의 문법지식을 전형적인 암시적 학습의 예로 들었다. 프랑스어 명사에는 남성형과 여성형이 있고, 구체명사는 젠더를 하나하나 기억할 필요가 있지만, 추상명사는 다음과 같이 어미의 음운 및 형태소로 구별할 수 있다.

〈프랑스어 명사의 젠더〉

    남성형: -age(marriage 결혼) - ism(socialism 사회주의)
           -ement(contentement 만족) - at(professorat 교직) 등
    여성형: -aison(comparaison 비교) - esse(sagesse 지혜)
           -eur(douceur 상냥함) - erie(moquerie 조소)
           -tion(invention 발명) 등

Schmidt(1990)는 Tucker, Lambert, & Rigault(1977)를 인용하여 대부분의 프랑스어 NS는 그와 같은 구별에 관한 규칙을 기술하지 못할 뿐만 아니라 규칙의 존재조차 깨닫지 못했다고 보고하였다. 그 후에 Holmes & Dejean de la Batie(1999)가 컴퓨터 실험을 통해 젠더의 규칙성이 있는 이미 알고 있는 단어와 새로운 단어, 규칙성이 없는 명사에 대해 젠더 판단 과제를 부과하여, NS와 학습자인 비모어화자(NNS)의 정답률과 반응시간을 비교하였다. 그 결과 NNS는 규칙성이 있는 명사는 이미 알고 있는 단어와 새로운 단어 모두 같은 속도와 정답률로 판단했지만, 규칙성이 없는 명사를 판단할 때는 시간이 걸렸으며 정답률도 내려갔다. 한편, NS는 이미 알고 있는 단어에 관해서는 규칙성의 유무와 관계없이 신속하고 정확하게 판단하고 새로운 단어의 판단에는 시간이 걸린다는 결과가 나왔다. 즉 NNS에게 있어서 어미 정보가 젠더 판단의 근거가 되지만, NS에게는 그와 같은 정보가 판단의 근거가 되지 않고, 어휘 단위로 판단을 했다는 말이다. 앞서 기술한 Schmidt는 NS의 프랑스어 명사의 젠더 문법지식의 해석으로 (1) NS는 FLA의 특정 시점에서 규칙성을 알아차리지만, 그 후에는 절차적 지식으로 저장되었다. (2) 인풋 중에 무의식적으로 규칙을 귀납적으로 끌어냈다. (3) 관련된 언어형식을 기억으로 축적했지만, 규칙을 알아차리지 못하였다, 라는 세 가지 가능성을 들고 있다. (3)은 용례를 기억에 축적함으로써 강도가 높은 결합 유닛이 뇌 안의 네트워크로 형성된다고 하는 연결주의(connectionist)적 견해이다. 연결주의(connectionist)는 규칙을 토대로 한 지식의 존재를 부정하는 입장이다. Sokolik & Smith(1992)는 이러한 연결주의(connectionist) 모델을 검증하여, FLA와 SLA 모두 명시적 규칙을 적용하지 않고 저차원의 지각 단계에서 명사 어미 형태로 젠더를 판단할 수 있게 되어 미지(未知)의 명사에도 적용할 수 있다고 주장하였다. 즉, NNS도 문법 규칙을 배우지 않아도 NS와 동일한 암시적 학습이 가능하다는 점을 시사하였다.

그 외에도 영어 과거형이 FLA와 SLA에서 종종 거론된다. FLA와 SLA에서 언어 발달은 U자형 곡선(U-shaped behavior, Bowerman 1982; Karmiloff-Smith, 1984; Kellerman, 1985)을 그린다고 하여 영어의 과거형이 종종 예로 사용된다. 어린이는 "go"의 과거형으로 "went"를 사용할 수 있어도 어느 시기부터 "goed"와 같은 오류를 표출하게 된다고 알려졌다. 처음에는 무조건 외워서 상황 안에서 올바르게 사용할 수 있지만, "-ed"가 과거형이라고 알게 되면 규칙을 과잉 일반화한다. 이와 같은 시기를 지나고 다시 올바른 형태가 나타나기 때문에 이 발달 패턴의 모양을 따서 U자형이라고 부른다. 이 과거형의 습득 패턴은 다양한 이론적 입장에서 설명이 시도되었고, 논쟁이 일어나는 영역이기도 하다(N.Ellis, 2001, 2002; N. Ellis & Schmidt, 1998 참조). 잘 알려진 사실로 영어 NS에게 동사의 과거형을 산출하도록 요구했을 때, 불규칙동사는 빈도가 높은 동사의 반응이 빠르고, 빈도가 낮은 동사의 반응이 늦은 것에 반해, 규칙동사는 동사의 빈도와 관계없이 같은 속도로 반응할 수 있다는 내용이 있다.

영어의 동사 과거형의 습득과정에 관한 설명에 대해서는 다른 견해가 나타났다. 크게 나누면 생득주의자와 연결주의적 견해의 차이이다. 생득주의 입장의 연구자(Pinker, 1991 등)는 이중 처리 모델을 제시하여, 규칙동사는 규칙을 토대로 한 지식에 기초하여 생성되고, 불규칙동사는 연합기억(associative memory)에서 생성된다고 하는, 다른 처리 소스가 있다는 제안을 하였다. 또한 그 외에도 Ullman(2001a, b; Ullman, et al., 1997)이 신경생리학적 입장에서 NS는 규칙동사의 활용이 절차적 지식을 통해 이루어지고 불규칙동사의 활용이 선언적 기억으로 저장된다고 하였다. 이것은 복수의 언어를 조사하여 동일한 결과가 확인되었다. 즉 불규칙동사의 활용은 어휘와 똑같이 취급하여 심적 어휘집, 즉 선언적 기억에 의존하지만 규칙동사와 같이 규칙을 토대로 한 문법은 절차적 기억에 의존한다는 의미이다.

한편 자극과 반응의 연합에서 뇌 안에 연결 유닛을 만들어 가는 것이 SLA라고 간주하는 연결주의(connectionist)는 원래부터 규칙을 토대로 한 지식의 존재를 부정했는데, 영어의 과거형에 대해서도 생득주의자와는 다른 설명을 제시하고 있다. 영어의 과거형을 초기에는 그대로 암기하여 불규칙동사를 사용하지만, 후에 과거형의 형태소와의 연합이 강해지면 그것이 불규칙동사에도 적용되고 만다. 하지만 인풋을 받으면 불규칙동사로의 연합이 약해지고 과거형의 형태소 사용은 소멸한다고 할 수 있다. N. Ellis & Schmidt(1998)는 성인 L2 학습에서 무엇이 일어나는지를 검증하기 위해서 축소 모형의 인공언어를 이용하여 명사 복수형의 학습에 관해 실험하였다. 그 결과 규칙적인 항목과 불규칙적인 항목의 차이는 불규칙적인 항목이 반응시간의 감소가 느리다는 속도 문제뿐이었다. 또한 이 연구에서는 컴퓨터의 시뮬레이션 실험도 하여 인간 피험자를 이용한 실험과 동일한 결과를 얻었다. 즉 규칙성이 있고 빈도가 높은 항목일수록 습득이 빠르고, 규칙성이 있는 항목은 빈도의 영향이 소멸되는 속도가 빠르다는 점이다. 따라서 N. Ellis & Schmidt(1997, 1998)는 2개의 다른 시스템이 관련되는 것이 아니라 동일한 학습 메커니즘이 기능한다고 보고 있다. 즉 문법적인 규칙성의 확률적인 패턴을 추출하는 연결 유닛의 강화라는 연합학습을 통해 SLA가 일어난다고 하는 연결주의(connectionist)의 입장을 지지하고 있다. 연결주의(con-nectionist) 모델은 규칙을 토대로 한 지식의 존재를 인정하지 않고 암시적 학습을 설명하는 궁극적 이론이다.

4.2.3 학습 유형과 언어형식의 난이도

4.2.1에서 DeKeyser가 규칙의 난이도에 따라 언어형식을 나누어 비교, 분석한 실험연구를 언급했었는데 무엇을 근거로 규칙의 난이도를 정하는지와 관련된 문제도 SLA에서 크게 논의가 되는 부분이다(DeKeyser, 2005의 문헌고찰 참

조). Robinson(1996)은 자연언어인 영어를 사용하여 실험하고 DeKeyser와 동일한 결론에 이르렀다. 그의 쉬운 규칙, 어려운 규칙의 기준은 경험이 있는 EFL 교사의 판단에 기초하고 있다. Robinson의 연구에서 주목할 점은, 규칙을 설명받은 그룹은 어려운 규칙과 관련하여 비문법적인 문장을 문법적이라고 잘못 판단하는 오류가 많았고, 비문이 문법적이라고 판단하는 경향이 강했다는 점이다. 따라서, 전반적으로 암시적/우발적 학습의 그룹은 문법적 판단 테스트에서 낮은 점수를 기록했지만, 비문법적 문장의 문법성 판단에 있어서는 상대적으로 높은 정확도를 보였다. 여기서 암시적 학습 조건이란 용례를 암기하도록 지시받은 학습을 가리키고, 우발적 학습이란 의미를 이해하면서 문장 읽기를 지시받은 학습을 가리킨다. 지속효과는 조사되지 않았지만, 암시적/우발적 학습에서는 학습 속도가 늦지만, 최종적으로는 규칙의 정확성을 습득할 것으로 보인다. 실험실 연구에서 명시적 설명을 독립변수로 하여 지도 효과를 검증하지는 않았지만, 적어도 쉬운 규칙에 관해서는 보조적인 역할이 있을 듯 하다. 그리고 어려운 규칙에 관해서는 과잉 일반화가 일어날 가능성을 나타내고 있다.

또한 DeKeyser & Sokalski(1996)는 스페인어의 두 가지 형태소·통사적 규칙의 학습을 비교하였다. 간단한 규칙으로 지각이 비교적 쉬운 접사적 직접목적대명사를 선택하였고, 산출이 어려운 규칙으로 조건절을 선택하였다. 그리고 인풋 연습은 전자에, 아웃풋 연습은 후자에 영향력이 크다는 예측을 세웠다. 하지만 통계적 유의차는 보이지 않았으며 기술적 통계로 판단하면 쉬운 규칙에 대해서 인풋 연습은 이해 테스트로, 아웃풋 연습은 언어산출 테스트를 통해 뛰어난 수행(performance)을 보여주었다. 한편 복잡한 규칙이라고 간주한 조건절은 전체적으로 아웃풋 연습이 영향력을 크게 나타냈다. 이 실험에서는 조건절에는 의미적인 어려움도 관련된다고 여겨지지만, 이 연구에서는 표층 형식이 어렵다는 판단에 머물러 있다. DeKeyser & Sokalski는 ACT*이론의 틀에서 스킬의 자동화가 단방향이라고 봐서, 인풋 연습은 인풋으로, 아웃풋 연습은 아웃풋으로 연결된다고 하는 정보 처리의 입장과는 다르다. 하지만 DeKeyser의 일련의 연구는 학습 효과가 언어형식의 난이도나 복잡성과 상호작용이 있다는 점을 보여주었다.

더 나아가 de Graaff(1997)는 에스페란토(Esperanto) 언어의 문법을 개정한 eXperanto라는 인공언어를 통해 명시적 설명 유무가 암시적 지식의 습득에 영향이 있는지, 또한 문법의 복잡성과의 상호작용이 있는지의 여부를 컴퓨터 실험으로 조사하였다. 문법적 복잡성에 대해서는 적용하는 문법 개념의 숫자가 많을수록 복잡한 규칙이라고 간주한다(Hulstijn & de Graaff, 1994 참조). 형태소와 통사에서 각각 단순한 규칙과 복잡한 규칙을 선택하였으며, 명시적 학습 그룹은 문법 설명을 듣고 언어이해나 산출활동에서도 피드백으로 설명을 들었다. 암시적 학습 그룹은 동일한 활동을 하여 동일한 양의 인풋을 받았지만, 문법 설명은 듣지 않았다. 그 결과 단순한 형태소 규칙과 복잡한 통사 규칙은 명시적 학습에 효과가 있었으며, 암시적 학습과 비교하여 통계상 유의차가 보였다. 하지만 규칙의 복잡성에 대해서 형태소와 통사 사이에 일관성이 있는 결과를 얻지 못했기 때문에 de Graaff는 문법의 복잡성에 의미적인 투명성, 복잡성 등도 추가해야 한다고 하였다. 또한 de Graaff(1997) 이전에 Hulstijn & de Graaff(1994)는 형태소가 개개의 어형을 저장해 가는 항목학습이 가능하지만, 통사는 더 넓은 상황이 필요하고 항목학습이 일어나기 어려워 규칙학습을 통해 습득될 것이라고 하였다. 하지만 de Graaff(1997)는 복잡한 형태소 습득에 명시적 지도의 영향이 보이지 않아 충분한 항목학습을 하는 데에는 시간이 더욱 필요하다고 하였다.

Gass, Svetics & Lemelin(2003)은 구체명사인 어휘, 형태소, 통사 중에서 학습자가 초점적 주의를 기울인 경우에 어휘학습에 영향력이 있지만, 한 문장 내 요소의 움직임을 동반한 추상적이고 복잡한 규칙인 통사에는 영향력이 적다는 가설을 세우고, 영어화자를 대상으로 이탈리아어의 컴퓨터 학습 실험으로 검증하였다. 초점적 주의조건[+focused attention]에서는 규칙의 제시나 밑줄을 긋거나 해서 목표언어 형식에 주의를 기울이게 하였다. 초점적 주의가 없는 조건[-focused attention]에서는 내용을 이해하기 위해서 읽기가 요구되었다. Gass et al.은 초점적 주의 조건에서 예측에 반해서 가장 복잡한 규칙이라고 여겨진 통사에 컴퓨터 학습의 영향력이 있고 어휘에 가장 영향력이 적다는 결과를 얻었다. 한편 초점적 주의를 기울이지 않은 조건에서는 어휘, 형태소, 통사 순으로 영향력이 있었다. 하지만 학습 효과는 문법성 용인판단과 오류를 정정하는 테스트로 측정되어서 규칙제시를 받은 통사학습에 유리했을 가능성이 있다. 또한 초점적 주의를 기울인 조건에서는 제시된 문장의 의미를 처리하도록 요구받지 않았기 때문에 의미를 처리하지 못하고 주의가 극도로 언어형식에 기울여져서 어휘학습이 진행되지 않았을 가능성도 고려할 수 있다. 또한 Gass et al.은 언어의 숙달도가 올라감에 따라 주의 조건의 영향이 없어지므로 언어가 발달한다면 외부에서 주의가 조작되지 않아도 스스로의 내적 메커니즘을 사용할 수 있다고 주장하였다. 실제로 학습자 중심의 ESL 교실을 관찰한 기술적 연구(Williams, 1999)에서는 학습자의 숙달도가 올라감에 따라 스스로 언어형식에 주의를 기울이게 된다는 사실이 보고되었다.

　이와 같은 연구에서 지도 효과는 언어형식의 난이도와의 상호작용을 동반한다고 여겨지지만, 난이도를 정하는 방법 자체가 큰 문제라는 점을 알 수 있다. 적어도 쉬운 규칙에 관해서는 명시적 학습이 유효하게 여겨지지만, 어려운 규칙에 관해서는 명시적으로 문법 설명을 해도 그다지 도움이 되지 않는다. 이와 같은 복잡한 규칙은 암시적 학습을 통해 배울 수 있다는 실증이 있지만, 암시적 학습은 시간이 걸리는 과정이고 이와 같은 학습 효과가 실험실 연구에서 충분히 실증되었다고는 말하기 어렵다. '명시적/암시적'과 관련하여 '우발적(incidental)/의도적(intentional)'이라는 구별도 문제가 되지만, 의미를 이해하려는 우발적 과정에서 학습자가 의도적으로 규칙을 끌어내어 명시적 학습이 될 때도 있고, 의도적으로 학습하려고 해도 규칙이 어려우면 혼란을 초래해 학습자에게는 규칙이 아니라 용례에 의지하는 암시적 학습과 같아질 가능성도 있다(MacWhinney, 1997). 따라서 Schmidt(1994)는 학습이 우발적인지 의도적인지는 학습자의 내적인 프로세스에 의한 것으로, 인식(awarness) 측정에 의해서만 결정할 수 있다고 하였다. 단 Schmidt(1994)는 명시적 학습을 학습 시의 의식적인 학습에 기초한 것, 암시적 학습은 인식(awarness)을 동반하지 않은 학습이라고 정의하였지만(Doughty & Williams 1998b의 '명시적/암시적' 구별도 똑같다. 〈표 2-2 참조〉), 기억으로부터 학습을 생각할 때 범례 기반, 데이터 구동형인 암시적 학습에서도 유지 리허설이 일어나고, 인식(awarness)이 생길 가능성이 있다(Robinson, 2003의 논의 참조). 하지만 그와 같은 인식(awarness)은 SLA 연구에서 그다지 검증되지 않았다.

  Norris & Ortega(2000)는 1980년부터 1998년까지 교실 지도 효과에 관한 SLA 연구의 대대적인 메타분석을 실시하여 명시적인 지도의 우세함을 확인하였다. 하지만 동시에 SLA의 측정 방법 대부분이 문법성 판단 테스트와 같은 종이와 연필 방식의 개별문법(discrete-point grammar) 테스트를 이용하여 명시적 학습에 유리하게 작용하는 방법이었다는 문제점을 지적하였다.[16] 제3절에서 살펴본 것처럼 언어운용 스킬은 본래 절차적 지식에 기초한 것인데 SLA가 선언적 지식으로 맞지 않은 측정을 해 왔기 때문이다. 인지심리학자인 Berry(1994)는 실험에서 채택한 학습 조건이 의도한 학습을 유도했는지, 테스트가 지도에서 촉진하려고 한 지식을 측정했는지를 확인할 필요가 있다고 하였다. 인지심리학

---

16   명시적 지식, 암시적 지식의 측정에 관한 더 최근의 논의는 Ellis, Loewen, Elder, Erlam, Philp & Reinders(2009)를 참조.

실험에서는 암시적 학습 조건이라도 학습 후에 의도적으로 규칙을 끌어내려고 하였다는 보고를 한 피험자를 제외하고 데이터 분석을 하기도 하였다.

더 나아가 Doughty(2003)도 Norris & Ortega(2000)를 이어받아 SLA의 암시적 모드에서 인풋이 어떻게 처리되는지에 대한 연구가 불충분하다는 문제를 지적하였다. 하지만 SLA에는 실증이 적지만 인지심리학에는 L2 이외 영역의 복잡한 시스템의 제어(인공문법의 습득, 공장의 생산 라인의 관리나 교통 정리의 컴퓨터 시뮬레이션, 서열학습(sequence learning) 등)에 관한 실증연구의 축적이 있다. 이와 같은 선행연구에서 복잡한 인지스킬은 맥락(context)에서 암시적 학습을 통해 효율적으로 습득되고, 유창하고 정확한 수행(performance)은 암시적 학습의 결과라는 점, 선언적 지식은 암시적 학습에서 연습의 부산물로서 나중에 추가적으로 발달하는 것 등이 시사되었으며, 고차원적이고 복잡한 스킬의 습득인 SLA에도 적용 가능하다고 추정되었다(Berry, 1994; Doughty, 2003의 문헌고찰 참조). 또한 규칙이 복잡한 경우에 명시적 학습은 스킬 습득에 폐해가 되므로, Doughty(2003)는 메타언어적인 문법 설명이 SLA 과정을 저해하기 때문에 이제는 학습 설계에서 배제해야 한다는 강한 입장을 취하고 있다. 다음 절에서는 SLA에서 암시적 학습이 어디까지 가능한지를 인지심리학의 지견에 기초하여 고찰하고자 한다.

4.3 암시적 학습의 가능성

Berry(1998)에 의하면 Reber(1967)가 처음에 암시적 학습의 연구를 시작했을 무렵에는 거의 관심을 받지 못했지만, 90년대쯤부터 관심을 많이 받는 주제라고 한다. 인지심리학에서도 암시적 학습 연구는 후발 분야이다. '명시적'이라고 하면 지식이든 학습이든 언어화할 수 있는 규칙이나, 사실에 관한 지식, 그와 같은 지식을 배우는 학습이 명시적이라는 공통적인 이해가 어느 정도 정착하였다. 하지만 '암시적'은 인지심리학에서도 일치된 견해를 찾기가 어려운 듯하다.(N. Ellis, 1994; Stadler & Frensch, 1998 등을 참조). 또한 학습, 지식, 기억의 세 가지 레벨을 어떻게 구별하는지도 의견이 나뉜다. Frensch(1998)는 선행연구의 조작적 정의의 공통점을 집약해서 암시적 학습을 '물체 또는 현상 간의 구조적 학습에서 의도적이지 않으며 자동적인 지식의 습득'이라고 정의하였다. 그리고 견해의 차이는 학습 그 자체를 가리키는지 획득된 지식의 검색 과정도 포함할 수 있는지에 있다고 보았다. 지식의 검색까지 포함하면 기억 기반의 사례 이론에 나타나듯이 자동화 과정까지를 보게 된다.

암시적 학습은 환경에서 어떠한 규칙성이나 규칙적 구조를 귀납적으로 발견하고 일반화하여 가는 과정이지만, 거기에서 파생된 지식은 암시적, 추상적으로 표상된다. 따라서 그 지식은 의식적인 성찰에는 맞지 않지만, 관련된 의사결정이나 판단 과제에 이용할 수 있다(O'Brien-Malone & Maybery, 1998).

Berry(1994)의 복잡한 시스템 제어에 관한 인지심리학의 선행연구 문헌고찰에 의하면 집중적인 연습 없이는 암시적으로 학습한 지식의 알맹이를 명확히 표현할 수는 없다고 한다. Schmidt(1994)는 암시적 학습이 언뜻 규칙 기반으로 보이는 의사결정을 실행하지만, 실은 개별적으로 저장된 범례에 대한 유사성, 혹은 기억 기반의 자동적인 패턴 인식 메커니즘에 기초한 것이라고 생각하였다. 즉 암시적 학습의 메커니즘은 언어 특유의 습득 장치에 의존하지 않고 기억이 기반이 된다는 견해이다. SLA에서는 암시적 학습의 실증은 적지만, 인지심리학에서 이론의 근거를 찾는 SLA의 연구자들 사이에서 암시적 학습을 더욱 검증할 필요가 있다고 지적하였다(Doughty, 2003; Norris & Ortega, 2000 등).

최근에는 뇌의 영상 처리 기술이 발전하여 학습 과제를 수행하는 비장애인 뇌의 상태를 볼 수 있게 되었으며, 인지심리학이나 SLA에도 영향을 주고 있다.

학습이 일어나면 뇌에 어떤 변화가 일어나며 새로운 신경회로가 형성된다. 이와 같은 눈으로 뇌를 보면, 명시적 학습과 암시적 학습에서는 분명히 뇌의 다른 부위가 활성화된다고 한다(Cleeremens, Destrebecqz & Boyer, 1998의 문헌고찰 참조). 또한 메타언어적 지식은 일종의 선언적 지식(=의식적으로 상기되는 사실이나 현상의 지식)이고 뇌의 해마를 포함한 측두엽 중부에 있는 데에 반해 절차적 지식은 대뇌기저핵이 중심이지만, 활성화 영역은 뇌에 확산되어 있다고 한다(Crowell, 2004; Hulstijn, 2002; Lee, 2004 참조). 1.3.4의 선언적 기억과 절차적 기억의 뇌의 활성영역에 관해서 기술한 것처럼 명시적 학습과 암시적 학습은 다른 신경회로가 형성되어 있을 가능성이 높다. 즉 신경 기반에서 보면 명시적 모드와 암시적 모드는 인터페이스가 없다고도 할 수 있다.

Paradis(1994)는 이중언어화자 환자의 실어증 사례를 통해, 뇌의 장애에 의해 L1이 손상되었는데 언어능력이 더 낮을 L2가 영향을 받지 않았다는 사례를 보고하였다. 이것을 L1은 절차적 기억, L2는 선언적 기억에 의존하였기 때문에 장애 패턴에 차이가 보인 것 같다고 설명하였다. Paradis는 신경생리학에서 Krashen의 입장을 지지할 수 있다고 하였다. 단 해마와 대뇌기저핵은 신경조직에서 신피질의 영역을 공유하고 있으며, 서로 영향을 줄 수 있다는 견해도 있다(Lee, 2004). 또한 선언적 지식이 절차적 지식으로 변환된다는 스킬 습득론이 있지만, Crowell(2004)은 선언적으로 저장된 지식이 절차적인 지식으로 변환된다는 사고방식은 적절하지 않다고 하였다. 변환된다기보다 절차화 과정에서는 선언적 기억의 신경회로 활동이 약해지고, 절차적 기억의 신경회로 활동이 강화된다고 보았다. 따라서 언어학습이 비록 선언적 지식에서 출발한다고 해도 신경회로가 다른 절차적 지식의 형성을 목표로 하지 않으면 언어운용으로 이어지지 않는다고 할 수 있다.

단 Hulstijn(2002)은 L2의 명시적 학습은 암시적 학습에서 인풋을 받아 신경회로를 형성할 때 동시에 일어날 수 있다고 보았다. 왜냐하면 실제로 운동스킬에서 이와 같은 이원 시스템의 존재가 실제로 증명되었기 때문이라고 한다(Willinghan & Goedert-Eschmann, 1999). 이와 같은 견해는 Robinson(2003)이 명시적 학습과 암시적 학습의 기억 시스템은 동일하고 어느 쪽에 의존이 강한가라는 정도의 문제라고 보고 있는 것과도 일치한다. 강약의 차이는 있어도 양쪽 기억의 뇌 영역이 활성화된다는 상태가 있을 수 있다는 말이다. 앞서 기술한 Berry(1994)나 Doughty(2003)의 복잡한 인지스킬의 습득연구 문헌고찰에서 복잡한 인지스킬의 습득은 먼저 절차적 지식이 발달하고, 선언적 지식은 절차적 지식에 뒤쳐져 추가적으로 발달한다고 제시되었지만, 여기서도 다른 기억의 신경회로가 존재한다고 보는 점에서는 뇌과학의 지견과 모순되지 않는다고 할 수 있다.

이상과 같이 선언적 지식은 명시적 학습이고 절차적 지식은 암시적 학습으로 각각 발달하는 것으로 보인다. 또한 두 가지 지식에 대응하는 기억은 뇌에서 다른 신경회로를 형성하며, 뇌를 살펴본 바로는 선언적 지식이 절차적 지식으로 변환된다는 생각은 타당하지 않다고 할 수 있다. 따라서 언어운용에 관심을 기울이는 SLA 연구에서는 역시 절차적 지식의 습득과정을 한층 검증할 필요가 있다. Doughty(2003)는 복잡한 인지스킬의 습득과정에 비추어서 선언적 지식은 학습 설계에서 무조건 배제해야 한다는 강력한 입장인 데에 반해, Hulstijn(2002)은 선언적 지식과 절차적 지식에 접점은 없다고 하면서도 선언적 지식의 사용에 대해서는 학습자의 선택사항으로 생각해도 된다고 하였다.[17] DeKeyser(1998, 2001)도 마찬가지로 한정된 L2의 인풋 양을 생각하면 메타언어적 지식도 하나의 유효한 정보 소스로 파악해도 좋다고 하였다. 하지만 메타언어적 지식이라고 해도 Hulstijn에 의하면 상세한 규칙의 기술이 아니라 개념

17　명시적/암시적 학습에 관한 최근 논의는 Sanz & Leow(2011)를 참조.

적인 이해로 생각하면 좋다고 한다. 선언적 지식을 연습을 통해 절차적 지식으로 바꾸는 스킬 습득론(DeKeyser, 2001)은 오해를 부르기 쉽지만, 자동화는 상세하게 기술된 규칙이 아니라 규칙 적용의 과정이다.

더 나아가 Hulstijn(2002)은 암시적 학습을 뇌의 신경 네트워크 형성의 과정이라는 연결주의적 입장으로 파악하고 그렇게 보면 학습과 지식을 구별할 필요가 없다고 하였다. 발달하는 네트워크의 각각의 단계가 지식이고, 변화 과정이 학습이기 때문이다. 제2절에서 학습자가 아웃풋을 할 때, 즉 자극에 대해 반응할 때는 그것이 그 상황에서의 전달 요구(needs)를 채우는 언어운용임과 동시에 한편으로 언어학습도 진행된다고 기술하였다. 언어 처리 과정의 이와 같은 두 가지 측면을 생각하면, 학습, 지식, 기억을 구별하기보다 오히려 통합해서 생각하는 것이 SLA의 전체상을 밝히는 데에도 도움이 된다고 생각된다. 제3절에서는 규칙 기반의 기억 검색이 아니라 항목 기반의 범례에 접속하는 것으로 스킬의 자동성이 생긴다고 보는 이론이 있다는 내용을 기술했는데, 자동화는 암시적 학습의 결과로써 습득되는 우발적인 것이라고 여겨졌다. 지식이란 기억에 저장된 심적 표상이고, 학습 과정에서 심적 표상으로의 접속을 반복하면서 심적 표상은 양적, 질적인 변화를 이루어 간다. 일상생활에서 '기억력이 좋다'고 화제로 삼을 때의 기억이란, 의식적으로 무엇인가를 상기하는 현재 기억(explicit memory)을 말하는 경우가 많다. 하지만 실제로는 우리들의 일상생활과 학습은 모두 기억으로 이루어지고 있다. 예를 들면 친구를 만나서 자신의 지인이라고 인식할 수 있는 것도, 오랜만에 바다에 가서도 몸이 기억하고 있어 다시 수영할 수 있는 것도 기억 덕분이다. 이와 같은 기억은 의식적인 상기를 동반하지 않은 잠재 기억(implicit memory)이지만, 언어스킬도 암시적 학습이 유효하다고 한다면 잠재 기억의 역할을 더 검증할 필요가 있다.

뇌의 활성부위에서 명시적 모드와 암시적 모드를 구별할 수 있지만, Robinson(1995, 2003)은 제1절에서 언급한 것처럼 L2 학습을 기억의 메커니즘으로 파악한다면 어떤 타입의 학습도 단기 기억에서의 리허설과 장기 기억으로의 통합 처리를 동반하여, 주의나 인식(awarness)이 필요하다는 점에서 기본적으로 동일한 메커니즘이 기능한다고 보았다. 학습 과제가 무엇을 요구하는지에 따라 어느 쪽 모드가 우위에 있는지가 정해진다고 한다. 명시적 학습은 규칙 기반의 개념 구동형 처리가 우세해지고 명시적인 가설검증 모드가 기능한다. 한편 암시적 학습은 항목 기반의 데이터 구동형 처리가 우세해진다. 인지심리학에는 전이 적절성 처리의 원리(Principle of transfer appropriate processing) (Morris, Bransford & Frank, 1977)라는 개념이 있다. 학습 시의 기억 소재 처리 방법과 테스트 시의 처리 방법이 유사할수록 성적이 좋아진다는 내용이다. Norris & Ortega(2000)가 암시적 학습의 효과를 선언적 지식으로 측정하는 모순을 지적했듯이 향후 암시적 학습의 효과를 검증한다면 L2 능력을 어떻게 측정해야 하는지도 재고할 필요가 있다. 또한 한 단계 더 나아가면, 언어 테스트란 본래, 목표언어사용 상황에서의 언어운용을 추측할 수 있어야 한다(Bachman, 1990). 정확하고 유창한 언어운용이 절차적 지식의 도움을 받는다고 한다면, 언어학습에서도 실제 언어운용 처리와 같은 방법의 연습을 함으로써 학습이 실제 언어운용에 적절하게 전이된다고 할 수 있다(小柳 2005, 2008a). 특히 절차적 지식은 동일한 상황이 주어졌을 때 스킬을 발휘할 수 있다(Graf, 1994)고 하여 SLA 실증에 기초한 교수법으로서 제창된 '과제 중심의 교수법(Task-based Language Teaching:TBLT)'에서, 교실 바깥에서 조우할 수 있는 실제 과제(task)와 비슷한 과제(task)를 교실에서 연습해 두는 것의 유효성을 시사한다고 할 수 있다. 절차적 지식에서 의미 있는 상황과 관련된 표상을 한 번에 검색할 수 있는 것은 기억의 청킹(chunking)이나 사례 이론에 기초한 범례 기반의 기억 형성 과정으로 설명할 수 있다. 그리고 암시적 학습은 교실 학습자의 동기 등 정서 면을 고려할 때도 인지와의 접점이 있을 것 같다. 동기에 대응하는 뇌 영역이 대뇌변록계(大腦辺綠系)라는 사실은 일찍이 지적되었지만(Lamendella, 1977), 자연습득환경에서는 그것이 잘 작용하여 발화 이전의 전달 의도나 상대방을 이해하려고 하는 동기의 원천이 되어 절차적 기억의 발달로 이어진다(Paradis, 1994, 1997)고 한다. 이것도 자연습득환경과 비슷한 암시적 학습에서, 과제(task)와 같은 학습자의 동기 유발을 자극하는 활동을 수행하는 것이 중요한 의미를 갖는다.

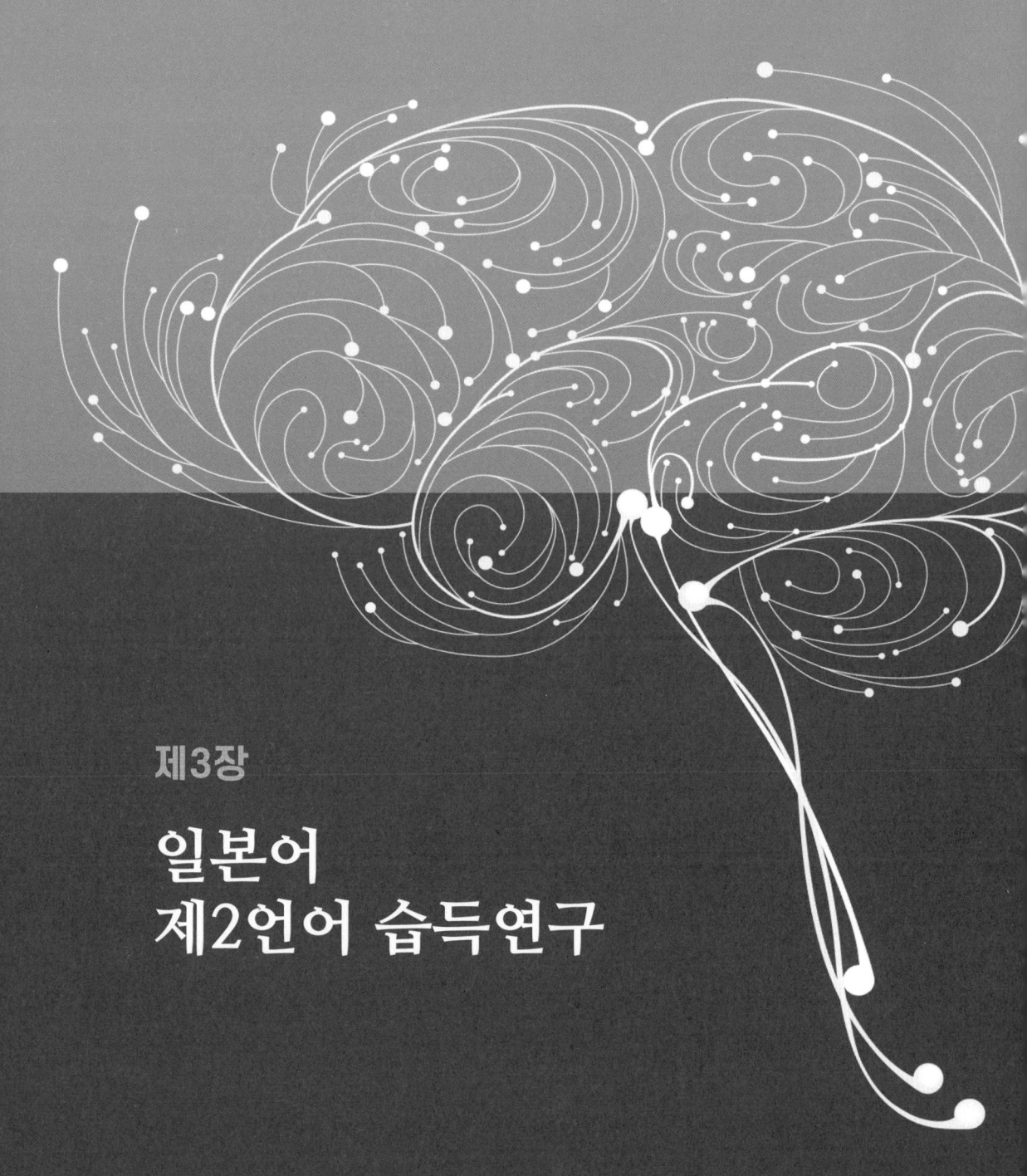

제3장

일본어
제2언어 습득연구

1
문법 발달과 처리 가능성 이론

1.1 처리 가능성 이론의 개요

일본어학습자의 발화문 구조나 문법 항목 발달[18] 과정을 살펴보면, 이미 많은 연구에서 학습자 간에 비슷한 과정이 보인다는 사실은 이미 많은 연구에서 보고되었다. 하지만 이러한 연구 성과를 향후 연구에 이용하기 위해서는 그러한 습득 과정을 인간의 인지적 측면을 바탕으로 이론적으로 파악해 갈 필요가 있다. 그렇게 함으로써 조사되지 않은 언어 항목의 발달과정도 예측 가능해지기 때문이다.

따라서 본장에서는 지금까지 이루어진 일본어 문법 습득연구의 개관뿐만 아니라 언어 처리 발달이라는 관점에서 일본어 문법 발달을 파악하고자 한다. 그리고 그 이론적 틀로서 처리 가능성 이론(Processability Theory)을 활용한다. 처

---

18 여기서 말하는 '발달'이란 개별적인 언어지식이나 스킬의 '습득'을 거쳐 학습자의 언어 처리 시스템 전체가 변화해 가는 것을 의미한다. 따라서 '발달'이라고 말할 경우에는 동사 부정형의 발달(예: 言うない→言うじゃない→言わない)과 같이 국부적인 것부터 구문 발달(예: 단어→단문→복문→복단락)과 같은 전체적인 발화의 발달까지 포함된다.

리 가능성 이론이란 '언어 발달의 각 단계에서 학습자가 처리할 수 있는 문법 구조를 예측하는 이론(Pienemann, 1998, p.xv)'이다.[19] 이 이론은 제2언어 습득과정에서 일어나는 언어 처리의 자동화와 Levelt(1989)의 발화모델을 기반으로 제창된 모델이다(본서 제2장 2.3도 참조).

Levelt(1989, 1999a)의 발화모델에서는 발화 의도의 형성에서 실제 발화에 이르기까지, 다음 세 가지 단계를 거친다고 한다. ① 개념 처리(발화 의도의 형성), ② 형식 처리(심적 어휘집에서 어휘가 선택되어 문법 처리를 거쳐 발화 의도를 나타내는 의미정보가 언어형식으로 치환될 수 있다), ③ 음성 처리(언어형식의 음성정보를 기반으로 발화된다)이다(제2장 참조). 처리 가능성 이론은 특히 ②의 형식화에 주목하여 언어 처리의 자동화라는 관점에서 제2언어 발달과정을 설명하는 이론이다.

Levelt의 발화모델에 의하면 이러한 형식 처리는 단어 정보를 기반으로 '단어 접촉⇒어휘・범주화 처리⇒구 처리⇒문장 처리⇒복문 처리'와 같이 언어 단위의 작은 계층부터 순서대로 처리가 이루어진다. 하위 계층의 처리 정보는 상위 계층으로 보내지고 또한 상위 계층의 처리로 이어진다. 순차적이고 동시 병렬적으로 처리가 이루어진다는 뜻이다.

단, 모어로 이야기할 때는 이와 같은 처리가 자동으로 이루어지기 때문에 문법은 거의 의식하지 않는다. 자신이 모어로 말할 때를 생각해 보기 바란다. 통상 머릿속에서 생각하는(주의가 향하는) 것은 말하는 내용, 개념 처리일 것이다. 즉 주의 자원의 배분을 관장하는 역할을 하는 작동 기억은 주로 이 개념 처리에 주의 자원을 할당한다.

한편 일본어로 이야기하는 데에 익숙하지 않은 일본어학습자, 그리고 모어

---

19 이 이론은 다차원 모델(Multidimensional Model; Meisel et al, 1981; Pienemann 1984, 1989; Pienemann & Johnston, 1987; Pienemann et al. 1988, 1993)이라는 제2언어 습득과정에 보이는 보편성과 다양성 양쪽에 주목한 모델을 전신으로 하는 이론이다. 이 이론의 변천 배경에 대해서는 峯(2002, 2007b, 2015)를 참조할 것.

화자처럼 자동으로 언어를 처리하지 못하는 학습자는 배운 문법 지식을 구사하여 문장을 구성한다. 이 때문에 학습자의 머릿속에서는 상대방에게 전달하고 싶은 내용을 생각(개념 처리)할 뿐만 아니라 문법적인 처리(형식 처리)에도 주의 자원이 사용된다.

하지만 언어 처리를 실행하는 작동 기억의 처리 용량에는 한계가 있다. 이 때문에 학습자에게 문법적인 지식이 있다고 해도 이것을 이용한 처리가 어렵다.

예를 들면 자릿수가 많은 수치의 곱셈 암산을 상상하기를 바란다. 자릿수가 적으면 간단히 할 수 있는 암산도 자릿수가 많아지고 올림이 많으면 암산으로 계산하기 어렵다. 숫자와 계산 방법을 알고 있어도 작동 기억의 처리용량을 넘어버리면 처리하지 못하게 된다. 이와 같은 경험은 누구라도 있지 않을까?

이와 비슷하게 발화 의도를 표현하기 위한 어휘와 문법 규칙에 대한 지식이 있다고 해도 전달하고 싶은 정보가 많고 처리하는 정보량이 많아지면, 문법 지식에 비추어 보면서 문장을 구성하는 의식적인 처리는 어려워진다. 일본어 필기시험이나 작문에서는 정확하게 답할 수 있는 동사 활용이나 조사의 사용법도 말할 때는 잘 안 되는 경우가 생긴다. 작동 기억의 처리 용량을 초과하면, 도중에 말을 하지 못하게 되거나 문법적으로 처리하지 못하여 단어를 나열하기만 하는 발화가 될 수 있다.[20]

처리 가능성 이론은 이와 같은 학습자의 머릿속에서 이루어지는 언어 처리의 한계를 상정한 이론이다. 그리고 그 처리 과정, 즉 '단어 접속⇒어휘·범주화 처리⇒구 처리⇒문장 처리⇒복문 처리'라는 언어 처리 과정에서는 하위 계층의 처리 정보가 상위 계층처리에 필수 불가결하므로 언어 처리 발달은 필연적으로 가장 아래 계층의 단어 처리부터 자동화된다고 한다(Pienemann, 1998 참조).

---

20 발화 장면에 따라 학습자가 정확하게 말하려고 문법을 지나치게 의식하여 처리하지 못하는 경우도 생긴다.

그렇다면, 각 문법 항목이 습득 가능한 발달단계를 어떻게 규명할 수 있을까? 그것은 언어 통사구조를 기반으로 해당 항목을 사용하는 데에 요구되는 문법적인 처리를 분석함으로써 예측 가능해진다.

처리 가능성 이론에서는 [그림 3-1], [그림 3-2]와 같이 어휘 기능 문법(Kaplan & Bresnan, 1982; Bresnan, 2001)에서 제시하는 통사구조를 이용하여 필요로 하는 문법 처리를 판단한다.

예를 들면, 다음 영어 예문(1) 복수 s와 (2) 3인칭 단수 s를 예로 설명하고자 한다. 영어 복수 s를 3인칭 단수 s보다도 빨리 습득하는 것에 대해서는 이미 많은 형태소 습득연구에서 보고되었다(Goldschneider & DeKeyser, 2001 참조).

(1) Peter sees two dogs.
(2) Peter sees a dog.

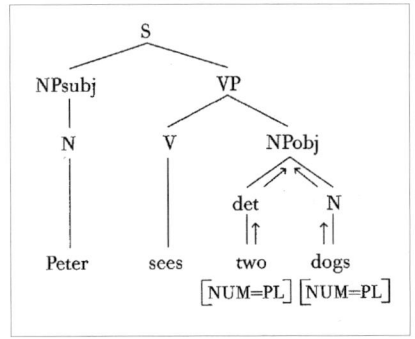

[그림 3-1] 구 계층 처리(복수 s)
(Pienemann et al. 2005, p.200)

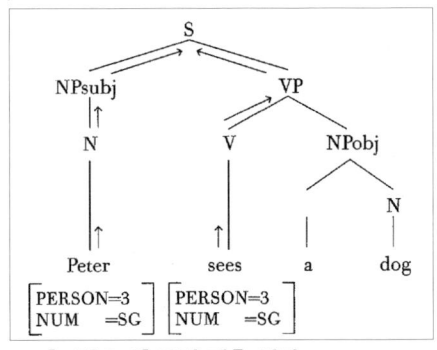

[그림 3-2] 문장 계층 처리(3인칭 단수 s)
(峯 2015, p.47)

처리 가능성 이론에서는 이러한 습득 시기의 차이를 다음과 같이 설명한다. (1)의 명사에 붙는 복수-s는 [그림 3-1]에 제시된 것처럼 직전의 수량사와의 사이에 소성(素性)의 일치 처리, 즉 명사구 내부 처리에서 사용되는 형태소이다. 이에 반해 (2)의 동사구에 붙는 3인칭 단수 s는 [그림 3-2]에 나타난 것처럼 주어와 동사구 사이에서 소성(素性)의 일치, 다시 말하면 문장계층 처리에서 사용되는 형태소이다. 이를 통해 구 처리를 위한 형태소인 복수 -s보다 늦게 3인칭 단수 -s를 사용할 수 있게 된다고 설명하는 셈이다.

〈표 3-1〉은 처리 가능성 이론에서 제시한 언어 발달단계를 보여준다. 이 표에서도 알 수 있듯이 점차 자동으로 처리되는 언어단위가 커진다. 하지만 발달단계 X에 위치하는 5개의 형태소 [a, b, c, d, e] 모두를 습득해서 다음 발달단계로 진행되는 학습자도 있는가 하면, 그중 2개만을 습득해서 다음 발달단계로 진행하는 학습자도 있다. 동일한 발달단계에 위치한 학습자라도 개성이나 환경 등의 영향을 받아 사용하는 형태소에는 학습자마다 다양성이 보인다.

〈표 3-1〉 언어 처리 과정의 계층과 발달단계

(Pienemann, 2005, p.24, 표5를 기초로 작성)

단계	process procedure (언어 처리 과정)	정보교환	발화 문장구조(예: 영어의 경우)
제1단계	word/lemma access (단어 접속)	없음	어휘나 상투어만의 발화 예: 단어, 정형표현
제2단계	category procedure (어휘·범주 처리)	없음	통사적 처리를 동반하지 않는 형태소의 사용, 전형적인 어순에 따른 발화 예: 기본 어순(SVO), 어휘 형태소(ed. 복수 s 등)
제3단계	phrasal procedure (구 처리)	구(句) 내부의 정보교환	명사구 내부에서의 정보 처리가 이루어진다. 예: 문장 부사구+기본어순, Do 전치 수량사+복수 s
제4단계	VP-procedure (동사구 처리)	구(句) 사이의 정보교환	동사구의 정보 처리가 이루어진다. 예: Yes/No 의문문에서 주어와 조동사의 어순 전환, have+과거분사
제5단계	S-procedure (문장 처리)	구(句) 사이의 정보교환	주어 명사구와 동사 구간의 정보 처리 예: 3인칭 단수 s, WH 의문문에서 do나 조동사를 문두에서 2번째로 둔다.
제6단계	the subordinate clause procedure (종속절 처리)	절(節) 사이의 정보교환	문장 속의 주된 부분과 종속절 사이에서 정보 처리가 이루어진다. 예: 부가 의문문 　　간접 의문문에서의 어순의 비도치(非倒置)

주석: Pienemann(1998, p.171, 표 5.2.1)에서는 상기의 제4단계는 제5단계와 동일하게 S-procedure(문장 처리)라고 하였고, 제4단계는 어순규칙+탁월성(卓立性) (WO Rules+Saliency), 제5단계는 어순규칙-탁월성(WO Rules-Saliency)이라고 하였다.

1.2 일본어 습득연구의 이론적 틀

처리 가능성 이론의 타당성에 대해서는 영어, 독일어, 스웨덴어, 이탈리아어 등 다양한 언어의 제2언어 습득연구에서 검증되었다. 일본어에서도 Kawaguchi(Di Biase & Kawaguchi, 2002; Kawaguchi, 2005a, b)가 호주에서 일본어를 배우는 성인 학습자를 대상으로 조사하여 〈표 3-2〉에 나타난 발달단계를 제시하였다. 이 발달단계는 호주인 아동의 일본어 자연습득을 조사한 연구(Iwasaki, 2004)나 이중언어(bilingual) 유아의 영어와 일본어 습득을 조사한 연구(Itani-Adams, 2007)에서 추가 검증이 이루어졌으며, 동일한 발달단계를 거친다고 보고되었다.

〈표 3-2〉 Kawaguchi의 일본어 발달단계
(Di Biase & Kawaguchi(2002), Kawaguchi(2005a, b)를 참고로 작성)

언어 처리 계층	일본어 형태소 습득
word or lemma access	단어, 형식표현(形式表現)
category procedure (어휘범주 처리)	기본어순(SOV) 기본어순의 경우만 적절하게 격조사를 사용할 수 있다. 동사 활용(マス・タ・ナイ 등) 주제주어ハ+목적어ヲ+동사(주어와 주제는 동일) 주어ガ
phrasal procedure (구 처리)	복합동사(동사テ형+동사) 명사+の+명사 주제ハ(부가사(付加詞)의 주제화)+주어ガ+목적어ヲ+동사
S-procedure WO Rules (문장 처리)	어순이 바뀌어도 적절하게 격조사를 사용할 수 있다. 사역, 수동, 수수표현 목적어의 주제화

하지만 어휘 기능 문법에서는 일본어 언어 처리를 충분히 파악할 수 없다고 하여 峯(2007b, 2015)는 작은 언어단위에서 커다란 언어단위로 자동화가 진행된다는 처리 가능성 이론의 개념을 이론적 틀로서 답습하면서도 발달단계를 인정할 때에는 일본어 연구가 앞서있는 일본어학의 견해인 南(1993)가 제시한 일

본어 계층구조를 수용하였다. 그리고 南(1993)가 제시한 일본어 계층구조([그림 3-3])를 참고로 해서 언어 처리 계층에 대한 인정을 다음과 같은 두 가지 판단기준으로 설정하였다.

언어 처리 계층의 인정 기준 1
· 동사구의 정의: A유형의 계층을 동사구로 한다.
· 문장의 정의: B유형 이상의 계층을 문장으로 한다.

언어 처리 계층의 인정 기준 2
· 언어 처리 계층은 '해당 표현의 사용이 의무적인 언어 처리 계층'이라는 관점에서 판단한다.
· '복문 처리'를 '복문·문맥 처리'라고 하고 선행하는 문장, 문맥에서의 사용이 의무적인 표현도 복문과 같은 계층으로 처리한다.

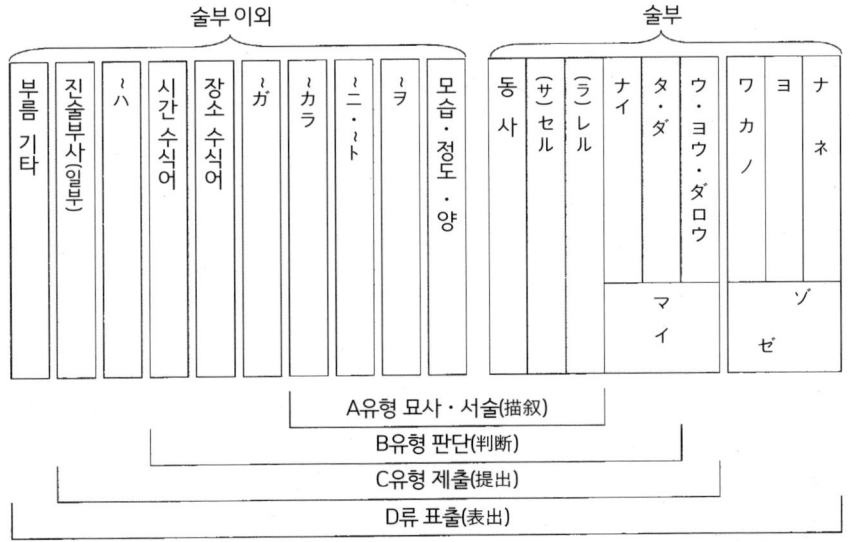

[그림 3-3] **일본어 계층구조**(南 1993, p.54)

주석: 원서에서는 그림 안에 '묘사·서술(描叙)', '판단(判斷)' '제출(提出)' '표출(表出)'이라는 林(1960)의 용어가 사용되었지만, 본서에서는 南(1974)의 용어, 'A유형' 'B유형' 'C유형' 'D류'를 사용하므로 위 그림처럼 병기하였다.

이 인정 기준1에 따르면 예를 들어 'ごはんを食べた'의 조사 'を'의 사용은 구(句) 계층 처리, '去年からピアノを習っている'의 시간 수식어와 동사구 사이에서의 정보 처리에 따라 사용되는 シテイル는 문장 계층 처리로 판단된다.

그리고 다음 인정 기준 2를 통해 다음 절에서 살펴볼 '대비'를 나타내는 조사 'は'나 종속절 내의 'が' 사용, 그리고 Kawaguchi(Di Biase & Kawaguchi, 2002; Kawaguchi, 2005a, b)가 문장 처리로 하는 수동문이나 수수표현의 사용(〈표 3-2〉 참조)을 '복문·문맥 처리'에 위치시켰다. 복문과 문맥을 같은 계층으로 한 이유는 다음 (3)과 같이 복문이라는 형식을 취하는 경우에도, (4)와 같이 독립문으로서 2개를 나열한 경우에도 선행하는 절이나 문장과의 관계에서 사용이 의무적이기 때문이다.

(3) 勇気を出して本当のことを話したら, 褒められました
　　　　　　　　　　　　　　(??褒めました)
(4) 勇気を出して本当のことを話しました。そしたら, 褒められました
　　　　　　　　　　　　　　(??褒めました)。

또한 학습자가 사례 기반으로 장면에 맞는 형식을 배운다고 해도 시점 설정 등 문맥에 맞는 형식을 학습자 자신이 생산적으로 사용할 수 있게 되기 위해서는 전후 문장과의 관계를 이해할 필요가 있다. 이것을 이해하기 위해서는 단문을 넘어선 언어 정보 처리 능력이 요구되기 때문에 문맥 정보 처리는 문장 처리보다도 상위 계층 처리로서 간주된다고 한다.

다음 제2절에서 지금까지 이루어진 일본어 문법습득연구를 개관하고, 제3절에서 일본어 발달단계에 대해서 새롭게 고찰하기로 한다.

2
일본어 문장구조의 발달과정

여기서는 지금까지 이루어진 일본어 문법 발달에 관한 선행연구를 문법범주별로 개관한다. 2.1에서 조사, 2.2에서 태(voice), 2.3에서 시제·상(aspect), 2.4에서 모달리티, 2.5에서 복문을 살펴보고자 한다.

2.1 조사

조사 습득에는 다양한 요인이 얽혀 있지만, 이 습득을 어렵게 만들고 있는 요인 중의 하나로 기능적으로 겹치는 다른 조사의 존재를 들 수 있다. 여기서는 ①명사 뒤에 붙어 술부와의 관계를 표시하는 격조사, ② 명사나 다양한 품사 뒤에 붙어 문장 안의 요소를 부각시키는 부조사(とりたて助詞[21]), ③ 초급에서 최고

---

21 부조사(とりたて助詞)의 정의는 연구자에 따라 다르지만, 여기서는 寺村(1991)에 따라 종래부터, 係助詞, 副助詞라고 불려온 조사를 모두 부조사(とりたて助詞) 라고 부른다. 寺村(1991)에서는 부조사(とりたて助詞) 의 기능을 대략 '문장 안의 여러 구성요소를 부각시켜 어떤 대비적인 효과를 초래한다'라고 하여 'は, も, こそ, さえ, まで, でも, だって, しか, だけ, ばかり, など'를 제시하였다.

급에 이르기까지 사용법이 어렵다고 하는 격조사 'が'와 부조사 'は'에 주목하고자 한다.

2.1.1 격조사

격조사란 명사 뒤에 붙어 술부에 오는 동사나 형용사/형용동사와 해당 명사와의 관계를 나타내는 조사이다. 여기서는 일본어학습자에게 혼용이 많이 보인다고 하는 ① 장소를 나타내는 격조사 'に' 와 'で', ② 감정을 나타내는 동사의 대상을 나타내는 격조사 'を'와 'に'의 습득을 제시하고자 한다.

a. 〈장소를 나타내는 격조사 'に'와 'で'〉

학습자가 산출하는 일본어에서 장소를 나타내는 격조사 'に'와 'で'의 혼용이 빈번하게 보인다고 다양한 연구에서 지적하였다(石田 1996; 久保田 1994; 迫田 1998, 2001; 中川 1995; 松田・斎藤 1992; 横林 1995 등).

초급에서는 격조사 'に'를 도달점이나 존재 장소를 나타내는 조사로, 격조사 'で'를 동작을 행하는 장소나 범위를 나타내는 조사로 배운다. (5)~(8)의 예를 보면 알 수 있듯이 술어구 전체가 상태를 나타내는지 동작을 나타내는지와 같이 단순히 구별되어 사용되지는 않는다. 예를 들면, 다로(太郎)가 있는 장소가 (6)과 (7) 양쪽 모두 도서관이라는 객관적 사실은 같지만, 동사에 따라 조사를 구별해서 사용해야 한다.

이 외에도 '住む' '暮す' '勤める' '働く'와 같이 동사가 나타내는 의미는 비슷함에도 불구하고 함께 쓰이는 장소를 나타내는 명사구에 붙는 격조사가 다른 경우도 있다. 이와 같은 경우에 'に' 'で' 중 어느 쪽의 격조사와 함께 쓰이는지 동사와 격조사를 세트로 해서 기억할 필요가 있다.

하지만 (9)와 같이 복수의 조사가 함께 쓰일 때도 있어서 단순히 조사와 술어를 세트로 기억하는 것만으로는 충분하지 않다.[22] 지도할 때는 조사 각각의 의미 차이도 제시할 필요가 있을 것이다.

 (5) 太郎は図書館に行きました。 (도달점)
 (6) 太郎は図書館にいます。 (존재 장소)
 (7) 太郎は図書館で勉強しています。 (동작을 행하는 장소)
 (8) 日本で一番高い山は富士山です。 (한정적인 범위)
 (9) 新宿でバスに乗る。

迫田(1998, 2001)는 학습자가 명사와 그 명사 뒤에 붙는 조사를 하나의 덩어리(unit)로 사용하는 경향이 있어서, 그 결과 부적절한 오용이 생긴다고 했다. 迫田가 중급학습자를 대상으로 실시한 조사의 사지선다형 문제를 통한 실험에 의하면 (10)과 같이 '前, 後ろ, 中' 등의 위치 명사 뒤에 붙는 명사는 'に'를 선택하기 쉽고, (11)과 같이 東京, 食堂 등 지명이나 건물을 나타내는 명사 뒤에 붙을 때는 'で'를 선택하기 쉽다고 한다.

 (10) 門の前に(→で)話をしました。
 (11) 東京で(→に)住んでいます。 (迫田 2001, p.50, (10))

이 경향에 대해서 野田(2001)는 일본어모어화자의 대화 자료 및 일본어 교과서를 분석해 '〜の中' '〜の上'에는 'に'가 뒤에 붙는 경우가 많다는 분포 차이

---

22 의미가 미묘하게 다르게 나타나지만, 다음과 같이 'に' 'で' 어느 쪽이든 가능한 동사도 있다.
 ・夜空[に/で]星が光っている。
 ・静かな教室[に/で]大音響が響き渡る。(日本語記述文法研究会 2009, p.54)

를 지적하고, 인풋(input) 빈도의 영향일 것이라고 고찰하였다. 이와 같이 조사가 명사와 하나의 덩어리(unit)로 사용되는 경향은 초급과 중급학습자에게 자주 보이며, 'は' 'が' 습득을 조사한 花田(2001)에서도 '私は'와 같이 고정된 형태에서의 'は'의 사용이 초급·중급학습자에게 보인다는 지적이 있었다.

이러한 사항을 野田(2001)에서도 똑같이 지적하였는데, 처리 빈도를 근거로 명사구 내에서 처리 효율화가 진행되고 있다는 사실을 시사하는 현상이라고 볼 수 있다. 격조사를 적절하게 사용할 수 있도록 하기 위해서는 술어와 명사구 사이의 정보 처리가 필요해서 그 단계에 도달할 때까지는 혼용도 생길 것이다.

b. 〈감정을 나타내는 동사의 대상을 나타내는 'を'와 'に'〉

'諦める' '飽きる' 등 감정을 나타내는 동사의 대상을 나타내는 격조사 'を' 'に'의 혼용은 중급, 고급이 되어서도 혼란이 보이는 격조사이다(生田·久保田 1997, 今井2000). 예를 들면 '同情する' '賛成する' '反対する' 등은 'に'를 'を'로 하는 오용이 많고, '楽しむ' '嫌う' '好む' 등은 감정 형용사·형용동사 '楽しい' '嫌い' '好き'의 영향인지, 'を'가 아니라 'が'를 쓰는 오용이 많이 보인다고 지적하였다(今井 2000 참조).

당연하지만, 감정을 나타내는 동사와 함께 쓰이는 모든 격조사에서 혼란이 나타나는 것은 아니다. 今井(2000)의 조사에 따르면, 사용 빈도가 높은 동사나 학습자에게 매우 친숙한 동사의 경우에는 격조사의 정답률이 상당히 높다고 한다. 이에 대해서 今井(2000)는 격조사 습득이 동사의 이해도와 깊은 관련이 있다고 보았다. 이것은 학습자가 각각의 사용 예를 접해서, 혹은 스스로 사용하면서 동사에 대한 이해도를 심화시켜 점차 적절하게 표현할 수 있게 된다는 점을 시사하고 있다.

격조사는 어휘·범주 처리를 할 수 있게 된 단계에서 명사 뒤에 붙일 수 있게 되지만, 적절하게 사용할 수 있게 하기 위해서는 명사구와 술부 사이의 구(句) 간 정보 처리가 가능해진 단계에서 사용할 수 있게 된다고 생각된다. 하지만 상위 발달단계에 도달해서도 새로운 단어 습득이 수시로 일어나도록 새롭게 배운 단어와의 정보 처리로 결정되는 조사의 사용법도 그때까지 축적된 격조사에 대한 지식과 사례를 통해서 하나하나 습득된다고 할 수 있다. 따라서 오용 경향을 파악한 조사에 관해서는 어휘를 도입할 때 학습자의 주목을 높이기 위해 교사가 조사를 설명하여 학습자에게 주의를 촉구하는 방식도 효과적이다.

2.1.2 부조사 'だけ' 'しか'

격조사는 명사구의 동사구에 대한 관계를 나타낸다는 기능 때문에 2.1.1에서 살펴본 것처럼 함께 쓰이는 동사 습득과 깊이 관련이 있다. 한편 부조사는 격조사와는 성질이 다르고 명사뿐만 아니라 다양한 품사의 단어 뒤에 붙어 화자의 판단이나 문맥 정보를 제공하기 위해 사용되는 조사이다. 여기서는 특히 기능적으로 겹치는 부조사 'だけ'와 'しか'를 중심으로 살펴보고자 한다.

부조사 'だけ'와 'しか'는 다음 (12)처럼 긍정·부정과 같이 서로 다른 구문에서 사용되지만, 두 조사 모두 한정의 의미를 나타낸다.

(12)　太郎だけ来た。／ 太郎しか来なかった。　　(峯 2012, p.42)

일본어학습자에게는 이 두 형식을 구별하여 사용하기가 어렵고 (13)과 같이 シカ를 사용해야 하는 곳에서 ダケ를 사용하는 오류가 종종 보이는 것에 대해 이미 많은 지적이 있었다(市川 1997; 野田 2007; 峯 2012 등).

(13)　??日本語は半年だけ勉強しましたから、まだ下手です。

(正: 日本語は半年しか勉強していませんから、まだ下手です。)

(峯 2012, p.42)

'だけ'와 'しか'의 기능적인 차이를 간단히 설명하면, 'だけ'는 강조한 대상으로만 한정하다는 의미를 부여하는 데에 반해 'しか'는 강조한 대상을 한정할 뿐만 아니라 동시에 강조한 대상 이외의 것을 부정한다.

예를 들면, 다음 (14)의 A 질문에 대한 B의 대답으로서 A가 기대하는 아이스커피를 부정해야만 하므로 a와 같이 'しか'로 대답하는 것이 자연스럽다. ホット(뜨거운 것)만을 언급하는 b의 대답은 부자연스럽다. 이것은 'だけしか'를 사용한 (15)의 대답은 자연스럽기 때문에 (14)B의 b는 'だけ'를 사용해서 생긴 원인이 아니라 'しか'를 사용하지 않아 생긴 부자연스러움이라고 말할 수 있다(峯 2012 참조).

(14) A: アイスコーヒーはありますか。
　　　 B: a.　すみません。ホットしかおいてないんです。
　　　　　 b.? すみません。ホットだけおいているんです。

(澤田 2007, p. 96, (2))

(15) B: すみません。ホットだけしかおいてないんです。

이와 같이 'だけ'는 한정의 의미만을 부여하는 데에 반해 'しか'는 문맥에서 그 사용이 필수가 되는 조사이다. 따라서 처리 가능성 이론의 발달단계로 생각하면, 'だけ'는 '어휘·범주 처리', 'しか'는 '복문·문맥 처리'가 가능해진 수준에서 사용할 수 있는 조사로 상정된다. 그리고 이것은 초급에서 최고급학습자까지 발화 데이터에서 확인되었고, 'だけ'는 초급에서 사용되는 데에 반해 'しか'는 다

른 복문 처리가 필요한 접속사 표현의 사용이 가능해진 시기(중급)까지 사용되지 않았다(峯 2012 참조).

하지만 학습자의 'だけ' 사용을 모어화자의 사용과 비교해 보면 차이가 있다고 한다(中西 2010). 따라서 'だけ'의 사용 발달을 살펴보면, 초급학습자가 'だけ'로 강조할 수 있는 언어단위는 (16)과 같은 단어 수준에 한정되었고, 중급, 고급과 같이 언어 수준이 올라감에 따라 (17), (18)에 나타난 예처럼 구나 절을 강조할 수 있게 된다는 사실을 알 수 있다(峯 2012 참조).

(16) (파리를 여행했을 때 숙박한 호텔에 대해서)
　　　T: んー〈んー〉, トイレありますよね
　　　S: あります
　　　T: なんか、ほかに、ありませんでしたか
　　　S: ほかは、んーない{笑い}でも、休むだけ、のはじゅうぶんです
　　　　　　　　　　　　　　　　　【초급・상 중국어 国-378】

(17) (설날에 바깥에서 놀거나 하지 않는지에 대한 질문에 대해서)
　　　S: 外はあんまり、出ない
　　　T: あそ、遊ばない〈はい〉、んーんーんー
　　　S: 家にいるだけで、おもしろいから
　　　　　　　　　　　　　　　　　【중급・중 한국어 国-220】

(18) (한국에서는 지방의 독특한 전통 음악을 팝에 섞거나 하지 않는지에 대한 질문에 대해서)
　　　S: そういうのがなんか〈ん〉、ないって思ったんですよ〈ん〉もうある自分が興味がなくて見てないだけかもしれないんですけど
　　　　　　　　　　　　　　　　　【고급・하 한국어 国-123】

언뜻 쉽게 습득될 것처럼 보이는 'だけ'이지만 상기의 (16)~(18) 예에서도 알 수 있듯이, 강조할 수 있는 언어단위에는 발달단계의 제약이 생긴다. 모어화자와 같이 사용할 수 있게 되기 위해서는 언어 처리의 발달이 필요하다고 할 수 있다.

2.1.3 'は'와 'が'

여기서 살펴볼 부조사 'は'와 격조사 'が'는 제2언어 일본어 습득연구의 조사 대상 항목으로서 매우 많이 취급되는 항목 중의 하나이다(石田 1991, 1996; 市川 1988, 1989; 坂本 1996, 1997; 土井·吉岡 1990; 遠山 2003; 富田 1997; 中川 1995; 長友 1990, 1991; 花田 2001; 松田·斎藤 1992; 八木 1996, 1998, 2000; 横林 1995; Yagi, 1992).

'が'는 주어이기도 하고 상태성 술어의 대상을 나타내는 격조사인데 'は'는 문장의 주제를 나타내는 부조사이다. 그리고 ガ격, ヲ격이 'は'에 의해 강조될 때는 다음과 같이 조사 'が' 'を'는 표시되지 않는다.

(19) 太郎がケーキを食べた。→ 太郎はケーキを食べた。
　　 ケーキを太郎が食べた。→ ケーキは太郎が食べた。

보통 '주어=주제'가 되는 경우가 많아서 당연히 주어 명사구 뒤에 'は'가 붙는 경우가 많다. 'は'가 아니라 'が'를 사용해야 할 때도 있지만, 어느 쪽이라도 괜찮을 때가 있어서 학습자 발화에서는 'は'와 'が'의 혼용이 초급에서 최고급학습자에 이르기까지 많이 보인다.

坂本(1996, 1997)는 'は' 'が'에 관한 습득연구를 개관하고 기능별로 다음과

같은 순서로 습득이 진행된다고 하였다.[23]

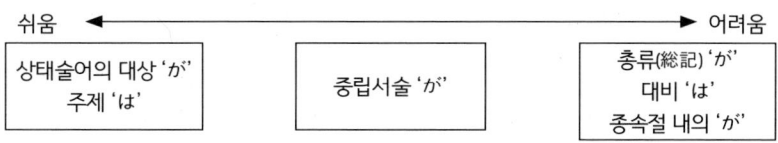

(20) 상태술어의 대상 'が' :   私は太郎が好きだ
    주제 'は' :   太郎は学生だ
    중립서술 'が' :   雨が降っている
    총류(総記) 'が' :   太郎がする
    대비 'は' :   肉は好きだが、魚は嫌いだ
    종속절 내의 'が' :   私が行ったとき、山田さんは勉強
                していた

坂本가 제시한 'が'와 'は'의 습득과정을 검증하기 위해 花田(2001)는 OPI 수법으로 수집한 초급에서 최고급학습자 18명의 자료를 분석하여 학습자가 사용한 'が'와 'は'를 일본어 수준별로 살펴 보았다.

그 결과에 따르면 초급에서는 'は'의 사용이 많고, 과잉적으로 사용한다. 한편 'が'는 'ある' '好き' '上手'라는 상태성 술어의 대상을 나타내는 경우에만 사용한다. 하지만 이와 같은 술어와 함께 쓰일 때도 'が'의 탈락이나 'は'를 사용하는 오류가 보인다고 한다. 중급 이후가 되면 중립서술과 주제를 구분하는 'が'와

---

23 坂本(1996, 1997)는 '상태술어의 목적어(状態述語の目的語)', '대조(対照)'와 같은 용어를 사용했는데, 여기서는 峯(2007, 2015)와 동일하게 각각 '상태술어의 대상(状態述語の対象)' '대비(対比)'라는 용어를 사용한다.

'は', 또한 고급 이후가 되면 종속절 내에서 'が'를 사용할 수 있게 되고, '총류(総記)' 용법의 'が'나 대비를 나타내는 'は'를 확실한 형태로 사용할 수 있게 되었다. 坂本(1996, 1997)가 제시한 습득과정을 지지하는 결과를 얻을 수 있었다.

또한 峯(2015)는 花田(2001)에 나타난 자료 분석 결과를 동일한 OPI 수법으로 수집한 KY 코퍼스에 나타난 학습자의 접속사 표현의 사용 상황과 비교하여, '대비'의 'は'나 종속절 내의 'が'의 사용시작 시기가 복문 처리를 필요로 하는 접속사 표현의 사용시작 시기와 거의 같은 시기라는 점도 확인하였다.

'は'와 'が'의 사용법은 확실히 둘로 나눌 수 있는 것뿐만 아니라 둘 다 가능한 경우도 많이 보인다. 어느 쪽을 사용하는지에 따라 미묘하게 전달하는 뉘앙스가 다른 경우도 있지만, 거기에 표현되는 화자의 의도는 학습자에게는 이해하기 어려운 부분이라고 추정된다.

하지만 그 뉘앙스는 결코 습득되지 않는 것이 아니라, 최고급학습자가 되면 적절히 사용할 수 있게 된다(花田 2001). 長友(1991)는 일본어모어화자의 'は' 'が' 사용에 보이는 가변성에는 경향이 있다고 하면서 이것을 계통적 가변성이라고 부르고, 학습자의 'は' 'が'의 사용도 습득이 진행됨에 따라 일본어모어화자의 계통적 가변성에 근접한다고 하였다.

2.2 태(voice)

여기서는 태(voice)의 습득에 대해서 살펴보고자 한다. 다음 (21)을 살펴보기 바란다. 여기에 나타난 문장은 동일한 사건을 나타낸다고 해석할 수 있다. 하지만 묘사하는 사건의 행위자, 피동작자, 관계자의 누구를 주인공으로 하는지, 즉 누구를 주어로 해서 표현하는지에 따라서 문장 형태가 바뀐다. 이와 같은 사태 파악법에 관한 문법범주, 구체적으로는 명사의 격과 그것에 대응해서 동사의 어형변화를 동반하는 것을 태(voice)라고 한다(寺村1982 참조).

 (21) a. 太郎が 次郎を 連れてきた。   (능동문)
    b. 次郎が 太郎に 連れてこられた。 (수동문)
    c. 先生が 太郎に 次郎を 連れてこさせた。 (사역문)

또한 가능문도 다음 (22)에 제시된 예처럼 격이 바뀌고 동사의 형태도 바뀌는 점에서 태(voice)로서 취급되었다.

 (22) 英語を話す → 英語が話せる (가능문)

그리고 다음(23)의 a, b는 '起こす / 起きる'와 같이 어형변화가 아니지만, 형태에 공통되는 부분과 다른 부분이 있어서 다른 격을 취해서 같은 사건을 나타낼 수 있다. '起こす / 起きる'나 '閉める / 閉まる'와 같이 일본어에는 쌍이 된 타동사와 자동사(이하, 유대자타동사(有対自他動詞)라고 부른다)가 많다. 그리고 이들 유대자타동사도 공통적인 어근에서 분기된 동사라고 하여 태(voice)의 하나로서 취급되었다(寺村 1982).[24]

 (23) a. 母親が 子供を 起こした (타동사문)
    b. 子供が 起きた   (자동사문)

---

24 寺村(1982, p.211)는 レル/ラレル나 セル/サセル라는 형태소가 첨가되어 생산적으로 만들어지는 태(voice) (수동태, 가능태, 자발태, 사역태)를 문법적 '태'(voice)라고 하고, 그것과는 구별하여 공통 어근에서 분기된 유대자타동사(有対自他動詞)는 생산적으로 만들 수 없는 어휘적 '태'(voice)라고 하였다. 또한 寺村는 유대자동사(有対自動詞)/유대타동사(有対他動詞)를 상대자동사(相対自動詞)/상대타동사(相対他動詞), 대응 없는 자동사/타동사를 절대자동사(絶対自動詞)/절대타동사(絶対他動詞)라고 부르고, 자동사와 타동사로 모두 쓰이는 동사를 '양용동사(両用動詞)'라고 불렀다.

또한 田中(1999b)는 수수표현 'テアゲル / テクレル / テモラウ'도 태(voice)의 하나로서 취급하였다.[25] 그 이유로서 ①일본어 간접수동문(예: 友達に来られた)이 '민폐·피해'를 나타내는 데에 반해 수수표현(예: 友達に来てもらった)이 같은 격 관계에서 'うれしいこと, ありがたいこと'를 나타내고 ②사역문(예: 友達を来させた)과도 의미적으로 공통되는 부분이 있다는 점 두 가지를 제시하였다.[26] 본 장에서도 상기 (21)은 다음과 같이 수수표현에서도 표현할 수 있으므로 태(voice)의 하나로서 취급하기로 한다.

(21)' (수수표현)
    a. 太郎に次郎を連れて来てもらった。
    b. 太郎が次郎を連れて来てくれた。

다음에서는 지금까지 이루어진 일본어 태(voice)의 습득과 관련된 연구 중 다음 두 가지를 중심으로 살펴보고자 한다.

먼저 일본어 시점 설정 습득에 주목해 보자. 앞서 기술한 바와 같이 태(voice)란 무엇/누구를 주어로 삼느냐에 따라 선택되는 문장 형태의 문법범주이다. 시점이란 久野(1978)의 말을 빌리면 카메라를 어디에 설치하여 사건을 묘사하는지, 그 '카메라·앵글'을 말한다. 예를 들면 수동문이란 피동작자 편에 시점을 두고 사건을 묘사할 때 선택되는 구문이라는 뜻이다.

다음에서 서술하는 것처럼 같은 사건이라도 어디에 시점을 두고 사건을 묘사하는지, 그리고 그것을 나타내기 위해서 어떠한 구문을 선택하는지는 언어에 따라 다르다. 따라서 일본어를 습득하는 데에 있어서 일본어다운 시점 설정을 습득

---

25 田中(1999b)는 수익문(受益文)이라고 부른다.
26 テアゲル/テクレル/テモラウ는 '주변적인 태(voice)'로 취급하는 경우도 있다(早津 2005 등).

하는 일은 반드시 필요하다. 여기서는 특히 수동문의 습득을 들어 시점 설정의 관점에서 살펴보고자 한다.

다음으로 형식의 사용법에 대한 습득에 주목해 보자. 수수표현이나 유대자 타동사는 의미나 형태가 유사하여 이 습득은 학습자의 입장에서 쉽지 않다. 구별하기가 어렵다는 점도 있지만, 의미의 유사성은 장기 기억에서 혼란을 초래하기 쉽다는 점도 요인 중의 하나일 것이다. 또한 사역이나 가능과 같은 구문은 일본어 이외의 언어에도 있지만, 이 사용은 언어에 따라 미묘하게 차이가 있어 이 때문에 오류도 생긴다. 대부분은 모어 간섭에 의한 것이지만, 일본어의 특이성 때문에 많은 학습자에게 공통되게 보이는 오류도 있다. 여기서는 표현형식의 혼용이나 습득에 관한 연구를 개관한다.

2.2.1 시점 습득

a. 〈시점 설정과 그 습득〉

말은 자신이 체험한 사건, 그것을 보지 않은 사람에게 전하는 데에 이용되는데, 사건을 어떻게 파악하고 언어화하는지는 언어에 따라 경향이 있다.

예를 들면 지하철 안에서 지갑을 도둑맞았을 때 이 사태를 다른 사람에게 어떻게 전달하는가? 일반적인 일본어화자라면 '財布をとられた(지갑을 도둑맞았다)' 혹은 '財布をすられた(지갑을 소매치기 당했다)'와 같이 수동을 사용하여 표현하는 것이 일반적이다. 하지만 같은 상황이라도 영어화자의 경우에는 행위자를 주어의 위치에 두고, '누군가가 내 지갑을 가져갔다(Someone took my wallet.)'와 같이 능동문으로 표현한다.

水谷(1985)는 이와 같은 영어화자와 일본어화자의 사건 묘사 방식의 차이를 사실 지향형과 입장 지향형이라는 관점에서 설명하였다.[27] 영어화자는 사실 지향이 강하여, 무엇이 일어났는지 그대로 전달하는 데에 반해 일본어화자는 입장 지향이 강하고 화자 입장에서 파악한 사태를 이야기한다. 상대방의 이야기를 듣는 경우에도 일본어화자는 입장 지향으로 이해하기 때문에 상기와 같은 영어화자의 발화는 일본어화자에게는 누군가 다른 사람에게 일어난 이야기를 하고 있는 것처럼 느껴져서 부자연스럽게 생각한다.

이와 같이 일본어는 화자 입장에서 사태를 파악하는 경향이 있지만, 묘사하는 사건에는 화자가 관여하지 않는 것도 있다. 이 경우에 시점을 어떻게 설정하는지가 문제가 된다. 다음은 久野(1978)가 제시한 시점 계층구조(hierarchy)의 일반적인 원리이다.

(24) 시점 계층구조(hierarchy)의 일반적인 원리(久野1978, pp.146, 148, 169)

① 발화 당사자의 시점 계층구조(hierarchy)
화자는 늘 자신의 시점을 취해야 하고 자기보다 타인에 가까운 시점을 취하지 못한다.

② 담화주어의 시점 계층구조(hierarchy)
담화에 이미 등장한 인물에 시점을 근접시키는 편이 담화에 새롭게 등장하는 인물에 시점을 근접시키는 것보다 쉽다.

③ 표층구조의 시점 계층구조(hierarchy)
일반적으로 화자는 주어에 가까운 시점을 취하는 것이 가장

---

27 池上(1981)는 일본어와 영어의 차이에 대해서 일본어는 사건을 모두 '상태변화'로서 파악하는 'なる'적인 성격의 언어임에 반해 영어는 '행위자'의 개념에 특별한 지위를 주고 그것을 중심으로 문장을 구성하는 'する'적인 성격의 언어라고 설명하였다.

쉽다. 목적어에 가까운 시점을 취하는 것은 주어에 가까운 시점을 취하는 것보다 어렵다. 수동문의 구주어(旧主語) (대응하는 능동문 주어)에 가까운 시점을 취하는 것이 가장 어렵다.

위에서 제시된 久野의 시점 계층구조(hierarchy)가 일본어와 영어에서 어떤 차이가 있는지를 확인하기 위해 大塚(1989)는 일본어로 쓰인 소설, 川端康成의 "雪国"와 그 영문번역인 사인텐스티카의 역서 "Snow Country"를 분석하여 비교하였다.

그 결과 일본어에서는 수동문이 사용되는 곳에서 영어는 능동문이 사용되었다. 또한 일본어로 수동문이 사용될 때 어떠한 명사구가 주어로 선택되었는지를 살펴보면, 보문이나 부사절에서는 주절의 주어 명사구와 동일한 명사구를, 주문의 경우에는 이미 도입된 화제와 동일한 명사구를 주어로 선택하는 경향이 나타났다.

이와 같은 일본어와 영어의 차이에 대해서 大塚는 다음과 같이 고찰하였다. 일본어는 기본적으로 주어와 가까운 시점을 취하고, 목적어에 시점이 오는 경우에는 テクレル와 같은 보조동사를 붙이는 등 특별한 언어형식으로 나타내야 한다. 한편 영어는 목적어에 가까운 시점이 있어도 일본어처럼 특별한 형식으로 명시할 필요가 없다. 영어는 주어가 필수적이라는 통사적 제약이 있기 때문에 '표층구조의 시점 계층구조(hierarchy)'가 그다지 기능하지 않기 때문일 것이라고 하였다.[28]

이와 같은 일본어다운 시점 설정 습득에 대해서 大塚(1995)는 영어, 한국어, 중국어를 모어로 하는 중·고급학습자를 대상으로 횡단 및 종단 조사를 하여

---

28 金水(1992)에서도 동일한 지적이 있었으며, 金水는 '표층구조의 시점 계층구조(hierarchy)'가 일본어 타동사구문/수동문의 선택동기와는 밀접하게 관계되지만, 영어는 일본어만큼 밀접한 관계가 없기 때문에 영어가 오히려 '타동사 우위'의 언어라고 논하였다.

'テイク, テクル, テアゲル, テモラウ, テクレル, 수동, 사역, テシマウ'의 사용을 조사하여, 다음과 같은 '시점' 습득 단계를 제시하였다.

(25) ① 화자 입장에서 서술한다.
② 화자 자신이 관여하지 않은 정보는 관여자 중 누군가의 입장에 서서 사태를 서술할 수 있게 된다.
③ 시점을 일관되게 서술할 수 있다.
④ 시점인물을 나타내는 생략이 늘어난다.

다음으로 이 시점의 습득과정도 염두에 두면서 수동문의 습득연구에 대해서 살펴보자.

b. 〈수동문의 습득〉

일본어 수동문은 크게 직접수동과 간접수동 이렇게 2개로 나눌 수 있다. 직접수동이란 (26a)와 같이 술어동사의 어간에 따라 나타나는 동작의 직접적인 영향을 받은 사람/사물이 주어가 되는 수동, 즉 대응하는 능동문의 목적어가 주어가 된 수동을 말한다. 한편 간접수동이란 (26b)와 같이 술어동사의 어간에 따라 나타나는 동작의 영향을 직접적이지 않고, 간접적으로 받은 사람이 주어가 된 수동으로서, 대응하는 능동문이 없는 수동을 말한다.

(26) a. 太郎は先生に名前を尋ねられた。〈직접수동〉
← 先生が 太郎に 名前を 尋ねた。
b. 私は5年前に父親に死なれた。〈간접수동〉
← *5年前に 父親が 私を/に 死んだ。

간접수동은 이러한 구문적 특징 때문에 '제3자의 수동'이라고도 부르는데, 구문이 나타내는 의미를 통해서 '피해의 수동(被害の受身)'이나 '민폐의 수동(迷惑の受身)'이라고도 부른다.

직접수동과 간접수동의 중간적인 수동으로서 '소유자(持ち主)의 수동'이 있다. 술어동사의 어간에 따라 나타나는 동작의 직접적인 영향을 받은 사람/사물의 넓은 의미에서의 소유자가 주어가 되는 수동, 대응하는 능동문의 목적어인 속격(ノ격)이 주어가 되는 수동을 말한다. 소유자의 수동에는 주어와 직접 영향을 받은 ヲ격의 관계가 (27a)와 같은 '전체' 대 '부분'의 관계나 (27b)와 같은 '소유자' 대 '소유물'의 관계가 포함된다(山内 1997 참조). 이 '소유자의 수동'에 대해서는 간접수동이 되는 경우가 많지만, 연구자에 따라 직접수동으로 분류하는 경우도 있다.[29]

  (27) a. 男性が女性に足を踏まれた。   〈부분〉
    ← 女性が男性の足を踏んだ。
    b. 学生が先生に論文を褒められた。 〈소유물〉
    ← 先生が学生の論文を褒めた。

田中(2010)는 일본어 수동문의 습득연구를 개관하여, 지금까지의 수동문의 습득연구에서 얻어진 지견으로 다음 세 가지를 지적하였다.

 ① 수동문의 습득과정은 능동문⇒ 직접수동문⇒ 간접수동문('소유자의 수동'도 포함)의 순서로 습득된다.

---

29 今井(2010)는 '소유자의 수동'을 '소유수동 구문'이라고 부르고 소유수동 구문이 나타내는 의미는 '민폐의 의미'가 아니라 직접수동과 같이 '중립의 의미'이고, 구문적 특징도 직접수동이라고 논하였다.

② 의미·기능면에서는 '마이너스 개념의 명확한 직접수동'에서 '시점 통일의 수단'의 순서로 습득된다.
③ 모어와 일치하는 수동 타입은 습득되기 쉽다.

③과 관련하여 サウェットアイヤラム(2009)는 태국어를 모어로 하는 일본어학습자의 발화에 보이는 수동문을 일본어모어화자의 수동문과 비교하여 학습자는 '피해·민폐의 의미의 명확화(顕在化)'를 위해 수동을 사용하였고, 시점 통일을 위한 수동사용은 거의 보이지 않았다고 발표하였다. 또한 이 '피해' 의미 사용이 많다는 결과에 대해서는 모어인 태국어의 영향과 일본어 교재의 영향도 있다고 고찰하였다.

태(voice)의 습득에서도 모어의 영향은 간과하지 못한다. 예를 들면, 앞서 기술한 것처럼 영어모어화자는 모어인 영어의 영향도 있어서, 행위자를 주어로 하는 능동문의 사용이 많은 데에 반해 인도네시아어에서는 대상을 어두에 두는 구문을 많이 사용하기 때문에 인도네시아어를 모어로 하는 일본어학습자에게는 다음과 같은 수동문의 사용도 많이 보인다고 한다.

(28) (바자회에서 고기를 구울 때의 작문)
まず、私は野菜を切って、にく鳥 [鶏肉] を切りました。
そして、にく鳥を [が] 焼かれてから、あとでやしの葉の心 [芯] にきされました。

(田中 1991, p.110. [　　] 안의 정정 및 밑줄은 田中)

(28)의 수동문은 앞서 기술한 久野(1978)의 발화 당사자의 시점 계층구조(hierarchy)와 표층구조의 시점 계층구조(hierarchy) 모두에 위반된다는 사실을

알 수 있다.

田中(2010)는 이러한 오류는 특히 일본 국내가 아니라 국외의 JFL 환경에서 배우는 학습자에게서 모어의 영향이 강하게 나오기 쉽다고 고찰하였다. 하지만 일본어다운 시점 설정은 일본국내에서도 쉽게 습득되지는 않는다. (30)과 같이 수동문을 사용한 시점의 통일을 할 수 있게 되는 앞 단계에서 다음 (29)와 같은 '주술관계 불일치(ねじれ文)'도 보인다(田中 1996).

(29) 日本人はアメリカのどこから来たについて聞いて(⇒日本人にアメリカのどこから来たか聞かれて)、アメリカ人じゃありませんから、困っていました。　　　　　　　[중급 중기・영어]

(30) 一郎に旅行さそわれたけど、あのやつきらいだから、行く気持ちがぜんぜんなくて、お金もひまもないと答えた。

[고급 후기・중국어]

(田中 1996, p.106, 표 1[30])

수동문의 습득에서는 시점 습득이 깊이 관계되어 있어 단지 수동문이라는 구문을 습득하기만 하면 되는 것이 아니다. 예를 들면 '私は財布をとられた'라고 말해야 하는 곳에서 적절한 단어를 주어로 하지 못하고, '私の財布がとられた / 私の財布をとられた'와 같은 표현이 보인다(田中 1996). 적절한 단어를 주어로 사용할 수 있게 되기 위해서는 일본어다운 시점 설정을 습득하고, 직접수동뿐만 아니라 소유자의 수동을 포함한 간접수동도 사용할 수 있어야 한다.

이상을 정리하면 수동문의 습득에는 동사구의 형태나 대응하는 조사라는 구

30　[　] 안의 학습자의 일본어 수준은 田中(1996)에 제시된 것이며, OPI 판정에 따른 것이 아니다.

문 습득, '피해'라는 구문을 나타낼 수 있는 의미 습득, 또한 누구의 입장에 시점을 두고 사건을 묘사하는지와 같은 시점 설정의 습득도 관련이 있다. 특히 이 시점 설정의 습득이 가장 중요하다고 할 수 있다.

2.2.2 형식의 사용법 습득

학습자가 각 형식을 적절하게 사용하기 위해서는 관련 표현과 사용법에 대해서도 습득해야 한다. 여기서는 먼저 수수표현, テアゲル / テクレル / テモラウ의 습득연구에 대해서 살펴보겠다. 그 후에 자동사와 가능표현에 대해서 살펴보고자 한다.

a. 〈수수표현: テアゲル・テクレル・テモラウ〉

여기서는 アゲル, クレル, モラウ의 본동사로서의 사용이 아니라 (31)에 나타난 보조동사로서의 사용 습득에 대해서 살펴본다.

3개 형식의 사용법을 간단히 설명하면, (31)을 보면 알 수 있듯이 テアゲル, テクレル는 혜택을 주는 자인 본동사(여기서는 '見せる')의 행위자가 주어인 데에 반해, テモラウ는 혜택을 받는 자가 주어로 온다.[31] 혜택의 방향은 기본적으로 テクレル와 テモラウ가 テアゲル와 달리 혜택의 방향이 외부에서 내부로 향하는 것을 나타내는 표현이고, 주어로 오는 명사는 다르지만, (31) b와 c처럼 같은 상황을 나타내고 テクレル와 テモラウ를 바꾸어 넣어도 의미가 바뀌지 않을 때도 있다. 하지만 항상 바꾸어 넣을 수는 없으며, 다음 (32) 예처럼 テクレル와 テモラウ를 바꾸어 넣으면 (32)'와 같이 비문이 될 때도 있다.

---

31   テクレル, テモラウ의 '혜택을 받는 자'는 다음 예에 있는 것처럼 본동사(여기서는 '伝える')로 나타나는 '동작을 받는 자'와 꼭 일치하지는 않는다.
   예. 姉は私が結婚することを両親に伝えてくれました。
   예. 私は自分が結婚することを姉から両親に伝えてもらいました。

(31) a. 私/妹が友達にノートを見せてあげました。

b. 友達が私/妹にノートを見せてくれました。

c. 私/妹が友達にノートを見せてもらいました。

(32) a. 四月には桜の花が咲いてくれる。

b. 来月から君に経理をやってもらうよ。

(堀口 1987, p.60, (8) (9))

(32)' a. *四月には桜の花に咲いてもらう。

b. *来月から君が経理をやってくれるよ。

 이와 같은 수수표현 テアゲル・テクレル・テモラウ는 학습자에게서 사용의 혼란이 보이는 표현이다. 일본어교육 현장에서도 이러한 3개 형식의 사용법에 대해서는 자세히 가르치고 있다고 생각된다. 이 때문인지, 수수표현의 습득에 관한 연구도 3개 형식의 사용법에 대한 연구가 많다(尹 2004, 2006 참조).

 尹(2006)은 한국 국내(JFL 환경)와 일본 국내(JSL 환경)에서 한국어모어화자인 일본어학습자를 대상으로 그림을 이용한 문장 산출 테스트를 시행하여 수수표현의 사용을 조사하고, 학습환경과 일본어능력에 따라 JFL 하위군·JFL 상위군, JSL 하위군·JSL 상위군으로 나누어 일본어모어화자의 사용과 비교하였다. 그 조사 결과, 일본어모어화자는 テクレル보다도 テモラウ를 많이 사용하는 경향이 있지만, 그에 비하여 학습자군, 특히 JFL 하위군 학습자는 テモラウ 사용이 적고, テクレル를 많이 사용하는 경향이 나타났다. 이에 대해 尹은 한국어에는 テクレル에 해당하는 표현이 있지만, テモラウ에 해당하는 표현이 없으므로 모어의 영향일 것이라고 고찰하였다.

 이와 같이 尹(2006)은 テモラウ 습득이 다른 수수표현에 비해 늦어진 요인의 하나로서 모어의 영향도 들고 있는데, 이 결과는 영어를 모어로 하는 학습자를 대상으로 하는 田中(1999a)의 결과와도 일치한다. 한편, 한국어, 영어, 중국어모어화자를 대상으로 하여 조사한 大塚(純) (1995)에서는 テクレル가 더 어렵다고 하였고, 다양한 모어의 학습자를 대상으로 한 坂本·岡田(1996)의 연구에서도 テクレル의 습득이 큰 과제라고 기술되어 있다.

이러한 조사 결과의 차이에 대해서 尹(2004, 2006)은 조사 방법의 영향이 있을 수 있다고 하였다. 尹(2006)의 조사는 화자가 관여한 상황에서의 사용에 한정된 것이지만, 상황이 한정되지 않은 경우에는 화자가 관여한 경우와 그렇지 않은 경우가 다르다. 화자가 직접 관여하지 않은 경우, 혜택을 주는 자와 받는 자의 어느 쪽에 자신이 속하는지와 같은 상황 이해의 유무가 형식의 선택에 영향을 주기 때문이다. 坂本·岡田(1996)에서도 모어에 따른 차이뿐만 아니라 조사에 이용한 질문에 따라서 정답률이 상당히 다르다는 점을 지적하였다. 따라서 향후 조사를 할 경우에는 그 점을 충분히 고려하여 실시할 필요가 있다는 점은 말할 필요도 없다. 또한 이것은 동시에 일본어교육 현장에서도 학습자 자신이 관여하는 사건묘사에서의 사용과 자신이 직접 관여하지 않은 사건묘사에 사용하는 경우와 같이 양쪽을 나누어 지도할 필요가 있다는 점을 시사한다고도 할 수 있다.

하지만 중·고급학습자의 작문에 보인 수수표현의 오류(부적절한 사용을 포함)를 분석한 堀口(1983)에 의하면 일본어교육 현장에서 강조되고 있는 3개 형식의 혼용으로 인한 오류는 10% 정도로 그다지 많지 않다고 한다. 수수표현과 관련된 오류에는 사용해야 하는 곳, 혹은 사용하는 것이 자연스러운 곳에서 수수표현이 사용되지 않은 오류가 가장 많다. 예를 들면 다음 (33)이나 (34)와 같은 오류이다. (34)는 수동이 사용되고 있지만, テモラウ가 더 적절하다.[32]

---

32 寺村(1982)에서도 직접수동은 아니지만, 간접수동문의 격 관계를 바꾸지 않고 피해와 반대 수익표현으로 하기 위해서는 수동문을 テモラウ로 하면 좋다고 하면서, 수동문과 テモラウ와의 공통성에 대해서 지적하였다.

(33) 私が病気になったとき、毎日お父さんはおいしゃさまに<u>つれて行って</u> [つれて行ってくれて]、チョコレートを<u>買いました</u> [買ってくれました]。　　　　　　(堀口 1983, p.100, (48))

(34) 私の日本語の発展のために、先生にある人を<u>紹介されました</u> [紹介してもらいました]。　　　　(堀口 1983, p.100, (50))

([ ]내 정정 및 밑줄은 필자)

또한 다음 (35)와 같이 필요 없는 곳에서 수수표현을 지나치게 많이 사용하는 오류도 보이고, 그중에서도 テアゲル의 과잉 사용이 많은 점을 지적하였다. (35c)는 오류라고는 하기 어렵지만, 요금을 지불하여 보트 렌트 가게에서 빌리는 것이므로 '貸してもらう'보다도 '借りて'가 더 적절하다.

(35) 수수표현의 부적절한 사용 예:
　　 a. 先生は韓国語が分からなければ、私が<u>訳してあげます</u>。
　　　　　　　　　　　　　　　　　　　(堀口 1983, p.99 (33))
　　 b. 友達にお礼を<u>書いてあげます</u>。　(堀口 1983, p.98, (37))
　　 c. 湯の湖へ行って、ボートを<u>貸してもらって</u>、一時間位楽しくこいでいました。　　　　(堀口 1983, p.99, (41))

수수표현의 3개 형식의 혼용보다도 (33)~(35)와 같은 오류가 더 많다는 결과를 보았을 때 시점 설정이나 혜택의 방향성을 기본으로 テアゲル・テクレル・テモラウ 형식을 구별하여 사용할 수 있는 것과 필요한 장면에서 적절하게 사용할 수 있는 것은 꼭 일치하지는 않는다는 사실을 알 수 있다. 또한 조사 때 보여준 그림과 주어진 단어를 사용하여 수수표현의 문장을 작성할 수 있다고 하여

자유로운 대화 속에서 스스로 단어를 생각해 내면서 적절하게 수수표현을 사용할 수 있다고는 할 수 없다.

田中(1999a, p.153)는 자신이 실시한 두 가지 연구, ① 수수표현의 습득을 문장 생성 테스트를 이용하여 조사한 결과와 ② KY 코퍼스[33]에 있는 초급에서 최고급까지 합계 90명의 학습자 발화에 보인 사용을 조사한 결과를 비교하여 다음과 같이 고찰하였다.

①의 문장 생성 테스트에서 이용한 것은 혜택 행위도 명확하고, 취급하고 있는 용법도 상당히 한정되어 있다. 그에 반해 ②의 KY 코퍼스의 실제로 이루어진 대화에서 사용한 예를 살펴보면, 다양한 사용법이 있고 또한 학습자의 사용이 올바른지, 오용인지는 다양한 요소가 관계한다. 특히 제3자가 관여한 경우나 화자가 어떤 심리적 그룹에 들어가는지가 모호한 경우에 회피나 오용이 보인다고 한다.

더 나아가 ②의 KY 코퍼스 분석 결과, 수수표현의 사용이 보이는 시기는 중급 이후로 다음과 같은 수수표현의 사용 상황의 추이가 보인다고 한다. 먼저 정형적인 수수표현의 사용에 주목하면, 의뢰표현(예: ～てください／～ていただけませんか／～てくれませんか)의 사용이 먼저 보이고 고급 이후가 되면 감사표현(예: ～てくださって／～ていただいて、ありがとうございます), 완곡한 의뢰(예: ～ていただきたいんですが), 겸양표현(예: ～(さ)せていただきます) 등의 사용이 늘어간다.

다음으로 학습자 발화 중에 나타난 수수표현의 사용에 주목하면 중급에서는 학습자가 제3자로부터 직접 혜택을 받은 상황을 말하는 장면과 영화 내용 등을 설명할 때 등장인물에 감정 이입하여 이야기하는 장면이 있다. 전자의 단순한 장면설정에서 올바른 사용률이 더 높았고, 후자에서 격 관계 등의 오용이 늘었

---

33 KY 코퍼스는 OPI 인터뷰 수법으로 수집된 자료이다. 이 코퍼스에는 영어, 한국어, 중국어를 모어로 하는 학습자가 각각 30명, 합계 90명의 발화가 담겨있고, 각각의 모어는 OPI로 판정된 초급 5명, 중급 10명, 최고급 5명으로 구성되었다(상세하게는 鎌田 1999, 山内 1999를 참조).

다. 고급이나 최고급이 되면 혜택을 받는 자를 자기 혼자가 아니라 자신을 포함한 집단으로 하는 수수표현도 사용하고 혜택 행위를 추상적인 것(예: 理解してくれる, 慰めてくれる)에까지 사용한다고 한다.

이상과 같이 田中(1999a)에서 형식의 습득이 진행됨과 동시에 학습자가 일본어다운 시점 설정도 익혀가는 모습도 엿보인다. 또한 앞서 살펴본 바와 같이 수수표현의 습득은 3개 형식을 구별하여 사용하면 되는 것이 아니라 문맥 안에서 적절하게 사용할 수 있는 것이 중요하다. 이와 같이 생각하면, 수수표현의 습득연구는 田中(1999a)가 KY 코퍼스를 분석하여 실시한 것처럼 3개 형식의 사용에 한정하여 보지말고 다른 태(voice)의 사용에도 주목하여 문맥 전체 안에서 파악해 갈 필요가 있다.

b. 〈유대타동사와 사역, 유대자동사와 가능〉

여기서는 '閉める / 閉まる'와 같이 공통된 어근에서 분기한 유대자타동사와 관련된 형식의 습득에 대해서 살펴보겠다. 자타동사는 형태상의 대응에서 규칙성이 복잡하여 학습자의 입장에서는 동사의 형태를 기억하기도 어렵다.[34] 또한 형태를 기억했다고 해도 자동사와 타동사 사이에서 혼란이 많이 보인다. 예를 들면 'u-eru' 쌍에서 '続く-続ける'는 '자동사-타동사' 관계이지만, '焼く-焼ける'는 '타동사-자동사' 관계가 되어 규칙적으로 기억하려고 하면 오히려 더 혼란스럽다.

더불어 관련된 다른 구문에서의 사용법도 습득해야 한다. 모어에서는 가능이나 사역을 사용하는 곳에서 일본어도 똑같이 수동이나 사역, 가능표현이 반드

---

34   일반적으로는 다음과 같은 규칙성이 보인다.
     ① -aru로 끝나는 것은 모두 자동사이고, -aru를 -eru로 바꾸면 타동사가 된다.
     ② -reru로 끝나는 것은 모두 자동사이다.
     ③ -su로 끝나는 것은 모두 타동사이다.   (庵 외 2000, p.97)

시 사용되지는 않는다. 2.2.1의 수동문의 습득연구에서 소개한 인도네시아모어 화자의 수동문 사용에서 보이는 것처럼 언어에 따라 각 형식의 사용에는 미묘한 차이가 있다.

중국어와 일본어의 사역표현 대조연구를 실시한 楊(1989)에 의하면 중국어가 사역표현을 사용하는 곳에서 일본어는 타동사문이나 그 외의 표현(テモラウ 등)이 사용될 때가 있어서, 1대1 대응이 되지 않는다고 지적하였다.

浅山(1995)는 중국어를 모어로 하는 중급에서 고급 일본어학습자의 작문에 보이는 자동사 사역구문과 타동사 사용을 조사하고, 또한 그것을 어떠한 의도로 썼는지를 중국어로 확인하고, 학습자가 사용한 일본어 구문과 중국어인 모어 표현과 비교하였다. 그 결과를 토대로 보면, 모어에서 사역구문을 사용할 때 일본어도 사역구문을 사용하는 경향이 있고, 모어에서 타동사문을 사용할 때 일본어도 타동사문을 사용하는 경향이 있다고 한다.[35]

이와 같은 사역표현과 타동사문의 사용법의 차이에 대해서는 영어와 일본어 대조연구에서도 지적이 나왔으며, 小宮(1983)는 일본어교육 현장에서 사용법의 차이가 있는 일본어다운 사역표현의 사용법에 주의를 환기하는 지도가 필요하다고 설명하였다.

이상은 타동사와 사역표현의 혼란을 시사하는 연구였으며, 다음으로 자동사와 가능표현에 대해 살펴보고자 한다. 이 2개 형식도 학습자에게 혼란이 보이는 형식이다. 예를 들면 다음은 가능표현의 습득을 조사한 渋谷(1998)가 제시한 가능형식의 과잉 사용 예이다. ( )안에 학습자의 모어와 OPI에서 판정된 일본

---

[35] 모어에서 사용된 사역문은 일본어에서도 모두 사역문이 사용된 데에 반해 타동사문으로 표현한 것이 많지는 않지만, 자동사 사역문(올바른 사용)도 사용된 점에 대해 浅山(1995)는 모어의 언어체계는 전이되지만, 그 정도성에 처리 형식의 생산성도 관여한다고 고찰하였다. 생산성이 높은 모어 형식(여기서는 '사역구문'을 의미함)은 전이되기 쉽고, 그렇지 않은 것은 전이 정도가 약하여, 그 결과 일본어에서 생산성이 높은 형식이 나타난다고 하였다. 하지만 이 조사에서 나타난 사역문은 올바른 사용인 점을 보았을때 그 형식의 인풋을 받아 이미 습득한 형식일 가능성도 있기 때문에, 이 점에 대해서는 검증이 필요하다.

어 수준을 표시하였다.

(36) まあ確かに十日間の仕事は一週間でがんばってやれるんですけど, いつもこんなふうにやったらですね, なんか体力こーからだがもてないんですから　　　　　　　　　　　(중국어 최고급)

(37) 日本の政治とか, あれはもうあんまり話題になれない。あんまりわからないみんなが。　　　　　　　　　　　　(영어 고급, 상)

(38) いろんな考えがありますよね。どういうふうに授業を進めるのか。で, う〜ん, うまく行けると, いいんですけどね。

(영어 고급, 상)

(渋谷 1998, p.76, (21) (22) (23))

상기 예문은 학습자의 수준을 보면 알 수 있듯이 상당히 일본어 습득이 진행된 학습자에게서 보이는 오용이다. 일본어모어화자라면 (36)부터 순서대로 'もたない' 'ならない' '行く'로 표현하는 것이 더 자연스럽다.

이와 같이 일본어모어화자가 자동사문을 많이 사용하는 표현(예: ドアが開かない)의 습득이 진행된 학습자라도 타동사의 가능형(예: ドアが開けられない)을 많이 사용하는 것에 대해서는 小林(1996)가 실시한 조사에서도 보고되었다.

또한 小林(1996)는 다음과 같은 유대자타동사[36]의 습득과정을 제시하였다.

(39) ① 대응하는 자타동사[37]의 어휘를 기억한다.

36　小林(1996)는 '상대자타동사(相対自他動詞)'라고 부르지만, 본서에서는 '유대자타동사(有対自他動詞)'로 통일하여 표기하였다.

37　小林(1996)는 '상대(相対)하는 자타동사'라고 표기하였지만, 본서에서 사용하는 '유대자타동사(有対自他動詞)'에 맞추어 '대응(対応)하는 자타동사'라고 하였다.

② 격조사와 일치시킨다.
③ 활용형을 정확히 만들 수 있다.
④ 자타동사를 적절한 문맥에서 사용한다.

小林는 '대응하는 자타동사의 어휘를 기억하는 것, 격조사와 일치시키는 것, 그 활용형을 정확히 만드는 것과 같이 초보적인 학습을 거의 달성한 학습자라도 수동, 사역, 가능, 사역수동, 자발과 같은 태(voice) 전체 안에서 자타동사를 위치시키고 구별하여 사용할 수 있도록 하기란 어렵다'고 하여 자타동사의 사용과 관련된 문법기술이나 일본어교육 현장에서의 지도를 재고할 필요성을 언급하였다.

그 후에 張(1998)이 일본어모어화자가 자동사를 사용하여 표현하는 곳에서 학습자가 가능표현을 사용하는 원인을 찾는 연구를 진행하였다. 張은 학습자가 일본어 가능표현의 형식과 용법을 이해하지 못하는 것이 아니라 학습자의 표현 의도와 일본어 문법과의 사이에 차이가 존재한다. 학습자의 표현 의도 안에는 가능의 의미가 포함되어서 가능형식을 사용한다고 하였다. 그리고 학습자가 가능표현을 사용하는 자동사 문장에 대해서 다음과 같이 설명하였다.

가능표현의 본질적인 의미란 '행위자의 의도 실현'을 나타내는 것이고 반드시 어떠한 형태로 행위자의 의도가 관련된다. 행위자가 의도한 사항에는 '동작의 실현'일 경우도 있고 '동작에 의한 어떤 종류의 사건 또는 상태변화'인 경우도 있다. 그리고 후자의 경우는 일본어에서는 다음과 같이 유대자동사표현으로 나타난다.

(40) いくら努力しても, 彼との差は縮まらない。
　　 手が痛くて, 腕が上がらない。 (張1998, p.2, (7) (8), 밑줄 필자)

(40)은 다음 (40)'과 같이 가능표현을 이용하여 표현할 수 있지만, 일본어모어 화자가 일반적으로 자주 사용하는 것은 (40)과 같이 자동사를 사용한 표현이다.

(40)' いくら努力しても, 彼との差を縮めることができない。
　　　手が痛くても, 腕を上げることができない。

張(1998)은 이와 같이 자동사로 나타나는 가능표현을 '무표식의 가능'이라 부르고, '유표식의 가능', 즉 가능동사나 가능의 조동사 ラレル, コトガデキル 등이 포함된 특별한 형식의 가능과 구별하였다. 그리고 무표식의 가능으로 나타나는 '행위자가 의도한 사건 또는 상태의 실현'이라는 가능의 의미를 '결과가능'이라 부르고 유표식의 가능과 무표식의 가능으로 이루어진 일본어 가능표현의 체계를 다음과 같이 제시하였다.

(41)　현대 일본어의 가능표현의 체계(張 1998, p.77)

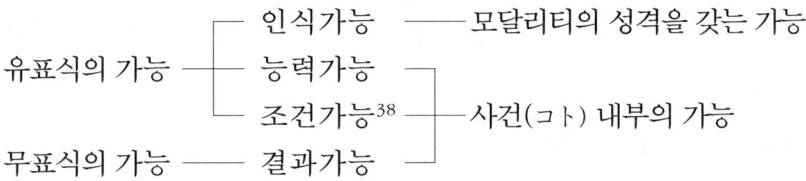

(42)는 '결과가능' 이외의 의미의 예문을 나타낸다('결과가능'의 예문은 (40)을 참조). 사건 내부의 가능으로 '능력가능'도 '조건가능'도 아닌 가능, '결과가능'이 무표식의 가능으로 나타난다고 한다.

38　'조건가능'이란 '행위자가 의도한 동작이 주체적 또는 객체적 조건에 따라 실현 가능 여부를 나타내는'(張 1998, p.78) 가능표현이라고 하여 일반적으로 사용되고 있는 용어인 '상황가능'에 해당한다.

(42) 인식가능: バスは時刻通りに来ないこともありうる

(張 1998, p.65, (147))

능력가능: 母は中華料理も作れる　　(張 1998, p.71, (155))

조건가능: 火を通せば食べられる　　(張 1998, p.146, (311))

일본어교육 현장에서 어떻게 지도할 것인지, 설명 방법에 따라 학습자를 오히려 혼란스럽게 하므로 주의할 필요가 있다. 예를 들어 (40)과 (40)'와 같은 예를 이용하여 설명해도 학습자가 어떻게 구별하여 사용해야 하는지 이해하기 어려울 수 있다. 일상적으로 자주 사용하는 무표식의 가능, 유표식의 가능표현에서는 부자연스럽게 느껴지는 표현, 예를 들면 '鍵が見つからない' 'もう入らない' 'ドアが開かない' 등을 사용 장면과 함께 도입해 가는 편이 바람직하다.

교과서에 따라 자타동사가 쌍으로 신출 어휘로 도입된 경우도 있지만, 기억 연구나 어휘지도 연구에서 음성적으로 비슷한 단어나 유의어 등을 함께 가르치지 않는 편이 좋다는 실험 결과가 나왔다(Nation, 2000 참조). 또한 中石(2005)는 자타동사 양쪽을 사용할 수 있게 될 때까지의 단계로서 자동사 혹은 타동사의 어느 한쪽만을 사용하는, 특정한 활용에서만 사용하는 단계가 있다고 보고하였다. 이 조사 결과도 초기 단계로서 대응하는 자동사와 타동사 양쪽을 함께 도입하는 것보다도 해당 어휘가 필요하게 된 장면설정에서 따로따로 가르치는 편이 좋다는 사실을 시사한다.

이상으로 태(voice)의 습득을 살펴보았는데, 태(voice)는 사건을 어떻게 파악하는지와 같은 문장을 구성하기 위한 근본적인 부분과 관련이 있는 문법범주이다. 모어에 대응하는 형식이 있다고 해도 모어와 일본어에서 사용상에 차이가 있는 부분이 많고 그 때문에 오류도 생긴다.

또한 앞에서 살펴본 바와 같이 수동문이나 수수표현은 단문을 초월한 시점의 통일을 위해 사용이 의무적인 표현이다. 峯(2015)는 수동문이나 수수표현의 이와 같은 특징 때문에 이들 형식은 전후 문장과의 정보교환, 즉 복문·문맥 처리를 필요로 하는 언어형식이라고 하였다. 그리고 학습자의 발화 코퍼스를 분석하여 수수표현과 수동문은 복문 처리가 필요한 접속사 표현과 거의 같은 시기에 사용을 시작한다는 사실을 확인하였으며, 언어 처리 측면에서 보았을 때 어느 정도 습득이 진행된 단계가 되지 않으면 잘 사용하지 못한다는 사실을 알 수 있었다.

자타동사의 습득도 각 단어를 기억하여(어휘 처리), 격조사와 일치시켜(구 처리, 문장 처리), 최종적으로 小林(1996)가 자타동사의 습득과정에서 최종단계라고 생각하는 '태(voice) 전체 안에서 자타동사를 정의하고 구별하여 사용하기'에 도달하기 위해서는 다른 문법 형식의 습득과 서로 관련되어 전체적으로 서서히 습득이 진행되는 것으로 보인다.

일본어교육 현장에서는 이와 같은 습득을 촉진하기 위해서 단순히 구문을 가르칠 뿐만 아니라 장면설정이나 문맥 안에서 각 형식이 어떻게 사용되는지를 제시할 필요가 있다.

2.3 시제(tense)·상(aspect)

여기서는 일본어 시제(tense)와 상(aspect)의 습득연구에 대해서 살펴보고자 한다. 시제란 사건의 시간 축 상에서 위치하는 지점을 나타내는 문법화된 표현을 말한다. 기준시(基準時), 주절 말미라면 발화시(発話時)를 기준시라고 하고, 사건이 그것보다 앞인지 뒤인지를 나타내는 시간적 위치를 말한다(Comrie, 1985 참조). 한편 상(aspect)이란 '사건의 내적 시간의 파악'(Comrie, 1976 참조)을 말한다. 예를 들면 같은 사건을 시작부터 종료까지 전체로서 파악하여 표현하는지(예: ごはんを食べた), 과정(process)만을 파악하여 표현하는지(예:ごはんを

食べていた)와 같이 사건 파악의 차이는 상(aspect)의 차이이다.

시제(tense)와 상(aspect)의 체계는 언어에 따라 다르지만, 일본어에서는 〈표 3-3〉에 제시한 내용처럼 スル, シタ, シテイル, シテイタ의 4형식으로 기본적인 체계가 구성된다(奥田 1977).[39] タ가 붙은 형태로 과거를 나타내고, タ가 붙지 않은 형태로 현재나 미래, 비과거를 나타낸다. 그리고 이 〈표 3-3〉에 제시된 기본적인 체계, スル vs. シテイル라는 상(aspect) 대립을 갖는 것은 운동동사이다(이하, 따로 언급하지 않는 한, 운동동사의 スル / シタ를 'スル / シタ'라고 부른다). 운동동사란 움직임이나 변화를 나타내는 동사로 '食べる' '落ちる'등 대부분의 동사가 여기로 분류된다. 운동동사에 포함되지 않은 동사는 정태동사(静態動詞)로, 존재를 나타내는 'いる' 'ある'나 가능동사 등 상태를 나타내는 동사이다.

〈표 3-3〉 일본어의 기본적인 시제(tense) · 상(aspect)의 체계

	완성상 (perfective)	계속상 (imperfective)
비과거	スル	シテイル
과거	シタ	シテイタ

운동동사는 スル / シタ 형태로 완성상을 나타내고, シテイル / シテイタ 형태로 계속상을 나타낸다.[40] 완성상이란 다음 (43)과 같은 사건의 시작점에서 종료점까지 전체를 파악한 표현을 말한다. 한편 シテイル / シテイタ로 나타나는 계속상이란 사건의 시작점 및 종료점을 제외한 부분을 파악한 표현으로 (44)에 제시한 예처럼 몇 가지 용법이 있다. 하지만 주요 용법은 사건의 시작점과 종료점 사이의 과정(process)을 나타내는 a의 '진행'과 사건의 종료점 후의 상태를

---

39   '완성상' '계속상'은 각각 '완결상' '비완결상'이라고도 부른다.
40   정태동사(静態動詞)는 スル / シタ 형태로 상태상을 나타낸다.

나타내는 '결과'이다. 아래는 이 두 가지 용법의 확장이고, c와 d의 '반복'은 '진행'의 확장용법이고, e의 '경험'과 f의 '성상(性状)'은 결과의 확장용법이다.

(43) 幕が下りる / 下りた (완성상)
(44) 계속상: テイル의 용법
    a. 太郎が勉強している (진행)
    b. 木が倒れている (결과)
    c. 毎日学校に通っている (반복)
    d. 毎日どこかで赤ちゃんが生まれている (반복)
    e. 彼はその前にも中国に一度行っている (경험)
    f. 道が曲がっている (성상(性状))

상기의 '진행'과 '결과' 용법에 주목하면, テイル가 붙은 형태로 '진행'의 의미로 해석되기 쉬운 동사와 '결과'의 의미로 해석되기 쉬운 동사가 있다. 예를 들면 '遊んでいる'는 '진행', '落ちている'는 '결과'로 동사구를 보기만 해도 많은 사람들이 동일하게 해석할 수 있다.

그렇다면 이와 같은 차이가 왜 생긴 것일까? 이에 대해 金田一(1950)는 동사가 나타내는 동작·작용의 시간적인 길이에 기인한다고 하였다. 그리고 テイル가 포함되었을 때의 의미 차이에 주목하여 동사를 분류하였다(〈표 3-4〉 참조).

〈표 3-4〉 金田一(1950, 1976)의 동사분류

종류	특징	예
상태동사	상태를 나타낸다. テイル를 붙일 수 없다.	ある, できる(가능)
계속동사	계속해서 시행되는 동작·작용을 나타낸다. テイル가 붙어서 진행을 나타낸다.	読む, 書く, 笑う, 泣く

종류	특징	예
순간동사	순간적인 동작·작용을 나타낸다. テイル가 붙어서 결과의 잔존을 나타낸다.	死ぬ, 点く, 消える, 知る, 分かる
제4종 동사	어떤 상태를 띄는 것을 나타낸다. 늘 テイル의 형태로 상태를 나타낸다.	聳える, 優れる, ずば抜ける

하지만 다음 (45) 문장을 보기를 바란다. 타동사문으로 나타나는 a는 '진행', 그에 반해 자동사문 b나 동일한 타동사의 수동문 c는 a에서 나타나는 동작의 '결과'로 해석된다. (45)a, b, c의 문장이 나타내는 동작·작용의 시간적인 길이는 동일하겠지만 テイル에 의해 나타나는 의미 해석이 달라진다는 사실을 알 수 있다.

(45) a. 花子が窓を開けている
 b. 窓が開いている
 c. 窓が開けられている　　(工藤 1995, p.5)

따라서 奥田(1977)는 동작·작용의 시간적인 길이, 계속적인지 순간적인지라는 金田一(1950)의 동사 분류의 설명으로는 충분하지 않고, '주체의 동작'인지 '주체의 변화'인지라는 의미특징도 テイル의 해석과 관계가 있다고 주장하였다. 즉 テイル가 '주체의 동작'을 나타내는 동사에 붙을 때는 '진행'으로 해석하기 쉽고, '주체의 변화'를 나타내는 동사에 붙을 때는 '결과'로 해석하기 쉽다. '주체의 동작'을 나타내는 동사도 수동의 형태가 되고 객체의 변화가 전경화된 구문이 된 경우에는 テイル가 결과를 나타낸다고 해석하기 쉽다고 설명하였다.

또한 工藤(1995)는 奥田(1977)의 주장을 바탕으로 동사의 분류를 한층 세분화하여, 〈표 3-5〉와 같이 동사를 분류하였다.

〈표 3-5〉 工藤(1995)의 동사분류

종류		특징	예
외적 운동동사	주체동작·객체변화동사 (내적 한계동사)	객체의 상태변화를 일으킨다. 능동+テイル: '진행' 수동+テイル: '진행'	開ける 落とす 売る
	주체변화동사 (내적 한계동사)	기본적으로 자동사이고 주체의 변화를 나타내는 テイル가 붙어서 '결과'를 나타낸다.	閉まる 来る 出る
	주체동작동사 (비내적 한계동사)	타동사와 자동사가 모두 소속되어 있지만, 주체의 동작만을 나타낸다. 능동/수동+テイル: '진행'	鳴らす, 鳴る 泣く 走る
내적 정태동사(情態動詞) (비내적 한계동사)		사람의 사고, 감정, 감각을 나타낸다. スル／シタ의 사용으로 인칭제한이 있다. (1인칭에 한정된다)	思う 助かる 感じる
정태동사(情態動詞)		상(aspect)의 대립이 없는 동사 항상 テイル가 붙는 형태/붙지 않는 형태로 상태를 나타낸다.	居る 聳えている 値する

이 표를 보면 알 수 있듯이, 工藤(1995)의 동사 분류의 '주체동작동사'와 '주체변화동사'는 각각 金田一(1950)의 동사 분류의 '계속동사'와 '순간동사'에 해당한다. '주체동작동사'에는 '鳴らす'와 '鳴る'와 같은 쌍이 되는 타동사와 자동사도 포함되어 있고, 이 타입의 자동사와 '주체변화동사'와의 차이는 다음 (46b)에 나타난 것처럼 수동문이 되어도 テイル는 '진행'으로 해석되는 점이다.

(46)　a. 太郎がレコードを鳴らしている。
　　　b. レコードが鳴らされている。
　　　c. レコードが鳴っている。

(工藤 1995, pp.5-6)

또한 이 '주체동작동사'의 타동사와 '주체동작·객체변화동사'와의 차이는 그 의미에 '변화', 즉 '내적 한계'의 포함 여부라는 동사의 의미 차이이다. 내

적 한계란 '운동이 필연적으로 끝나는 시간적 한계(工藤 1995, p.57)'를 말한다. '주체동작·객체변화동사'나 '聞く'와 같은 '주체변화동사' 모두 운동의 목표가 되는 내적 시간적 한계에 도달함으로써 운동이 성립하는 내적 한계동사(telic verb)이다. 하지만 '鳴らす'나 '泣く'등의 '주체동작동사'는 운동이 성립하였다는 정점(climax)이 없는 비내적 한계동사(atelic verb)이다. 변화를 일으키지 않은 '주체동작동사'는 수동이 되어도 동작의 계속, 즉 진행밖에 나타내지 않는다.

더불어 工藤(1995)는 사람의 사고나 감정, 감각을 나타내는 동사를 '내적 정태동사(情態動詞)'라고 하고 다른 운동동사와는 따로 취급하였다. 사람의 사고나 감정, 감각을 나타내는 동사의 경우는 다음 예에 있는 것처럼 1인칭은 スル로 현재를 나타낼 수 있지만, 3인칭은 비문이 되고 마는 것처럼 다른 운동동사와는 상(aspect)의 체계가 다르기 때문이다.[41]

(47) 私は彼のやり方は間違っていると思います。
(48) a.*姉は彼のやり方は間違っていると思います。
　　 b. 妹は彼のやり方は間違っていると思っています。

이상 동사가 갖는 의미와 시간적인 한계의 유무가 テイル 사용과 깊게 관련이 있다는 점을 살펴보았다. 하지만 동사에는 'できる'와 같이 다의적인 것도 있

41　峯(2007b, 2013)는 Langacker(2001)의 인지문법을 이용한 영어의 완성상현재에 대한 설명을 일본어에도 원용하고, 완성상현재(スル)는 발화시점과 사건시점이 일치할 때 사용된다고 하고, 수행동사 '宣言します' 'お願いします' 외에 발화시점에서 자신(1인칭)의 사고나 감정 등도 사건시점과 발화시점이 일치하기 때문에 완성상현재(スル)가 사용된다고 한다. 3인칭의 사고나 감정을 기술할 때는 그 시작시점과 종료시점을 발화시점과 일치시키는 것은 불가능하다. 또한 화자가 파악하는 제3자의 기분이나 감정은 시작에서 종료 사이의 일부분이기 때문에 통상 テイル로 표현된다고 한다.

고 그 의미에 따라 2개의 범주에 걸치는 것도 있다.[42] 또한 '増える'와 같이 주체의 동작과 함께 변화를 나타내는 양면(二側面)동사의 경우에는 다음과 같이 テイル가 진행을 나타내는지 결과를 나타내는지는 구문이나 문맥에 따라 정해진다(工藤 1995, p.79 참조).

(49) a. 口こみでユーザーが徐々に増えています (진행)
   b. ２年間でユーザーが約四倍にも増えています。 (결과)

또한 다음 (50) 예에서도 알 수 있듯이 テイル가 진행의 의미를 나타내는지, 결과의 의미를 나타내는지는 함께 쓰이는 부사구 등에 따라서도 바뀔 수 있다. 즉 テイル 용법이 어떤 용법으로 사용되는지는 복수의 요인이 얽혀있기 때문에 자동으로 판별할 수는 없다. 따라서 テイル에 선행하는 동사로 대체적으로 예상은 가능하겠지만, テイル가 어떤 용법으로 사용되는지를 정확히 파악하기 위해서는 실제 용례를 살펴볼 필요가 있다.

(50) a. カーテンが下りています。 (결과)
   b. カーテンがゆっくりと下りています。 (진행)

テイル・タ의 습득에 관한 연구를 다음 두 가지로 크게 나누어 살펴 보고자 한다. 먼저 テイル와 タ의 형태소 습득에 주목한 연구를 다루고자 한다. 일본어 습득연구에서는 주로 テイル와 タ의 형태소 습득에 주목한 연구가 이루어졌다. 따라서 이러한 연구를 개관함과 동시에 거기서 언급된 시제(tense)·상(aspect)

---

42 'できる'가 '가능'의 의미를 나타낼 때는 '상태동사(金田一) / 정태동사 (工藤)'로 분류되고 '完成する'의 의미를 나타낼 때는 '순간동사(金田一) / 주체변화동사(工藤)'로 분류된다.

을 나타내는 형태소 습득의 보편성을 설명하는 상(aspect) 가설과의 관계도 생각하면서 형태소 습득의 보편성에 대해서 고찰하겠다.

그 후에 スル・シタ・シテイル・シテイタ의 4개 형식의 사용법에 대한 습득을 분석한 峯(2007b, 2015)의 연구를 소개하겠다. 예를 들면 다음 (51)을 살펴보자.

(51) a. 私は毎朝 1 キロ走ります。
b. 私は毎朝 1 キロ走っています。

이 예에 있는 것처럼 スル와 シテイル는 같은 상황을 전달할 수 있다. 하지만 다음과 같이 '明日から'라는 부사구와 함께 쓰이는 경우에는 スル가 더 자연스럽다.

(51)' a. 明日から私は毎朝 1 キロ走ります。
b. ??明日から私は毎朝 1 キロ走っています。

スル・シタ・シテイル・シテイタ의 각 용법을 이해해도, 필요한 장면에서 적절하게 사용하지 못하면, 습득하였다고는 볼 수 없다. 따라서 이 형식의 사용법의 습득에 대해서 살펴보자.

2.3.1 テイル・タ의 습득연구와 상(aspect) 가설

여기서는 일본어 시제・상(aspect)의 형태소 テイル와 タ의 습득에 관한 연구를 살펴보고자 한다.[43] 일본어 시제(tense)・상(aspect)의 습득연구에서 주로 다

---

43 テイル 용법과 동사 분류의 용어는 각각의 연구에 따라 다르지만, 혼란을 막기 위해 '진행'과 '결과'에 해당한 것은 이 용어를 사용하고자 한다.

룬 내용은 テイル의 '진행'과 '결과' 용법의 습득이다.

학습자가 사용하는 형태소를 종단적으로 조사해 보면, (スル)⇒タ⇒テイ(ル) 순서로 사용이 진행된다. Di Biase & Kawaguchi(2002)는 이것을 처리가능성 이론에서 나타나는 발달단계와 비교하여 タ는 어휘 형태소(lexical morpheme), テイル는 구 형태소(phrasal morpheme)라고 하며 각각 어휘·범주 처리가 가능한 단계, 구 처리가 가능한 단계에서 습득된다고 하였다.

黒野(1995)는 シテイル의 '진행'과 '결과' 용법에 주목하고 유학생 17명을 대상으로 문법성 판단 테스트를 통한 종단 조사를 하였다. 그 결과 다음과 같이 습득이 진행되었음을 보고하였다.

① '진행'이 '결과' 용법에 선행하여 습득된다.
② '진행'은 먼저 スル로 나타나고, 다음으로 スル와 シテイル의 두 형식으로 표현되는 과정을 거쳐 シテイル로 표현할 수 있게 된다.
③ '결과'는 먼저 スル, 다음으로 シタ로 나타나는 과정을 거쳐 シテイル로 표현할 수 있게 되지만, シタ와의 사용법에 혼란이 보인다.

또한 許(1997, 2000, 2005)는 대만인 학습자를 대상으로 한 문법 테스트와 그림 묘사 과제 테스트를 시행하였고, KY 코퍼스를 분석한 결과를 바탕으로 (52)에 나타난 シテイル 용법의 습득 순서를 제시하였다.

許(2000, 2005)는 シテイル의 대표적(prototype)인 의미는 '지속성' '현재성' '운동성'이라고 하면서, 전형(prototype)성이 높은 용법인 '진행'에서 습득이 진행되고, 전형(prototype)성이 낮은 '경험' 용법은 습득이 늦어진다고 설명하였다. 또한 許(2002, 2005)는 シテイタ의 습득에 대해서도 조사하여 ① シテイタ의 습득은 シテイル 보다 늦다, ② 용법별로 보면 차이도 보이지만, 대개 シテイ

ル와 동일한 순서를 거친다고 하였다.

(52)　シテイル의 습득과정[44]　　　(許 2000, 2005: 예문은 許2000, p.22)

쉬움　　진행 (±장기)

　　예: 弟は今香港に住んでいます(+장기)

　　예: 大学院で政治を勉強しようと思っています

성상(性状) (+ 가변성)

　　예: この歌は最近流行っています

성상(性状) (- 가변성)

　　예: 弟と母は似ています

반복

　　예: 毎日, テレビを見ています

결과 상태

　　예: ランプが壊れています

상태변화

　　예: この問題が深刻になっています

경험

　　예: 向こうで大学を卒業しています

어려움

許(2000, 2005)의 분석에서 '결과'를 나타내는 シテイル뿐만 아니라 '반복'을 나타내는 シテイル도 '진행'을 나타내는 シテイル보다 늦게 습득된다는 사실을

---

[44] 許(1997, 2000, 2002, 2005)에서는 '동작의 지속', '반복'이라는 용어가 사용되었지만, 본서에서는 각각 '진행', '반복'으로 통일한다.

알 수 있다. 또한 黒野(1995)와 許(2000, 2005)의 연구 모두 '진행'이 '결과'보다도 더 먼저 습득된다는 점에서 일치한다.

다른 연구에서도 이 '진행'이 '결과'에 선행하여 습득된다는 동일한 결과가 보고되었다(小山 2004, 菅谷 2002a 참조). 하지만 이들 연구는 문법 체계에 '진행'을 갖는 언어를 모어로 하는 학습자를 대상으로 시행한 것이기 때문에 모어의 영향도 생각할 수 있다고 하여, 菅谷(2005)가 모어 영향의 유무를 확인하기 위해 조사를 하였다. 중고급 수준의 학습자로 '진행'을 문법 체계로 갖는 언어를 모어로 하는 학습자와 그렇지 않은 학습자를 대상으로 문법 테스트와 구두 묘사 과제를 실시하여 '진행'과 '결과'의 シテイル 사용을 조사하였다.

그 결과를 살펴보면, 문법 테스트에서는 모어 체계에 의한 차이는 확인하지 못하였으며, 일본어 수준이 낮은 하위군의 정확한 사용률은 '진행〉결과'였다. 상위군이 되면 '결과' 용법의 습득이 진행되고, 테스트 결과는 '결과=진행'이었다. 그리고 상위군에서도 '결과'의 シテイル를 선택해야 하는 곳에서 シタ를 선택하여 구별해서 사용하는 데에 있어 혼란을 겪었다.

그런데 동일한 학습자에게 구두 묘사 과제를 실시한 연구에서는 모어에 의한 차이가 보였다. 모어 체계에 '진행' 용법을 갖는 학습자는 상위군과 하위군 모두 '진행〉결과'라는 성적인 데에 반해 모어 체계에 '진행'을 갖지 않은 학습자의 경우, 하위군의 학습자는 '진행=결과'였다고 한다.

菅谷(2005)는 이들 결과를 토대로 선언적 기억으로서 '진행'이 습득되기 쉽지만, 절차적 기억이 되면 습득 초기에는 모어의 영향이 나와서 모어 체계에 '진행'이 없으면 '진행'이 먼저 습득되는 경향은 약해질 것이라고 고찰하였다.

菅谷(2005)의 연구는 조사 방법에서 모어의 영향이 나타나는 방식이 바뀔 수 있다는 점을 시사하는 내용으로서 상당히 흥미롭다. 하지만 '진행', '결과' 용법의 습득 순서에 관해서는 菅谷(2005)의 연구가 이미 '결과' 및 '진행' 용법을 사용하는 학습자를 대상으로 하였기 때문에 실제로 어느 쪽의 용법에서 먼저 사용이 시작되었는지는 정확하지 않다. 따라서 菅谷(2005)에서 보고된 모어 체계에 '진행'을 갖지 않은 학습자의 결과는 앞서 소개한 '진행' 용법에서 사용이 시작된다'는 黒野(1995)의 결과를 부정하지는 않았다.

하지만, '결과' 용법이 먼저 습득된다고 보고하는 연구도 없지 않다. Ishida(2004)는 미국 대학교에서 배우는 학습자 4명을 대상으로 종단적으로 조사를 하고, 수업에서 '결과'를 '진행'보다도 4개월 먼저 가르친 경우, '결과' 용법의 テイル 사용이 '진행' 용법보다도 높은 정용(正用)률로 사용되었다는 사실을 발표하였다. 하지만 '住んでいる'[45] '持っている' '知っている' '似ている'라는 통상 シテイル 형식으로 사용된 것이 정형표현으로 사용되어 그것이 높은 정용률에 기여할 가능성도 지적하였다(p.323). 또한 이 조사는 일본 국외에서도 실시되었기 때문에 지도 순서와 더불어 충분한 인풋을 얻지 못한 학습 환경의 영향도 부정하지 못할 것이다.[46]

이상을 정리하면, 전체적인 경향으로 テイル 용법은 '진행'이 먼저 습득되고, 이것보다 늦게 '결과' 용법이 습득된다고 할 수 있다. 그리고 이러한 형태소 습득의 경향은 다른 언어습득에서도 공통된 보편성으로서 Shirai & Kurono(1998)가 상(aspect) 가설을 이용하여 설명하였다. 상(aspect) 가설이란 Andersen & Shirai(1994, 1996)에 의해 제창된 시제·상(aspect) 형태소의 보편적인 습득패턴을 설명하는 가설이다. 원래는 프랑스어나 이탈리아어, 영어, 터키어, 일본어 등 다양한 모어 습득연구에서 보고된 시제·상(aspect) 형태소

45　'住んでいる'에 대해서는 Shirai & Kurono(1998, p.278)의 정의에 따르면, '결과' 용법으로 분류(住む'는 도달동사) 되기 때문에, 이 분류에 따른 Ishida(2004)에서도 '결과' 용법으로 분류되었다. 하지만 工藤(1995, p.76)에서는 '住む'가 シテイル의 형태로 동작의 계속('진행')을 나타내는 '사람의 장기적(長期的) 동작동사'로서 분류되었고, '住んでいる'를 '진행'으로 보는 연구자도 있다(許 1997, 2000, 2002, 2005; 小山 2004; 峯 2007, 2015 등).

46　정형적인 표현 처리에 대해서는 이미 菅谷(2002b)에서 문제가 지적되었다.

의 보편적인 습득패턴에서 도출된 가설이다. 이 가설은 동사의 의미에 포함된 내재 상(aspect)의 특성과 형태소의 특성을 기반으로 동사와 형태소가 연결되기 쉬움을 설명한다. 제2언어 습득연구에서도 일본어 외에 영어나 스페인어 습득에서도 지지하는 결과가 보고되었다(白井1998 참조).

다음은 상(aspect) 가설에서 제시된 형태소의 습득패턴이다. 이 가설에서 이용된 Vendler(1957)의 동사 분류를 〈표 3-6〉에 제시하고자 한다.

Vendler(1957)의 동사 분류는 동사가 갖는 의미의 시간적 길이와 시간적 한계에 의해 동사를 분류한 것이다. 工藤(1995)도 시간적 한계를 동사 분류 요소의 하나라고 하지만, Vendler(1957)의 동사 분류에서는 외적 한계, 예를 들면 '1キロ走る'의 '1キロ'와 같이 동사에 부가된 외적 한계를 포함하였다. 따라서 동사라기보다 동사구의 분류라고 하는 편이 정확하다.

(53) 상(aspect) 가설[47]   (白井 1998, pp.79-80)
① (완결상)과거형은 먼저 주로 도달·달성동사에 붙고, 후에 활동, 상태동사에도 사용된다.
② 완결상 과거와 비완결상 과거를 구별하는 언어에서는 비완결상 과거의 습득이 완결상 과거보다도 늦고, 주로 상태·활동동사부터 시작된다.
③ 진행형은 주로 활동동사에부터 시작된다.
④ 진행형을 실수로 상태동사에 붙이는 경우는 거의 없다.

---

47   '완결상'은 본서에서 이용하는 용어 '완성상'에 해당되고, '비완결상'은 '계속상' 및 상태동사의 スル/シタ로 나타나는 '상태상'이 포함된다.

<표 3-6> Vendler(1957)의 동사분류
(동사 종류의 일본어 번역 및 예는 西・白井, 2001을 인용)

종류	특징	예
상태동사 (状態動詞)	동적이지 않고 정적이고 지속적이다. 시작점이나 종료 한계점을 갖지 않는다.	ある, いる
활동동사 (活動動詞)	동적이고 지속적이다. 종료 한계점은 없다.	走る, 歩く, 遊ぶ
달성동사 (達成動詞)	동적이고 지속적이다. 종료 한계점이 있다.	椅子を作る, 風呂を沸かす
도달동사 (到達動詞)	동적이고 순간적이다. 종료 한계점이 있다.	死ぬ, 落ちる, 勝つ

동일하게 동사 의미의 시간적 길이에 주목한 金田一(1950)의 동사 분류(<표 3-4>)와 조합하면, Vendler(1957)의 '상태동사'는 金田一(1950)의 '상태동사'에 해당된다. 즉 テイル가 붙어서 상(aspect) 대립을 나타내지 않은 동사이다. 다음으로 '활동동사' '도달동사'는 각각 金田一의 '계속동사'와 '순간동사'에 해당한다. テイル가 붙어서 전자는 '진행'을 나타내고, 후자는 '결과'를 나타낸다. 마지막으로 '달성동사'는 지속성이 있지만, 시간적 한계가 있는 동사이다. 지속성이 있어서 テイル가 붙어서 '진행'으로도 해석되고, 또한 시간적 한계, 동작의 종료점도 명시적으로 나타나기 때문에 テイル가 붙어서 '결과'로도 해석된다.

(53)의 상(aspect) 가설을 일본어 습득에도 적용하면, 상(aspect) 가설 ③에서 テイル는 계속동사에 해당하는 활동동사와의 연결이 강하므로 '진행' 용법은 빨리 습득한다. 또한 가설 ①에서 순간동사에 해당하는 도달동사와의 연결이 강하고, 순간동사와 テイル가 연결되어 나타나는 '결과' 용법의 사용은 늦어진다.

Shirai & Kurono(1998)는 중국어모어화자 3명과 일본어모어화자의 일본어 발화 데이터를 분석하여 タ에 선행하는 동사와 テイル에 선행하는 동사 타입의 비율 차이를 비교하였다. 그 결과 학습자의 경우는 모어화자와 비교하여 タ가 도달동사와의 연결이 강한 반면, テイル가 활동동사와의 연결이 강하여, 상

(aspect) 가설을 지지한다고 보고하였다.

또한, 橋本(2006)도 영어를 모어로 하는 유아의 일본어 습득을 종단적으로 관찰하였는데, 습득 초기에는 夕가 도달동사와 연결이 강하고, テイル가 활동동사와 연결이 강하다는 점을 확인하였다. 그리고 습득이 진행되면 テイル가 점차 다른 타입의 동사와 함께 이용되는 비율이 높아진다고 발표하였다.

또한 塩川(2007)는 초급, 중급, 고급학습자를 대상으로 문법성 판단 테스트를 하여 주절과 연체 수식절 내부에서 シテイル와 シタ형식의 사용을 조사하였다. 연체 수식절 내에서는 '瓶に薬が入っている' 가 '薬が入っている / 入った 瓶'과 같이 シテイル와 シタ 모두 표현할 수 있어서 주절 말미와 연체 수식절 내부에서 シテイル와 シタ에 대한 학습자의 사용이 다를 수 있기 때문이다.

조사 결과 주절 말미와 연체 수식절 내의 두 환경에서 '활동동사'와 テイル, '도달·달성동사'와 夕의 강한 연결이 확인되었다. 이것도 상(aspect) 가설을 지지하는 결과이다. 그리고 이 경향은 고급에서도 보이지만, 중급과 고급을 비교하면, 고급에서는 문말에서 '도달·달성동사'와 テイル의 선택률이 올라가는 한편, 종속절 내에서는 夕의 선택률이 올라가, 모어화자의 선택에 가까워진다는 사실을 시사하는 결과를 발표하였다.

이상은 상(aspect) 가설을 지지하는 결과인데, 柴田(1998)에서는 夕와 도달동사의 연결은 확인되었지만, テイル에 대해서는 다른 결과가 발표되었다. 이에 대해서 柴田가 テイル에 대응하는 영어(조사대상자의 모어)의 "ing" 사용 범위의 차이가 영향을 미쳤을 것이라고 고찰하였다. 모어 영향에 대해서는 Methapisit(2001; Methapisit et al., 2001)에서도 일본어와 모어에서 대응하는 동사의 내재 상(aspect)의 차이에 의한 오류를 지적하였다. 따라서 상(aspect) 습득에는 모어와 일본어 상(aspect) 체계의 차이나, 모어와 일본어로 대응하는 동사의 내재 상(aspect)의 차이 등도 깊게 관련되었으리라고 추정된다.

2.3.2 スル·シタ·シテイル·シテイタ의 사용법과 습득

그럼, 다음으로 スル·シタ·シテイル·シテイタ의 4개 형식의 사용법의 습득에 대해서 살펴보겠는데, 그 전에 4개 형식의 사용법에 대한 개요를 확인하고자 한다.

〈표 3-7〉은 工藤(1995)와 高橋(1985)를 참고로 하여 사건이 일어난 시점과 그것을 나타내는 운동동사 형식의 분포를 정리한 내용이다(峯 2015 참조).

〈표 3-7〉 사건이 일어난 시점을 나타내는 형식의 분포(峯2015, p.83, 표 3-2)

	사건이 일어난 시점	1개의 사건	반복**
(a)	미래*	スル·シテイル 예: 明日は、うちで勉強します 　　明日は、うちで勉強しています (가까운 미래는 1개의 사건과 반복 모두 スル뿐이다) 예: では、帰ります	スル·シテイル 예: 来年から毎日勉強します 예: 来年の今頃は、週1ぐらいは 勉強していますよ 예: 今日から毎日勉強します
(b)	현재	シテイル 예: 今、テレビを見ています (수행동사, 1인칭 사고·감정을 나타낼 때는 スル도 이용된다) 예: お願いします 예: これは難しいと思います	スル·シテイル (항상적 반복) 예: 蛙は虫を食べます 예: 毎日2時間勉強します 예: 毎日2時間勉強しています
(c)	현재 -결과	シタ·シテイル 예: そのことは、昨日、知りました 예: そのことは、知っています	シタ·シテイル 예: 彼には何度も注意しました 예: 彼には何度も注意しています
(d)	과거	シタ·シテイタ 예: 昨日は友達が遊びに来ました 예: 昨日は友達が遊びに来ていました	シタ·シテイタ 예: 金曜の夜はいつも友達と飲みに 行きました 예: 金曜の夜はいつも友達と飲みに 行っていました

* 미래를 나타내는 シテイル의 사용 빈도는 낮다고 한다(高橋 1985, p.252).
** '반복'에는 습관적인 동작도 포함된다.

이 표를 간단히 설명하면, 사건이 일어난 시점은 (a)미래, (b)현재, (c)현재-결과, (d)과거의 4개로 크게 나눌 수 있다. (c)현재-결과란 工藤(1995)가 '現在

パーフェクト'라고 붙인 명칭에 해당하고, 과거 사건의 결과나 효력이 현재에 남아있는 것을 칭한다.[48] 현재보다도 앞을 나타내는 시간 틀에 (d)과거가 있지만, 이것은 현재에서 벗어난 과거의 사건을 나타낸 것이고, 이것과는 달리 현재에 결과가 남은 사건으로서 (c)현재-결과를 설정하였다. 그리고 사건은 그 시간적 특성에서 '하나의 사건'과 시간을 두고 되풀이되는 '반복', 이렇게 두 가지로 크게 나눌 수 있다.

⟨표 3-7⟩을 보면 알 수 있듯이 '현재(하나의 사건)' 이외는 두 가지 형식이 경쟁적으로 사용된다. 예를 들면, '현재(반복)'는 スル와 シテイル가 '현재-결과'는 シタ와 シテイル가 경합한다.

(54) 현재(반복)
　　 a. 毎朝, 私が犬の散歩をします。
　　 b. 毎朝, 私が犬の散歩をしています。
(55) 현재-결과
　　 a. 友達が日本に来ました。
　　 b. 友達が日本に来ています。

峯(2007b, 2015)는 KY 코퍼스를 분석하여 표현형식이 경합하는 사건이 생긴 시점에서 シテイル/シテイタ의 사용이 늦다고 하였다. 즉, シテイル의 '결과'나 '반복' 용법이 '진행' 용법의 습득보다 늦어지는 이유는 '진행'이 ⟨표 3-7⟩의 '현재(하나의 사건)'에서 경합하는 형식이 없는 데에 반해 '반복'이나 '현재-결과' 용법의 シテイル는 먼저 사용이 시작되는 スル나 シタ형식과 경합하기 때문이다.

48　工藤(1995)는 '現在パーフェクト'를 현재 시점의 형식으로 다루었지만, 본 연구에서는 사건이 발화시점 전에 성립하였기 때문에 (b)현재와는 다른 시간 틀로 파악한다.

2.3.1에서 소개한 菅谷(2005)도 결과의 シテイル를 사용해야 하는 곳에서 シタ 형식이 사용되었다고 지적하였다. 또한 (52)의 許(2000)에서 シテイル 용법의 습득이 늦다고 하는 '상태변화'란 '増えている' '高まっている'와 같이, 앞서 기술한 '양면동사(二側面動詞)'로 나타나는 テイル이다. 이들 동사에서 나타난 사건은 다음 (56)a와 같이 シテイル를 이용하여 진행 중이라는 상태를 나타낼 수도 있지만, b와 같이 발화 시점까지의 변화를 파악하여 シタ 형식으로 나타낼 수도 있다. 이와 같이 '상태변화'도 シタ 형식과 경합적으로 사용되는 용법이기 때문에 シテイル 사용이 늦어진다고 추측된다.

(56) a. 近頃, コンビニが増えています。
b. 近頃, コンビニが増えました。

또한 峯(2007b, 2015)는 특히 シテイタ 사용이 늦어진 이유로 경합적 관계에 있는 シタ의 존재 외에도 현재와 분리된 과거 사건을 묘사하는 シテイタ 기능과 관련된 인지적 부담을 거론하였다.

더 나아가 峯(2007b, 2015)는 KY 코퍼스의 スル・シタ・シテイル・シテイタ에 보이는 오용을 구(句) 수준, 문장 수준, 복문·문맥 수준으로 분류하고 오류의 질적 추이를 조사하였다.

예를 들면, 다음과 같이 사건이 생긴 시점에 정해진 형식을 구별해서 사용하지 못한 경우는 구(句) 수준의 처리 오류이다.

(57) S: 昔は長安と呼ばれます(⇒呼ばれていました)ね

〈중국어화자 중급上〉

(峯 2015, p.104, (25))

다음 (58)은 '현재-결과' 사건으로 シタ·シテイル가 가능하지만, 'ずっと前から'와 함께 쓰이기 때문에 シタ 사용은 부자연스럽다. 또한 (59)는 사고나 감정을 나타내는 표현으로 주어의 인칭과의 호응에 실패한 오류이다. 이처럼 동일 문장 내에서 함께 쓰이는 성분과의 관계에서 오류가 된 것은 문장 수준의 오류라고 판단된다.

(58) (일본어 연습을 위해서 남편과는 일본어로 이야기를 하려고 했는데, 바로 싸움이 되고 만다는 문맥에서의 발화)

S: だからもう, ずーっと前から, やめました(ずっと前からやめています / ずっと前にやめました)わたし叱られますから 〈중국어화자 고급〉

(59) (유학생의 여행 중 온천 체험에 관한 이야기)

S: 西洋の人たちは, あんまりそんなことやらない, だから, びっくり(びっくりしていました), あの, 温泉に入ったとき

〈한국어화자 고급〉

(峯 2015, pp.104-105, (26) (27))

마지막으로 단문을 넘은 계층에서 부적절하다고 판단되는 오류를 살펴보기 전에 문맥이나 종속절에서 시간적 흐름 속에서 요구되는 사용법에 대해서 간단히 설명하고자 한다.

다음 (60)과 (61) 문장을 살펴보자. (60)과 같이 완성상이 나열된 경우, 순차적으로 시간이 흐른다. 한편 (61)과 같이 계속상이 후속하는 경우, 후속하는 절(문장)은 선행하는 절(문장)과의 동시성 혹은 시간적인 후퇴성을 나타낸다(工藤 1995, 峯2007b, 2015 참조). 따라서 (60)과 (61) 문장의 화자와 '山田さん'의 도

착 순서를 비교하면, (60)에서는 '화자⇒山田さん'인데, (61)에서는 '山田さん⇒화자'로 역전해 버린다. シタ를 사용하는지, シテイタ를 사용하는지로 두 가지 사건의 시간적인 배치가 바뀌고 말았다.

　　(60) 病院に行ったら, 山田さんが来た。
　　(61) 病院に行ったら, 山田さんが来ていた。　　(峯 2015, p.78, (1) (2))

그리고 이와 같은 복수 문장(절)의 사건의 시간적 흐름에 따른 형식을 구별하지 못한 오류를 峯(2015)는 복문·문맥 수준의 오류라고 하였다. 다음 (62)는 복문·문맥 수준의 오류 예이다.

　　(62) (처음으로 일한 일본 회사에서의 아르바이트 경험에 관한 이야기)
　　　　T: アルバイトは初めてだったんですか
　　　　S: いやあじゃなくて―, 高校の時から, ずーとプールで, 監視人とか, 水泳教える, アルバイトを①した(⇒していた)んです。 ８年間ぐらい, だから, 一応, 仕事とか, あれはもう, ②慣れた(⇒慣れていた)んだけど, 〈うん〉やっぱり会社, ということはもう初めてでしたから　　〈영어화자, 고급〉

(峯 2015, p.105, (28))

'과거'를 나타내는 표현형식에는 シタ와 シテイタ가 있다(〈표 3-7〉 참조). 이 학습자는 シタ를 사용했기 때문에 구 처리는 가능하다고 본다. 하지만 (62) 발화는 화제가 된 일본 회사에서의 아르바이트보다도 더 과거에 일어난 이야기이므로, 여기서는 シテイタ를 사용하여 시간을 뒤로 돌릴 필요가 있다(峯 2015,

p.88 참조).

峯(2007b, 2015)는 KY 코퍼스 자료에 있는 초급에서 최고급학습자 90명의 오류를 분석하여, 작은 언어단위 계층부터, 즉 구 수준의 오류부터 줄어들며, 커다란 언어단위 계층인 복문·문맥 수준의 오류는 마지막까지 남기 쉽다는 점이 시사되는 결과였다고 발표하였다.

이상과 같이 テイル와 タ의 습득 및 형식의 사용법 습득에 대해서 살펴보았다. 시제·상(aspect)의 습득에는 일본어 동사의 의미, タ, テイル라는 형태소 습득, 그리고 형태소가 나타내는 용법 습득, 또한 기능적으로 겹치는 형식의 사용법과 그와 관련된 언어 처리라는 복수의 요소가 얽혀진다.

학습자의 처리능력을 생각하지 않고 초급학습자에게 복문·문맥 수준의 사용법을 가르치면 학습자에게 오히려 혼란을 줄 뿐이다. 일본어 시제·상(aspect)의 체계와 학습자의 언어 발달과정을 이해하고 학습자의 일본어 수준에 맞는 지도가 바람직하다.

2.4 모달리티(Modality)

먼저 다음 문장(63)을 살펴보자.

(63) ねぇねぇどうやら太郎が帰ってくるらしいね。

이 문장은 '太郎が帰ってくる'라는 사건을 객관적으로 나타낸 '명제'와 화자의 심적태도를 나타낸 '모달리티'로 외부에서 감싸는 구조이다.

구체적으로는 'どうやら~らしい'라는 ① 명제에 대한 화자의 불확실성, 즉 개연성이나 추량을 나타내는 표현, 그리고 그 외부에 'ねぇねぇ, ~ね'라는 ② 청

자에 대한 화자의 작용을 나타내는 표현이 온다.⁴⁹

다음은 상기의 ① 타입인 화자의 명제에 대한 불확실성, 개연성을 나타내는 형식과 ② 타입인 형식의 습득에 대해서 순서대로 살펴보자. ② 타입의 모달리티는 '발화 모달리티'나 '청자 지향의 모달리티'라고 부르며 청자에 대한 작용, 발화행위를 표현한다. '의뢰'나 '허가'와 같은 발화행위와 밀접하게 연결된 언어형식뿐만 아니라, 종조사를 통해 청자와의 인간관계를 어떻게 구축하는지와 같은 대인관계 구축과 관련된 언어형식도 포함된다. 여기서는 특히 종조사에 해당하는 표현의 습득에 주목한다.

2.4.1 개연성을 나타내는 형식의 습득

먼저 개연성을 나타내는 형식, ダロウ, ニチガイナイ, カモシレナイ, ラシイ, ヨウダ, ハズダ의 사용법을 개관하고 그 후에 개연성을 나타내는 모달리티의 습득에 관한 연구를 살펴보자.

a. 〈개연성을 나타내는 모달리티 형식에 대해서〉

'ダロウ / ニチガイナイ / カモシレナイ'와 'ラシイ / ヨウダ'의 차이에 대해서 살펴보면, 어떠한 증거에 기초한 표현인지의 여부, 즉 '증거성'의 유무가 그 사용법과 관련된다(宮崎 1993). 다시 말하면 다음 (64)에 나타난 바와 같이 판단의 근거가 되는 증거가 제시되지 않으면 'ラシイ / ヨウダ'는 사용할 수 없다.

(64) 彼のことだから, 何とかうまくやるだろう / にちがいない / か

---

49 일본어 모달리티는 ①과 같이 사태(명제)에 대한 판단을 나타내는 모달리티, ②와 같이 발화(전달)와 관련된 화자의 태도를 나타내는 모달리티, 이렇게 두 가지로 크게 나눌 수 있다. 각각 '판단 모달리티(益岡 2007)/언표사태(言表事態) 지향의 모달리티(仁田 1989)' '발화 모달리티(益岡 2007)/발화·전달 모달리티(仁田1989)'라고 부른다.

もしれない / *らしい / *ようだ。　　　　　　(宮崎 1993, p.62, (1))

　　宮崎(1993)는 'ラシイ / ヨウダ'가 [+증거성]의 형식이고, 'ダロウ / ニチガ イナイ / カモシレナイ'가 [-증거성]의 형식이라고 하였다.
　　또한 [-증거성]의 형식은 그것 자체가 확신도를 표시하는 형식인지 아닌지 두 가지로 나눌 수 있다. 'ニチガイナイ / カモシレナイ'는 확신도를 표시하는 [+확신도]의 형식, ダロウ는 확신도를 표시하지 않는 [-확신도]의 형식으로 분류된다.
　　[±확신도]의 차이는 다음 (65)~(69)의 예문에 있는 것처럼 'きっと'나 'もしかすると'등의 개연성을 나타내는 부사와의 선택 제한에서 나타난다. 또한 [+증거성]의 형식은 이 부류의 부사와 함께 사용되지 않는다.

(65)　(きっと / ??たぶん / *もしかすると)　彼は来ないにちがいない。
(66)　(*きっと / ??たぶん / もしかすると)　彼は来ないかもしれない。
(67)　(きっと / たぶん / もしかすると)　彼は来ないだろう。
(68)　(*きっと / *たぶん / *もしかすると)　彼は来ないらしい。
(69)　(*きっと / *たぶん / *もしかすると)　彼は来ないようだ。

　　　　　　　　　　　　　　　　(宮崎 1993, p.62, (4) (5) (6) (2) (3))

　　마찬가지로 ハズダ도 살펴보면, 다음 (70)과 같이 선택 제한이 있으므로 [-증거성]의 [+확신도]의 형식이라고도 할 수 있다.

(70)　(きっと / たぶん / *もしかすると)　彼は来ないはずだ。

하지만 [-증거성] [+확신도]의 ニチガイナイ와 ハズダ를 비교해 보면, 다음 (71) 예에 나타난 것처럼 근거가 확실한 경우, 즉 [+증거성]의 문장에서도 ハズダ는 사용 가능하다.

(71) 一人っ子だと言っていたから, 彼には兄弟はいないはずだ /*にちがいない。   (仁田 1989, p.46)

이에 대해 仁田(1989)는 ニチガイナイ의 경우는 명제에 대한 불확실성을 남긴 표현임에 반해 ハズダ의 경우는 반드시 불확실성이 있다고는 할 수 없으며, 근거가 분명해도 추론 과정을 거쳐서 나온 답을 나타낸다고 한다.

그리고 이와 같은 [+증거성]을 갖는 'ヨウダ/ラシイ'와 'はずだ'의 차이에 대해서 木下(1998)는 화자가 갖는 지식과 어떤 사태(증거)를 근거로 이루어진 추론 형태의 차이로 설명하였다. 'はずだ'는 'pならばq'라는 법칙성에 대한 지식에 근거하여 p라는 사태에서 연역적으로 q라는 사태를 추측하는 형식이라고 하였다(木下 2013). 한편 'ようだ/らしい'는 'pならばq'라는 지식에 근거하여 q라는 사태에서 p를 끌어내는 형식이라고 설명하였다. 즉 인식의 시간 축을 과거로 거슬러 올라가는 추론에 이용되는 형식이라고 한다. 다음 (72)를 살펴보자. 'p: 무리한 운전을 한다 → q: 사고가 일어난다'라는 지식을 토대로 p'무리한 운전을 하고 있다'라는 사태에서 q'사고가 일어난다'를 추론하는 a의 경우는 'ようだ/らしい'를 사용할 수 없다. 한편, b와 같이 q'사고가 일어났다'라는 사태에서 인식의 시간 축을 과거로 거슬러 올라가, p'무리한 운전을 하였다'를 추론할 때는 'ヨウダ/ラシイ'로 나타낼 수 있다.

(72) '지식(무리한 운전을 한다 → 사고가 일어난다)'

    a. (무리한 운전을 하는 것을 보고)

        *どうやら事故が起きるヨウダ/ラシイ。

    b. (사고가 일어난 것을 보고)

        どうやら無理な運転でもしたヨウダ/ラシイ。

(木下 1998, p.159, (21))

또한 ヨウダ에는 다음과 같은 완곡 표현의 사용법이 있다(仁田 1992).

(73) (종료 예정 시각이 지난 것을 자신의 시계로 확인하면서)

    '時刻になったようですので, 本日の会議はこれでお開きにいたしたいと思います。'

(仁田 1992, p.7, (1))

이 예문처럼 화자는 명제가 진실임을 알고 있음에도 불구하고 확언을 피하고 청자에 대한 배려를 표현하였다. ラシイ에도 완곡 표현의 사용법이 없지는 않지만, 다음과 같이 다른 사람에게 전해 들은 전문(伝聞)적인 표현이 많다.

(74) 両津「稽古を私がつけるんですか?」
    中川「亀戸署との交流試合も近いしいい機会ですよ。」
    両津「わしに練習など必要ない。」
    麗子「亀戸署では全国大会で上位に入った人を引き抜いたらしいわよ。」

(출처: こちら葛飾区亀有公園前派出所 73권, 仁田 1992, pp. 8-9, (5))

ラシイ와 전문(伝聞)의 ソウダ는 명제의 성립이 화자에게 있어서 확인 사항이 아니라는 점에서 공통성을 가지고 있다. 하지만 전문의 ソウダ는 화자의 추량을 나타낸 것이 아니라 단지 제3자의 정보를 청자에게 전하는 표현형식이고, 화자의 추량을 나타내는 ラシイ와는 다르다(仁田 1989, p.49).

(75) 彼によれば, 子供達が運動場で遊んでいる<u>そうです</u>。

(仁田 1989, p.49, (118))

따라서 전문의 ソウダ는 ラシイ와는 다르고, 다음과 같이 'どうやら'와 함께 쓰일 수 없다.

(76) *どうやら彼によれば, 子供達が運動場で遊んでいる<u>そうです</u>。
(77) どうやら彼によれば, 子供達が運動場で遊んでいる<u>らしいです</u>。

이상과 같이 개연성을 나타내는 모달리티 형식의 사용에는 '증거성'이나 그 이후의 '추론' 형태, '확신 정도', 그리고 '완곡'이라는 청자에 대한 배려 등이 관련된 것을 알 수 있다. 그럼, 다음으로 이런 형식을 학습자가 어떻게 사용하는지 분석한 연구를 살펴보자.

b. 〈개연성을 나타내는 모달리티 형식의 습득에 대해서〉

개연성을 나타내는 표현형식의 학습자 사용을 조사한 연구로는 大島(1993), 菊池外(1997)의 연구가 있다. 두 연구 모두 문장을 중간까지 제시해서 문말의 개연성의 모달리티를 선택하게 하거나 술부를 완성하게 하는 질문지 조사를 통한 연구였다. 학습자와 일본어모어화자 양쪽을 조사하고 그 결과를 비교하였다.

조사 결과, 大島(1993)는 '모어화자가 추량의 형식을 선택할 때 특히 중국어 화자 중에는 '확언'이나 전문의 ソウダ를 이용하는 학습자를 볼 수 있다'는 점, 菊池외(1997)도 '전문의 ソウダ와 ラシイ를 모어화자가 거의 같은 비율로 사용하고 있는 것에 반해, 학습자는 ソウダ를 더 많이 사용한다'는 점이 보고되었으며, 두 연구에서 학습자가 전문의 ソウダ를 더 많이 사용하는 경향이 있다는 사실을 알 수 있었다.

또한 일본어모어화자가 'ダロウ/カモシレナイ'나 'ヨウダ/ミタイダ/ラシイ' 그룹에 따라 구별하여 사용하는 문장에서 학습자가 양쪽을 혼동하는 경우가 있고 'ヨウダ/ミタイダ'의 완곡한 용법에 대해서는 '사용하지 못한다', 즉 '적절하지 않다'고 판단하는 경향이 학습자에게 있다는 점도 지적하였다(大島 1993). 이것은 앞서 기술한 각 형식의 용법이나 사용법에 대해 혼란이 보인다는 사실을 의미한다. 菊池외(1997)는 일본어 수준에 따라 비교하고, 언어능력의 발달에 따라서 모달리티의 올바른 사용이 늘어난다고 하였다. 구체적으로 어떠한 오류가 생기기 쉬운지에 대해서는 밝혀지지 않아 향후 조사가 기대된다.

또한 国立国語研究所(2001)의 작문 데이터베이스에 수록된 중국어모어화자의 작문을 분석하여 개연성 표현의 사용 실태를 조사한 연구로 張·徐(2001)와 曹(2001)의 연구가 있다.

張·徐(2001)는 학습자의 작문에서 ダロウ, ハズダ, カモシレナイ, ソウダ, ヨウダ는 많이 사용되지만, 그 외의 표현, マイ나 ニチガイナイ 등의 사용은 극히 적다는 결과를 발표하였다.

또한 曹(2001)는 일본어 작문과 그 중국어 대역을 이용해서 분석하였는데, 일본어는 사실 확인이 끝났다고 해도 ダロウ나 전문의 ソウダ 등을 사용해서 불확실성을 표현하는 데에 반해 번역된 중국어에서는 확언(確言) 표현을 많이 이용하는 경향이 있고, 비록 미확인 사실이어도 확언 표현을 이용한다는 점을 제시하였다.

이 두 연구에서도 전문의 ソウダ가 많이 사용되는 경향이 있다는 사실을 알 수 있다. 또한 曹의 연구는 大島(1993)가 지적한 '특히 중국어모어화자 중에는 '확언'을 이용하는 학습자가 보인다'는 부분이 모어의 영향이라는 점을 뒷받침하는 내용이라고 할 수 있다.

2.4.2 청자 지향의 모달리티 표현의 습득

다음으로 청자의 존재가 그 사용과 깊이 관련된 표현형식의 습득에 대해서 살펴보자. 일본어 대화를 분석한 メイナード(1993)의 조사에 의하면, 발화문 문말의 약 60%가 종조사나 접속사,[50] デショ(ウ), ジャナイ[51] 등 청자의 존재가 그 사용과 관련된 문말표현이라고 한다. 즉 일본어에서는 발화문의 반 이상이 청자 지향의 표현으로 끝나는 셈이다.

이와 같이 대화에서 많이 사용되는 청자 지향의 문말표현이지만, 구별해서 사용하기는 상당히 복잡하다. 청자에 대해서 어떻게 작용하는지라는 발화기능('정보제공' '정보요구' '확인' '동의요구' 등)뿐만 아니라, 발화 장소, 화자의 성, 화자와 청자의 인간관계나 정보의 귀속 등 다양한 요소가 복잡하게 얽혀, 여러가지 형식에서 사용표현을 선택하기 때문이다.

예를 들면, '확인'에 이용되는 언어형식, デショ(ウ), ジャナイ, ヨネ를 살펴보면, (78)과 같이 교체 가능한 경우도 있는 반면 (79)나 (80)과 같이 구별해서 사용하기가 요구될 때도 있다(蓮沼 1995; 宮崎 2005 참조).

---

50 청자를 배려하고, 표현을 부드럽게 하기 위해서 문장을 단정하지 않고 접속사로 끝나는 표현이 사용된다.
예: (레스토랑에서 주문하지 않은 요리가 와서)
손님: すみません、これ、注文してませんけど。

51 デショ(ウ), ジャナイ에는 각각 ダロウ, デシナイか/ジャナイか 등의 변이형을 포함하지만, 본서에서는 대표형으로서 이 두 가지 형식을 제시한다. 선행연구에 따라 제시되고 있는 대표형은 다르지만, 혼란을 피하기 위해서 본서에서는 이 두 형식으로 통일하였다.

(78) A: 子供って、みんなカレーが好き{でしょ / じゃないの / よね}。
　　 B: そうね。家の子もみんな好きだわ。　　(蓮沼 1995, p.393, (9))

(79) あら、皆さんお集まり{じゃない / *でしょ / *よね}。

(蓮沼 1995, p.396, (21))

(80) 私、ゆうべ、眼鏡、ここに置いた{よね / ??でしょ / *じゃない}。

(蓮沼 1995, p.397, (23))

蓮沼(1995)에 의하면, デショ(ウ)는 청자 영역의 정보를 확인하는 언어형식이기 때문에 (79)와 같이 화자가 직접 알 수 있는 상황이나 청자가 알고 있다는 예측이 되지 않는 상황에서는 (80)과 같이 사용하지 못한다고 한다. 한편 ジャナイ는 화자가 인식하고 있는 내용을 청자도 인식하도록 압박하는 형식이기 때문에 자신이 인식하지 못한 내용, 판단하지 못한 사실을 청자에게 확인하는 (80)과 같은 상황에서는 사용하지 못한다.[52] 반대로 ヨネ는 화자 자신의 지식이 불확실한 경우나 제3자와의 사이에 의견이 대립된 경우, 또한 비현장적인 지식을 불러내는 경우에 청자와 함께 상호이해 가능한 지식의 형성을 유도하는 형식이다. 이 때문에 (78)과 같은 상황에서는 사용 가능하지만, (79)와 같이 화자가 직접 알 수 있는 것에 이용하면 부자연스러운 발화가 되고 만다.[53] 이와 같이 확인하

52　宮崎(1993)는 ジャナイ가 정보를 화자 영역에서 확인하고 デショ(ウ)가 청자 영역에서 확인한다고 하였다. 또한 ネ는 정보를 융합 영역에서 확인하는 언어형식이라고 논하였다.

53　深尾(2005)는 ヨネ가 청자의 도움을 빌려 결론을 내는 표현이라고 하며, 다음과 같이 설명하였다. 보통 다음 예①에서 알 수 있듯이 3인칭의 감정을 단언하는 형태로 말하지 못한다. 이것은 ネ가 뒤에 와도 마찬가지이다. 한편 ②와 같이 ヨネ가 붙으면, 표현이 가능해진다. 이것은 청자의 도움을 빌려 결론을 내는 것이며, 화자 자신의 판단이 아니기 때문이다. 또한 ③과 같이 화자 자신의 감정은 ヨネ가 붙으면 부자연스러워진다. 이것은 청자의 도움을 빌리지 않아도 판단이 가능하기 때문이다.
① *あの人は寂しいね。
② あの人は寂しいよね。
③ *私は寂しいよね。

는 내용이 화자와 청자 중 어느 쪽 영역의 정보인지, 서로의 인식 정도, 인식 형성의 방식 등에 따라 사용 가능한 형식이 제한된다.

하지만 (78)과 같이 교체 가능한 상황이어도 어느 형식을 이용하는지에 따라 화자가 청자에게 접근하는 방식은 다르다. 일본인모어화자(여성) 8개 조의 대화를 분석한 張(2010)의 조사에 의하면, 대화에서 사용된 デショ(ウ)의 172개 예 중 131개 예(약 76%)가 ジャナイ와 호환성이 있는 것, ジャナイ의 134개 예 중 131개 예(약 98%)가 デショ(ウ)와 호환성이 있는 것이었다고 한다. 즉 대부분의 경우 호환성이 있다. 張(2010)은 대화 분석을 토대로 デショ(ウ)와 ジャナイ의 발화기능의 차이를 다음과 같이 기술하였다. デショ(ウ)는 청자의 인식을 확인 대상으로 하여 '청자에게 확인하는', 청자에 대한 문의성이 강한 형식이다. 그에 반해 ジャナイ는 화자의 인식을 확인 대상으로 하여 '정보나 화제를 제공하는' 기능을 갖고, 청자에 대한 문의성이 약한 형식이라고 하였다.

이와 같은 문말표현의 발화기능을 학습자가 실제 사용 시에 추측하여 이해하기는 어렵다고 할 수 있다. 또한 이러한 형식의 사용이 필요하게 될 때는 어느 정도 내용이 정리된 담화를 말할 수 있게 된 후일 것이다. 위에서 본 '확인'에 이용되는 문말표현은 이해면이나 사용면에서도 습득이 어려운 형식이라고 예상할 수 있다. 이와 같은 문말표현의 형식의 사용법에 관한 어려움은 '확인' 형식에 한정되지 않고, '정보제공문'이나 '정보요구문' 등 다른 발화기능에서도 동일하며 학습자는 시행착오를 거치면서 다양한 표현을 사용하게 된다.

峯(1995)는 초급부터 고급유학생까지 25명의 대화를 8개월간 종단적으로 조사하여, 학습자가 사용하는 문말표현에서 다음과 같은 발달과정이 관찰되었다고 기술하였다(峯1995). 초급학습자가 사용하는 종조사 등의 문말표현은 ネ, 혹은 ヨ라는 극히 한정된 표현이고 그 사용도 'そうですね'와 같은 한정된 형식에서의 사용이다. 그것이 일본어 수준이 올라감에 따라 다양한 사용법으로 사용

이 늘어간다. 물론 부자연스러움을 동반하는 사용도 보이지만, 그 부자연스러운 사용은 다른 형식이 사용됨에 따라 감소해 간다.

이것은 Slobin(1973, p.184)이 기술한 어린이의 언어형식의 발달과정 '*New forms first express old functions, and new functions are first expressed by old forms.*(새로운 언어형식은 이미 표현했던 기능을 나타내는 데에 이용되고 새로운 기능은 오래된 언어형식으로 표현된다)'와 공통된다. 이미 사용한 형식으로 나타나는 언어기능의 확대가 선행되고, 이에 따라 이탈한 사용을 수정하도록 새로운 형식의 사용이 시작된다.

峯외(2002)는 峯(1995)의 데이터에 일본 장기체재(체재기간 4~13년)를 하였고 일본어 수업을 받은 적이 없으며, 자연습득만으로 일본어를 익힌 필리핀인 5명의 발화 데이터를 추가하여 문말표현의 습득과 관련된 요인을 환경과 일본어 능력수준 이렇게 두 가지 관점으로 분석하였다. 그 결과 문말표현의 습득에는 다양한 표현을 접할 수 있는 환경도 물론 필요하지만, 그뿐만 아니라, 사용할 수 있게 된 표현은 일본어 능력 수준, 즉 언어 처리 능력에 따라 제약이 있고 일본어 수준이 충분하지 않으면 사용하는 표현의 종류는 한정된다고 기술하였다.

더 나아가 峯(2007b, 2015)는 위에 기술한 데이터에 KY 코퍼스 분석 결과도 추가하여 일본어 수준이 초급에서 최고급으로 올라갈수록 학습자가 사용하는 문말표현의 종류가 늘어나는 점, 그 확장 방식에는 자연습득이든 교실습득이든 다음과 같은 경향이 보인다는 점을 확인하였다.

학습자가 사용하는 문말표현은 해당 형식의 의미·기능이라는 측면에서 보면 주로 '지금, 여기'라는 장소를 공유하는 청자에게 작용하는 표현 'カ, ネ, ヨ, デショウ'부터 사용이 시작되고 점차로 '지금, 여기'에서 벗어난 표현, 의심을 나타내는 'カナ'나 설명을 더하는 'ノ, ワケ, モノ' 등의 표현으로 사용이 확대된다.

이것은 학습자가 말할 수 있는 화제가 처음에는 '지금, 여기'와 관련된 것으로 한정되지만, 점차로 미래의 예상이나 과거 사건에 대해서도 말할 수 있게 된 것과 관련성이 있다. 하지만 이 설명으로는 사용할 수 있는 표현이 일본어 수준에 따라 왜 제약을 받는지를 설명하기는 불가능하다.

峯(2007b, 2015)는 여기에 제시한 문말표현의 발달과정에 대해서 일본어 구조와 언어 처리의 관점에서 다음과 같이 설명하였다.

① 'カ, ネ, ヨ'

다음 문장은 南(1993)가 제시한 일본어 계층 A유형에서 C유형까지 어느 계층의 문장이라도 내포할 수 있는 표현이다. 발화기능을 부여만 하고, 내포하는 문장에는 기본적으로 제약이 없고, 문법적인 정보교환이 필요하지 않기 때문에 어휘·범주 처리 계층의 언어형식이다.

(81) お母さんも一緒に行こう か / ね / よ / な。
(82) これじゃわからないだろう か / ね / よ / な。

② 'デショ(ウ), ジャナイ, ナァ, カナ, ヨネ'

다음 (83) (84) 예에 제시된 것처럼 의지(ヨウ, マイ)나 추량(ダロウ)을 포함한 문장을 내포하기에 제약이 있는 표현이 있다. 이와 같이 내포하는 문장과의 사이에서 정보교환이 있으므로 문장 처리가 필요한 언어형식이다.

(83) お母さんも一緒に行こう *でしょう / じゃない / *なぁ / かな / ?よね

(84) これじゃわからないだろう *じゃない / なぁ / *かな / よね。

③ 'ノ, ワケ, モノ'

(85) 예의 이 형식을 '설명의 모달리티'라고 부르는 것처럼 선행하는 문장, 문

맥과 내포하는 문장을 관계짓기 위해서 사용이 의무적이다(坪根1994, 1997; 寺村1984; 野田1997; 松岡1987 참조). 따라서 이 형식은 복문·문맥 처리를 필요로 하는 언어형식이다.

(85) 遅刻して、すみません。霧で電車が遅れていたんです。
(??遅れていました)。

이상으로 이러한 언어 처리 발달 관점에서 어휘·범주 처리 계층과 관련된 'カ, ネ, ヨ'⇒문장 처리 계층의 'デショウ'⇒복문·문맥 처리 'ノ, ワケ, モノ'로 점차 사용할 수 있는 언어형식이 확대된다(峯 2007b, 2015). 하지만 이러한 언어 처리 발달이라는 관점만으로 습득과정을 파악하기는 불충분하다. 위에서 기술한 '지금, 여기'라는 발화와 관련된 인지적인 요소와 서로 연관지어 언어 발달과정을 파악할 필요가 있다.[54]

2.5 복문

일본어학습자의 발화나 작문에서 사용되는 구문을 조사해 보면, 일본어 습득이 진행됨에 따라 학습자가 산출하는 문장은 서서히 길어지고, 복문 사용이 늘어간다(石田 1991; 江原 1995; 加藤 1984; 清水 1995; 田丸 외 1993). 여기서는 일본어 복문습득에 대해서 살펴보는데, 복문은 크게 연용 수식절과 연체 수식절로 나눌 수 있다. 먼저 연용 수식절을 구성하는 접속사 습득에 대해서 살펴보고,

---

54 ヨネ는 언어 처리 계층에서는 문장 처리 형식이라고 하지만, 사용시작 시기가 늦어, 복문 처리와 동일한 시기이다. 이에 대해서 峯(2007b, 2015)는 그것을 구성하는 단독표현 ヨ, ネ와의 차이가 알기 어렵고, 또한 같은 발화기능을 갖는 표현 デショウ 등이 먼저 사용되므로 One to One Principle(Andersen, 1984)에 따라 사용이 늦어진다고 할 수 있다(본장 제3절 참조).

다음으로 연체 수식절 습득에 대해서 살펴보고자 한다.

2.5.1 연용 수식절의 습득 - 접속사의 습득

복문 사용이 늘어난다는 말은 단지 두 가지 문장을 결합하여, 복잡한 문장구조의 문장을 많이 사용한다는 뜻이 아니다. 두 가지 사건을 어떠한 표현으로 연결하는지에는 화자가 두 가지 사건의 관계를 어떻게 파악하는지, 화자의 사고, 자의적인 관계 설정이 관여한다.

예를 들면 다음 (86)의 a와 b 문장을 살펴보자. 이 두 문장에서 나타나는 객관적 사실은 동일하다. 하지만 이 두 문장에서 보이는 화자의 마음은 동일하지 않다. b 문장과 같이 タラ를 사용한 경우에는 주절의 사건에 대한 화자의 의외성이 느껴진다(久野 1973).

 (86) a. 友達に聞いて、教えてもらった。
    b. 友達に聞いたら、教えてくれた。

이와 같이 접속사에는 두 가지 사건의 파악 방식이나 어떻게 전달한지와 같은 표현의도가 나타난다. 다음은 ① 의미·기능면과 ② 구조면의 두 가지 측면에서 접속사의 습득에 대해서 살펴보자.

 a. 〈의미·기능면에서 본 접속사의 습득〉

어린이가 사용하는 접속사 표현의 발달과정을 살펴보면, 그 과정에는 보편성이 보이고, 인지적인 발달이 관여한다고 한다(Cromer, 1974, 1988). 예를 들면 유아는 먼저 현실 세계에서 두 가지 사건의 관계를 이해하고, 사실적인 인과관계를 파악할 수 있게 된다. 그 후에 이 사실적인 파악을 상상의 세계로 확대하여 미래를 예측하는 가정적인 파악으로 인지가 발달한다. 여기에 동반하여 유아 발화에 보이는 표현도 사실적인 인과관계를 나타내는 표현에서 가정적인 표현으로 발달을 보인다고 한다(內田 1996, 1999 참조).

이것과 동일한 발달과정이 성인 일본어학습자의 발화를 횡단적으로 분석한 峯(2007a, b, 2015)의 연구에서도 확인되었으며, '사실적인 표현(순접 예 : テ・カラ⇒역접 예 : ケド)⇒가정적인 표현(순접 예 : タラ・ト・バ⇒역접 예: テモ)'과 같은 순서로 학습자가 사용하는 접속사의 종류가 늘어나는 것이 보고되었다.

峯(2007a, b, 2015)의 분석은 접속사 표현의 발달에 관한 전체상을 파악하고자 한 연구인데, 각 표현의 기능 차이까지는 확인하지 않았다. 하지만 조건절을 나타내는 접속사 ト・バ・タラ・ナラ의 기능 발달에 주목하여, 초급에서 최고급학습자까지의 발화를 분석한 ニャンジャローンスック(2001)에 따르면 사실적인 표현(예: 留学生会館の後ろに行ってみると, スーパーがありました)이 먼저 사용되고, 대표적인 조건표현이라고 여겨지는 '가설'을 나타낸 것(예 : 休みがほしいなら, それは可能なはずだと思う)이나 '반사실'을 나타낸 것(예 : 私がもし代表だったら, やり方についてもっと研究すると思う)은, 일본어 수준이 어느 정도 높지 않으면 사용되지 않는다는 경향이 확인되었다. 따라서 개개 형식의 습득에서도 '사실적인 것⇒가정적인 것'이라는 형태로 사용이 발달되는 경향이 있다고 할 수 있다.

이와 같이 종속구/절과 주절과의 논리 관계에서 인지적 부하는 언어와 상관없이 보편적이고, 이것이 발달과정의 보편성이 되어 나타나지만, 모든 것이 동일하지 않아 언어에 따른 차이도 보인다. 한일 유아의 모어습득에서 조건문의 습득을 조사한 赤塚(赤塚1998; Akatsuka & Clancy, 1993)에 따르면, 다른 언어의 유아가 조건문을 사용하는 시기는 3살을 지나고 나서인데 한일 유아는 2살 때 조건문을 사용하기 시작한다고 한다.

일본어나 한국어에서는 다음 예에 제시한 것처럼, 금지나 허가와 관련된 의

무적 모달리티(deontic modality)에는 조건문의 구조가 포함되어 있다.

(87) 일본인 유아 Y(1;11)

(Y와 엄마가 꽃병의 꽃을 보고 있다)

Y : ここは, ここは <u>とっちゃ, ダメ</u> ね

(88) 일본인 유아 M(2;1)

(M과 엄마가 소꿉놀이를 하고 있다. M이 손님인 엄마에게 상상의 음식을 내민다)

엄마: これ <u>食べて いい</u>？

M : <u>食べて いい</u>　　　　　(赤塚 1998, pp.84-85, 밑줄 필자)

赤塚팀 연구에서는 한일 유아 조건문의 습득과정은 다음 (89)에 제시한 것처럼 먼저 모달리티의 일부부터 사용이 시작되고, 'いい / だめ'라는 말 대신에 바람직한(DESIRABLE)/바람직하지 않은(UNDESIRABLE) 상황을 나타내는 결과절(後件)이 계속되어 일반적인 조건문(普通条件文)으로 이행한다고 설명한다.

(89)　(1;11) Vしちゃだめ(ここは 取っちゃ だめ ね)

　　　(2;1)　Vしていい(허가)Vしたらだめ(교훈)Vすれば(제안)

　　　　　　VしてもV((雪が)降っても 大丈夫)

　　　(2;2)　VしたらV(けんかしたら, ピポピポ)

　　　(2;4)　Vしてもいい(허가)

이 赤塚팀 연구에서 제시된 데이터는 다른 접속사와의 습득 순서 관계가 불명확하므로 유아 언어 발달의 상세한 조사기록이 기재된 大久保(1967)에서 확

인하였다. 그 결과, 접속사의 사용은 テ가 가장 빠르고 1살 8개월 때에 관찰되었다. 그리고 다음 (90) (91)에 있는 것처럼 カラ도 그 후에 이어진다. 한편 タラ는 赤塚팀 연구와 마찬가지로 (92)와 같은 모달리티의 일부 사용이 1살 10개월에 관찰되고, 그 후 2개월간 관찰되지 않고, 2살 1개월 때에 (93)과 같은 조건문의 사용이 관찰되었다.

(90) アシタ オマツリ イクンダカラ。 (1;10)

(91) パパト, アラッタカラ ダイジョウブ。 (1;11)

(92) イジッタラ メーヨ。 (1;10)

(93) ママ サムイワヨ。 カゼヒイタラ コマルデショ。 (2;1)

(大久保 1967, pp.90-93, 밑줄은 필자)

즉 모달리티의 일부로서의 사용이 아니라 일반적인 조건문으로 한정해서 보면, 大久保(1967)의 데이터에서도 다른 언어의 모어습득과 똑같이 원인·이유를 나타내는 접속사보다 늦게 습득되었다. 단, 습득되는 시간에 주목해 보면 赤塚팀의 조사와 똑같이 大久保의 조사에서도 일반적인 조건문(普通条件文)의 사용이 2살부터 나타난다는 점이 일치하고, 다른 언어의 모어습득보다도 빨리 사용되는 경향을 확인할 수 있다.

일본어는 일반적인 조건문보다도 구조적으로 단순하고 의미도 알기 쉬운 의무적 모달리티(deontic modality)의 일부로서의 사용이 나타나기 때문에 그것이 일반적인 조건문의 이해를 도와 습득을 쉽게 만든다고 생각된다.

b. 〈구조면에서 본 접속사의 습득〉

다음으로 구조면에서 본 접속사의 습득에 대해서 살펴보자. 南(1993)는 종속절의 내부에 포함될 수 있는 술부 이외의 성분과 술부 요소를 기반으로 종속절을 A, B, C로 분류하였다. 종속절 A유형, B유형, C유형, 각각의 구문적 특징을 보면, A유형(예: 동시·부대상황을 나타내는 テ·ナガラ 등)은 가장 소재적인 사항을 나타내는 계층이고 주절과 다른 주격 ガ나 주제 ハ를 그 내부에 포함하지 못한다. 다음 B유형(예: 조건을 나타내는 タラ·ト·バ 등)은 A유형보다도 종속도가 낮고, 즉 독립도가 높고 주절과 다른 주격 ガ를 내부에 포함할 수 있다. 단 주제 ハ, ヨウ, ダロウ를 그 내부에 포함할 수는 없다. 마지막 C유형(예: カラ·ガ 등)은 더욱 독립도가 높아지고, 주절과는 다른 주격 ガ, 주제 ハ, 또한 ヨウ, ダロウ 등의 주관적인 표현도 포함할 수 있는 계층이다.

다음 (94)~(96)은 A유형, B유형, C유형 각각의 종속절과 주절의 수식(掛り受け) 관계를 나타낸 것이다.

(94) A유형: [花子が [ₐ 大声で歌いながら] [部屋をそうじし] た]。

(95) B유형: [[ᵦ 郵便配達員が来ると] [花子がおもてに出て行くだろう]]。

(96) C유형: [C 太郎は忘れているのだろうが], [花子はずっと待っているのだ]。

(峯 2007b, p.88, (9) (10) (11))

주관적인 표현 계층의 종속절은 더 객관적인 계층의 종속절을 절 내에 포함할 수 있다. 예를 들면, 다음 (97)에 나타난 것처럼 C유형 종속절로 분류되는 カ

ラ절은 B유형 종속절로 분류되는 テ절(이유)을 절 내에 포함할 수 있다. 하지만 그 반대는 불가하다. 예를 들면 (97)의 テ와 カラ의 위치를 (97)'과 같이 교체하면, 절 사이의 논리 관계가 무너진다.

(97)　[c[B雨が降って]試合が中止になったから], 家でビデオでも見よう。

(97)'　*雨が降ったから, 試合が中止になって, 家でビデオでも見よう。

(峯 2007b, p.88, (8))

峯(2007a, b, 2015)는 (94)~(96)의 구조를 근거로 A, B, C 각 접속사의 언어 처리 계층을 다음과 같이 상정하였다. A유형의 종속절은 주격을 주절과 공유하고, 주절의 동사구를 수식하므로 구 계층 처리에서 사용되는 종속절이다. 다음 B유형의 종속절은 주절과는 다른 주격 ガ를 가질 수 있지만, 주절의 주제나 모달리티에 종속하고, 그 때문에 시점 설정이나 주절의 모달리티에 제약이 있다. 이와 같이 B유형의 종속절을 적절하게 사용하기 위해서는 종속절과 주절, 두 가지 절 사이에서 정보 처리가 필요하므로 B유형의 종속절은 복문 처리 계층에서 사용되는 종속절이다. 예를 들면, B유형의 ト는 의지·희망·권유·의뢰·명령 등을 나타내는 문장을 주절로 취할 수 없다는 제약이 있다(ソルヴァン·前田 2005). 따라서 상기의 (95)는 다음 예 (95)'와 같이 주절에 의뢰문이 오면 오용이 된다.

(95)'　*郵便配達員が来ると, すぐ, おもてに出てください。

峯(2007b, p.88, (12))

마지막 C유형은 종속도가 낮고 뒤따르는 주절과는 의미적인 관계로 연결된다.

상기의 (97)에서 본 것처럼 C유형은 B유형에는 포함되지 않는다는 제약, 피수식 문장(係り先)의 제약이 있다. 하지만 이 종속절과 주절과의 사이에서 이루어지는 문법적인 정보 처리는 거의 없으며, 독립문과 차이가 없다. 따라서 문장 계층 처리라고 할 수 있다.

이상을 정리하면, A유형은 구, B유형은 복문, C유형은 문장 계층 처리가 필요한 종속절이다. 이것을 처리 가능성 이론에서 제시한 발달단계에 적용해 보면, A유형(구 처리)→C유형(문장 처리)→B유형(복문·문맥 처리)의 순으로 자동화가 진행된다고 예측된다.

실제로 초급부터 최고급학습자까지 대화에서 사용하는 접속사 표현의 범위를 보면, 처음에는 A유형의 テ형, 그리고 C유형의 カラ부터 시작되며 B유형의 조건을 나타내는 タラ・ト・バ 등의 사용은 늦어진다는 점이 확인되었다(峯 2007a, 2015).

또한 B유형은 사용시작 시기도 늦지만, 오용도 없어지기 어려운 표현이다. 稲葉(1991)는 일본 국내 대학에서 배우는 초급 후반의 영어모어화자인 일본어학습자에게 조건을 나타내는 접속사 ト・バ・タラ・ナラ의 정오판단 테스트를 시행하여, 특히 모달리티 제약이 있는 ト・バ(동작성)의 습득은 어렵다고 보고하였다.

이것은 모어의 영향도 있겠지만, 특히 B유형 종속절의 경우, 종속절과 주절의 2개 절의 시점 설정이나 모달리티 제약 등을 이해하는 데에 시간이 걸리는 것 같다(峯2015 참조). 초급부터 최고급학습자의 발화에서 사용된 접속사의 정용률을 수준별로 조사하였는데, A유형(구 처리)의 접속사는 초급, C유형(문장 처리)의 접속사는 중급에서 정용률 90%에 달하지만, B유형(복문·문맥처리)의 접속사의 정용률은 최고급에서 겨우 90%를 넘는 것도 확인되었다(峯 2007a, b, 2015).

2.5.2 연체 수식절의 습득

여기서는 일본어 연체 수식절의 분류에 대해서 개관하고 그 후에 연체 수식절에 관한 습득연구를 소개하고자 한다.

a. 〈연체 수식절의 분류〉

일본어 연체 수식절은 구문적으로도 의미적으로도 몇 가지 타입으로 분류된다. 예를 들면 다음 (98)과 (99)의 문장을 살펴보자.

(98) a. 君がそのとき聞いた足音
b. 誰かが階段を下りて来る足音　　(寺村 1993, p. 167, (7), 밑줄은 寺村)

(99) a. サンマを焼く男
b. サンマを焼く匂い　　(寺村 1993, p. 67, (8), 밑줄은 寺村)

수식절과 피수식 명사의 관계를 살펴보면, (98) (99)의 a와 b가 차이가 있다는 점을 알 수 있다. (98) (99)의 a는 각각 '君がその時に足音を聞いた', '男がサンマを焼く'와 같이 피수식명사가 수식절 안에 들어가 그 구성요소가 되는 관계를 형성한다. 하지만 b의 피수식명사는 수식절 안에 들어가지 못한다. 그리고 수식절과 피수식명사의 관계가 a와 같은 타입을 '내적 관계(内の関係)', b와 같은 타입을 '외적 관계(外の関係)'라고 부른다.

또한 '내적 관계(内の関係)'의 연체 수식절은 '한정적'인 것과 '비한정적'인 것으로 나눌 수 있다. 예를 들면 다음 (100)은 한정적 수식, (101)은 비한정적 수식의 예이다.

(100)　　私が描いた絵
(101)　　空に輝く星

단, 이 구별은 표층 상에 차이가 없고, 피수식명사가 (101)과 같이 특정되었는지의 여부에 따라 다르다. 따라서 상기의 (100)도 피수식명사가 다음과 같이 특정될 경우, 비한정적 수식으로 해석된다.

  (100)' 私が描いたその絵

또한 '내적 관계(内の関係)'의 연체 수식절에는 다음 (102) (103)과 같은 '단락(短絡)'이라고 부르는 것이 있다(寺村 1993, p.214).

  (102) 頭の良くなる本 (寺村 1993, p.214, (7), 밑줄은 필자)
  (103) 彼女が腹を痛めた娘 (寺村 1993, p.214, (8), 밑줄은 필자)

이 '단락(短絡)'의 경우에는 앞서 본 (98a)나 (99a)처럼 단지 피수식명사에 조사를 추가하는 것만으로 수식절 안에 포함시킬 수 있는 것이 아니라, 다음 (102)'나 (103)'처럼 그 외의 요소도 보충해야 한다.

  (102)' この本を読めば頭が良くなる
            (寺村 1993, p.214, (9), 물결선은 필자)
  (103)' その娘を生むために彼女がお腹を痛めた
            (寺村 1993, p.214, (10), 물결선은 필자)

한편 '외적 관계(外の関係)'의 연체 수식절은 다음과 같이 피수식명사와의 관계에서 크게 '내용 보충'과 '상대적 관계' 이렇게 두 가지로 나눌 수 있다. '내용 보충'이란 수식절이 피수식명사의 내용을 설명하는 관계에 있는 것이고, '상대

적 관계'란 '앞⇔뒤' '왼쪽⇔오른쪽' '원인⇔결과'와 같은 상대적인 내용을 갖는 말을 피수식명사로 하여, 수식절과의 상대적인 관계를 나타낸다.

(104) '외적 관계(外の関係)'
① 내용 보충: 연체 수식절이 피수식명사(底)의 내용을 나타낸 것
예: <u>彼女が結婚した事実</u>
② 상대적 관계: 연체 수식절을 기준으로 하여 그것과 상대적인 관계에 있는 피수식명사(底)와 연결된 것
예: <u>私が食事をしている隣</u>で,

이상과 같이, 연체 수식절의 분류를 살펴보았는데, 일본어 습득연구에서는 주로 '내적 관계(内の関係)'의 수식절 습득에 주목한 연구가 많기 때문에 다음은 그와 관련된 습득연구에 대해서 살펴보기로 한다.

b. 〈연체 수식절의 습득연구〉

대부분의 일본어 연체 수식절의 습득연구는 Keenan & Comrie(1977)에 의해서 제창되었다. 명사구가 관계절화되기 쉽다는 보편성과 Noun Phrase Accessibility Hierarchy(이하, NPAH라고 칭함)와의 습득관계에 대해서 살펴본 연구이다.[55]

Keenan & Comrie(1977)는 세계의 다양한 언어를 조사하여 수식하는 문장의 어떠한 성분의 명사구가 피수식명사로서 관계절화되는지를 살펴보고, 관계절화의 용이성에는 보편성이 있다고 하였다. 모든 언어가 모든 명사구를 동일

---

55   일본어 관계절은 a에서 본 '내적 관계(内の関係)'의 연체 수식절에 해당한다.

하게 관계절화할 수는 없으며, 언어에 따라 관계절화할 수 없는 명사구도 있다. 하지만 관계절화되기 쉬운 명사구에는 보편적인 경향이 있고, 명사구가 관계절화의 용이성에는 다음에 제시된 바와 같은 계층이 있다고 하였다.[56] 그리고 이 계층을 NPAH라고 한다.

(105) 주어(SU) 〉 직접목적어(DO) 〉 간접목적어(IO) 〉 사격(斜格)(OBL) 〉 소유격(GEN) 〉 비교격[57](OCOMP)

NPAH에 의하면, 예를 들어 소유격의 관계절화 '예: 娘が昨年結婚した友人(←その友人の娘が昨年結婚した)'가 가능한 언어는 그것보다도 관계절화되기 쉬운 계층, 사격(斜格) '예: ジョンがお金を入れた引き出し(←その引き出しにジョンがお金を入れた)', 간접목적어, 직접목적어, 주어의 관계절화가 가능하다고 한다.

이와 같이 NPAH는 다양한 언어에 보이는 관계절화의 보편성의 계층을 나타내는 것으로 제창되었던 개념이다. 하지만 제2언어 습득연구에서 언어의 보편성과 제2언어 습득의 관계를 밝히고자 하여, 보편성의 정도를 나타내는 NPAH의 계층 순서로 관계절의 습득 진행과 관련된 연구가 영어 등의 유럽 언어의 습득연구에서 수행되었다. 그리고 영어 등 유럽 언어의 습득연구에서는 NPAH의 무표(unmarked), 즉 주어가 관계절화된 것이 직접목적어가 관계절화된 것보다도 빨리 습득되고 대개 NPAH의 순서로 습득이 진행된다고 보고되

---

56 "〉"의 왼쪽이 더 관계절화되기 쉬운 것이고 오른쪽이 관계절화되기 어려운 순서로 나열하였다.
57 예를 들면 'John is taller than the man.'에서 'the man'이 이에 해당된다. (Keenan&Comrie, 1977, p.66)

었다.[58]

한편 일본어 연체 수식절의 습득연구에 대해서는 Kanno(2007)가 선행연구를 개관하고 사용 빈도를 살펴본 연구에서, 주어가 관계절화된 것이 더 많이 사용되었지만, 관계절 이해를 조사한 연구에서는 목적어가 관계절화되는 쪽이 쉽다는 경향이 보인다고 지적하였다. 하지만 Kanno(2007) 자신이 초급 일본어학습자를 대상으로 하여 실시한 관계절 이해를 조사한 결과에 따르면 주어를 관계절화한 지시문이 직접목적어를 관계절화한 것보다도 이해도가 높은 점, 또 그 이해에는 모어의 영향이 나타난다는 점을 보고하였다.[59]

NPAH와 습득의 관계를 살펴본 연구에서는 실험적인 절차에 따른 조사가 많지만, 大関(2008)는 일본어학습자의 자연발화에서 사용된 관계절을 분석하였다. 실제로 학습자가 어떻게 관계절을 이용하는지를 확인하기 위해서는 이와 같은 조사가 필요 불가결하다.

大関(2008)는 주어를 관계절화한 것은 모어화자의 사용을 살펴보아도 사용 빈도가 높아, 학습자가 사용하는 관계절의 사용 빈도를 보고 주어를 관계절화한 것이 습득되기 쉽다고 안이하게 결론을 내리는 데에 의문을 나타냈다. 大関

---

[58] NPAH 연구에서는 계층순서에 따라 습득이 진행되는지를 조사한 연구 외에도 지도 효과를 살펴본 연구도 있다. 지도 효과를 살펴본 연구로는 유표적인 언어 항목을 가르칠 때 무표적인 언어 항목도 함께 습득될 수 있다는 투사 모델(Zobl, 1983, 1995)을 검증한 연구가 있다. Doughty(1991)는 유표적인 관계절을 가르침으로써 무표적인 언어 항목의 습득을 촉진할 수 있음을 보고하였다.
또한, 영어 관계절의 습득에서 왜 NPAH를 따르는지에 대해 구문적인 설명도 제시하였다(O'Grady, 1999). 그리고 다음에 제시한 것처럼 주격의 관계절화는 피수식명사와 빈 위치 사이의 계층이 하나인 반면, 직접목적어의 관계절화의 경우에는 VP 안에 빈 위치가 있으며, 피수식명사와 빈 위치 사이의 깊이가 커진다. 이는 직접목적어의 관계절화가 더 깊은 처리를 요구하기 때문에 습득이 늦어진다는 설명으로 이어진다.

예: 주격의 관계절화: the man [$_S$ that __ [$_{VP}$ saw a dog]
    직접목적격의 관계절화: the man [$_S$ that john [$_{VP}$ saw __]

[59] Kanno(2007)는 모어가 다른 초급 일본어학습자에게 연체 수식절의 이해 과제(task)를 진행하고 그 이해에는 모어의 영향을 받는 점을 보고하였다.

(2008)는 KY 코퍼스에 수록된 초급에서 최고급까지 일본어학습자의 발화에 보이는 연체 수식절을 분석한 결과, 주어를 관계절화한 것이 많이 사용되는 것은 오히려 습득이 진행된 고급이나 최고급학습자였다고 하며 일본어 관계절의 습득과정은 NPAH로는 설명하지 못한다고 하였다.

앞서 살펴본 것처럼 일본어 연체 수식절에는 '단락(短絡)'과 같은 연체 수식절 내부의 술부와 피수식명사를 단순한 격 관계로 나타내지 못하는 것도 있다. Comrie(1996)는 이와 같은 일본어의 특징을 제시하고, 일본어 연체 수식절은 통사적 제약을 받지 않는 귀속절(attributive clause)이라고 하였다.

大関(2008)는 이러한 Comrie(1996)의 주장을 지지하고, 피수식명사와 수식절의 문법관계에 의한 난이도의 차이는 없다고 논하였다.[60] 또한 영어는 형용사 등에 의한 짧은 수식성분은 피수식명사 앞에 오고 관계절과 같은 긴 수식성분은 뒤에 오지만, 일본어는 둘 다 피수식명사 앞에 온다. 그렇기 때문에 영어의 관계절 습득과는 다르게 일본어의 경우는 형용사 수식부터 연속적으로 발달해 간다고 논하였다. 일본인 유아 발화와 학습자 발화의 분석 결과를 통해서 특히 일본인 유아나 교실습득이 아니라 자연습득 중심의 학습자는 '知っている人' '結婚している人'라는 '속성·상태'를 나타내는 수식절을 많이 사용한다고 고찰하였다.

이상 연체 수식절과 피수식명사의 관계를 살펴보았는데, 피수식명사가 주절의 어느 위치에 오는지에 주목한 연구도 진행되었다. KY 코퍼스 자료의 초급에서 최고급까지 학습자 발화를 분석한 大関(2008)에 의하면, 학습자가 사용하는 연체 수식절은 다음 (106)과 같이 문장 앞에 오는 경우가 (107)과 같이 문장 안

---

60 Comrie(1996)는 일본어나 한국어에 단락(短絡)과 같은 명사수식을 예로 들며, 일본어나 한국어의 피수식명사와 수식절의 관계는 화용론적인 관계로 연결된 것이고, 영어와 같이 관계절 내의 빈 위치에서 통사적으로 설명되는 것과는 다르다고 하였다.

에 오는 것보다도 많다고 한다.

  (106) [いつも窓側に座る] 女の子が今日は休みだ。
  (107) 太郎は, [昨日やった] 宿題を先生に渡した。

 그러나 일본어 문어체를 분석한 연구이기는 하지만, 佐伯(1998, pp. 56-57)가 일본어에서는 긴 성분은 짧은 것보다도 앞에 오는 경향이 있고 이것은 커뮤니케이션과 관련된 기본적인 이유 때문이라고 하였다. 긴 성분, 특히 동사를 많이 포함한 것이 뒤에 오면 앞에 있는 명사구와의 수식 관계가 헷갈리기 때문이다. 실제로 다음 (108)은 문두에서 언어를 처리했을 경우 '座る'의 행위자가 '太郎'가 아니라는 사실은 '女の子'라는 단어를 처리할 때까지 모른다. 따라서 그만큼 처리 부하가 커진다고 추측된다.

  (108) 太郎は, [いつも窓側に座る] 女の子に告白した。

 마지막으로 연체 수식절의 습득에 대해서 언어 처리의 관점에서 생각해 보고자 한다. 일본어 연체 수식절은 귀속절이고, 피수식명사와 수식부와의 사이에 통사적 제약이 없다고 생각하면 처리 관점에서 단순하게 수식부의 구조는 단어⇒구⇒절(문장)로 발달해 간다고 예측된다.
 이 예측 검증에는 지금까지 실시된 수식부와 피수식부와의 관계에 주목한 연구방법과는 다른 분석이 필요하다. 예를 들면 다음 (109)와 (110) 둘다 피수식명사는 수식부의 술어의 목적어이다. 지금까지는 이 두 가지는 같은 유형의 연체 수식절로서 분류되었다. 하지만 그 수식부에만 주목하면 (109)는 주어를 내부에 포함하지 않고, (110)은 주어를 포함한다. 峯(2007b, 2015)가 제안한 판단

기준으로 본다면, (109)는 구, (110)은 절이라고 판단되어 (110)이 처리에 드는 부담이 더 크다.[61]

  (109) [vp 知っている] 人
  (110) [S 太郎が知っている] 人

또한 이와 같은 관점에서 생각한다면, NPAH에서 주어를 관계절화한 연체수식절이라고 다룬 것은 (111)에 있는 것처럼 수식부 내부에 주어를 포함하지 못하기 때문에 (110)과 같이 목적어를 관계절화한 것보다도 처리 계층이 낮아진다. 따라서 처리 관점에서 생각한다면, 주어를 관계절화한 지시문이 직접목적어를 관계절화한 것보다도 처리 부하는 적다고 예측된다.

  (111) [vp 太郎を知っている] 人

단, 위에서 본 것처럼 연체 수식절의 습득과정을 보기 위해서는 수식부와 피수식명사의 언어 처리뿐만 아니라, 주된 문장(主文)도 포함해 전체 처리를 고려하여 분석해야 한다. 주절(主文)의 언어 처리도 포함하여 향후 발전된 연구가 필요하다.

---

61 加藤(2003)는 연체수식의 텍스트성(文性)에 대해서 수식부 술부의 시제해석의 유무에 주목하여 검토했는데, '少し腐った肉'와 '表面が腐った肉'를 예로 들어 명사구의 종류와 숫자에 대해서도 향후 검토해야 할 문제라고 하였다(p.195).

3
일본어 발달단계

다음 〈표 3-8〉은 峯(2015)에서 제시된 일본어 발달단계이다. 이 발달단계는 언어 처리 계층을 상정해서 실시한 KY 코퍼스의 분석 결과를 기반으로 작성되었다. 이 표에 나타난 것처럼, 분석 결과 언어 처리의 발달은 대개 처리 가능성 이론의 각 계층에 따라 사용표현이 확대되는 경향을 보였다.

하지만 그중에는 소수이기는 하지만 표 안의 제3단계의 밑줄 부분인 동시 부대상황을 나타내는 접속사 ナガラ, 제4단계의 밑줄 부분인 확인을 나타내는 문말표현의 ヨネ와 같이 상정된 발달단계보다도 출현이 늦은 표현도 보였다.

이와 같은 표현에 주목하면, 이들은 학습자가 이미 사용하고 있는 언어형식과 기능적으로 겹치는 언어형식이다. 예를 들면, 동시 부대상황을 나타내는 ナガラ는 동시를 나타내는 テ나 トキ와 기능적으로 겹친다. 또한 ヨネ도 사용을 시작하기 전에는 발화 기능적으로 겹치는 ネ나 デショ(ウ) 등을 이미 사용하고 있다.

〈표 3-8〉 일본어 발달단계의 모델(峯 2015, p.221, 〈표 7-5〉)

발달단계 언어 처리 계층	발화의 문장구조	해설
제1단계 단어·표현	·단어, 정형표현	·단어나 정형표현을 나열하는 단계이다. ·언어정보의 문법 처리는 하지 못한다.
제2단계 어휘·범주 처리	·기본 어순 ·수식어+피수식어 ·명사+조사 ·부조사 ダケ ·동사활용 ·가능동사 ·종조사 カ, ネ, ヨ	·품사체계, 기본적인 어순이 습득된다. ·수식어가 피수식어에 선행한다는 어순도 습득된다. ·명사에 조사가 붙지만, 적절하게 사용하지 못한다. ·한정의 의미를 부여하는 부조사(とりたて助詞) ダケ를 사용할 수 있다. ·タ, ナイ, ラレル(가능), 부조사(とりたて助詞) ダケ 등의 의미를 부여하는 형태소를 붙일 수 있다. ·내포하는 문장과의 정보교환을 필요로 하지 않는 종조사, カ, ネ, ヨ를 사용할 수 있게 된다.
제3단계 구 처리	·명사+の+명사 ·형용사+명사 ·양태부사구+동사 ·복합동사 ·シテイル(진행) ·A유형 접속사	·'수식어+피수식어', 각각의 단어 품사에 따라 접속을 적절하게 바꿀 수 있다. 예: '病気の人', 'きれいな人', 'きれいに掃除する' ·복합동사를 사용할 수 있게 된다. ·목적격 조사 ヲ를 적절히 사용할 수 있게 된다. ·A유형 접속사(동시 부대 テ/ナガラ※ 등)를 사용할 수 있게 된다. (※ナガラ의 사용은 늦다.)
제4단계 문장 처리	·격조사 ニ, デ(장소) ·ハ+부정 ·C유형 접속사 ·シテイル(반복·결과) ·デショウ, ナァ, カナ, ヨネ	·장소를 나타내는 격조사 ニ, デ를 적절하게 사용할 수 있게 된다. ·술부의 부정형에 호응하는 형태로 부정성분에 ハ가 후속한다.(예: それは知りませんでした。) ·C유형 접속사(カラ, ケド 등)를 사용할 수 있게 된다. ·반복, 결과를 나타내는 シテイル, 그리고 シテイタ를 사용할 수 있게 된다. ·문말표현(デショウ, ナァ, カナ, ヨネ※)을 사용할 수 있게 된다. (※ヨネ의 사용은 늦다.)
제5단계 복문·문맥 처리	·종속절 문장 안에서의 ガ ·대비의 ハ ·수동·수수표현·사역, B유형 접속사 ノ, ワケ, モノ	·종속절 문장 안의 주어가 ガ로 나타난다. ·문맥에 따라 대비의 ハ를 사용할 수 있게 된다. ·수동, 수수표현, 사역표현을 사용할 수 있게 된다. ·B유형 접속사(タラ, ト 등)를 사용할 수 있게 된다. ·설명의 모달리티 표현 ノ, ワケ, モノ를 사용할 수 있게 된다.

Andersen(1984)은 학습자가 언어형식과 의미·기능을 1대 1로 대응시키면

서 습득한다고 하면서, 이미 사용하고 있는 언어형식과 의미·기능이 겹치는 부분은 습득이 늦어진다고 보는 One to One Principle을 제창하였다. 접속사 ナガラ나 문말표현의 ㅋ ㅊ도 의미·기능이 겹치는 언어형식을 이미 사용하고 있기 때문에 습득이 늦어진다고 할 수 있다.

또한 이미 사용하고 있는 언어형식과 의미·기능이 겹친다는 말은 기존 형식으로 자신의 발화 의도를 표현할 수 있어, 해당 형식 사용의 필요성이 낮아졌다고도 할 수 있다(峯 2007b, 2015). 각각의 언어형식 사용의 필요성이 화자의 표현 의도에 따라 달라진다는 점을 생각한다면, 예상보다 출현이 늦은 표현이 있어도 이상하지 않다. 원래 표현 의도가 없으면 언어형식의 사용은 일어나지 않는다. 학습자는 언어 처리의 부하를 생각하여 언어형식을 선택하지 않고 자신의 발화 의도를 표현하려고 필요한 언어형식을 사용한다.

처리 가능한 표현에 한해 사용 가능하지만, 사용 가능한 표현이 반드시 필요하다고는 할 수 없다. 이미 사용한 언어형식으로 표현할 수 있는 경우에는 새로운 언어형식의 필요성이 낮아지기 때문에 사용시작 시기가 늦어지는 것은 극히 자연스러운 일이라고 추측된다.

사용의 필요성을 생각해 봄으로써 먼저 습득되는 언어 항목의 특징도 보이기 시작한다. 예를 들면, 峯(2007b, 2015)는 이미 사용하는 언어형식과 의미·기능의 중첩이 없는 언어형식이라는 것 외에 발화 현장 '지금, 여기'와 관련된 것, 또한 단순한 표현, 즉 사고의 부담이 적은 표현은 초급학습자에게 사용 필요성이 높은 언어형식이며 먼저 습득된다고 하였다.

모든 습득과정을 언어 처리 계층만으로 설명하기는 어렵지만, 언어 처리 관점에서 발달과정을 파악함으로써 각 발달단계를 이론적으로 파악할 수 있게 되었다. 이에 더해 제2절에서 본 것처럼 특정 문법범주에 초점을 둔 기술적인 습득연구나 오류연구도 중요한 연구이다. 각 항목의 더 상세한 습득과정이나 학습의 어려운 점이 이러한 연구들에 의해 밝혀졌기 때문이다. 또한 이 연구 성과를 교육 현장으로 환원하는 데에는 어떠한 지도가 효과적인지와 같은 연구로 연결시킬 필요가 있다. 그리고 이러한 연구를 진행하기 위해서도 인간의 인지적 측면으로 눈을 돌려, 언어 처리 과정에서 본 발달단계를 정밀하게 규명할 필요가 있다.

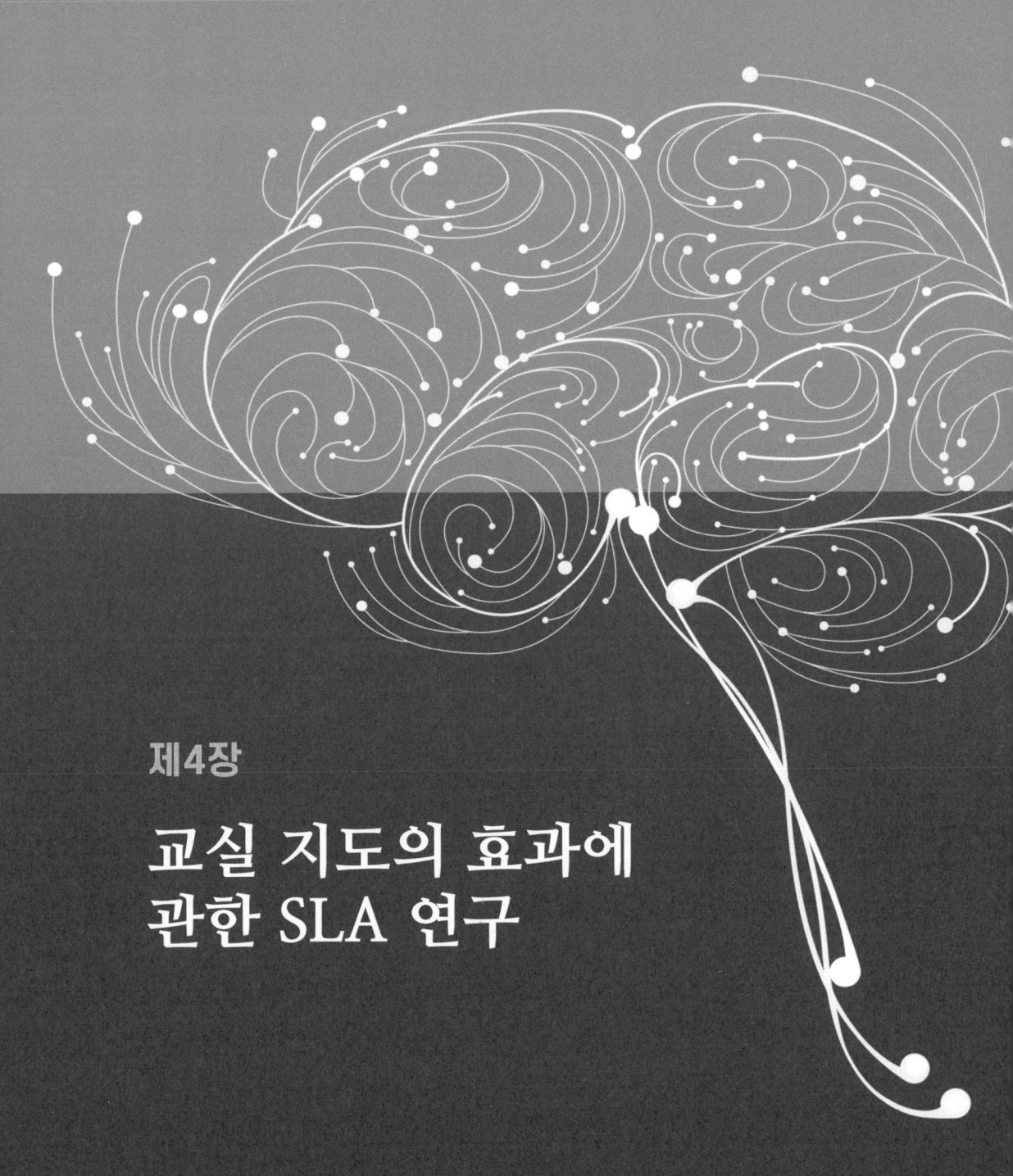

제4장

교실 지도의 효과에 관한 SLA 연구

1
Focus on Form의 개념화

1.1 교실습득연구의 역사적 변천

제2장에서 논한 것처럼 뇌과학이나 인지심리학의 지견과 SLA의 실험실 연구 등을 통해, 언어학습에서 학습자의 머릿속에서 무슨 일이 일어나는지, 즉 인지적 메커니즘이 무엇인지를 해명하는 연구가 진행되고 있다. 그리고 어떤 교실 지도가 SLA를 효율적으로 촉진하는지와 같은 논의도 심리언어면에서 보았을 때 타당성이 있는지의 여부를 기반으로 이루어져야 한다고 여기게 되었다. SLA를 촉진하는 언어 처리 모드가 언어형식과 의미/기능의 동시 처리를 행하는 Focus on Form(FonF) (Doughty, 2001)이라고 하였는데, 원래 의미 처리를 최우선으로 하는 활동 속에서 적절하게 언어형식에도 주의를 기울이도록 교사 또는 교재를 통해서 조절하는 지도 기술(Long, 1991)로서 제안된 개념이다. 본 절에서는 먼저 FonF에 이르기까지의 교실습득(Instructed SLA) 연구의 변천을 살펴보고자 한다.

Krashen(1980, 1985 등)의 '모니터 이론'이 교실습득연구를 크게 추진하게 된 원점이 되었다. Krashen의 이론은 다양한 비판을 받아 논쟁을 일으켰는데, 특히 문제가 된 부분은 Krashen이 제안한 다섯 가지 가설 중 '인풋 가설(Input Hypothesis)'과 '습득/학습가설'(Acquisition/Learning Hypothesis)'이다. '인풋 가설'은 모어를 습득하는 아이가 부모에게 간략화된 인풋을 받는 것처럼, SLA에서도 현재 수준보다 좀 어려운 항목을 포함한 'i+1'의 이해 가능한 인풋을 받으면 습득이 촉진된다는 내용이다. 이것이 80년대의 인풋/인터액션 연구로 이어진다 (小柳 2004b, 제2부 제5장을 참조). 또 하나의 '습득/학습가설'은 교실의 문법학습을 통해 의식적으로 배운 명시적인 지식과 무의식적으로 의미를 처리하는 가운데 습득된 암시적 지식에는 접점이 없다는 가설이다. 이 가설에 대한 비판에서 나온 '교실 지도는 SLA에 차이를 초래하는가'라는 주제로 연구가 활발하게 진행되었다(小柳 2004b, 제2부 제6장을 참조). 이 두 가지 연구 노선이 FonF에 통합되었다고 해도 좋다.

먼저 '인풋 가설'에 대해서는 'i+1'의 정의가 모호하고, 인풋에서 아웃풋에 이르는 모델로서의 심리언어면의 설명이 불충분하여 실증이 불가능하다는 비판이 있었다. 따라서 Long(1980, 1981)은 간략화를 통해 이해할 수 있게 된 인풋이 아니라 인터액션에서 의미 확인 과정을 통해 이해할 수 있게 된 인풋이 더 중요하다고 생각하였다. 이것이 '인터액션 가설'이다. 서로의 전달 의도를 파악하는 대화, 즉 의미 확인 과정에서 명확성 요구(clarification request), 확인 체크(confirmation check), 이해 체크(comprehension check), 반복(repetitions) 등의 대화적 조정(conversational adjustments)과 같은 특징의 발현이 인풋을 이해 가능하게 하고, 그것이 습득에도 기여한다고 여겨졌다. 따라서 80년대의 인풋/인터액션 연구는 의미 확인 과정을 통해 이해 가능해진 인풋을 통해 SLA가 촉진되었다는 사실을 증명하는 일이 연구목표가 되었다. 그 결과 대화적 조정의 빈도가 높을 때, 즉 의미 확인 과정이 많이 일어날 때 이해가 촉진된다(Pica, Young, & Doughty 1987 등)는 검증이 이루어졌다. 하지만 당시에는 이해가 습득으로 연결되는지를 증명하기가 어려웠고, 무엇보다도 인풋이 습득을 일으켰다는 직접적인 증거를 얻지 못하였다. 따라서 인풋에서 아웃풋에 이르는 과정은 생각했던 것보다 훨씬 복잡한 내용이라고 여겨졌다. 그리고 학습자의 내면에서 무슨 일이 일어나는지와 같은 인지면을 고려하지 않으면 SLA 전체상의 해명은 불가능하다(White, 1987; Swain, 1994; Long, 1996)고 인식되었다.

또 하나의 '습득/학습 가설'에서 Krashen은 의식적으로 문법을 배워서 얻어진 명시적 지식은, 의미를 처리하며 무의식적, 잠재 의식적으로 습득되는 암시적 지식으로 결코 연결되지 않는다고 보는 논 인터페이스(Non-interface)의 입장을 취하였다. 이 가설은 제2장의 1.1에서 기술한 것처럼 '의식'의 정의나 '명시적 지식' '암시적 지식'의 구별 등에 대한 인지적인 설명이 불충분하여, 부적절하다는 비판을 받았다. 이와 같은 논쟁에서 Krashen이 진정한 습득이라고 보는 자연습득환경뿐만 아니라, 교실습득환경에서도 SLA가 이루어지고 있음을 실증하고자 하는 연구가 등장하였다(Doughty, 1991; Long, 1983 등). 그 결과 교실 지도는 자연스러운 습득 순서나 발달단계를 바꾸지는 못하지만, 습득과정을 가속화하고 최종적으로 높은 언어 숙달도로 이끌 수 있다는 점에서 자연습득에는 없는 강점이 있다는 사실이 밝혀졌다(Long, 1988; Doughty, 2003의 문헌고찰 참조). 하지만 당초 연구에서는 교실 지도의 내용이 엄밀히 기술되거나 정의되지 않아서 어떤 특정한 유형의 지도가 SLA를 촉진하였는지, 아니면 교실 지도가 목표언어의 인풋에 대한 접촉시간을 단지 길게 주었을 뿐인지가 명확하지 않았다. 그래서 선행연구의 지도 유형을 분석하여, 습득을 촉진한다고 추정되는 Focus on Form(언어형식의 초점화: FonF)이라는 개념이 제창되고, FonF와 차별화되는 비교 대상으로서 Focus on FormS(FonFS)와 Focus on Meaning(FonM)이라는 개념도 제안되었다(Long, 1991). 그리고 FonF의 타당성을 논하기 위해서는 언어학습의 인지적 메커니즘을 바탕으로 하는 이론적 근거를 반드시 제시해야만 하였다.

이 두 가지 노선의 연구는 언어교육에서 커뮤니케이션 활동을 통한 인터액션의 역할과 문법학습의 역할이라는 교육 현장에서 언뜻 서로 대립하는 활동의 의미를 탐구하는 것처럼 보인다. 언어교육에서 늘 논쟁의 대상이 되는 '유창성'과 '정확성'의 논의에도 해당하는 것처럼 보인다. 하지만 이제는 문법을 바라보는 관점도 변화하고 있고, FonF의 개념과 함께 양자의 연구 노선은 통합되었다고 할 수 있다. FonF는 의미 있는 상황에서 이루어져야 한다는 점에서 의사소통 활동의 인터액션은 역시 중요하다. 또한 인풋을 이해하기 위해서는 음성이나 문자에서 정보를 취하는 상향식(bottom-up) 처리와 장기 기억에서 기존의 지식을 끌어내어 처리를 돕는 하향식(top-down) 처리가 발생하고, 인풋과 학습자 자신의 인지적 내면과의 상호작용도 필요하다. 또한 SLA에 영향력이 있는 교육문법(pedagogical grammar)의 역할은 이미 전통적인 문법교육과는 다른 다이내믹한 것으로 여겨져 왔다. 따라서 언어 처리 모드의 초기설정 값인 의미 처리 모드(FonM)의 교실환경을 만들고 그 안에서 적절한 타이밍에 언어형식과 의미/기능의 동시 처리 모드(FonF)로 때때로 전환시켜 언어형식의 처리도 목표로 하는 (Doughty, 2001) 것이 중요하다.

1.2 Focus on Form의 정의

Focus on Form(FonF)은 80년대 후반부터 Long이 제창했는데 그것을 개념화, 이론화하는 과정에서 새로운 실증 데이터가 축적됨과 동시에 제창자들의 견해도 현재까지 다소의 변천을 거치고 있다. 또한 연구자들 사이에서도 FonF

의 해석이나 구현화하는 방법에 관해서 견해의 차이가 존재한다. 먼저 제창자가 어떤 정의를 내렸는지를 살펴보자.

Focus on Form를 포함한 실러버스는 다른 내용 – 생물학, 수학, 작업 연습, 자동차 수리, 외국어를 말하는 나라의 지리, 문화 등 – 을 가르치면서, 의미나 커뮤니케이션에 중점을 둔 수업에서 필요할 때 추가적으로 학습자의 주의를 명확히 언어요소에 기울이게 하는 것이다.

(Long, 1991, pp.45-46)

Focus on Form이란 어떻게 초점을 맞춰 주의 자원을 분배하는지를 가리킨다. 주의에는 정도의 단계가 있고, 언어형식에 대한 주의와 의미에 대한 주의는 반드시 서로 배제하지는 않지만, Focus on Form은 의미에 초점을 맞춘 교실학습에서 교사 및 / 혹은 한 사람이나 복수의 학생이 이해나 언어산출 과정에서 따라 인식된 문제를 통해 유발되어, 언어 코드적 특징으로 때때로 주의를 기울이게 하는 것으로 이루어진다.

(Long & Robinson, 1998, p.23)

이런 정의들은 일관되게 학습자가 의미 있는 전달활동을 한다는 사실을 전제로 하고 있다. Long(1991) 및 Long & Robinson(1998)은 교실에서 학습자 측이 어떠한 요구(needs)가 생겼을 때 개입하는 것을 FonF로 보았고, 그런 의미에서 교실 활동은 언어형식과 의미를 항상 통합해야 한다고 생각하였다. FonF가 제창된 당초에는 FonF가 효과가 있다고 실증되었다기보다, FonFS와 FonM의 문제점을 간접 증거로 삼아 FonF를 장려하였다고 해도 좋을 것이다.

〈표 4-1〉 언어교육의 옵션(Long & Robinson 1998: 小柳 2004b 訳)

옵션2	옵션3	옵션1
분석적	분석적	통합적
Focus on Meaning	Focus on Form	Focus on FormS
자연 교수법(natural approach)	과제 중심의 교수법	문법번역식 교수법
몰입식 교육(immersion)	내용중심의 어학 교실	청화식 교수법
절차(procedural) 실러버스	과정(process) 실러버스	침묵식 교수법
		전신반응 교수법(TPR)
		구조 실러버스
		개념/기능 실러버스

　　FonFS, 즉 청화식 교수법이나 문법 번역식 교수법과 같은 구조, 기능 등 언어 항목을 중심으로 구성된 개별항목 문법(discrete-point grammar)의 지도는 언어형식에 지나치게 주의를 기울이면 의미 처리가 되지 않아, 습득에 필요한 메시지의 이해과정이 저해되고 만다(Doughty, 1991; VanPatten, 1990). 즉 SLA는 언어형식과 의미/기능의 매핑(mapping)의 과정(process)이어야 되는데 의미/기능 부분이 결여되고 마는 셈이다. 따라서 학습자의 중간언어 지식에는 진정한 변화를 초래하지 못한다. 예를 들면 Lightbown(1983, 1985)의 영어 형태소의 습득 상황을 조사한 연구가 바로 그것이다. 교실에서 집중적으로 기계적인 연습을 한 학습자는 어떤 시기에 교실에서 배운 한 가지 형태소만을 발화에 이용하는 과잉 사용이 일어나지만, 수업이 진행되면 전에 배운 형태소 사용이 딱 멈춰버린다고 한다. 그리고, 또 다음에 새롭게 배운 언어형식만을 사용하는 경향이 있는데, 이것은 자연습득자에게는 나타나지 않은 현상이라고 한다. Pica(1984)가 자연습득환경, 교실습득환경, 혼합환경을 비교한 연구에서도 영어 형태소에 대해서 교실습득환경에서의 과잉 일반화, 과잉 학습의 경향이 나타난 사례를 제시하였다. 즉 FonFS를 통한 교실 지도는 과잉 일반화나 과잉 학습의 우려가 있

지만, 자연습득 순서를 바꿀 수 없기 때문에 비생산적이다. 언어교육에서 전통적으로 이용되는 문법 실러버스는 학습자가 문법항목을 하나 하나 덧셈처럼 배워 최종적으로는 학습자가 그 지식들을 통합시켜 언어사용에 이용하기를 기대하는 것이고, 그런 의미에서 '통합적 실러버스(Wilkins, 1976)'라고 부른다. 하지만 학습자의 중간언어는 U자형 발달 곡선(Kellerman, 1985)에서 보이는 것처럼 때로는 발달이 후퇴한 듯이 보이는 시기도 있으며, 많은 시간을 필요로 하는 복잡하고 가중적인 발달과정을 거치기 때문에 지도 순서가 그대로 습득 순서가 되지는 않는다. 통합적 실러버스가 전제로 하는 것처럼 학습자는 1회의 지도 기회로 모어화자(NS) 정도의 수준까지 언어형식을 습득할 수는 없다. 언어형식들이 서로 관련되어 복잡한 습득과정을 거치는 경우도 있고, 어휘조차도 한 번의 학습으로 마스터할 수 있을 정도로 단순한 습득과정을 거치지는 않는다. 또한 언어 처리는 복수의 언어 항목, 음운에서 개념까지의 언어 수준을 순간적으로 조정하는 복잡한 인지스킬이기 때문에 개별문법의 지도로는 이와 같은 처리 연습을 하지 못한다(제2장 3.1 참조). 이처럼 FonFS 교수법은 SLA의 인지과정과 일치한다고는 단정하지 못하기 때문에 비효율적이라고 할 수 있다.

한편, 자연 교수법(Natural Approach)과 같이 의미만 처리하는 FonM도, 학습자가 실제로 목표언어를 사용할 수 있게 된다는 점에서 FonFS보다는 성과가 있지만 습득 관점에서 보면 역시 효과적이라고 할 수 없다. 예를 들면, 캐나다 몰입식 프로그램의 일련의 연구(Spada 1997, Swain 1985, 1991의 정리를 참조)에 따르면 12년에 걸쳐 충분한 인풋을 받은 학습자가 NS와 손색이 없는 청해력이나 사회언어학적 지식을 익혀도 문법적 정확성은 NS와 거리가 먼 수준에 머물러 있다는 사실이 보고되었다. 특히 SLA의 임계기를 지난 성인 학습자에게는 제1언어(L1)와 동일한 생득적인 언어습득장치, 혹은 어떠한 생득적인 언어학습능력을 통한 언어습득을 기대하기 어렵고, FonM으로 유창성은 어느 정도 길러질 수 있지만, 정확성을 향상시키는 데에는 한계가 있다. 몰입식 교육과 같이 긍정 증거의 인풋이 풍부한 환경에서는 학습하지 못하는 언어형식, 즉 부정 증거가 없으면 습득하지 못하는 언어형식이 있다는 점도 지적되었다(White, 1991). 캐나다의 사례는 초등학생, 중학생, 고등학생 나이대의 학습자인데, 이와 같은 비교적 젊은 학습자조차도 긍정 증거만으로는 문법을 습득하지 못하였다. 따라서 교실 지도에서 부정 증거를 제공하거나 아웃풋(output)의 기회를 주면서 언어 발달을 지원할 필요가 있다고 할 수 있다.

따라서 Long(1991)은 FonFS와 FonM의 중간 입장, 즉 의미 중시의 교실 지도를 할 때, 타이밍을 가늠하여 학습자의 주의를 언어형식에 기울이게 하는 것을 목표로 하는 FonF가 정확성, 유창성 및 복잡성(어휘의 풍부함이나 통사적인 복잡성)을 함께 향상시키므로 SLA에 가장 효과적이라고 논하였다(Doughty, 1998도 참조). 학습자는 늘 스스로 중간언어의 문법지식을 재구축하면서 언어형식을 내재화하려고 한다. 언어형식은 그저 하나하나가 각각 독립해서 존재하지 않으며 하나의 언어형식이 몇 가지의 의미를 갖기도 하고, 하나의 의미를 표현하는 데에 복수의 언어형식이 존재하기도 한다. 또한 좀 더 복잡한 통사구조가 되면 몇 가지 언어형식이나 규칙이 서로 연관성을 갖기도 한다. 언어습득이란 학습자 자신이 그들의 언어형식과 의미/기능의 관계를 찾아내고 연결하여(=매핑, mapping), 심적 표상을 형성해 가는 인지과정이다. FonF를 실현하는 실러버스는 실제 인풋(input), 또는 실제와 가까운 인풋을 제공하고, 학습자가 거기에서 언어형식과 의미/기능의 관계를 찾아내기 때문에 분석적 실러버스(Wilkins, 1976)라고 한다. 즉 학습자 스스로의 귀납적 매핑(mapping)이 기억에 남아, 지속성이 있는 진정한 언어지식, 스킬이 된다고 할 수 있다.

그 후에 실증연구의 성과가 축적되면서, FonF를 지지하는 직접적 증거도 나오게 된다. Robinson(1997b)은 선행연구(de Graaff, 1997; DeKeyser, 1995;

Doughty, 1991; N.Ellis, 1993; Lightbown & Spada, 1990; Ronbinson, 1996, 1997b; White, Spada, Lightbown, & Ranta, 1991 등)를 종합하여 다른 학습 조건의 학습 효과를 다음과 같이 정리하였다.

1) 암시적(implicit) 학습 조건: 범례의 암기를 통한 연상학습으로 발생했다고 해도 학습 속도는 늦다.
2) 우발적(incidental) 학습 조건: 의미 처리가 가장 우선이며, 의도적인 학습이 아니다. 의미적 처리의 깊이에 영향을 받으며, 학습 속도는 느리고 단편적이다.
3) 강화(enhanced) 학습 조건: 의미 처리가 우선이며, 의도적인 학습이 아니다. 특정 언어형식의 특징을 부각시킨 적절한 강화 기반으로 유도된 학습. 암시적, 추가적인 학습보다 학습 속도가 빠르며, 게다가 의미에 초점을 유지할 수 있는 이점이 있다.
4) 규칙검색(rule-search) 학습 조건: 규칙을 발견하려고 하는 의도적인 시도가 이루어진다. 가장 비효율적인 학습 조건. 일부 학습자에게는 규칙이 쉽고 명확할 경우에는 습득이 잘 될 가능성도 있지만, 대부분의 학습자에게 있어 쉬운 규칙, 어려운 규칙 모두 비효율적이다.
5) 명시적(instructed) 학습 조건: 쉬운 규칙에 관해서는 가장 효과적이지만, 그 효과는 때에 따라 지속되지 않는다. 어려운 규칙에 관해서는 규칙의 대규모 과잉 일반화를 일으킬 우려가 있다.

(Robinson, 1997b)

그리고 이들 결과를 종합하면, 언어형식과 의미의 매핑(mapping)에 필수적인 의미에 대한 초점을 유지할 수 있으며, 쉬운 규칙이든 어려운 규칙이든 과잉일반화를 최소한으로 막고, 학습 속도도 비교적 빠르기 때문에 인풋 강화나 대량의 인풋 등 FonF의 지도 기술을 이용하는 강화 학습 조건(=enhanced)이 언어학습에 효과적이라고 할 수 있다.

여기서 용어의 정의를 명확히 하려고 하는데, 교실습득연구 문헌에서는 grammar teaching, formal instruction, form-focused instruction 등 유사한 여러 용어가 사용되었다. Spada(1997)는 지도 효과와 관련된 연구를 개관하였는데, Form-Focused Instruction(FFI)이란, 학습자의 주의를 언어형식으로 유도하기 위한 지도를 말하며, 그런 의미에서는 FonF와 FonFS를 내포한다고 기술하였다.[62] Doughty & Williams(1998b)는 아래의 정의와 같이 FonFS는 언어형식에 대한 초점화에만 한정시킨 지도법이고, FonF는 언어형식에 주의가 기울어지는 단계에서는 의미나 기능이 학습자에게 명확해야 한다는 점이 전제조건이라고 하였다. 이것은 Long 등의 견해와도 일치한다. 또한 FonF는 FonFS를 포함할 수도 있지만, 그 반대로 FonFS가 FonF를 포함할 수는 없다고 하였다. 즉 이 정의에서는 메타언어적 개입도, 수업의 주요 목적이 의미 중심인 활동에서만 인정하였다. 특히 몰입식 프로그램이나 내용 중심의 교실에서 SLA 연구를 시행하는 Lightbown & Spada(1997)나 Pica(2002) 등은 의미 있는 전달 활동에서의 FonF와 FonFS 양쪽을 포함하여 FFI라고 불렀다. FonF에 관해서 Long 등과 다른 해석을 하는 R.Ellis(2001)도 FonF와 FonFS를 구별하지 않은 FFI를 FonM인 meaning-focused instruction과 대비시

---

[62] Ellis(2001)는 FonF 노선의 연구자들과는 다른 FonF나 FonFS의 해석과 분류를 하고 있기 때문에 주의가 필요하다(向山 2004의 문헌고찰 참조). 예를 들면, FonF를 planned/unplanned로 분류하고 있는데, FonF의 제창자 등은 실러버스가 언어항목을 기반으로 해서는 안 된다고 하였지만, 과제(task)의 전달 요구(needs)나 습득상의 문제를 통해서 어떤 부분에서 FonF를 실행할 것인지는 예측할 수 있다고 생각하였다(Long, 2000 참조).

켜 선호하여 이용하고 있는 것으로 보인다.

　　Focus on Form은 언어의 형식적 요소에 대한 초점화를 포함하지만, Focus on FormS는 그와 같은 초점화에만 한정된 지도이고, Focus on Meaning은 그와 같은 요소를 배제한 것이다. 가장 중요한 점은, FonF 지도의 기본적인 견해는 의미를 전달하려고 하는 데에 필요한 언어적 수단에 주의가 끌리는 시점에서는 의미나 기능이 학습자에게 이미 명백해졌다는 사실이다.

(Doughty & Williams, 1998b, p.4)

　　FFI가 현재도 사용되는(R. Ellis, 2001, 2002; Spada, 1997; Spada & Lightbown, 2008 등) 배경에는 문법을 중시하는 전통적인 언어교육인 FonFS와는 달리 구조 실러버스를 기본으로 한다고 해도 기능을 중시하여 상황(context)이 있는 응용 연습까지 하는 의사소통 교수법(communicative approach)을 FonF와 구별하기를 원하지 않는 견해가 있기 때문이라고 할 수 있다. 일본어교육에서도 구조 실러버스뿐만 아니라, 기능이나 장면과의 복합 실러버스를 채택하는 교과서는 늘고 있다. 또한 구조 실러버스에서도 문형 도입으로 시작되어 입에 붙게 하는 문형 연습부터 맥락을 가미한 의미 있는 연습, 더 나아가 더욱 확장된 의사소통 기반의 연습으로 진행하려는 방식은 많은 교과서에서도 볼 수 있다. 구조 실러버스는 통합적 실러버스라고 하는데, 실제 장면에서 배운 언어 항목을 통합하여 이용하는 것을 학습자에게 맡기지 않고 통합할 때까지 교실 안에서 실행하려고 한다. 또한 캐나다의 몰입식 교육을 중심으로 SLA를 연구하는 Spada 등이 FFI를 이용하는 이유는 의미인지 형식인지와 같은 대비가 중요하며 FonFS와의 비교를 그다지 필요로 하지 않기 때문일 것이다(小柳 2008b를 참조).

Ohta(2001)는 일본어교육에는 이미 FFI가 있기 때문에 FonF는 필요하지 않다고 기술하였지만, FonFS의 통합적인 FFI와 FonF의 분석적인 FFI에서는 전제로 하는 SLA의 인지적인 프로세스가 전혀 다르다. 극단적으로 FonM에 치우친 적이 없는 일본어교육에서는 오히려 FonF와 FonFS의 비교가 중요하다고 생각했다(小柳 2002). 단지 실험 레벨에서는 습득의 극히 일부 과정(process)을 탐구하여 지도 기술을 비교하기 때문에 그 전제가 통합적인 실러버스인지 분석적 실러버스인지를 알기 어려운 면도 있다. 또한 통합적인 FFI 방식은 현행 교수법을 큰 폭으로 바꾸지 않고 수용하기 때문에, SLA를 전공하지 않은 일반 교사가 이해하기 쉬워 교수법으로서 수용되기 쉬운 면도 있다. 하지만 학습자의 인지과정과 일치한 지도 기술로서 FonF의 실증연구를 일본어교육에서도 실시하여, 학습자의 인지적인 메커니즘을 파악할 가치가 있다고 할 수 있다. 〈표 4-1〉의 Long & Robinson(1998)의 오리지널 판에 FFI와의 관계를 포함하여 정리하면 〈표4-2〉와 같다.

〈표 4-2〉 SLA의 기본개념과 교수법(小柳 2008b)

지도의 초점	meaning-focused instruction	Form-Focused Instruction (FFI)	
언어 처리 모드	Focus on Meaning (FonM)	Focus on Form (FonF)	Focus on FormS (FonFS)
관련된 교수법	자연 교수법, 몰입식 교육, 자연습득환경 (모어화자와의 인터액션)	과제 중심의 교수법(TBLT), 내용중심의 교수법	구조실러버스, 문법번역식 교수법, 청화식 교수법, 직접법, TPR, 기능/개념 실러버스, 의사소통 교수법
학습에 대한 접근법		분석적(analytic)	통합적(synthetic)

1.3 실증연구의 성과와 문제점

　Doughty & Williams(1998c)가 편집한 논문집 Focus on form in classroom second language acquisition은 90년대의 몇 개 학회의 심포지엄 성과를 정리한 것으로, FonF의 이론 틀 구축에 기여하였다고 할 수 있다. 하지만 그때까지의 지도 효과를 본 SLA 연구에서 사용된 지도 기술, 즉 FonFS도 포함하여 모두 FonF의 이론 틀에 수용하려고 한 점에서 비판이나 혼란도 있었다. 그 후에 지도 효과에 관한 실험연구의 메타분석[63]이 이루어지는데, FonF나 FonFS, FonM의 요건을 명확히 하여 실험군에 실시한 지도 유형이 분류되었다(Norris & Ortega, 2000, 2001). 그것이 〈표 4-3〉의 조작적 정의(operationalization)이다. 그리고 1980년부터 1998년까지의 지도 효과에 관한 실험연구의 성과를 다음과 같이 밝혔다.

1) 특정 언어형식의 지도(FonF & FonFS)는 지도가 없을 경우, 혹은 단지 교재를 지도하는 것만인 경우보다도 효과가 있었다.
2) 지속효과가 밝혀지지 않는 점이 FonF 연구에 대한 가장 큰 비판이었는데, 3시간 이상의 지도 시간이 있는 경우는 지속효과가 있는 듯하다. 하지만 그 이상으로 너무 긴 경우에는 결과가 나뉜다. 어찌되었든 지속효과를 조사한 연구가 적기 때문에 결론내리기는 시기상조이다.
3) FonF와 FonFS의 실질적인 차이는 발견하지 못하였다. 오히려

---

[63] 메타분석이란, 조건을 정해서 일관성 있는 논문 검색을 실시하고, 논문에 제시된 실험의 기술적 통계자료를 근거로 새로운 통계 처리를 실시하여, 제3자가 재평가해서 어떤 특정 분야의 연구성과를 객관적으로 검증하는 방법이다. 원저자의 실험결과 해석에 기반한 종래의 서술적 문헌고찰과는 다르다.

명시적 학습과 암시적 학습의 차이가 더 컸다.

명시적 FonF 〉명시적 FonFS 〉 암시적 FonF 〉 암시적 FonFS 〉 FonM

⟨표 4-3⟩ 인터액션의 구성 개념의 조작적 정의

(小柳 2004b; Norris & Ortega, 2000; Doughty, 2003에 근거함)

지도 유형	조작적 정의 (선행연구 기술에 근거함)
명시적	규칙 설명(선언적/메타언어적)을 한다. 또는 언어형식에 주의를 기울여 규칙에 도달하도록 지시한다. (명시적 지도)
암시적	규칙 설명을 하지 않는다. 또는 언어형식에 주의를 기울이도록 지시하지 않는다.
FonM	L2의 목표항목에 많이 접하게 한다. 또는 과제(task)를 통한 체험학습. 하지만 학습자의 주의를 의미에서 언어형식으로 전환시키는 시도는 하지 않는다.
FonF	언어형식과 의미의 통합. 아래의 특징을 포함한다. (a) 언어형식 이전에 의미활동에 종사하는 과제(task)를 설계한다. (b) 과제(task) 안에서 L2의 특정 언어형식 사용의 필연성, 자연스러움을 추구한다. (c) 교육적 개입이 자연스럽다. (d) L2의 심적 과정(예: 의식화)이 입증된다. (e) 학습자의 요구분석에 따라 목표언어 형식을 선택한다. (f) 중간언어의 제약을 고려한다.
FonFS	상기의 (a)-(d)의 어느 것도 갖추어지지 않았다. 또한 어떤 특별한 방법(예. 문법 설명, 기계적 드릴)으로밖에 학습자의 주의가 학습 목표의 구조에 기울여지지 않는 것.

FonF는 SLA 연구에서 밝혀진 학습자가 어떻게 언어를 습득하는지, 즉 인지 과정에서 무엇이 일어나고 있는지를 가장 고려한 방식이기 때문에 이론상으로는 SLA 촉진을 기대할 수 있지만, 실증적인 면에서는 아직 그 유효성을 확립하지 못하고 있다. 하지만 Norris & Ortega(2000)나 Doughty(2003)는 언어 처리가 본래 절차적 지식에 따라 이루어짐에도 불구하고 명시적 학습에 유리한 문법성 판단 테스트 등 개별항목 문법(discrete point grammar)의 필기시험으로 지

도 효과가 측정되어 왔다는 부적절함을 문제점으로 지적하였다(자유산출을 테스트 한 연구는 R. Ellis, 2002를 참조). 따라서 제2장의 4.3에서 논한 것처럼 절차적 지식의 습득을 촉진하는 암시적 학습을 SLA에서 연구를 더욱 진행할 필요성이 제기되었다.

또한 Doughty(2003)는 지도 효과에 관한 연구로서 SLA의 발달 순서, 습득 속도, 최종적인 도달도에 관한 실증 결과를 축적하였지만, 습득과정에 관한 연구가 부족하다고 기술하였다. 특히 생득적인 언어학습 능력을 잃은 성인 학습자의 인지적 제약을 고려하여 인풋 처리 과정을 밝히고, 이에 맞는 지도란 무엇인지를 인지적인 견지에서 세밀하게 검증해야 한다고 하였다. 그리고 Norris & Ortega(2000)는 연구 방법에 관한 제언도 하고 있다. 향후에는 단순한 설계, 즉 1개 내지는 2개 정도의 독립변수(지도 방식)를 이용하여 변수가 복잡하지 않은 비교실험으로 엄밀하게 특정 심리적 특성을 검증해야 한다고 하였다. 그 외에도 방법론상의 문제점과 개선책이 제시되었는데 주요 내용은 다음과 같다.

1) 측정에 이용된 대부분의 테스트가 문법성 판단 테스트 등 명시적 학습에 유리하게 작용하는 것이었다. 암시적 학습의 복잡한 학습 곡선을 발견하는 데에는 어려움도 있지만, 향후에는 자발적인 발화를 추출하여 암시적 학습의 효과를 더 검증할 필요가 있다.
2) 연구마다 FonF 및 FonFS의 조작적 정의에 일관성이 없다. 향후에는 FonF에 상기 〈표 4-3〉의 (a)에서 (f)의 요소를 포함해야 한다.
3) 연구마다 조작적 정의에 일관성이 없기 때문에 향후에는 추가 실험이나 연구 간의 비교가 가능하도록 독립변수, 종속변수, 매개변수를 충분히 기술하여, 적절한 조작적 정의를 해야 한다.
4) 효과 크기를 보고할 것. 분산분석이나 t검정의 통계 상의 유의차만

으로는 지도 효과가 있지만, 어느 정도 크기의 효과가 있었는지에 대한 의문에는 답할 수 없다.

5) 시간 경과를 통한 자연스러운 숙달 효과나 테스트의 연습효과를 조절하기 위해, 기준 데이터로서 사전 테스트 실시나 통제군의 설정이 필수적이다.

6) 습득을 측정하는 테스트나 분석에 이용하는 통계의 신뢰성, 타당성을 높여야 한다. 또한 이와 같은 수치를 보고할 필요도 있다.

(Norris & Ortega, 2000에 근거함)

2
교실 지도 기술과 그 효과에 관한 실증연구

앞 절에서 1998년까지의 연구 전체의 성과를 소개했는데, 이 절에서는 지도 기술별로 1998년 이후의 전개도 포함하여 실증연구를 살펴보기로 한다. 또한 각각의 지도 기술에 대해서 현 단계의 이론이나 연구 동향에서 인지면, 심리언어적인 면에서 살펴보고, 타당성이 있는지를 검토하고자 한다. 〈표4-3〉의 조작적 정의에 따르면, FonF는 의미 활동과 관련된 과제로 그 상황에서 특정 언어형식을 사용하는 것이 필수 또는 당연하며, 교육적 개입도 자연스러워야 한다. 그리고 언어학습의 인지적인 제약이 고려되어야 한다. FonF의 틀에서 종종 연구된 지도 기술에 관한 실험연구 결과를 개관하고, 그 유효성에 심리언어적인 설명을 제공할 수 있는지를 생각해 보고자 한다.

2.1 인풋 처리 지도

2.1.1 이론적 틀

　SLA에는 인풋이 필수적이지만, 일상 커뮤니케이션에서 인풋의 처리 모드는 의미를 이해하는 데에 주의가 기울여진 FonM으로 설정되어있다. 하지만 SLA를 촉진하기 위해서는 의미 처리 뿐만 아니라, 인풋 중의 특정 언어형식에 주의를 기울이는 일이 중요하다. 이 인풋을 처리하는 과정에 관여하고자 하는 것이 '인풋 처리 지도(Processing Instruction)'이다. 이 지도법을 제창한 VanPatten(1989, 1990)은 학습자가 특정 언어형식을 의식하는지는 그 언어형식의 전달 가치(communicative value)에 좌우된다고 기술하였다. 전달 가치가 높은 언어형식이란 실질적인 의미를 가지며 잉여성이 없는 형식을 말한다. 학습자는 SLA의 빠른 단계에서 이와 같은 언어형식에는 주의를 기울이고 있지만, 전달 가치가 낮은 언어형식은 주목하지 못한 채 지나치고 마는 경우가 많다. 예를 들면 영어 3인칭 단수의 경우, 동사의 말미에 -s를 붙이지만, he나 she, 혹은 인명 등으로 주어가 제시되면 3인칭 단수라는 사실은 명백하여 동사말미 -s의 전달 가치는 낮다. 과거를 나타내는 -ed도 과거를 말하고 있다는 명확한 상황이 있으면 -ed에 착목할 필요가 없다. 이와 같은 잉여적인 언어형식에는 학습자의 주의가 기울여지기 어렵기 때문에 습득도 어렵다고 할 수 있다. 또한 통사에서도 80년대, 90년대의 경합모델 연구(Bates & MacWhinney, 1982, 1987; Rounds & Kanagy, 1998; Sasaki, 1994 등)에서 밝혀진 것처럼 L1의 인풋 처리 전략은 L2로 전이되기 쉽다고 할 수 있다. 예를 들면, 어순이 정해진 영어와 같은 언어를 L1으로 하는 학습자는 어순이 비교적 자유로운 스페인어나 이탈리아어, 일본어를 배우려고 할 때 어려움이 자주 따른다는 사실이 알려졌다. 이와 같은 학습자의 인풋을 처리하는 전략 사용의 경향에 대해서 VanPatten(1996, 2002a)

은 다음 〈표 4-4〉와 같이 '인풋 처리의 원리(Principles of Input Processing)'라고 하여 제시하였다.

그리고 VanPatten 등(Cadierno, 1995; VanPatten, 1993, 1994, 1996; VanPatten & Cadierno, 1993a, b; VanPatten & Sanz, 1995 등)은 간과하기 쉬운 언어 형식의 처리를 촉진하는 데에는 습득의 첫 번째 단계인 인풋에서 인지된 정보(intake)로 변환하는 과정을 보강하면 좋다고 생각하였다. VanPatten(2002a)은 인지된 정보에 대해 '인풋에서 실제로 처리되고 또 다른 처리를 위해서 작동 기억(WM)에 보유되고 있는 언어자료'라고 정의하였다. 전통적인 교실 지도에서는 문법을 명시적으로 가르친 후에는 기계적인 연습이든 더 자발적인 의사소통능력을 위한 과제든, 즉각 언어산출 연습에 들어가는 경우가 많다. 인지된 정보로 변환되어 비로소 습득에 사용되는 언어자료가 될 수 있는데, 종래의 방식으로는 인지된 정보가 되지 않는 동안에 언어산출을 반복하게 된다([그림 4-1] 참조). 이것은 교실 바깥에서 실제 인풋에 접하는 기회가 한정적인 외국어 환경(목표언어를 말하지 않은 환경에서의 학습)에서는 특히 문제가 된다.

이러한 전통적 지도의 문제점을 해소하기 위해서 '인풋 처리 지도'가 고안되었다. 이 지도법에서는 먼저 특정 언어형식이나 구조에 관한 설명을 제공하고, 일상적인 언어 처리 전략에서는 이 언어형식들을 의식하지 않도록 주의를 환기시킨다. 이 부분이 일반적인 명시적 문법 설명과는 다르다고 하여, 인풋 처리 지도의 제창자들이 강조하고 있다. 다음은 영어 과거 시제를 대상으로 했을 때의 명시적 설명의 예이다. 언어형식에 관한 정보를 주는 것뿐만 아니라, 처리 전략에 대해서도 명시적 설명을 제공하였다.

⟨표 4-4⟩ 인풋 처리의 원리(VanPatten, 2002a)

원리1: 학습자는 언어형식을 위해서 인풋을 처리하기 전에 의미를 위해서 인풋을 처리한다.
 a) 학습자는 무엇보다도 먼저 인풋 중의 내용어를 처리한다.
 b) 학습자는 동일한 의미정보를 얻기 위해서 문법 항목(예: 형태소)보다 어휘 항목을 선호한다.
 c) 학습자는 의미적으로 그다지 중요하지 않거나 전혀 의미가 없는 형태소보다, 더 의미 있는 형태소를 처리하려고 한다.

원리2: 학습자가 의미적으로 중요하지 않은 언어형식을 처리하기 위해서는 주의를 전혀(혹은 대부분) 빼앗기는 일 없이 정보나 전달적인 내용을 처리해야 한다.

원리3: 학습자는 문장이나 발화로 만나는 최초의 명사(구)에 행위자(또는 주어)의 역할을 부여하는 기본 전략(default strategy)을 취한다. 이것을 제1명사 전략(first-noun strategy)이라고 부른다.
 a) 제1명사 전략은 어휘적 의미나 이벤트가 일어날 확률에 영향을 받는다.
 b) 학습자는 형성 단계에 있는 언어체계가 다른 단서(예: 격 표시, 음향적 강세)를 통합하고 나서야 비로소 문법적인 역할을 할당하기 위해 다른 처리 전략을 적용하게 된다.

원리4: 학습자는 문장이나 발화의 첫 위치에 있는 요소를 먼저 처리한다.
 a) 학습자는 중간 위치에 있는 요소보다 앞이나 끝에 위치한 요소를 처리한다.

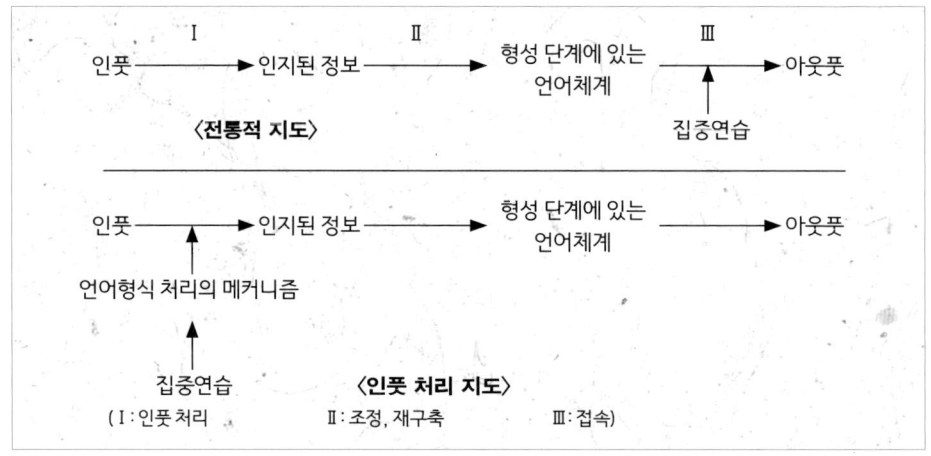

[그림 4-1] 제2언어 습득과정에서 전통적 지도와 인풋 처리 지도
(VanPatten, 1996)

대상 언어형식: 영어의 과거시제

a. 언어형식에 관한 명시적인 정보

· 과거의 사건에 대해서 말하기 위해서 가장 많이 사용되는 형식

· 이미 종료한 행위나 사건을 나타낸다.

· 단순 과거는 대부분의 경우, -ed의 어미로 나타낸다.

b. 처리 전략에 관한 정보

· 때를 나타내는 부사에만 의존해서는 안 된다.

· 언제 행위가 이루어졌는지를 이해하는 데에는 동사의 어미에 주의

· 과거의 사건이 묘사되고 있는 경우에는 동사의 어미-ed에 주의

(Lee & Benati, 2007a, p.18에 근거)

이후에 학습자가 특정 언어형식이나 구조를 처리해서 언어형식과 의미를 통합(connection)할 수 있는 이해 중심의 과제(task)를 실시한다. 이것을 '구조적 인풋 활동(structured input activities)'이라고 부른다. VanPatten & Sanz(1995)는 이 활동에 대해서 1) 한 번에 하나를 제시한다, 2) 의미에 초점을 유지한다, 3) 한 문장에서 연결된 담화로 진행한다, 4) 구두언어와 문자언어 양쪽의 인풋을 제공한다, 5) 학습자에게는 인풋을 이용해서 무엇인가를 시킨다, 6) 학습자의 처리 전략을 고려한다, 이렇게 여섯 가지 지침을 제시하고 있다. 또한 구조적 인풋 활동으로는 지시적 활동(referential activities)과 정서적 활동(affective activities), 2종류의 활동을 제안하였다. 지시적 활동에서는 대상이 되는 언어형식에 의존해 의미를 이해하고, 학습자는 올바른 응답을 선택한다. 예를 들면 문장을 듣고 지난주에 있었던 일인지, 오늘 있었던 일인지를 선택하거나, 들은 문장을 나타내는 적절한 그림을 선택하는 과제이다. 이것은 Loschky & Bley-Vroman(1993)이 제안한 '과제의 언어형식 필수성(task-essentialness)'이라는 개념과도 통한다. 과제에서 언어형식이 필수적이라는 말은 학습자가 특정 언어

형식에 주의를 기울이지 않고는 과제 수행을 하지 못하도록 과제를 설계한다는 뜻이다. 언어산출 과제로는 학습자가 사용하는 언어형식을 조작하기 어렵기 때문에 필수성은 이해 과제 쪽이 더 실현하기 쉽다고 할 수 있다.

또 하나의 구조적 인풋 활동인 정서적 활동은 학습자가 자신의 의견이나 신념, 감정을 표현하는 활동이다. 예를 들면 '先生に叱られました'라는 수동문에 대해 자신에게도 같은 경험이 있는지를 응답하는 과제이다. 지시적 활동은 정답이 존재하기 때문에 정답/오답에 관해서는 피드백이 주어진다. 한편 정서적 활동은 학습자 자신의 의견이나 감정을 표현하면 되기 때문에 정답이 존재하지 않는 과제이다. 이와 같이 하여 인풋 처리 지도는 의미 이해를 주된 활동으로 하면서 부적절한 인풋 처리 전략 사용을 저지하고, 언어형식과 의미의 결합 및 촉진을 돕는 것을 목표로 하고 있다(인풋 처리 지도의 순서에 관한 자세한 내용은 Lee & Benati, 2007a, b 등을 참조). 인풋 처리 지도의 제창자들(Benati & Lee, 2008; Lee & Benati, 2009 등)은 의미 처리가 최우선이 된 점에서 인풋 처리 지도를 FonF의 일종이라고 주장하였다.

2.1.2 실증연구

VanPatten 등이 인풋 처리 지도(PI)를 제창할 당시에는 '전통적 지도(TI)'와의 비교에서 PI의 유효성 실증을 목적으로 한 실증연구가 진행되었다. 당시의 논문에서는 실험에서 TI의 조작적 정의가 명확히 제시되지 않았거나, 또 'PI'에서 명시적 설명 중 어떤 정보가 학습자에게 제시되었는지 등 충분한 기술이 이루어지지 않았다는 비판이 있었다. 하지만 최근에는 더 구체적인 'PI' 및 비교 대상으로서의 'TI' 순서가 명확히 제시되었다.[64] 따라서 TI와의 비교뿐만 아니

---

64   Lee & Benati(2007a, b), Wong(2004a)의 해설도 참조.

라, 다양한 연구과제가 수행되어 연구의 폭이 확대되었다. 또한 PI 연구는 제창자인 VanPatten 자신이 스페인어 교육 분야의 연구자이기 때문에 실증연구도 스페인어에 관한 것이 많은데, 타 언어에서도 실증연구가 진행되었다(이탈리아어: Benati, 2004a, b; 영어; Benati, 2005, Marsden & Chen, 2011, Qin, 2008; 프랑스어: Allen, 2000, Benati & Lee, 2008, Marsden, 2006, Wong, 2004b, Lee & Benati, 2007b, VanPatten & Wong, 2004; 독일어: Henry, Culman, & VanPatten, 2009; 일본어: Lee, Benati, & Hikima, 2010, Lee & Benati, 2007b 등). 다음으로 PI의 연구 성과를 정리하고자 한다.

(1) 인풋 처리 지도(PI) vs. 전통적 지도(TI)

VanPatten 등의 초기 연구에서는 PI군을 문법 설명과 언어산출 연습을 실시하는 TI군과 지도를 전혀 받지 않은 통제군을 비교하였다. PI와 TI를 비교한 최초의 연구는 VanPatten & Cadierno(1993a)이다. 이 연구는 스페인어의 어순을 목표언어 형식으로 하였다. 스페인어는 주어의 생략이 가능하고 목적격인 대명사는 주동사 앞에 오지만, 영어 모어화자인 학습자는 OVS(목적어·동사·주어)를 SVO로, OV를 SV로 해석하기 쉽다. 따라서 PI군에서는 인풋 처리 전략에 관해 설명한 후, 학습자에게 문장을 들려주고 대명사의 지시 대상을 올바르게 나타내고 있는 그림을 선택하는 지시적 활동과 문장을 듣고 동의하는지의 여부로 반응하는 정서적 활동이 이루어졌다. 한편 TI군에서는 PI의 처리 전략의 설명과는 다른 기존의 문법 설명을 한 후에 기계적인 연습에서 의사소통 기반의 연습으로 가는 흐름 속에서 구두 산출 연습을 하였다. 그 결과, 한 문장 수준의 이해 테스트에서 PI군은 TI군 및 통제군보다 우수하였다. 또한 한 문장 수준의 산출 테스트에서는 지도를 받은 2개의 실험군에는 동등한 효과가 있고, 4주일 후 지연 테스트까지 그 효과가 지속되고 있다는 사실을 알았다. 즉 언어산출의 기회가 주어지지 않았던 PI는 이해와 산출 양쪽에 유효하였다는 뜻이다. Cadierno(1995)는 지도 대상을 스페인어의 과거형으로 바꿔 실험하여 동일한 결과를 얻었다.

　PI는 인풋 중심의 지도이지만 그 효과가 아웃풋으로 연결되면 정말로 습득에 효과가 있다는 셈이 되지만, 앞서 기술한 연구에서는 TI보다 우수한 아웃풋 효과는 증명하지 못하였다. 이 문제를 한층 더 탐구한 VanPatten & Sanz(1995)에서는 필기 언어산출 테스트로 측정하면 학습 효과가 보였지만, 구두 언어산출에 대한 효과는 문장 완성 테스트에만, 즉 조절된 발화 테스트에 한정되었다. 구두 능력의 발달은 학습자의 중간언어 지식에 대한 접속 자동화가 요구되기 때문에 PI에서는 자발적인 발화로 연결하기는 어려웠다고 보인다. 또한 VanPatten & Cadierno(1993a, b) 등의 추가 검증(replication study)을 한 Salaberry(1997)는 PI 그룹과 언어산출 연습 중심의 그룹 모두 이해와 산출 양쪽에 동등한 효과를 보여, 그룹 간의 유의차는 보이지 않았다. 단 자유 기술의 네러티브 테스트에서는 두 그룹 모두 점수의 향상이 나타나지 않았는데, 테스트에 목표언어 형식(스페인어의 목적격 대명사)의 의무적 문맥이 적고, 목표언어 형식의 사용을 이끌어내지 못하였다는 문제점이 있다고 한다. 단 이해를 측정하는 테스트로서 Salaberry는 문자에 의한 테스트를 이용하여, VanPatten 등의 음성 모드의 청해 테스트와는 습득 측정 방법이 다르다. VanPatten(2002a)은 후에 Salaberry의 실험이 엄밀히는 PI의 절차를 밟고 있지 않았다고 지적하였다.

　그 후에도 예를 들면, Benati(2001)가 이탈리아어 초급 대학생에게 미래 시제의 형태소를 지도하고 Cheng(2004)이 스페인어의 계사(copula) 동사에 대해서 지도하였다. 그리고 문장 해석 테스트에서는 PI가 TI보다 통계적으로 유의한 효과를 나타냈지만, 산출 테스트에서는 TI와 동등한 효과를 나타냈다. 이들은 90년대의 PI 선행연구의 결과와 일치하지만, Allen(2000)은 VanPatten &

Cadierno(1993a)의 추가 검증으로서 프랑스어 학습자를 대상으로 한 실험에서 다른 결과를 얻었다. 이 연구의 대상 언어형식은 프랑스어의 사역이다. 영어 화자는 최초의 명사구를 행위자라고 간주하는 경향이 있어, 프랑스어의 사역문을 이해할 때 행위자가 누구인지를 오해하는 경향이 있다. 따라서 그와 같은 인풋 처리 전략을 바꾸는 것을 목표로 PI를 실시하였다. 실험은 피험자 179명이라는, 이 당시 선행연구에서는 없었던 피험자 규모로 실시하였으며, 또 효과 측정에 학교에서 선생님이, 혹은 집에서 부모님이 무엇을 시켰는지를 자유롭게 말하는 구두 산출 테스트를 포함하였다. 사후 테스트는 지도 직후에 더하여 1주일 후에 2회째 사후 테스트를 실시하고, 그로부터 1개월 후에는 3회째 사후 테스트도 실시하였다. 이 중 이해 과제(task)는 PI, TI 모두 동등한 효과를 나타냈지만, 산출 과제(task)는 동등한 효과가 있었던 2회째 사후 테스트를 제외하고, 1회째와 3회째 모두 TI 그룹에서 사후 테스트 성적이 더 좋았으며 통계상에서 유의한 결과가 나왔다.

이 반증 결과에 대해 VanPatten(2002a)는 Allen의 TI군은 PI 요소도 포함하고 있고, 다른 VanPatten의 연구와 단순하게 비교하지 못한다고 하였다. Allen(2000)의 연구는 VanPatten & Cardierno(1993a)의 독창적인 연구와 피험자의 연령층이나 피험자 규모, 실험 재료, 지도 효과에 대한 측정 방법 등 다양한 점에서 차이가 있다. VanPatten & Wong(2004)은 Allen과 동일하게 프랑스어 사역을 목표언어 형식으로 하여 다시 VanPatten & Cadierno(1993a)의 추가 검증을 실시하여, 그때까지의 선행연구와 동일한 결과에 이르렀다.

PI가 인풋이 인지된 정보가 되는 과정을 강화한다고 하면 그 다음에는 아웃풋에도 간접적으로 영향이 미친다고 예측할 수 있지만, 선행연구는 대체로 언어 산출에 관해서는 TI와 다를 것이 없다는 결과였다. PI를 제창하는 연구자 등은 산출에서 동등해도 해석 테스트에서 유의차가 있기 때문에 종합적으로 보면 PI

는 TI보다 우수한 지도방법이라고 주장하였다. 하지만 언어산출에서도 TI보다 우수하다는 사실이 증명되지 못하면 PI의 우위성에 관한 주장은 설득력이 떨어진다. 본래는 목표언어 형식이 자발적인 발화에 포함되었을 때 지도 효과를 주장할 수 있지만, 자발적인 산출 테스트에서는 목표언어 형식의 사용을 필수로 하는 문맥을 만들어내기가 어렵고, 또한 학습자가 목표언어 형식의 사용을 회피할 가능성도 있어서 테스트 설계가 어렵다는 문제점이 있다. 한 문장 수준의 산출 테스트에서는TI군도 지도 시에 제시된 문장을 기억하고 발화했기 때문에 PI군과의 차이가 나오지 않았을 가능성도 있다.

(2) 명시적 설명의 유무

PI에는 과제 활동뿐만 아니라, 인풋 처리 전략을 가르치는 것을 포함한 명시적 설명 부분이 포함되기 때문에 PI군의 유의미한 향상은 명시적 설명에 의한 것이 아니냐는 비판을 받은 적도 있다. 따라서 VanPatten & Oikkenon(1996)은 VanPatten & Cadierno(1993a,b)의 실험 설계를 일부 답습해서 명시적 설명을 독립변수로 하여, PI(=명시적 설명+인풋 활동) 그룹과 명시적 설명만을 한 그룹 및 인풋 활동만을 한 그룹을 비교하였다. 그 결과 스페인어의 목적격 대명사와 어순에 관한 습득에서 PI군과 인풋 활동만을 한 그룹은 문장 해석 능력이 크게 향상되었지만, 명시적 설명만을 한 그룹은 어떠한 변화도 보이지 않았다. 더 나아가 지도 직후의 테스트에서는 모든 그룹에서 언어산출 능력에 개선이 보였지만, 명시적 설명만 한 그룹의 향상은 다른 두 그룹만큼 눈에 띄지는 않았다. 따라서 VanPatten & Oikkenon은 PI에서 형성단계에 있는 중간언어의 지식구조에 변화를 초래하는 요인은 명시적 설명이 아니라 인풋 활동이라고 하였다. Sanz & Morgan-Short(2004)는 컴퓨터 실험에서도 동일한 결과를 얻었다. 하지만 DeKeyser, Salaberry, Robinson, & Harrington(2002)은 인풋 활동에서 그림을 선택하는 과제의 대답이 옳은지, 틀린지와 같은 피드백을 받았기 때문에 피험자가 규칙을 추출하려고 했을 가능성이 있어서 모든 그룹이 학습자의 입장에서는 명시적, 연역적 지도였다고 하였다. 즉, 지도 내용의 변수를 엄밀하게 차별화한 비교가 아니라고 비판하였다. 또한 Doughty(2004)는 VanPatten 스스로 명시적 설명이 SLA에 영향력이 없다는 사실을 증명하였고 설명 부분은 이미 불필요하다고 하였는데, PI에서는 여전히 명시적 설명을 배제하려고는 하지 않았다.

VanPatten & Oikkenon(1996) 이후 타 언어에서도 명시적 설명 유무에 따른 습득에 대한 영향력이 연구되었다(Benati, 2004a, b; Farley, 2004a; Wong, 2004b 등). 예를 들면 Wong(2004b)은 VanPatten & Oikkenon(1996) 등의 연구를 한층 개량하여, 지도를 받지 않은 통제군과 94명의 프랑스어 중급 대학생을 대상으로 프랑스어 부정사(de)와 부정관사를 목표언어 형식으로 하여 비교실험을 실시하였다. 그 결과 지도 직후의 한 문장 수준의 해석 테스트에서는 PI군과 인풋 활동만을 한 그룹은 동등한 점수가 향상되었고, 명시적 설명만을 한 그룹은 통제군과 동일하게 점수가 향상되지 않았다. 또한 한 문장 수준의 산출 테스트에서는 PI군과 인풋 활동군에서 통제군과의 유의차가 발견되었지만, 명시적 설명만을 한 경우와 인풋 활동만 한 그룹 간, 또한 명시적 설명만을 한 그룹과 통제군과의 사이에 유의차가 없었다. 어찌되었든 명시적 설명이 습득에 기여한다는 증거는 찾을 수 없었다.

하지만 Farley(2004a)는 PI의 명시적 설명이 언어형식에 따라서는 유효할 수 있다고 시사하였다. Farley는 스페인어 이수 4학기째 대학생 54명을 대상으로, 학습자에게는 미학습항목인 불확실성을 나타내는 접속법(subjunctive)의 동사 굴절을 목표언어 형식으로 하여, 실험 참가자를 PI군과 구조적 인풋 활동만을 한 그룹으로 무작위 배분하여 지도한 후 2개 그룹을 비교하였다. 그 결과, 한 문장 수준의 해석 테스트와 산출 테스트 모두 양 그룹의 사후 테스트에서 점수가 향상되었고 지도 직후 테스트와 지연 테스트에서도 PI군(+명시적 설명)의 점수가 더 우위여서, Farley는 구조적 인풋 활동만으로도 습득은 일어나지만 언어형식과 의미의 관계가 불투명하고 복잡한 것에 관해서는 명시적 설명도 어떠한 효과가 있을 것이라고 하였다. 그러나 사후 테스트의 2개 그룹의 점수는 PI가 상회하였지만, 통계상의 유의차는 나타나지 않았다. 이와 같은 선행연구를 통해 PI는 명시적 설명이 없어도 습득에 효과를 가져올 수 있을 것 같지만, 지금도 VanPatten 등은 PI에서 명시적 설명 부분을 배제하지 않고 있다. Lee & Benati(2009)는 미국의 외국어교육에서는 문법 설명이 일반적인데, 설명을 전혀 하지 않으면 교사나 학습자 모두에게 위화감이 있기 때문이라고 하였다.

한편 앞서 기술한 실증연구와는 다른 방법으로 명시적 설명과 구조적 인풋 활동(SIA)의 각각의 역할을 검증한 연구가 있다. Fernández(2008)는 PI를 컴퓨터를 통해 제공하고, 과제(task)에 대한 반응시간과 정확성을 기록하여 명시적 설명이 인풋 처리를 신속하고 쉽게 실행하도록 보조할 수 있는지를 조사하였다. 대학의 스페인어 3학기째의 학습자 84명을 PI군(+명시적 설명)과 SIA군(-명시적 설명)으로 나누어 대답이 양자택일인 지시적 활동의 과제를 제시하였다. 목표언어 형식은 스페인어에 관한 선행연구에서도 종종 거론되었던 OVS의 어순과 목적격 대명사, 그리고 접속법의 동사의 굴절 두 가지였다. 시행에서 세 가지 대상 항목과 하나의 틀린 선택지를 보고 연속해서 정답을 맞히면 기준 수준에 도달하였다고 간주하며, 그 수준에 도달할 때까지 필요한 항목의 수, 기준 도달 후의 과제(task)에 대한 반응의 정확성과, 그림과 문장이 제시되고 나서 키를 누를 때까지의 반응시간이 측정되었다. 그 결과, 어순에 관해서는 두 그룹에 차이가 보이지 않아, 명시적 설명은 과제의 문장 의미를 이해하는 데에 직접적으로 도움이 되는 지식은 아니다는 사실을 확인하였다. 하지만 접속법에서는 PI군이 기준에 더 빨리 도달하고, 기준 도달 후에도 과제에 대한 반응의 정확성이 상회하여 어순과는 다른 결과가 되었다.

　Fernández(2008) 자신은 어순에 관한 과제는 그림을 선택하기만 해서 명시적 설명의 효과가 그다지 없었는데, 동사의 굴절 과제는 종속절을 듣게 한 후 화면상에서 올바른 주절을 선택하는 것이므로 명시적 설명은 동사의 굴절에 주의를 기울이게 할 수 있을 것이라고 하였다. 또한 동사의 굴절과 같은 잉여 항목에도 주의를 기울여야 하는 케이스는 L1(영어)에도 있기 때문에 L1 처리 전략이 그대로 유효하다. 하지만 어순에서 L2의 최초의 명사를 행위자라고 인식하는 L1처리 전략이 L2에서는 적용되지 않기 때문에 명시적 설명에 L1 전략을 바꿀 정도의 영향력이 없었을 것이라고 보았다. 하지만 2개의 목표언어 형식의 지시적 인풋 활동은, 어순에 관해서는 의미를 처리하여 그림을 선택하는 데에 반해 동사의 굴절은 동사의 굴절이 올바른 주절을 선택하는 과제(task)이므로 과제(task)의 성질이 상당히 달라 단순 비교는 어려워 보인다.

　Fernández(2008)의 추가 검증으로서 Henry, Culman, & VanPatten(2009)이 독일어의 어순(OVS)을 목표언어 형식으로 하여 동일한 실험을 하였다. 독일어에서는 SVO 어순이 기본이지만, OVS도 가능하고 명사의 격 표시에 의해 누가 누구에게 행위를 했는지가 정해진다. 하지만 영어(L1)화자는 격 표시에 주의를 기울이지 않고 최초의 명사가 행위자라고 해석하는 경향이 있다. 학습자에게 부과된 과제는 문장을 듣고 내용과 맞는 그림을 두 가지 선택지 중에서 선택하는 형식이었다. 그 결과, Fernández(2008)와 달리 명시적 설명을 들은 그룹이 자극문을 더 빠르고 정확하게 처리할 수 있게 되어 명시적 설명은 유효했다고 주장하였다. 따라서 VanPatten 등은 PI의 명시적 설명 부분을 배제하기는커녕 오히려 그 유효성을 확립하려고 하는 것으로도 보인다. 제2장에서도 논한 것처럼 명시적 지식이 습득을 촉진하는지의 여부는 아직 논의가 끝나지 않은 문제이다. SLA의 동향에 비추어보면, Henry 등의 연구만으로는 PI에 명시적 설명이 필수적인 요소라고 결론 내리기 어렵다. 메타언어적 설명이 SLA를 유도한다는 실증은 없다. 명시적 설명이 유효한지에 대해서는 언어형식의 난이도와의 상호작용 등을 신중하게 검토할 필요가 있다.

(3) 두 가지 구조적 인풋 활동의 역할

PI에서는 명시적 설명에 이어 2종류의 구조적 인풋 활동(SIA)을 실시한다. 활동에는 목표언어 형식이 포함된 문장을 이해(청해/독해)하면서 'yes/no' 혹은 그림 등의 양자택일로 답하는 지시적 활동과 학습자 자신의 감정이나 의견을 표명하는 정서적 활동이 있다. 지시적 활동은 정답이 존재하지만, 정서적 활동에는 정답이 없다. 전자는 목표언어 형식이 포함된 문장을 듣는다는 의미에서 긍정 증거가, 또한 정답 여부에 따라 피드백이 제공된다는 의미에서 부정 증거가 제공된다. 한편 정서적 활동은 목표언어 형식이 포함된 문장이 제시되기만 하므로 긍정 증거만 제시된다. PI의 명시적 설명은 학습자에게 목표언어 형식에 주의를 기울이도록 촉구하여 의식화의 가능성이 높아진다는 보조적인 역할을 하지만, PI의 절차 안에서 중요한 것은 의미를 처리하면서 효율적인 인풋 처리 전략을 이용하여 의미와 언어형식의 결합을 목표로 하는 SIA이다. 따라서 SIA의 습득 상의 역할을 한층 더 탐구할 필요가 있다.

PI의 명시적 설명 부분을 처음부터 배제하고 SIA와 전통적 지도(TI)를 비교한 일본어 연구가 있다. Lee & Benati(2007a)는 이탈리아의 어학 학교에서 초급일본어를 배우는 이탈리아어(L1)화자 27명을 대상으로 2시간씩 이틀에 걸쳐 SIA 혹은 TI를 실시하고, 사전 테스트/사후 테스트의 결과를 분석하여 타 언어와 동일한 결과를 얻었다. SIA에는 지시적/정서적 활동 양쪽이 포함되었다. 이 연구의 목표언어 형식은 동사 과거형(V-ました)과 현재형 긍정/부정형(V-ます/ません)이었는데, 두 가지 형식 모두 동일한 결과였다. 이 연구에서는 그때까지

의 선행연구와 동일하게 문장 완성 테스트로 측정한 산출 테스트에서 TI와의 차이가 발견되지 않아 Lee & Benati(2007b)는 인풋을 더욱 강화하면 SIA에 한층 영향력이 더해지는지를 조사하였다. SIA군에서는 구두어와 문자 양쪽의 인풋이 제공되었지만, SIA강화군에서는 구두어의 인풋은 목표언어 형식 부분이 커다란 목소리로 강조되어 발음되고, 문자 인풋은 진한 글씨와 밑줄에 의해 강조되었다. 지도 효과는 지도 직후 및 1주일 후에 사후 테스트가 이루어져 측정되었다. 그 결과 SIA군, SIA강화군 모두 해석 테스트, 산출 테스트에서 점수가 향상되었으며, 1주일 후에도 그 효과를 유지했지만 두 그룹 사이에 점수의 유의차는 보이지 않았다는 점을 알 수 있다. 즉, 인풋 중에 목표언어 형식을 특히 강조하지 않아도 SIA에서 충분히 습득에 영향력을 미친다는 사실이 시사되었다.

더 나아가 SIA에 포함되는 2종류의 활동을 구별해서 그 상대적인 효과를 검증하려고 하는 연구도 나왔다. Doughty(2004)는 지시적 활동이 명시적 지식을 이용해서 연습할 뿐이고, 진정한 언어 처리에 필요한 암시적 지식을 발달시키는 연습은 되지 않았을 것이라고 지적하였다. 한편 정서적 활동은 목표언어 형식이 포함된 문장을 학습자 자신의 세계와 연결시켜 이해하고 반응하기 때문에 의사소통 교수법의 취지에는 더 적합하다고 하였다. Marsden(2006)은 PI의 지시적 활동 대신에 언어형식에 그다지 주의를 기울일 필요가 없는 인풋 활동(Marsden은 "enriched input"라고 부른다)을 실시하면 어떻게 되는지를 조사하였다. 대상은 프랑스어를 배우는 13~14살의 영국 중학생 27명이고, 목표언어 형식은 동사의 시제, 인칭, 숫자에 의해 변화하는 굴절 형태소였다. PI군(명시적 설명+지시적 활동+정서적 활동)과의 비교 대조군에는 동일한 명시적 설명과 정서적 활동이 실시되었다. 다른 것은 PI의 지시적 활동을 대신한 활동으로서 "Le chat promène le chien.(고양이가 개를 산책시킨다.)" 와 같은 문장을 듣고, 이것이 보통 있을 수 있는 일인지를 답하는 것과 같은, 언어형식에 주의를 기울이지 않아도 답이 가능한 과제가 제공되었다. PI군과 비교 대조군이 청해, 독해에서 접하는 항목 수는 균등하게 갖추어졌으며 7주에 걸쳐 9.5시간의 지도가 이루어졌다. 그 결과, 비교 대조군은 명시적 설명이 제공되더라도, 언어형식에 주의를 기울일 필요가 없는 인풋을 많이 제공하는 것만으로는 해석 테스트와 산출 테스트에서 모두 테스트 점수의 개선이 보이지 않았다. 따라서 지시적 활동이 역시 학습자가 언어형식에 주의를 기울일 수 있도록 도왔다고 할 수 있다.

Marsden(2006)의 첫 번째 실험은 목표언어 형식을 아직 배우지 않은 학습자가 대상이었는데, 두 번째 실험에서는 목표언어 형식을 이미 학습하여 프랑스어의 숙달도가 더 높은 중학생을 대상으로 한 그룹과 지도를 받지 않은 통제군도 설정하여 동일한 실험을 실시하였다. 프랑스어의 숙달도가 높은 학습자라도 해석 테스트와 구두 산출 테스트 결과는 첫 번째 실험 결과를 거의 지지하는 결과가 되었다. 하지만 동사의 빈칸 메우기와 내러티브 과제로 이루어진 필기 산출 테스트에서는 PI군과 비교 대상군 모두 점수가 향상되었으며, 통제군과 통계적으로 유의한 차이를 나타냈다. 따라서 언어형식에 주의를 기울이도록 조작되었는지에 관계없이 지도가 이미 학습한 명시적 지식을 재활성화시켜, 구두어보다 생각할 시간이 있는 필기 테스트에서는 그와 같은 지식에 접속하기 쉬웠을 것이라고 논하였다. 따라서 지시적 활동 및 정서적 활동의 역할은 학습자의 숙달도나 지도 효과의 측정 방법에 따라서 습득에 미치는 영향력이 다르게 나타날 가능성이 시사되었다.

더 나아가 Marsden & Chen(2011)은 정서적 활동을 실시하면 지시적 활동만을 한 경우보다 지도 효과가 늘어나는지를 조사하였다. 대만 초등학교 6학년 영어학습자 120명을 지시적 활동 그룹, 정서적 활동 그룹, 지시적+정서적 활동 그룹, 지도를 받지 않은 통제군, 이렇게 4그룹으로 나누어 실험을 실시하였다. PI에 일반적으로 포함되는 명시적 설명은 어떤 그룹에도 제공되지 않았다. 목표언어 형식은 학습자가 아직 배우지 않은 과거형 -ed이다. 컴퓨터 학습을 약 2시간 반(40분을 4회) 동안 실시하였다. 연습하는 항목 수는 동일한 개수로 학습이 설계되었으나, 지시적 활동 그룹에서는 목표언어 형식을 포함하지 않은 문장 몇 개를 제시하고 그것과 비교하게 함으로써 목표언어 형식을 도입하였다. 지도 효과는 시간제한이 있는 문법성 판단 테스트와 사후 자기 보고, 빈칸을 메우는 방식의 필기 산출 테스트로 측정하였다. 또한 학습에 적극적으로 참가했다고 교사가 판단한 학습자 중에서 37명을 선택해서 과거 행동이 묘사된 그림 묘사 과제와 구조적 인터뷰(어제 한 일을 말하기)와 사후 자기 보고를 하도록 하였다. 자기 보고는 테스트 때에 규칙을 사용했는지, 규칙을 생각했는지의 여부 등 명시적 지식의 사용을 조사하기 위한 것이다.

분석 결과, 지시적 활동만을 한 그룹과 지시적 활동+정서적 활동 그룹 양쪽 모두 문법성 판단 테스트로 살펴본 바, 지도 효과 크기가 컸다는 사실이 밝혀졌다. 그리고 두 그룹은 문법성 판단 테스트와 빈칸 메우기 테스트 점수의 상관이 높았지만, 정서적 활동만을 한 그룹과 통제군에서는 그와 같은 상관이 보이지 않았다. 또한 자기 보고에서 규칙을 적용하였다고 응답한 학습자일수록 테스트의 득점이 높았다고 한다. 문법성 판단 테스트는 시간제한을 설정하여 암시적 지식을 끌어내려고 하였지만, 실제로는 명시적 지식을 이용한 학습자일수록 점수가 좋다는 결과를 얻었다. 정서적 활동만을 한 그룹은 통제군과 동등한 수준의 점수였다. 따라서 정서적 활동에서 긍정 증거를 제공하기만 해서는 습득으로 연결되기가 어려워 보인다. 언어산출 테스트는 암시적 지식의 측정을 목표로 한 것이었는데, 관련해서 강력한 증거는 발견되지 않았다. Marsden & Chen(2011)은 PI에 명시적 설명은 불필요하지만, 지시적 활동을 통해 명시적 지식이 나오고, 명시적 지식은 적어도 학습 초기 단계에서는 짧은 개입이라면 유익하다고 논하였다.

SLA 연구에서는 명시적 설명은 쉬운 규칙이라면 단기적 효과가 있지만 복잡한 규칙에는 그다지 효과가 없다고 한다. 또한 쉬운 규칙이라면 학습자 자신이 규칙을 발견하고 지도가 암시적 학습을 의도하였다 하더라도, 학습자가 규칙을 발견한 시점부터 명시적 학습이 될 가능성도 있다(제2장을 참조). Marsden & Chen의 연구는 바로 이러한 사례로 과거 사건에 −ed를 붙인다는 것은 쉬운 규칙에 들어갈 것이다. 여기서는 인풋 활동의 문장은 불규칙 동사를 배제한 문장을 제시하였으며 지도 효과를 측정하는 테스트에서도 그림이나 구조화 인터뷰에서 사용되는 동사가 상당히 조정되었다. 따라서 학습자가 현재형과 과거형의 비교를 통해 목표언어 형식이 도입되었을 때 바로 규칙을 형성해서 이것을 적용하여 인풋 활동을 실시하였다고 할 수 있다.

SLA 연구에서는 Norris & Ortega(2000)의 지도 효과를 조사한 선행연구의 메타분석 이후, 실험에서는 독립변수인 지도 기술의 절차에 여러 변수를 포함하지 않고, 비교하고 싶은 오직 하나의 변수를 비교하는 방법이 장려되었다. 하지만 PI에는 명시적 설명, 지시적 활동, 정서적 활동이라는 다른 요소가 포함되어 그러한 모든 절차를 실시하며 다른 지도 기술과 비교하는 연구가 많았다. 자주 비교되는 전통적 지도도 다양한 절차가 포함되었으며, 지도 기술의 단위라기보다 교수법의 단위로 비교가 된 연구가 많다. PI의 모든 요소를 포함한 실증연구가 현장에 더욱 가까워 그와 같은 응용연구도 필요하지만, SLA의 실증연구로서는 변수를 더욱 좁히는 엄밀함이 요구된다. 그러한 의미에서는 앞서 기술한 Fernández(2008)와 같은 온라인 처리를 직접 측정한다는 새로운 연구기법이 도입되거나 Marsden & Chen(2011)과 같이 변수 각각의 효과를 차별화하여 탐구하는 연구가 향후 더욱 필요하다.

(4) 인풋 vs. 아웃풋

인풋이 인지된 정보가 되는 처리 과정(process)을 강화하여 습득에 영향을 주고자 하는 인풋 처리 지도는 전통적 지도와 비교하면 효과가 있는 것처럼 보인다. 실험에서 인풋 처리 지도와 비교되는 전통적 지도에서는 언어형식에 관한 규칙을 설명하고, 문맥을 무시한 기계적인 연습이 포함된다. 따라서 더욱 의미 중심의 아웃풋 지도를 실시한 경우에 인풋 처리 지도와 비교하여 어떤 상대적인 효과의 차이가 있는지를 조사하는 일은 의미가 있다고 할 수 있다. VanPatten(1996) 자신도 인풋 처리뿐만 아니라, 형성 단계에 있는 언어체계로의 접속을 촉진한다는 의미에서 아웃풋 처리의 필요성을 인식하였다. 실증연구에서는 인풋 처리 지도(PI)에 대해서 의미 있는 문맥에서 전달을 위해 목표언어 형식을 이용하는 '의미중심의 아웃풋 지도(meaning-based output instruction: MOI)와 비교되었다.

예를 들면 Farley(2004b)는 영어모어화자에게 습득이 상당히 어렵다고 하는 스페인어 접속법(subjunctive)의 동사 굴절을 목표언어 형식으로 선택하여 129명의 미국 대학생을 대상으로 PI군과 MOI군의 비교 실험을 하였다. 양 그룹에는 자료를 통해 언어형식의 동일한 명시적 정보가 주어졌다. PI군의 인풋은 지시적/정서적 활동 양쪽을 포함하며, MOI군도 그에 상당한 아웃풋 활동이 설계되어 어휘나 목표언어 형식의 항목 수가 동등해지도록 통제하였다. 지도 효과 측정에는 종속절을 듣고 주절을 선택하는 해석 테스트와 주어진 동사를 적절한 형태로 바꾸는 산출 테스트가 이용되었으며, 사전 테스트와 지도 직후, 2주일 후의 2회의 사후 테스트가 실시되었다. 그 결과, 지도 효과의 패턴은 둘 다 동일하고, 해석 테스트, 산출 테스트 모두 지도 효과가 보이며 그 효과를 2주일 후에도 유지하고 있다는 사실이 밝혀졌다. 따라서 전통적인 지도를 통한 아웃풋과 다르게, 의미 중심의 아웃풋 활동과 비교하면 PI의 우위성은 증명할 수 없었다. Farley 자신은 이 결과의 해석에 대해 의사소통 과제에서는 다른 학습자의 아웃풋이 인풋 역할을 했기 때문일 것이라고 논하였다.

Farley(2004b) 이외의 PI와 MOI 비교를 한 실증연구 결과는 일관되지만은 않았다. Benati(2005)는 영어 과거시제에 대해서 PI와 전통적 지도(TI)와 MOI의 비교를 실시하였다. 피험자는 중국인 37명, 그리스인 30명의 초등학교 아동이며, 각각 자국에서 영어를 배우는 학습자로 각각을 3개 그룹으로 배분하였다. 이 연구에서 해석 테스트는 PI가 우수하고, 산출 테스트는 3개 그룹 모두가 동등한 점수 향상을 보였다. 단 Benati는 지연 테스트를 실시하지 않았기 때문에 지속효과는 불분명하다. 또한 Morgan-Short & Bowden(2006)은 스페인어의 목적격 대명사에 대해서 스페인어 이수 1학기째의 대학생(L1 영어)을 대상으로 PI, MOI, 지도를 받지 않은 통제군을 비교하였다. 그 결과, 사전 테스트(해석/산출)와 비교하면 PI와 MOI 2그룹 모두 2개의 사후 테스트에서 점수 향상이 보였지만, 산출 테스트에 대해서는 직후 테스트의 MOI군과 통제군의 차이만이 통계적으로 유의하였다. 또한 MOI군은 해석 테스트와 산출 테스트에서 2주일 후의 지속효과는 보이지 않았다. 이 결과에 타당성이 있다고 한다면, 역시 습득에는 인풋 처리 지도를 통해 인풋에서 인지된 정보가 되는 과정에 충분히 시간을 들이지 않으면 지속효과가 없게 된다.

　　인풋 처리와 아웃풋 처리의 비교는 연구마다 목표언어 형식이나 피험자의 연령 등이 다르기 때문에 비교가 어려운데, Farley(2004b)가 논한 것처럼 교실에서 시행하는 실험은 아웃풋 활동이라도 타자의 아웃풋을 인풋으로서 듣는 기회가 생겨, 순수하게 아웃풋만이 있는 활동이 되지 않았을 가능성이 있다. 따라서 Lee & Benati(2007b)는 교실 기반의 PI와 MOI, 및 컴퓨터를 통한 PI와 MOI 이렇게 4개의 실험군을 비교하였다. 컴퓨터 실험으로 한 이유는 일관성 있는 처리를 제공할 수 있기 때문이다. 그리고 이탈리아어와 프랑스어의 접속법을 목표언어 형식으로 하고 각각 실험을 실시하여 사전 테스트와 사후 테스트에서 효과를 측정하였다. 그 결과, 양 언어 모두 해석 테스트에서는 PI가 더 우수하고 MOI에서는 사전 테스트에서 점수가 그다지 개선되지 않았으나, 산출 테스트에서는 동등한 효과가 발견되었다. 교실 기반과 컴퓨터 학습 모두 결과는 동일하였다. 단, 지연 테스트는 실시하지 않았다.

　PI 연구와는 조금 다른 측정 방법을 이용하여 Toth(2006)가 동일한 연구과제에 임하였다. PI 연구에서는 보통 해석 테스트와 산출 테스트가 이용되지만, Toth는 해석 테스트 대신에 문법성 판단 테스트를 이용하였다. 교실습득연구에서는 문법성 판단 테스트의 타당성을 문제시하는 목소리가 크지만, 한편으로 다른 테스트와의 상관성이 높은 결과를 나타낸 연구(Gass, 1994; Leow, 1996 등)가 있기 때문에 Toth는 이 테스트가 형성 단계에 있는 중간언어의 근저에 있는 언어지식을 반영한다고 간주하여 채택했다고 설명하였다. 테스트는 문법성 판단 테스트에 더해, 한 문장 수준의 그림 묘사(필기) 테스트가 이용되었다. 피험자는 미국에서 스페인어(L2)를 배우는 대학생 80명으로 PI군과 의사소통적 기반의 아웃풋 과제(CO)군과 통제군으로 나누고, 스페인어의 반사동형(anticausative,逆使役形)을 목표언어 형식으로 실험을 실시하였다. CO군의 학습은 강요 아웃풋(pushed output) (Swain, 1985)을 하는 의미 중심의 교실 전체 활동이다. 이 연구에서는 CO군이 아웃풋 중심의 활동이라고는 하지만, 교실 전체의 지도에서는 교사나 다른 학습자의 아웃풋, 혹은 교사의 피드백에서 인풋을 받는 일은 당연하다고 파악하고 분석하였다. 또한 실험군의 학습을 비디오로 녹화하여 교실에서 무엇이 일어났는지도 질적으로 분석하였다.

　그 결과, 2개의 실험군은 통제군과 비교하면 산출 테스트에서는 지도 후에 크게 향상이 되었으며, 사전 테스트와 직후 테스트의 차이는 통계상으로도 유의하였다. 하지만 2개 실험군 모두 직후 테스트부터 지연 테스트(지도가 이루어지고 나서 24일 후)에 걸쳐서 점수가 하락하였으며, 그 차이도 통계상으로 유의하였다. PI군과 CO군의 점수는 동일한 변화의 패턴을 보였지만 CO군이 상회하였다.

또한 문법성 판단 테스트에서는 2개 실험군이 직후 테스트에서 점수가 향상되었고 지연 테스트에서 약간 점수가 하락했지만 통계상 유의할 정도는 아니었다. CO군은 직후 테스트와 지연 테스트에서 PI군과 통제군과의 차이가 통계상 유의하였지만, PI군과 통제군 사이에는 유의차가 나타나지 않았다. 따라서 문법성 판단 테스트에서는 전체적으로 CO가 PI보다 우수하다고 할 수 있다. 또한 실험군의 비디오 녹화를 질적으로 분석하여, Toth는 CO군의 학습은 학습자가 스스로 전달하고 싶은 내용을 문법적으로 부호화하려고 하는 점에서 학습에 대한 기여가 크고, 교실 내의 인터액션에서 우발적으로 인풋을 얻거나 교사로부터의 피드백을 통해 발판지원(scaffolding, 학습자에게 적절한 안내를 하여 다음 단계로 나아갈 수 있도록 학습을 촉진시키는 전략, 역주)이 일어나거나 하는 가운데, Swain(1985)이 아웃풋 역할의 하나로서 제시한 메타언어적 성찰(reflection)을 촉구한 것이라고 하였다.

　Toth의 실험 계획은 잘 짜여져 있고, 질적 양적으로도 분석이 이루어졌으며 상당히 강력한 증거를 제시한 것처럼 보인다. 하지만 Toth의 2개 실험군은 7일간의 지도 중 사전 테스트와 직후 테스트가 포함되는 1일째와 7일째를 제외한 수업이 매일 복습으로부터 시작되어 명시적 설명이 5~10분 있고, 그 후 30~35분의 인풋 혹은 아웃풋 활동을 실시한 점이 문제이다. 또한 교과서의 명시적 설명을 읽어오라고 학습자에게 권하고 있다. 따라서 활동 자체는 의미를 중시하였지만, 반사동형(anticausative)이 단계적으로 매일 조금씩 도입되어 설명이 제공되었기 때문에 명시적, 연역적인 통합적 접근법의 FonFS에 빠져있을 위험성도 있다. 명시적 설명이 매일 같이 제공되고, 사전 테스트에서도 문법성 판단 테스트를 받으면 PI군이든 CO군이든 학습자는 메타언어적 지식이 중요하다고 인식하고 그것을 이용하여 활동에 참가했을 가능성이 높다. 사전 테스트 후 시간을 주지 않고 지도를 시작하는 점도 학습자가 목표언어 형식을 의식하게 하는 하나의 원인이 되었을 것이다. Toth(2006)의 실험군은 양쪽 모두 24일 후의 지연 테스트까지 효과가 그다지 지속되지 않았다. Toth의 정의에 의한 PI군과 CO군은 언어를 처리하는 심적 과정에 약하게 작용했을 가능성도 있다. 어찌 되었든 향후에는 명시적 설명을 배제하고, PI의 구조적 인풋 활동과 의미 중심의 아웃풋 활동을 비교하여 상대적인 효과를 발견할 필요가 있다.

그 외에도 Qin(2008)이 중국 대학생의 EFL 학습자를 대상으로 영어 수동태를 목표언어 형식으로 하여 PI와 딕토글로스(단기간에 집중력을 극대화해 글쓰기 기능을 향상시키는 과정, 역주)를 비교하였다. PI는 인풋 기반의 FonF이고, 딕토글로스는 읽어준 텍스트를 짝을 이루어 재구성하는 아웃풋 기반의 FonF이다. 지도 직후에는 PI가 이해 과제에서 딕토글로스보다 우수하고, 딕토글로스는 산출과제에서 PI보다 뛰어났지만 1개월 후에는 2개 실험군의 차이는 없어졌다. 단 2개 실험군 모두 사전 테스트와 직후·지연 테스트의 점수 사이에 유의차가 보이고 지도 효과가 있었다. SLA에는 인풋과 아웃풋이 필요하며, 각각이 하는 역할이 다르다고 볼 수 있어서 습득의 어떤 측면에 인풋이나 아웃풋이 어떻게 기능하는지를 향후에도 탐구해 나갈 가치가 있다.

2.1.3 문제점과 향후 과제

VanPatten(2002a)은 Language Learning(Vol.52, 4) 중에서 그때까지의 다양한 비판에 응답하는 형태로 PI에 관한 연구 성과를 종합하였지만, 동 저널은 그것에 더해서 PI에 대한 비판(DeKeyser, Salaberry Robinson, & Harrington, 2002), 더 나아가 그에 대한 VanPatten(2002b)의 반론 코멘트도 동시에 게재하였다. DeKeyser et al.(2002)의 비판은 VanPatten의 '주의' 모델이 현재의 인지심리학의 이론 틀에서 이탈했다는 점과 인풋 처리 과정에 대해서 심리언어적으로 타당성 있는 설명이 이루어지지 않았다는 문제점을 지적하고 있다. Van-

Patten의 일련의 연구는 학습자의 주의 자원에는 용량에 제한이 있고, 언어형식과 의미 사이에 이율배반적인 관계(trade-off)가 생기므로 언어형식과 의미 양쪽에 주의를 기울이기 어렵다는 견해가 전제되었다. 따라서 인풋 처리에서는 주의가 먼저 의미를 향하기 때문에 언어형식이 처리되기 어렵다고 할 수 있다. 하지만 제2장의 1, 2에서 기술하였듯이 지금은 용량 제한이라는 견해가 무효하고, 주의 제약은 과제 간의 주의 변화의 시간적 제약에서 오는 것으로 파악되고 있다(Robinson, 2003). 또한 VanPatten은 의미 처리와 언어형식 처리를 이중과제로 보고 있지만, DeKeyser et al.(2002)에 따르면 의미 처리와 언어형식 처리는 동일 언어적 부호화 자원 풀이 사용되며, 양자를 동시에 처리하는 일은 가능하다고 한다.

더 나아가 내용어와 기능어를 처리할 때 다른 처리를 한다고 하는 VanPatten의 인풋 처리의 원리에도 의문이 제기되었다. VanPatten은 '의미'에는 문장 전체의 의미와 각각의 단어가 나타내는 지시적인 의미(실제 세계의 의미적 개념)가 있고, 내용어는 지시적인 의미의 주요 자원이지만, 기능어는 언어형식과 의미의 매핑(mapping)이 필요하다고 하였다. 하지만 DeKeyser et al.(2002)은 VanPatten의 주장대로 인풋을 처리할 때 내용어와 기능어를 구별한다고 하면 문장을 처리하기 이전에 그들을 구별하기 위한 전 단계가 필요하게 되지만, 현행 문장 해석 모델과 비교해 보아도 그와 같은 과정은 존재하지 않는다고 논하였다. 예를 들면 문장 해석에 관한 경합모델(Bates & MacWhinney, 1989)에서도 인간은 문장을 이해할 때 경합하는 단서(cue)로서 어순이나 격 표시나 명사의 유생성 등을 들었지만, 내용어와 기능어가 경합하지는 않는다. 이와 같이 VanPatten의 모델은 현행 인지심리학의 이론에서 보면 인풋 처리에 관해서 심리언어적으로 적절한 설명이 충분히 이루어지지 않았다는 비판을 받는다.

그 외에도 Doughty(2004)는 VanPatten의 연구에서 영어화자가 최초의 명사를 주어로 해석하는 L1 처리 전략은 L2로 전이하기 쉬워 지도 대상으로서 적절하지만, 그 이외의 언어형식은 단지 학습자에게 많이 보이는 오류에서 선택된 것으로 처리상의 문제가 아닐 것이라고 지적하였다. 또한 Doughty(2003)는 지금까지의 교실습득연구를 종합한 결과, 선행연구는 습득 속도, 과정, 최종적인 도달도에 관해서 많은 사실을 밝혀왔지만, 습득과정, 특히 인풋을 어떻게 처리할지와 같은 메커니즘의 연구가 부족하다고 논하였다. 그중에서 VanPatten의 연구가 인풋 처리의 문제를 다룬 점을 평가하지만, 인풋 처리 지도는 L2 학습자의 처리상의 문제를 더 다루어야 한다고 논하였다. 또한 Doughty(2004)는 최초의 명사를 행위자로 해석하는 처리 전략 이외의 언어형식을 지도 대상으로 한 연구를 종합하면서, PI 연구의 결과는 다른 처리 전략에도 일반화할 수 있을 것 같지만, 최근 PI 연구가 VanPatten의 초기의 일련의 연구(VanPatten & Cadierno, 1993a, b등)에서 조금씩 이탈하여 구조적 인풋 활동이 자칫하면 메타언어적인 연습이 되는 경향(Benati, 2004a; Farley, 2004a, b; Wong, 2004b 등)이 있다는 점을 문제시하였다.

이와 같이 PI 연구는 이론적인 틀의 문제점이나 실증연구 시의 PI 설계 등 다양한 비판을 받게 되었다. 하지만 근래에 들어 이전보다 더욱 인풋 처리 과정의 해명이 SLA의 중요한 과제가 되었기 때문에, 인풋 처리 지도에 관한 연구는 지금도 확장되고 있다. 예를 들면 인풋 처리 지도가 진정한 의미에서 SLA에 영향력이 있다는 사실을 증명하기 위해서는 지속효과를 제시해야 하는데, 지도가 이루어지고 나서 8개월 후의 학습자를 추적 조사하려고 한 연구(VanPatten & Fernández, 2004)나 특정 처리 전략의 훈련을 받은 학습자가 다른 언어형식에 대해서도 그 전략을 전이시킬 수 있는지를 탐색한 연구(Benati & Lee, 2008) 등도 나왔다. 또한 VanPatten 자신도 이해에서 통사, 형태소, 어휘에 걸치는 모든 '처리(processing)'와 통사적 조작만을 가리키는 '해석(parsing)'을 구별하여

L1과 L2 처리 및 해석의 프로세스를 탐구하는 연구도 하고 있다(VanPatten & Jegerski, 2010a).

 인풋 처리 지도 연구는 앞으로 SLA에 공헌을 기대할 수 있는 잠재성을 내포하고 있는데, 향후 연구과제로서 다음과 같은 점을 생각할 수 있다. 먼저 첫 번째로 인풋 처리 지도의 절차를 재고할 필요가 있다. SLA의 '전이 적절성 처리의 원리'와 비교해서 생각해 보면, 암시적 시스템의 도움을 받은 언어 처리에는 암시적인 학습이 효과가 있다고 할 수 있다. 또한 이와 같은 효과를 탐구하는 연구도 부족하다고 한다. 하지만 인풋 처리 지도는 초기 VanPatten 등의 연구에서 조금 벗어나서 따라오는 다른 연구에서는 실험 설계가 명시적, 연역적인 FonFS에 빠지기 쉬운 경향이 보인다. 실증연구에서는 명시적 설명, 구조적 인풋 활동, 피드백 등 다양한 요소가 포함되는 경우가 많아서 변수를 엄밀하게 좁혀서 비교할 필요가 있다. 두 번째로 근래에 조금씩 증가하는 인풋 처리 과정 그 자체의 연구(Rast, 2008; VanPatten & Jegerski, 2010b 등)와 인풋 처리 지도의 역할을 연결시켜 학습자의 인풋 처리 질을 어떻게 높일 수 있는지를 탐구해야 한다. 처리 과정의 해명이 진행되면, 어떤 측면에 작용했을 때 SLA가 더 효율적으로 촉진되는지, 또한 어떤 처리상의 문제를 지도 대상으로 하면 좋을지가 더 명확하게 될 것이다.

2.2 시각적 인풋 강화

2.2.1 이론적 배경

 습득을 유도하기 위한 언어자료로서 유용한 인풋은 학습자가 해당 인풋에서 언어형식과 의미/기능의 관계를 분석하고 그 정보를 머릿속에 내재화할 수 있도록 제시되어야 한다. 인풋 강화(Input Enhancement)란 목표언어의 언어적 특징을 두드러지게 하여 지각적 탁월성(perceptual saliency)을 높이고 학습자에게 인식되도록 인풋을 조작하는 교사 측의 교육적 시도(Sharwood Smith, 1991, 1993)를 말한다. 앞에서 서술한 바와 같이 FonF(Long, 1991)가 제안되기 이전에는 부정 피드백 등 학습자의 주의를 특정 언어형식에 기울이게 하는 지도 기술을 총칭해서 '인풋 강화'라는 단어가 사용되었던 시기도 있었다. 하지만 FonF가 의미 있는 문맥에서 교육적 개입을 한다는 사실을 전제로 한 점에서 '인풋 강화'가 한층 확대된 개념이 되었기 때문에 '인풋 강화'는 더 제한된 의미로 쓰이게 되었다. 예를 들면 음성언어에서는 교사가 인토네이션이나 소리의 크기 등에서 특정 언어형식을 강조하는 방법이 있다. SLA에서 가장 많이 연구되는 대상은 작성된 텍스트의 특정 부분을 진한 글씨, 기울인 서체, 폰트 확대, 밑줄, 글자색, 도형 안에 글자 넣기 등으로 강조하는 시각적 인풋 강화(visual/textual/typographical input enhancement)이다. 이것은 텍스트의 의미를 이해하는 작업 속에서 이루어지기 때문에 언어형식과 의미/기능을 통합한 방식으로 교육적 개입의 정도가 비교적 자연스러운 방법으로 여겨졌다.

문자·부호를 조작하는 방식은 최근에 시작된 것은 아니다. SLA 연구에서 검증되기 이전부터 사회과나 이과의 교과서에서 키워드를 진한 글씨로 하거나 외국어 교과서에서도 문법 항목에 밑줄을 치거나 에워싸거나 하여 눈에 띄게 하는 방식은 일반적으로 이루어졌다. FonF 노선의 SLA 연구에서는 내용적인 키워드가 아니라 특정 언어형식을 강조하여 읽기의 의미 이해 과정을 저해하지 않고 L2 습득을 촉진하는 것이 초점이 되었다. 제2장의 제2절에서 다룬 언어 처리의 모델(Levelt, 1989, 1993)에 따르면 형태소는 심적 어휘집에 저장될 필요가 있고, L2에서는 학습자의 그 시점의 처리 시스템에서 대응하는 어휘가 없다고 알아차린 경우에 심적 어휘집에 새로운 표제어가 작성된다. 특히 일본어와 같은 교착어의 형태소는 심적 어휘집의 표제어에 저장되어야 한다고 여겨진다(Di Biase & Kawaguchi, 2002). 또한 Levelt 모델에서는 어휘에는 통사적 정보도 포함된다고 간주된다. 형태소를 포함한 어휘 습득도 언어형식과 의미/기능의 계속적인 매핑(mapping)을 필요로 하는 복잡하고 점진적인 과정이다(Nation, 2001).

시각적 인풋 강화에서 심리언어적인 타당성을 찾아낸다고 하면, 어휘 습득과 동일하게 파악하여 설명이 가능하다고 할 수 있다(小柳 2004c를 참조). Levelt의 언어 처리 모델은 L2의 어휘 처리에도 적용되어, de Bot, Paribakht, & Wesche(1997)나 Nation(2001)은 이 모델을 토대로 학습자가 동일어를 다양한 문맥에서 반복하여 접하는 것이 중요하다고 논하였다. 즉 높은 빈도로 제시됨으로써 형식과 의미/기능의 매핑(mapping)이 강화된다는 말이다. Kroll & Groot(1997)는 SLA의 초기단계에서는 형식과 의미의 결합이 불안정하므로 학습자는 L1의 어휘 지식에 의지해야 하지만, 거기에서 한층 의미 있는 문맥에서 끊임없이 매핑(mapping)을 함으로써 L2의 심적 어휘집이 확립된다고 보았다. 또한 de Bot et al.(1997, p.315)은 어휘 습득을 촉진하는 세 가지 조건을 들었다.

(1) 단어는 학습자에게 흥미를 갖게 하고 학습 가능하다고 생각하게 해야 한다.
(2) 제시되는 문맥은 이해하는 데에 적절한 정보를 제공해야 한다.
(3) 어휘는 충분히 처리되어야 한다.

Levelt의 모델과 비교하여 de Bot et al.(1997)은 읽기에서 추론의 과정에도 관심을 기울여 학습자가 모르는 어휘를 만났을 때 어떤 일이 일어나는지를 논하였다. 학습자가 어떤 단어를 모르는 어휘라고 간주하는 데에는 몇 가지 이유가 있다. 예를 들면 쓰여진 단어의 형태를 본 적이 없거나, 표제어와 어휘소가 반드시 1대1 대응이 아니라는 사실을 알아차린 경우에 표제어를 활성화시키는 충분한 정보가 주어지지 않았다고 판단하기 때문이다. 이때 충분한 문맥의 단서가 있으면 의미를 추측할 수 있다. 또한 어휘소(문자)가 익숙하지 않으면 다른 문맥에서 몇 번이고 더 접함으로써 표제어의 정보를 정교화해 간다고 할 수 있다.

하지만 단어의 추론(word inferencing)은 학습자에게 쉬운 과제가 아니다. Laufer(1997)는 단어 추론에 관한 연구를 개관하고 L2의 독자가 문맥의 단서를 사용하는 등 L1의 읽기 전략을 L2에 전이할 수 있으려고 기본어휘로서 약 3000단어의 근간어와 그 파생어, 즉 5000개의 어휘 항목을 가지고 있어야 하며, 또한 새로운 단어의 의미를 제대로 추론하기 위해서는 텍스트의 어휘 항목의 거의 95%가 이미 알고 있는 단어일 필요가 있다(Liu & Nation, 1985)고 하였다. Fraser(1999)는 사고 발화 프로토콜 분석을 해서, 조사하거나 추론하는 전략은 효율적인 독해로 연결되는 것처럼 보이지만 영어를 배우는 프랑스어화자는 익숙하지 않은 단어를 접해도 그 의미를 추론하지 않고 그 절반은 지나친다는 사실을 발표하였다(동일한 결과는 Paribakht & Wesche, 1999에도 발표됨). 하지만 Gass(1999)는 언뜻 지나친 것처럼 보인 단어가 반드시 무시되었다고는 할 수 없고, 또 다른 처리에 이용해야 하는 기억에 등록될 가능성도 있다고 지적하였다.

어휘(또는 형태소)의 정교화 처리에서, 목표 단어는 상황의 단서나 배경 지식을 이용하면서 다른 단어와 관련을 맺고 장기 기억에 표상과 표상의 새로운 결합 관계가 형성되어 간다(Graf, 1994; Mandler, 1980, 1988). 그리고 어떤 문맥에서 특정 단서가 주어져 형성된 표상 덩어리(unit) 일부가 활성화되면 연결된 다른 표상이 동시에 활성화된다고 여겨진다. 이 과정에는 잠재 기억이 관련되어 있고, 별다른 지시가 없어도 자동으로 과거 학습경험의 효과가 나타나 관련된 단어들이 하나의 덩어리가 되어 한 번에 활성화된다고 본다. 따라서 이 연결된 표상 덩어리는 학습 효과의 지속성면에서 중요한 기반이 된다. Graf(1994)는 더 나아가 익숙한 단어는 지각적 특징의 아주 일부가 상향식(bottom-up) 처리되는 것 만으로 기존의 표상을 활성화할 수 있지만, 익숙하지 않은 항목은 지각적 특징을 집중적으로 처리할 필요가 있다고 하였다. 또한 익숙한 항목을 집중적으로 처리시키는 데에는 일반적이지 않은 새로운 형식으로 제시할 필요가 있다고 하였다. 이와 같은 것이 곧 시각적 인풋 강화의 유효성을 시사하고 있다고 할 수 있다.

정교화 처리에는 다양한 문맥 안에서 목표어를 제시할 필요가 있지만, 또한 일정 기간 내에 높은 빈도로 집중적으로 제시해야 한다. Manza, Zizak, & Reber(1998)는 암시적 학습의 순수 노출 효과(mere exposure effect) (Zajonc, 1968)를 근거로 강제되지 않고 반복 자극에 노출된 결과, 인간은 특정 자극에 대한 정서(情意)를 증가시킨다고 논하였다. Zajonc 이후 선화(線画), 중국의 표의문자, 다각형 등에서 검증되어 그 효과가 실증되었다고 한다. Bornstein(1989)의 메타분석에 의하면 피험자는 최초의 노출에 의식적인 인식을 동반하지 않아도 새로운 자극보다도 기지 자극에 더욱 강한 정서적 판단을 보인다는 사실이 알려졌다. 인공언어의 문법 구조 규칙에서도 Gordon & Holyoak(1983)가 암시적 학습과 연결지어 검증해, 피험자는 익숙한 문법 규칙에 따른 항목에 자극에 대한 선호도를 더 발달시킨다는 사실을 보여주었다. 따라서 규칙을 가르치는 명시적 학습과 달리, 암시적 학습에서는 단순 노출 효과의 원리에 의해 높은 빈도로 접함으로써 구조화된 자극에 대한 선호도를 발달시키고, 규칙적인 구조 패턴을 발견해 가는 과정을 촉진할 가능성이 있다.

2.2.2 실증연구

시각적 인풋 강화는 독해 과정에서 의미를 처리하면서 언어형식에도 주의를 기울이게 할 수 있으며, 교사가 미리 준비할 수 있다는 점에서 FonF의 지도 기술로서 연구되었다. 초기 연구로서 Doughty(1991)가 영어 관계대명사에서 규칙 중시와 의미 중시의 지도 효과를 조사하였다. 본래는 '교실 지도가 차이를 만들어 내는가'라는 연구과제를 검증하기 위해 설계되었는데 시각적 인풋 강화의 효과를 조사하려고 한 것은 아니지만, 의미 중시 지도에 이 지도 기술을 도입하였다. 이 실험에서 피험자는 컴퓨터 화면상에서 독해 텍스트를 보게 된다. 규칙 중시군은 읽으면서 관계대명사에 대한 규칙 설명이 주어진 데에 반해 의미 중시군은 관계절 부분이 하이라이트(=시각적 인풋 강화)가 되어 있는 텍스트를 읽으면서 단어 의미를 다른 말로 바꾸어서 알기 쉽게 풀이한 것 등과 같은 의미 설명이 주어졌다. 그 결과 규칙 중시군과 동일하게 의미 중시군도 그림 묘사 테스트는 관계대명사의 문장 산출에서 통제군보다 뛰어난 언어운용력을 보여주었다. 따라서 언어형식에 초점을 둔 지도는 의미 중시의 지도 틀 안에서도 실현할 수 있다는 점이 제시되었다. 더구나 의미 중시군은 지도 직후의 독해 텍스트의 이해에서는 규칙 중시군보다 뛰어났다. 이것은 의식적으로 언어형식에 주의를 지나치게 기울이면 학습자는 의미를 처리할 수 없게 된다는 사실을 보여주고 있다.

텍스트의 시각적 인풋 강화의 연구 초기 실증 예로서는 Jourdenais Ota, Stauffer, Boyson & Doughty(1995)나 Leeman, Arteagitia, Fridman & Doughty(1995)가 있다. 내용 중심(여기서는 역사)의 스페인어 수업에서 동사의 과거형(preteit)과 미완결형(imperfect)을 목표언어 형식으로 해서 폰트의 크기를 확대하고 강조한 텍스트를 읽은 그룹과 강조하지 않은 텍스트를 읽은 그룹을 비교하였다. Jourdenais et al.의 사고 발화법(think-aloud) 분석에 의하면 언어형식을 강조한 텍스트를 읽은 그룹은 강조하지 않은 텍스트를 읽은 그룹보다 목표언어 형식에 대한 주목(気づき)의 빈도가 높다는 사실을 알 수 있었다. 또한 Leeman et al.에서는 폰트로 강조한 텍스트를 미리 읽은 그룹은 그 후의 자발적인 언어산출 활동(task), 특히 디베이트에서 목표언어 형식의 정확한 사용이 증가한 사실도 입증되었다. 단 Leeman et al.에서는 시각적 인풋 강화뿐만 아니라, 스페인어 시제가 어떻게 나타나는지에 착목하도록 하는 지시나 텍스트를 읽은 후의 토론 속에서 오류에 대한 교정적 피드백이 포함되어 있어서, 순수하

게 시각적 인풋 강화만의 효과를 조사한 실험은 아니다.

그 외에도 J. White(1998)는 프랑스어(L1)화자의 영어(L2)습득에서 캐나다 초등학교 6학년을 대상으로 기존의 6개 교실을 이용해서 실험을 진행하였다. 프랑스어화자는 영어 소유 인칭대명사의 습득에 어려움을 보였으며, 또한 어떤 일정한 발달단계가 있다는 사실이 알려졌다(Zobl, 1983, 1985 등). 프랑스어는 인칭대명사의 젠더를 수식하는 명사의 젠더에 일치시키지만, 영어는 주어의 젠더에 일치시킨다. 프랑스어화자가 영어를 배울 때 후속 명사가 물건일 경우는 그다지 어렵지 않지만, 특히 '아버지' '어머니'와 같은 친족 단어를 수식할 때 어려움을 느낀다고 하였다. 10시간 분의 독해 패킷(packet)을 작성하여 2주일에 걸쳐 6개의 단원으로 구성된 독해교재를 제시하고, 인풋 강화 교재에 더해 그 후 5개월간 다독, 다청 활동과 관련된 E+군, 인풋 강화만을 한 E군 및 인풋 강화가 되지 않은 동일한 교재를 읽은 U군과 비교하였다. 그 결과 E+군이 특히 지연 테스트에서 다른 그룹보다 점수가 높았지만, 3개 그룹 간에는 통계적인 유의차는 보이지 않았다. 또한 한편으로 그룹 내에서도 도달하는 발달단계에 개인 격차가 크다는 사실도 밝혀졌다. 테스트에서 유의차가 보이지 않은 이유로서 인풋 강화의 유무에 관계없이 다지선다 테스트에서 his와 her의 대비를 보게 함으로써 인풋 강화를 받지 않은 학습자에게도 지각적 탁월성이 증가했을 가능성이나, 학습자에게는 이미 배운 항목이었기 때문에 학습자가 강조된 대명사에 주의를 기울이지 않았을 가능성이 지적되었다.

이와 같이 시각적 인풋 강화는 암시적 지도 기술이기 때문에 학습자가 의식하기 어렵다는 문제가 있다. 따라서 어떤 조건에서 시각적 인풋 강화가 더 효과적인지를 검증하였다. 예를 들면 규칙 설명의 유무(Alanen, 1995), 강조한 언어 형식에 주의를 기울이도록 하는 지시의 유무(Shook, 1994, 1999), 목표언어 형식의 차이(Shook, 1994, 1999), 텍스트의 길이(Leow, 1997), 텍스트 내용에 대한 친밀도(Lee, 2007; Overstreet, 1998), 언어학습 경험(Shook, 1999)과 같은 요소를 변수에 포함한 연구도 있다. 예를 들면 Leow(1997)가 인풋 강화를 한 텍스트의 길이를 비교한 결과, 짧은 텍스트는 이해하는 데에는 효과적이었지만 텍스트를 간략화함으로써 시각적 인풋 강화가 습득에 미치는 영향력이 높아지지는 않는다는 결과를 얻었다. 또한 Shook(1994, 1999)는 2개의 언어형식을 강조한 실험에서 스페인어 완료형과 관계대명사를 비교한 결과, 텍스트 재생 과제를 살펴보았더니 관계대명사보다 기능적 의미를 내포하는 것으로 보이는 완료형이 시각적 인풋 강화에서 더욱 많은 도움을 받는다는 사실을 입증하였다. 하지만 Shook는 지연 테스트는 시행하지 않아 지속효과는 명확하지 않다.

더 나아가 텍스트 내용의 사전 지식의 유무라는 관점에서 Overstreet(1998)는 스페인어(L2)를 학습하는 영어(L1)화자를 대상으로 텍스트의 이야기 구성이 친밀도가 높은지 아닌지를 비교하였다. 친밀도가 높은 텍스트란 원래는 영어로 쓰여진 이야기의 번역판을 가리키며, 반대로 친밀도가 낮은 텍스트는 스페인어 오리지널 이야기가 사용되었다. Overstreet는 익숙한 내용이 하향식(top-down) 개념 처리의 부담을 더 경감할 수 있어, 그만큼 언어형식을 더 많이 처리할 수 있을 것이라고 생각하였다. 하지만 텍스트의 친밀도가 큰 차이를 초래하지 않았으며 인풋 강화 그 자체의 효과도 발견하지 못하였다.

또한 Lee(2007)는 텍스트 화제의 친밀도와 인풋 강화 유무의 관련을 찾기 위해 한국 고등학교 2학년의 영어 수동태 습득을 조사하였다. 목표언어 형식은 이미 학습했지만, 사전 테스트에서는 정답률이 20%였기 때문에 학습자는 이 형식이 충분히 습득되지 않았다고 판단하였다. 1회째와 2회째는 인풋 강화된 텍스트 혹은 강화되지 않은 텍스트를 읽고 3회째 세션에서는 더 친밀도가 있는 텍스트나 친밀도가 없는 텍스트를 읽었다. 피험자는 [±enhanced], [±familiar]를 조합해서 4개의 그룹으로 나뉘었다. Lee는 선행연구의 측정 방법에 대해서 기존 습득을 측정하는 테스트로 이용되어 온 문법성 판단 테스트나 빈칸 메우기 테스트, 다지선다의 재인식(recognition) 테스트는 의미 처리에서 벗어난 테스트이기 때문에 적절한 측정 방법이 아니라는 문제점을 지적하였다. 또한 이해를 측정한 연구는 그다지 많지 않지만, 사용된 명제 진위 테스트나 다지선다 테스트는 측정할 수 있다고 하였다. 따라서 Lee는 개선을 시도하였으며, 이 연구에서는 언어형식의 오용 정정 테스트와 텍스트의 자유 재생 테스트가 이용되었다. 그 결과 [+enhanced] 그룹은 오용 정정 테스트에서 점수가 향상되었고, 효과 크기도 컸다는 사실을 알 수 있었다. 하지만 자유 재생으로 보는 텍스트 이해에서는 [-enhanced / +familiar] 그룹의 점수가 가장 높았고, [+enhanced/ -familiar] 그룹의 점수가 가장 낮아 인풋 강화가 이해를 저해할 가능성도 제기되었다. 따라서 Lee는 문화적으로 친밀도가 높은 텍스트를 읽게 한다면 이해 저하를 막을 수 있다고 하였다.

이와 같은 연구를 종합하여 Lee & Huang(2008)은 어휘를 뺀 문법 항목을 지도 대상으로 한 1991년부터 2007년의 논문 16건(심사를 한 학술지와 미간행 박사논문)에 대해서 메타분석을 실시하였다. 시각적 인풋 강화에 관한 선행연구에서는 강화된 텍스트와 강화되지 않은 텍스트를 읽은 그룹을 비교하여 효과 크기의 평균이 소(小) 정도(d=0.22)라는 사실을 알 수 있었다. 단, 이들 연구는 지도를 전혀 받지 않은 통제군이 없고, 통제군과의 비교로 효과 크기를 보지 못했기 때문에 이 결과의 해석에는 주의가 필요하다고 하였는데, 어찌되었든 시각적 인풋 강화의 효과 크기는 그다지 크지 않았다고 할 수 있다. 또한 이 지도 기술은 의미 처리 과정을 방해하지 않는 것을 전제로 하고 있었으나, 텍스트의 이해를 측정한 연구는 적었다. 그러나 Lee & Huang의 메타분석에서는 실제로는 인풋 강화된 텍스트의 이해에 부정적 효과(d=-0.26)가 나왔다.

또한 Lee & Huang은 선행연구에서 이미 조사한 것처럼 시각적 인풋 강화의 매개변수로서 학습자의 습득 수준, 목표언어 형식의 기존에 알고 있던 지식의 유무, 학습자의 발달적 준비성(readiness), 학습 시간, 의식화의 정도 등 다양한 변수가 연구 대상이 되었지만, 각각의 논문 건수가 적어서 메타분석은 시행하지 못하였다고 한다. 시각적 인풋 강화가 효과적이기 때문에 다양한 요인이 복잡하게 얽혀있다고 할 수 있지만, 이들 관계에 대해서는 완전히 밝혀지지는 않았다.

2.2.3 방법론상의 문제점

시각적 인풋 강화의 연구에서는 방법론상의 문제점이 밝혀졌다. 먼저 첫 번째 문제점으로서 Long & Robinson(1998)이 지적하였듯이 특정 언어형식이 시각적으로 강조되면 학습자는 이것이 중요한 언어형식이라고 생각해서 의미를 이해하려고 하면서도 규칙을 추출하려고 했을 가능성이 있다. 따라서 텍스트의 의미를 이해하는 과제는 교육적 개입으로서는 언뜻 자연스럽고 암시적인 FonF와 같아 보이지만, 강조된 언어형식에 착목하여 학습자가 규칙을 끌어내려고 시도한다면 이 학습은 명시적인 FonF라고도 할 수 있다. 따라서 교사가 의도한 지도 기술이 그대로 학습자에게 인식되었는지를 확인하기 위해서는 인식(awarness) 데이터가 필요하다. 실제 몇 가지 연구에서는 인풋 강화의 텍스트를 읽은 후, 언어 처리에서 거리가 먼 오프라인 과제(다지선다의 재인식, 질문용지, 자유 재생 등)를 통하여 인식(awarness)을 검증하였다. Leow(2001)는 언어학습과 분리되어 실시하는 오프라인 데이터는 학습자가 실제로 무엇을 했는지를 정확히 보고하지 못했을 가능성이 있다는 점을 지적하고, 온라인의 사고 발화법(think-aloud protocol)을 통해 학습자의 의식을 조사하였다. 하지만 Leow는 시각적 인풋 강화가 주목(気づき)에 미치는 효과를 발견하지 못하였다.

또한 Jourdenais(2001)는 자신의 자료를 분석한 결과, 학습자가 생각하고 있는 내용을 언어화하여 표현하는 능력에는 한계가 있어, 보고에는 일관성이 없다는 사실을 제시하며 사고 발화법과 같은 프로토콜 분석 결과의 신뢰성에 의문을 던지고 있다. 예를 들면, 학습자는 자신들이 실제로 하고 있는 행동의 모든 측면을 말로 할 수 없고, 발화 자체가 과제의 수행(performance)을 바꿔 버리는 등의 문제점이 있다는 것을 지적하였다. 더 나아가 Joudenais는 수행(performance)이 자동화됨에 따라 이 과정은 이미 언어보고를 할 수 없게 된다고 하였다. 그러나 대부분의 선행연구는 언어보고가 가능한 인식(awarness)을 '주목'이라고 한 Schmidt(1990)의 오래된 정의가 전제로 깔려 있는 것처럼 보인다. Doughty(2003)는 문법규칙을 알고 있다는 메타언어적 인식(awarness)과 인지 면에서의 주목은 전혀 다른 심적 과정이라고 하였으며, 시각적 인풋 강화가 주목을 촉구하는지, 또 그것을 어떻게 측정하는지와 같은 문제는 근본적으로 방법론부터 재검토할 필요가 있을 것이다.

두 번째 문제점으로서 시각적 인풋 강화의 효과에 관해서는 그룹 내의 개인 격차가 상당히 크다는 점을 들 수 있다. 앞서 기술한 J.White(1998)의 연구에서는 인풋 강화의 유무에 상관없이 영어 인칭대명사의 발달단계의 상위에 위치한 5~7단계에 도달한 학습자가 있으며, 귀납적인 학습에 적합한 유형의 학습자가 존재하는 것 같다. SLA에서 개인 격차, 특히 언어적성의 역할이 인식되었지만(Sawyer & Ranta, 2001; Skehan, 1998; Robinson, 2001c, 2002), 시각적 인풋 강화의 효과에서 개인 격차가 어디에서 오는지는 거의 연구되지 않았다. L1과 L2의 독해력이 작동 기억과 상관관계가 높다고 알려져 있으며(Harrington & Sawyer, 1992; Daneman & Carpenter, 1980 등), 독해 과정 중에 실시된 시각적 인풋 강화에도 동일하게 작동 기억이 관여한다고 할 수 있다. 즉 작동 기억의 기능이 뛰어날수록 시각적 인풋 강화에 의한 영향이 크다고 추측하였지만, 아직 확실히 밝혀지지 않았다.

세 번째는 앞서 기술한 개인 격차인 작동 기억의 기능과 관련하여 인풋 강화의 전제가 되는 인지 자원의 개념적인 문제가 있다. 선행연구를 살펴보면, 시각적 인풋 강화도 인풋 처리 지도와 동일하게 주의와 용량제한을 전제로 설계된 연구가 많다. 따라서 텍스트를 간략화하거나 익숙한 스토리를 읽게 하는 방향으로 조작하여 실험이 진행되어 왔다. 즉, 의미 처리나 하향식(top-down) 개념 처리에 관한 부담이 줄어들면 언어형식에 주의를 기울일 수 있는 인지적 공간이 생긴다고 생각하였다. 하지만 '과제 중심의 교수법'을 제창한 Robinson(2001b)은 인지적으로 복잡한 과제일수록 선택적인 주의가 언어적 특징에 할당되어 학습자의 인풋 지각을 촉진하여 결과적으로 인풋 과정에서 언어형식을 습득하게 된다고 하였다. 만약 이 사실이 맞다면, 텍스트의 간략화나 내용에 관한 높은 친밀도는 오히려 인지적으로는 요구도가 낮아, 과제가 쉬워지기 때문에 학습자가 언어형식에 대한 주의를 덜 기울여 산만해진다고도 할 수 있다. 주의 배분을 제어하는 것이 작동 기억의 하위 구성요소(subcomponent)인 중앙실행체계의 기능이며, 인지적인 메커니즘을 고려하여 인풋 강화의 효과를 검증할 필요가 있다고 생각된다.

2.3 피드백

2.3.1 의미 확인 과정

Long(1980, 1981)이 인터액션 가설을 제창한 이래 의미 확인 과정의 중요성이 인식되면서, 인터액션과 SLA의 관계를 탐구하는 실증연구가 이루어졌다. 의미 확인 과정이란 커뮤니케이션에서 서로가 의사소통을 할 수 있을 때까지 대화자 간에 상호작용을 하는 프로세스를 말하며, 거기서는 명확성 요구나 확인 체크, 이해 체크 등의 대화적 조정의 특징이 높은 빈도로 발생한다. 이와 같은 의미 확인 과정을 통해 이해 가능해진 인풋이 습득을 촉진한다고 추정된다. 실증연구에서는 NS와 학습자 혹은 학습자 상호 간에 정보의 흐름이 양방향이며 하나로

집약된 목표로 향하는, 의미 확인 과정이 높은 빈도로 일어나는 조건을 갖춘 과제(Pica, Kanagy, & Falodun, 1993)를 부과하고, 이때의 참가자의 발화를 분석하였다. 당초에는 인터액션에서 대화적 조정의 특징이 많이 나타나 의미 확인 과정이 발생하였으며 이 경우에 이해가 촉진(Pica, Young, & Doughty, 1987; Loschky, 1994 등)이 되었지만, 인터액션과 SLA를 연결시키는 직접 증거가 잘 제시되지 않았다. 하지만 Mackey(1999)가 영어 의문문의 발달단계(Pienemann & Johnston, 1987)를 이용하여 적극적으로 인터액션에 참가한 그룹이 발달단계에서 가장 큰 진전을 보여, 인터액션 가설의 직접적인 증거가 되었다.

더 나아가 인터액션 연구의 성과를 종합한 메타분석 결과에서도 인터액션이 습득을 촉진한다고 하였다. Keck, Iberri-Shea, Tracy-Ventura & Wa-Mabaleka(2006)는 1980년부터 2003년까지의 인터액션 연구를 메타분석하였으며, 인터액션을 실시한 실험군은 인터액션을 실시하지 않은 통제군, 또는 거의 인터액션이 없는 대조군과의 비교에서 효과 크기가 크다는(d=0.92) 사실을 밝혀냈다. 또한 단기(8~29일) 지속효과에 대해서는 효과 크기가 컸지만(d=1.12), 장기간(30~60일)에 걸친 지속효과에 대해서는 소 정도(d=0.35)의 효과 크기밖에 없다는 사실도 알아냈다. 1개월을 넘으면 그 효과는 불명료하지만, Keck 등은 장기 지속효과를 조사한 연구자체가 적기 때문에 결론짓기는 시기상조라고 하였다. 또한 Mackey & Goo(2007)는 1990년부터 2006년까지의 논문 28편을 추출하여 메타분석을 실시하였으며, Keck 등과 동일하게 인터액션은 직후 테스트, 지연 테스트 모두 효과 크기가 컸다는 사실을 밝혀냈다. 또한 직후 테스트에서는 어휘에 대한 영향이 두드러졌으나, 문법은 지연 테스트에서 어휘보다 효과 크기가 올라갔다는 점도 밝혀졌다. 문법은 인터액션의 효과가 나타날 때까지 어느 정도의 시간이 필요할 가능성이 높지만, 논문 수가 한정되어 있어 향후 연구를 더 진행할 필요성이 보인다. 어찌되었든 지금까지의 선행연구를 통해 인터액션 가설은 대체로 지지를 받았다고 할 수 있다.

하지만 실증연구는 교실 바깥에서 1대1 짝을 이루어 인터액션을 실시한다. 소위 '실험실' 환경에서 이루어지기 때문에 상당히 통제된 조건의 '실험실' 환경의 연구 성과는 실제 교실에는 해당되지 않는다며 의문시하는 의견(Foster, 1998)도 있다. 이에 대해 Gass, Mackey, & Ross-Feldman(2005)은 실험실과 교실 환경과의 차이를 직접 비교하여 검증하였다. 짝끼리의 정보교환이 반드시 필수조건은 아닌 동의(同意) 과제, 정보교환이 필수적인 틀린 그림 찾기 과제, 지도를 이용한 과제와 같이 3개 종류의 과제를 스페인어를 배우는 대학생(L1:영어) 74명에게 부과하였다. 참가자 중 44명은 교실에서, 30명은 실험실 환경에서 과제를 실시하였다. 짝 활동에서 이루어진 발화에 대해서 의미 확인 과정(이해 체크, 명확성 요구, 확인 체크)과 언어에 대해서 서로 이야기하는 언어 관련 에피소드(language-related episode: LRE)와 고쳐말하기(recast)의 빈도를 분석한 결과, 실험실과 교실에서는 차이가 보이지 않았고, 오히려 과제 유형에 따른 차이가 영향력이 더 크며, 정보의 흐름이 양방향인 과제에서 의미 확인 과정, LRE, 고쳐말하기(recast)의 모든 빈도가 유의하게 높아졌다고 밝혀졌다. 따라서 의미 확인 과정의 빈도에 영향을 미치는 요인은 과제의 특성이며, 실험실과 교실에서 의미 확인 과정은 유사하게 발생한다고 할 수 있다.

2.3.2 부정 피드백에 관한 실증연구

인터액션에서 학습자의 오류에 대한 피드백 제공이 교사의 역할로서 중요하다. 피드백에 관해서는 '오류 정정(error correction)' '교정적 피드백(corrective feedback)' '부정 피드백(negative feedback)' '부정 증거(negative evidence)' 등의 용어가 사용되지만, Leeman(2007, p.112)이 현행 SLA의 성과를 기반으로 새롭게 다음과 같이 용어를 정리하였다. 먼저 '증거(evidence)'란 습득되는 언어에서 어떤 구조가 허용되는지, 그렇지 않은지에 관한 정보를 말한다. 그리고 '긍정 증거(positive evidence)'는 목표언어에서 특정 발화가 가능하다는 정보를 말하며, '부정 증거'는 특정 발화가 목표언어에서는 불가능하다는 정보를 말한다. 증거는 학습자가 언어를 산출하기 전에 미리 제공되기도 하고, 산출된 언어에 대한 반응으로서도 제공된다. 한편 '피드백'이란 정보 교환의 프로세스의 성패에 관한 정보를 학습자에게 제공하는 메커니즘을 말하며, 그런 의미에서는 늘 나중에 반응을 한다. 긍정 피드백은 그 프로세스가 성공하였다는 정보로 이루어지며, 부정 피드백은 실패했다는 사실을 알리는 정보이다. 습득연구에서는 학습자의 오류에 대한 반응인 부정 피드백이 연구의 중심이다. '교정적 피드백'은 부정 피드백과 거의 같은 의미로 이용되고 있다. '오류 정정'은 학습자의 오류에 대해서 피드백을 제공하는 교육활동을 말하며, SLA 연구에서 논하는 데에는 적절한 용어가 아니다.

    교실 지도의 효과에 관한 연구 중, 특히 초기단계에서는 메타언어적인 연습에서 피드백을 연구하였다. Tomasello & Herron(1988, 1989)은 프랑스어를 학습하는 미국인 학생을 대상으로 문법의 예외(전치사와 관사의 축약형 등)를 가르치는 두 가지 방법을 비교하였다. 통제군에서는 피험자가 먼저 규칙에 따른 예시를 보고 나서 교사에게 규칙의 예외 설명을 들었다. 실험군에서는 피험자가 예시를 보고 귀납적으로 규칙을 끌어낸 후, 그 규칙을 예외에 적용하도록 지시받았다. 실험군의 피험자는 예상대로 규칙을 과잉 일반화하였지만, 거기에서 교사에게 바로 피드백을 받았다. 이 지도 기술은 '가든 패스(garden path)'라고 이름 붙여졌다. 유럽 정원의 오솔길이 길을 잃어버릴 정도로 복잡하게 둘러쳐져 있는 것에서 유래했다고 생각된다. 이 연구에서 '가든 패스' 지도 기술을 이용한 실험군은 통제군보다 예외를 학습하는 데에 더 효과적이고, 그 효과는 학기 중 지속되는 것으로 나타났다. Tomasello & Herron은 '가든 패스' 지도 기술이 학습자의 목표언어 규범에서 이탈한 언어형식과 올바른 언어형식 간에 인지 비교(cognitive comparison)의 기회를 제공하여 그것이 학습자에게 규칙을 학습하는 동기 유발이 되었다고 했다. 이 연구들은 언제 언어형식에 주의를 기울이는 것이 학습자에게 가장 효과적인지를 보여줬다는 점에서 중요하다. 실제로는 교사가 이미 이와 같은 지도 기술을 교실에서 사용하고 있다고 생각되는데, 그 효과가 실증된 셈이다. 여기서는 습득에는 발달단계가 있고, 그 단계에 맞는 지도를 해야 한다(Pienemann, 1989)는 장기 타이밍뿐만 아니라, 교실에서는 순간의 타이밍도 더 중요하다는 사실을 보여준다.

더 나아가 Herron & Tomasello(1988)는 프랑스어의 직접목적어와 부정문 학습을 대상으로 모델링(modelling) 피드백을 비교하였다. 모델링군에게 올바른 모델 문장을 보여주고, 피드백군에게는 문장을 산출하여 문장이 비문법적이었을 때 정정해 주었지만, 규칙은 주어지지 않았다. 그 결과 피드백군의 학습자는 스스로 가설을 검증하도록 요구받았기 때문에 정착이 잘 되었으며, 모델링군보다 학습 효과가 더 있다는 사실이 밝혀졌다. 따라서 Herron & Tomasello는 모델 제시방식 보다 암시적 부정 피드백이 더 효과적이라고 하였다. 이것과는 대조적으로 Carroll & Swain(1993)은 영어의 여격 교체의 학습에서 다섯 가지 유형의 부정 피드백의 효과를 조사해 메타언어 정보(=문법 규칙)를 제공하는 명시적 피드백이 암시적 피드백보다 더 효과적이었다고 발표하였다. 이들의 결과는 Herron & Tomasello(1988)와 반드시 일치하지는 않지만, 두 결과 모두 교실에서 자연발생적으로 일어난 교정적 피드백이 SLA에 어떠한 효과가 있다는 사실을 보여주었다. 학습자에게는 틀림없이 부정 피드백이 필요하다는 말이다. 단 이 연구들은 메타언어적 연습의 피드백 유형의 비교에 머물렀으며, 학습 효과도 메타언어적인 테스트를 통해 측정되었다.

그 후 부정 피드백의 효과에 관한 연구는 확대되어, 메타언어적인 연습에서뿐만 아니라, 캐나다 · 퀘백주의 의사소통 지향의 EFL 교실에서도 검증되었다.

Spada(1987)나 Lightbown & Spada(1990)는 교실관찰 데이터의 코퍼스를 만들어, 교사의 지도 스타일과 문법적 정확성 및 전체적인 커뮤니케이션 스킬 관계를 살펴본 결과, 학생의 훌륭한 언어운용은 교사가 적절히 언어형식에 초점을 둔 지도에서 기인한다는 사실을 발견하였다. 예를 들면 교사가 찌푸린 얼굴을 보이거나, 깃발을 올리는 오류 신호를 나타내는 부정 피드백이 의사소통 활동에서 효과적이었다는 사실을 발표하였다. 단, 이 연구는 일상적인 교실이었기 때문에 피드백은 특정 언어형식에 대해서 집중하여 실시하지 않았다. 따라서 Lightbown & Spada(1990)는 이런 종류의 피드백을 통해 어떠한 언어형식에서든 습득이 진행되는지 의문을 품었으며, 더 나아가 같은 교육기관에서 준실험(quasi-experimental study)으로 연구를 진행하였다.

White(1991)와 White, Spada, Lightbown & Ranta(1991)는 의사소통 지향의 교실에서 언어형식에 초점을 둔 지도 효과를 검증하였다. 실험군은 3시간의 명시적 지도를 받고 나서 2시간의 사후활동 중에 교정적 피드백을 제공받았다. 그 결과, 언어형식에 초점을 둔 지도를 받은 실험군의 학생은 지도를 받지 않은 통제군보다 몇 가지 필기 테스트에서 성적이 뛰어났다. 또한 White et al.(1991)에서는 모니터 과제인 필기 테스트에 더해 비교적 자발적인 언어산출을 측정하는 테스트로써 구두 의사소통 과제도 도입해서 조사한 결과, 실험군은 구두 의사소통 과제에서도 통제군보다 뛰어나다는 사실이 밝혀졌다. 이 결과들을 종합하면, 부정 피드백은 학습자의 습득에 어떠한 역할을 한다고 할 수 있다. White et al.(1991)은 학습자가 동급생이 산출한 비문법적인 발화를 종종 듣고 있는 의사소통 교실에서는 부정 증거가 특히 중요하다고 기술하였다.

단, 지속효과에 관해서는 당시의 연구 결과는 일관성이 보이지 않았다. Spada & Lightbown(1993)은 그 후의 연구에서 의문문 형성의 발달단계에 대해 명시적 설명과 교정적 피드백의 지속효과를 검출했었지만, Trahey &

White(1993)에서는 부사의 위치 습득에서 지도군의 효과가 지속되지 않았다. 또한 Trahey(1996)는 대량의 인풋(input flood)군과 White(1991)의 지도군에 해당하는 지도군을 비교하여, 프랑스어권 영어학습자는 프랑스어에서는 불가능한 SAV(subject-adverb-verb)의 어순에 관해서는 목표언어 형식을 포함한 인풋을 대량으로 충분히 받으며 학습하고, 그 지식을 1년 후에도 유지하였다고 발표하였다. 하지만 대량의 인풋군과 지도군 모두 영어에서는 비문법적이지만 프랑스어에서는 문법적인 어순, SVAO(subject-verb-adverb-object)에 관해서는 장기 학습 효과가 없었던 점도 발표하였다. 바꿔 말하면, 높은 빈도로 제공된 긍정 증거는 어느 정도 유익하지만, 학습자가 L1에 기초하여 형성된 잘못된 가설을 수정하기에는 불충분하였다고 할 수 있다. 한편, 부정 증거도 또한 학습자의 중간언어 지식체계를 재구축하는 데에는 불충분하였다. 따라서 Trahey(1996)나 Spada(1997)는 긍정 증거와 부정 증거의 양쪽 균형이 이루어진 조합이 더 효과적으로 기능한다고 기술하였다. 따라서 더 엄밀하게 피드백의 어떤 측면이 SLA에 어떠한 영향이 있는지를 밝힐 필요성이 제기되었으며, 의사소통 교실에서 활동의 흐름을 방해하지 않으며, 또 학습자의 언어 처리 과정을 저해하지 않는 자연스러운 피드백으로써 고쳐말하기(recast)가 한층 주목을 받게 되었다(Nicholas, Lightbown, & Spada, 2001의 문헌고찰도 참조).

　Truscott(1999)와 같이 부정 피드백은 학습자 언어에 표면적, 일시적인 변화밖에 초래하지 않아서 무의미하다는 주장도 있지만, 최근에는 부정 피드백이 학습으로 연결된다는 연구 결과가 축적되었다. Russell & Spada(2006)는 1988년부터 2003년까지의 부정 피드백에 관한 논문 15편을 메타분석하여, L2 학습에 대한 효과(d=1.16)가 크고, 지속효과도 있다는 사실을 발표하였다. 그 외에도 Keck, Iberri-Shea, Tracy-Ventura, & Wa-Mabaleka(2006)나 Mackey & Goo(2007)의 메타분석에서도 부정 피드백은 어휘나 문법 습득에 효과가 있다는 결과가 나왔다. 단, Li(2010)나 Lyster & Saito(2010)와 같이 인터액션이나 피드백에 관해서 이루어진 복수의 메타분석은 연구 간에 논문의 선정 기준이나 독립변수, 종속변수의 정의나 분류 방법이 다르므로, 이 메타분석 결과들의 타당성에 대해서 이의를 제기하는 연구자도 있다. Li(2010)는 조사한 학술지 게재 논문은 효과 크기가 큰 경향이 있기 때문에 미간행 박사논문도 포함하여 메타분석을 실시한 결과, 선행연구보다 고쳐말하기(recast)의 효과 크기는 낮게 나타났다. Lyster & Saito(2010)는 피드백이 명시적인지 암시적인지로 종종 논쟁이 되지만, 그 구별은 모호하고 오히려 피드백이 긍정 증거를 제공하는 유형인지를 보는 편이 더 중요하다고 하였다. 따라서 Li는 Lyster & Ranta(1997)의 정의에 기초하여 교사가 학습자의 발화를 재구성하는 '고쳐말하기(recast)', 학습자가 스스로 정정하도록 하는 '유도(prompt)', 학습자의 오류를 명확히 지적하고 올바른 형태를 제공하는 '명시적 정정'으로 분류하여 비교하였다. 또한 실제 교실환경과는 다른 실험실 연구는 제외하고 교실의 준실험 논문 15편만을 분석대상으로 하였다. 그 결과, 교정적 피드백 전반에서 말하자면 통제군과 비교하여 사후 테스트의 효과 크기는 상당히 컸지만(d=0.74), 선행연구와 같은 고쳐말하기(recast)의 우위성은 발견하지 못했다고 주장하였다.

지금까지의 연구 결과를 종합하면, 부정 피드백은 SLA를 촉진하는 기능이 있으며, 어떤 유형의 피드백이 유효한지는 학습 장면이 커뮤니케이션 중시인지 메타언어적 연습인지와 같은 요인에도 영향을 받는다는 사실이 시사되었다. 더 최근에는 Goo & Mackey(2013)가 피드백의 어떤 유형도 L2 학습에는 대체적으로 유효하며, 학습 상황에 따라 어떤 유형의 피드백이 효과적인지는 다르기 때문에 다른 유형의 피드백 간의 비교로 논의하기는 그다지 건설적이지 않다는 주장까지 하였다. 그것보다도 다른 유형의 피드백이 각각 왜 언어학습에 영향을 주는지를 이론적으로 고찰하고 그 효과를 검증해야 한다고 하였다. FonF를 구현화하는 교수법은 의미 있는 맥락(context) 속에서 언어학습이 이루어지는 것을 전제로 하며, 이 활동을 방해하지 않고 제공할 수 있는 고쳐말하기(recast)의 효과에 대한 연구가 더욱 필요하다('유도(prompt)' 효과에 대해서는 다음 '2.4 아웃풋' 절에서도 논의하고자 한다).

2.3.3 제1언어 습득에서의 부정 증거

SLA에서 고쳐말하기(recast)가 각광받은 계기 중의 하나로 제1언어 습득(FLA)의 연구 동향이 있다. 부정 증거, 즉 목표언어에서 무엇이 안 되는지에 관한 정보가 필요한지는 SLA에서 종종 논쟁이 되지만, FLA에서는 먼저 부정 증거가 존재하는지의 여부가 논의되었다. 보편문법(Universal Grammar; UG)이 존재한다고 생각하는 생득주의자는 긍정 증거가 있으면 습득에는 충분하다고 생각하였다. 자주 인용되는 Brown & Hanlon(1970) 연구에서는 부모는 아이 발화 내용의 진위에 대해서는 정정하지만, 문법적인 오류는 정정하지 않는다고 하였다. 또한 비록 부모가 고쳤다고 해도 아이도 내용이 맞았는지 틀렸는지밖에 흥미가 없으므로 아무리 오류를 고쳐도 고쳐지지 않는다(McNeil, 1966)고 여겨졌다. 생득주의자의 입장에서는 언어습득장치를 활성화할 최소한의 긍정 증거가 있으면 장치는 자동으로 움직이기 시작하여 FLA를 일으키는 데에는 충분하다. SLA에서도 학습자가 UG에 직접 접속이 가능하다는 강한 입장을 취하고, 특히 통사 습득에는 긍정 증거만으로 충분하다는 견해를 갖는 연구자(Schwartz, 1993, 1999 등)도 있다.

하지만 언어습득에서 인터액션의 역할도 중요하다고 보는 상호교류론자는 FLA와 SLA에서도 부정 증거가 필요하다고 생각하였다. 확실히 FLA에서는 명확히 오류를 정정하는 피드백은 그다지 유효하지 않은 것 같다. 하지만 최근에는 암시적인 형태라도 부정 증거는 존재한다고 여겨졌다. 예를 들어 부모는 아이의 잘못된 발화를 반복하거나 다시 묻거나 하는 경향이 있고(Demetras, Post, & Snow, 1986; Bohannon & Stanowitz, 1988 등), 또한 부모는 아이 발화의 의미를 유지하면서 잘못된 부분만 정정해서 반복하는 경향이 강하다는 점(Bohannon & Stanowitz, 1988 등)이 제시되었다. 이와 같이 일부분을 정정해서 반복하는 유형의 피드백이 고쳐말하기(recast)이다. 또한 아이는 이와 같은 고쳐말하기(recast)를 반복하는 경향이 강하며(Farrar, 1992; Saxton, 1997), 부모의 피드백과 아이의 형태소나 통사의 언어 발달과의 상관이 높다(Baker & Nelson, 1984; Farrar, 1990 등)는 점 등도 제시되었다. 따라서 Saxton(1997)은 아이의 잘못된 발화 후에 주어지는 부모의 올바른 모델은 아이 발화가 문법적으로 잘못되었다는 신호를 보내고 있으며, 이와 같은 대비의 기회를 포함해서 부정 증거를 확대 해석해야 한다고 하였다.

FLA에서 암시적인 형태로 부정 증거가 존재한다면, SLA에서는 한층 교정적 피드백이 유효하다고 할 수 있다. 또한 FLA와 동일하게 고쳐말하기(recast)와 같은 암시적인 피드백은 의사소통 기반의 의미를 중시하는 교실 활동의 흐름을 깨지 않고, 더구나 학습자의 인지 처리 과정을 저해하지 않는 교육적 개입이 기대되어, 연구를 진행하기 위한 강한 동기 유발이 된다(小柳 2005b; 小柳・迫田 2006도 참조).

2.3.4 고쳐말하기(recast)의 실증연구

(1) 기술적 연구

고쳐말하기(recast)란 학습자의 오류 발화 후에 제공되며 학습자에게 그 시점의 중간언어가 목표언어와 어떻게 다른지를 제공하는 정보를 말한다(Long & Robinson, 1998). Long(2007, p.97)은 교정적 고쳐말하기(corrective recast)를 '학습자의 바로 앞의 발화 모두 또는 일부를 재구성하여, 목표언어에서 이탈한 항목(어휘나 문법 등)에 대응하는 올바른 목표언어 형식으로 고쳐진 것'이라고 하였다. 그리고 기존의 오류 교정과는 다르게 대화자끼리의 대화에서 초점은 늘 언어형식이 아니라 의미에 있고, 또한 그 성질상 암시적이고 우발적이라고 강조하였다. 고쳐말하기(recast)는 교실담화나 인터액션을 관찰한 기술적 연구와 실험 연구에서도 검증되었지만, 연구 어젠다로서 먼저 실제 교실에서 무엇이 일어나고 있는지를 파악할 필요가 있어 기술적인 교실 관찰연구가 진행되었다. 연구과제는 교실 활동 전반에서, 혹은 짝끼리의 인터액션에서 고쳐말하기(recast)가 어떠한 언어적 측면의 오류에 대해 어느 정도의 빈도로 발생하는지, 또한 그 고쳐말하기(recast)가 오류 교정으로서 학습자에게 올바르게 인식되고 있는지와 같은 내용이 중심이었다.

예를 들면, Doughty(1994)는 프랑스어 초급학습자가 인터액션에 참여하는 교실 수업의 녹음, 녹화 데이터를 분석하여 NS인 교사가 학습자의 목표언어규범에서 이탈한 발화에 대해 43%의 비율로 어떠한 반응을 하고 있거나, 발화 내 오류가 하나일 경우 고쳐말하기(recast)를 가장 많이 시행하였다는 사실을 보고하였다. 또한 Oliver(1995)는 8~13살의 학령기 어린이(NNS)와 NS 8개 그룹의 인터액션에서 고쳐말하기(recast)가 다른 암시적 피드백보다 빈도가 적었지만, NNS의 발화 의미가 명확하고 단 하나의 오류만 포함되어 있을 때 고쳐말하기(recast)가 제공되었다는 사실을 발표하였다. 하지만 Pica(2002)는 근래에 들어 언어 교실에서 많이 채택되고 있는 내용 중심의 영어 교실에서는 교사 주도의 토론 형식의 인터액션이 많고, 이와 같은 상황에서는 의미 확인 과정이나 피드백의 기회가 극히 드물다고 하였다. 80년대 이후의 인터액션 연구에서도 제시되었듯이 토론과 같이 과제의 목표가 확산적인 경우는 의미 확인 과정 등의 학습 기회가 생기기 어려울 것으로 보인다.

상기와 같이 고쳐말하기(recast)의 발생률은 학습 상황에 따라 좌우될 가능성이 있기 때문에 Oliver & Mackey(2003)는 ESL 교실담화의 다른 장면에서의 인터액션을 비교하며 피드백이나 수정 아웃풋(output) 빈도에 차이가 없는지를 조사하였다. 호주인 교사 5명을 대상으로 각 교실마다 4시간 30분씩의 수업을 녹화·분석하였다. 교사와 학습자의 상호작용은 (1) 학습 내용의 상호작용, (2) 교실 운영에 관한 상호작용, (3) 커뮤니케이션(교사가 답을 모르는 질문을 하여 정보를 끌어내는 상호작용), (4) 명시적인 FonFS(문법에 관한 설명)의 4종류로 코딩되었다. 각각의 상호작용이 전체에서 차지하는 비율은 40%, 30%, 20%, 10%였다. 그중에서 목표언어규범에서 벗어난 학습자의 발화는 (3)에서 절반을 차지하였으며, 다른 상황에서도 27% 내외가 포함되었고 (2)가 피드백이 가장 적었다. 하지만 어떤 상황에서도 이와 같은 규범에서 벗어난 발화에 대해서 절반은 피드백이 주어졌고, 그중에서도 고쳐말하기(recast)는 (1) (2) (3)의 상황에서는 63~78%를 차지하였으며 (4)만 47%로 다른 것보다 훨씬 적다는 사실이 밝혀졌다. 따라서 진정한 의미의 상호작용을 하는 장면에서는 ESL 교실에서 자연발생적으로 고쳐말하기(recast)가 상당한 빈도로 일어나고 있다는 점이다. 하지만, 피드백을 받은 인풋이 후에 사용되었는지를 보면 명시적 FonFS에서는 85%가 피드백 직후에 수정 아웃풋(modified output)으로 연결되었지만, 그 외의 상황에서는 수정 아웃풋이 거의 보이지 않는다는 사실을 알 수 있었다. 즉 의미의 상호작용이 우선되는 장면에서는 문법적 오류에 대한 고쳐말하기(recast)가 높은 빈도로 발생하지만, 학습자로부터 수정 아웃풋(output)은 끌어내지 못한다. 한편 언어에 초점을 둔 학습이 이루어진 장면에서는 수정 아웃풋을 많이 하는 경향이 있다.

더 나아가 오류 유형과 피드백 유형의 관계를 조사한 연구도 있다. Mackey, Gass, & McDonough(2000)는 NS 혹은 NS 수준의 고급학습자를 L2 학습자와 짝으로 하여 적절한 시점에 어떤 형태로든 피드백을 하도록 지시하고 정보 격차(information gap) 과제를 수행하도록 하였다. 그 결과, 형태소/통사적 오류에 대한 고쳐말하기(recast)가 가장 많았고, 음운적 오류에는 명확성 요구로 반응하는 경우가 가장 많았다고 발표하였다. 또한 과제를 실시하는 인터액션에서 피드백에 대한 학습자의 어떠한 반응, 즉 즉각적 반응(uptake)을 조사한 결과, 어휘나 발음에 대한 피드백에 관해서는 학습자의 즉각적 반응(uptake)이 일어나고 인터액션 후의 성찰(reflection)에서도 학습자가 오류를 인식하는 데에 반해 형태소, 통사에 관한 피드백에는 즉각적 반응(uptake)이 적으며(33%), 학습자의 인식도가 낮다는 사실이 밝혀졌다. 형태소, 통사에 관한 피드백은 고쳐말하기(recast)의 형태를 취하는 경우가 많지만 학습자가 간과할 가능성도 높다. 또한 커뮤니케이션의 성격상, 의미의 전달이 주된 초점이기 때문에 형태소, 통사 오류는 그다지 문제가 되지 않는 경우도 있다.

이와 같이 교실환경에서 또다시 학습자와 NS와의 인터액션에서 고쳐말하기(recast)가 존재한다는 사실이 밝혀진 한편, 교실 활동에서 고쳐말하기(recast)가 부정 피드백으로써 학습자에게 인식되기에는 너무나도 헷갈리지 않느냐는 의문도 생겼다. 예를 들어, Lyster & Ranta(1997)나 Lyster(1998)는 교실담화에서 교사의 고쳐말하기(recast)가 언어형식을 확인하고 있는지, 의미를 확인하고 있는지, 혹은 오류를 수정하였는지, 새로운 정보를 추가하고 있는지, 혹은 단지 다음 대화를 진행하려고 하는지 학습자에게는 너무나도 모호하다고 하였다. Lyster & Ranta(1997)의 코딩 방식에서는 교사의 피드백에 대해 "yes"라는 대답부터 교사의 반복된 피드백, 더 나아가 수정 아웃풋까지를 포함하여 즉각적 반응(uptake)이라고 간주하였다. 그리고 고쳐말하기(recast)는 프랑스어 몰입식 교실에서 가장 빈도가 높은 피드백 유형인데 즉각적 반응(uptake)이 일어나는 비율이 가장 낮았다고 보고하였다. 하지만 성인 회화학교의 의사소통 기반 교실에서는 즉각적 반응(uptake)이 74%였다고 보고되었다(R.Ellis, Basturkmen, & Loewen, 2001). 이것은 내용 중심의 몰입식 교육과 의사소통 기반 수업이라고는 하지만 학습자가 언어 수업이라는 생각이 강한 외국어 수업과의 차이나 학습자의 연령도 연관이 있어 보인다.

고쳐말하기(recast)가 학습자에게 인식되기 어렵다는 문제와 관련해서 Philp(2003)은 고쳐말하기(recast)의 정보를 사용하기 위해서는, 적어도 15~20초 간 워킹메모리(WM)의 단기청각저장고에 그 정보가 머물러 있어야 하기 때문에 해당 시간 내의 학습자의 주목(気づき)을 측정하기 위해 '직후 재생(immediate recall)'이라는 방법을 이용하였다. 고쳐말하기(recast)를 제공한 직후에 테이블을 2회 두드리기를 신호로 학습자가 그 전에 NS에게 들은 내용을 재생한다. 학습자의 수준에 따라 재생의 정확성에는 차이가 나오는 점, 재생을 계속하면 학습자는 주의해서 듣게 되어 통상의 행동과는 달라질 가능성 등을 고려하여 직후 재생을 무작위로 시행하는 등의 강구를 한 후에 실험을 진행하였다. 영어 학습자(NNS)를 NS와 짝으로 그림을 그리는 과제에서 NNS는 그림을 그리기 위해서 의문문을 사용하여 NS에게 다양한 질문을 해야 했다. Pienemann(1989) 등의 의문문 발달단계에 근거하여 학습자를 발달단계에서 언어능력의 상(上), 중(中), 하(下) 그룹으로 나누었다. 또한 고쳐말하기(recast)의 길이나 수정받은 오류 개수도 변수로서 포함되었다. 이 실험에서는 NNS의 발달적 준비성(readiness)에 부합하는 고쳐말하기(recast)에 대해서는 정확한 재생률이 높고(70%), 그 후 수정 아웃풋이 생성되는 확률도 높았다(90%이상)는 사실이 밝혀졌다. 하지만 모르는 단어가 포함되고 긴 고쳐말하기(recast)의 경우와 같이, 학습자의 오리지널 발화에 복수의 변화를 초래하는 상황에서는 특히 발달단계가 하(下) 수준의 학습자에게는 인지 자원에 큰 부담이 되어 고쳐말하기(recast)를 재생하지 못하였다. 따라서 Philp의 연구는 적절한 고쳐말하기(recast)가 제공되면 학습자의 주목(気づき)을 촉진한다는 사실을 시사하였다. 또한 Philp은 고쳐말하기(recast)에서 음운적 작동 기억의 용량이나 패턴 인지 능력의 개인 차이가 고

쳐말하기(recast)의 성패에 크게 관련한다고 기술하였다.

더 나아가 고쳐말하기(recast)나 즉각적 반응(uptake)의 빈도는 다양한 요인에 의해 좌우된다. 그 하나가 학습환경이다. Mackey, Gass, & McDonough(2000)는 ESL 학습자와 이탈리아어(FL) 학습자와의 비교에서 NS 또는 언어능력이 위인 NNS와 짝으로 양방향의 정보 교환 과제를 진행했을 때의 인터액션을 분석하였다. ESL에서는 형태소, 통사의 오류에 대해서 고쳐말하기(recast)가 많고, 음성면의 오류에 대해서는 명확성을 요구하는 경우가 많다고 보고하였다. 한편, 이탈리아어에서는 어휘에 대한 피드백이 많았으며, 음성 오류에 대한 피드백은 거의 없다는 점도 밝혀졌다. 외국어 환경에서는 동일한 L1을 공유하고 서로의 중간언어 발음에 익숙해져 있어 명확성 요구를 하지 않았을 가능성이 있다. 또한 과제 후에 자극 재생법[65](stimulated recall)을 실시한 결과, 교정적 피드백이라고 인식한 경우는 적었다고 밝혀졌다. 이와 같이 L2 환경인지 FL 환경인지에 따라 선호되는 피드백의 유형 등이 달라질 가능성이 있다.

마찬가지로 Sheen(2004)은 캐나다의 프랑스어 몰입식 교육, 캐나다의 ESL, 뉴질랜드의 ESL, 한국의 EFL 교실을 비교하여, 교정적 피드백 중에서도 모든 환경에서 고쳐말하기(recast)가 가장 빈도가 높다고 하였다(각각 55%, 55%, 68%, 83%이다). 뉴질랜드와 한국에서는 고쳐말하기(recast) 후의 즉각적 반응(uptake)이나 수정(repair)이 많았으며, 수업이 언어에 초점이 맞추어진 상황에서는 고쳐말하기(recast)가 학습자에게 인지되고 있는 것으로 보고있다. 또한 Lyster & Mori(2006)는 캐나다의 프랑스어 몰입식 교육과 미국의 일본어 부분적 몰입식 프로그램 교실을 비교하여 두 교실 모두 고쳐말하기(recast)가 가장 많이 일어

---

[65] 자극 재생법은 과제를 종료한 후에 성찰(reflection)을 요구하는 방법의 하나로써 시간 경과에 따른 기억 소멸을 고려하여 어떠한 지원을 제공(과제 수행시의 비디오 녹화를 보이는 등)하여 회상에 대한 부담을 경감하여 과제 수행시의 사고(思考) 과정을 언어화하는 방법이다(Gass & Maskey, 2000).

나고 있지만, 프랑스어에서는 아웃풋을 촉구하는 유도(prompt)를 할 때, 일본어는 고쳐말하기(recast)를 할 때 즉각적 반응(uptake)이 많았다고 보고하였다. 일본어는 의외의 결과인데, 그 후의 수업 내용 분석에서 일상적으로 말하기 스킬만을 떼어 내서 반복 연습하거나 소리를 내어 읽거나 하여 정확한 구두 산출을 강조하였기 때문에 고쳐말하기(recast)에 반응한 것으로 보인다고 하였다. 이와 같은 연구에서 단순히 L2 환경과 FL 환경의 차이뿐만 아니라, 각각의 환경에서 본래의 수업이 의미지향인지 언어지향인지도 관계가 있을 듯하다.

환경에 더해 학습자의 연령도 고쳐말하기(recast)의 빈도나 즉각적 반응(uptake)의 유무에 작용하는 요인이다. Oliver 등은 일련의 연구 중에서 어린이끼리의 인터액션을 분석하였으며, 더 나아가 성인의 인터액션과도 비교하였다. Oliver(1995)는 8~13살의 학령기 어린이끼리이고 NS-NNS 8개 그룹의 인터액션을 분석하였다. 그 결과, NS가 영어(ESL)를 학습 중인 NNS의 잘못된 발화에 대해서 61%는 교정적 고쳐말하기(recast)를 하였으며, 고쳐말하기(recast)는 발화 의미가 명료하고 오류가 하나일 때만 많이 일어나고 있다는 사실을 보고하였다. 또한 Oliver(2000)는 성인과 어린이 모두 ESL 환경에서는 교사 주도의 활동과 짝 활동에서도 부정 피드백이 비슷한 정도의 빈도로 제공되고 있다는 사실을 보고하였다.

Mackey, Oliver, & Leeman(2003)은 8~13살의 학령기 어린이와 성인 영어학습자 그룹의 정보 격차(information gap) 과제에서 인터액션을 조사하여 피드백을 제공하는 측이 NS인 경우와 NNS인 경우를 비교하였다. 그 결과, 성인은 NS가 더 많은 피드백을 제공하고 있지만 어린이 그룹에서는 NS와 NNS의 차이가 그다지 보이지 않았다는 점이나, 부정 피드백의 빈도가 가장 낮은 성인 NNS-NNS 그룹이라도 상대의 잘못된 발화에 대해서 32%가 피드백을 제공했다는 사실을 보고하였다. 더구나 NNS-NNS 그룹은 NS-NNS 그룹의 피드백보다 수정 아웃풋(output)과 더 관계가 있다는 사실을 알았다. Oliver는 자신이 과거에 진행한 연구 참가자보다 더 어린 아이에 대해서도 조사하였다. Oliver(2009)는 ESL 환경의 5~7살의 유아기 어린이인 NS-NNS 8개 그룹과 NNS-NNS 8개 그룹에 정보의 흐름이 단방향인 과제와 양방향인 과제를 부과하여 발화 데이터를 분석하였다. 그 결과, 양쪽 그룹 모두 오류 빈도가 비슷한 빈도로 발생했으며, 부정 피드백의 비율도 양자에게 차이가 보이지 않았다. 또한 고쳐말하기(recast)와 의미 확인 과정(명확성 요구, 확인 체크, 이해 체크, 자기 반복(自己反復), 타기 반복(他己反復))을 통합한 부정 피드백의 비율도 선행연구의 학령기 어린이나 성인의 비율과 거의 비슷한 정도로 발생했다. 하지만 NS-NNS와 NNS-NNS의 부정 피드백의 내용을 상세히 보면 NS-NNS 그룹은 NNS끼리의 그룹보다 고쳐말하기(recast)를 2배 제공하였고, NNS끼리의 그룹은 NS-NNS보다 의미 확인 과정을 2배 하였다는 사실을 알았다. 즉 연령이 낮은 경우에는 올바른 형태를 제시해야 하는 고쳐말하기(recast)를 NNS가 사용하기가 어려워 의미 확인 과정을 선호하여 사용했을 것으로 보인다. 따라서 유아기 어린이끼리의 그룹이라도 인터액션에서 도움을 받을 수 있지만, 고쳐말하기(recast)의 효과를 볼 때는 역시 연령도 고려할 필요가 있다고 본다.

　환경과 연령 외에 인터액션을 하는 대화 상대방과의 친밀도(familiarity)나 피드백을 제공하는 NS의 지도 경험 기간도 고쳐말하기(recast)에 영향을 준다. Braidi(2002)는 성인 NS-NNS 10개 그룹에게 과제를 수행하게 했을 때의 발화 문자 자료를 분석하였는데 고쳐말하기(recast)가 상당히 적었다고 보고하였다. 이것은 교실에서 교사 vs 학습자의 인터액션과 달리 그룹의 상대방이 첫 대면이라는 요소가 결과에 영향을 주었다고 해석하였다. 따라서 데이터를 수집한 장소(교실인지 교실 바깥인지)나 대화 상대방(항상 함께 하는 교실의 교사나 동급생인지, 모르는 상대방인지)에 따라서 차이가 나올 가능성이 있다. 실제로 그룹인 상대방과의 친밀도(familiarity)가 과제에서 언어운용에 영향을 준다는 연구가 80년대에도 이루어졌다(Plough & Gass, 1993 등). 또한 교실담화를 사회언어학적으로 분석하여 대화 상대방에게 고쳐말하기(recast)와 같은 교정적 피드백을 받으면, 바보 취급당하거나 무능력함을 비난받는다고 여기는 학습자가 존재한다는 사실도 지적되고 있다(Morris &Tarone, 2003). NNS를 상대하는 NS의 지도 경험 기간에 대해 조사한 연구도 있는데, 일관성 있는 결과가 나오지 않았다. Mackey, Polio, & McDonough(2004)는 지도 경험이 있는 교사가 고쳐말하기(recast)가 더 많다는 결과를 내놓았는데, Polio, Gass, & Chapin(2006)은 지도 경험의 기간에 차이가 있어도 NNS와의 인터액션에서 생기는 고쳐말하기(recast)나 의미 확인 과정의 빈도는 바뀌지 않았다고 하였다.

어찌되었든, 다양한 요인이 인터액션에 영향을 미치고 있는 것이 현실이지만 관찰 결과를 일반화하기가 어렵고, 연구를 진행하는 데에는 기술적 연구만이 아닌 실험연구에서 더욱 고쳐말하기(recast)의 효과를 검증할 필요가 있다. 큰 연구과제는 즉각적 반응(uptake)이 그다지 보이지 않는 고쳐말하기(recast)가 정말로 SLA를 촉진하는지이다. Lyster로 대표되는 것처럼 고쳐말하기(recast)에 대한 비판이 있는 한편, 고쳐말하기가 SLA에 사용되었는지의 지표로 즉각적 반응(uptake)의 이용을 문제시하는 견해도 있다. Oliver(2000)는 몰입식 교육을 하는 교사와 학습자와의 대화에서 학습자가 교사가 말한 모든 내용에 반응하여 반복하는 것은 오히려 부자연스럽고 부적절하다고 지적하였다. 따라서 실험연구로 고쳐말하기(recast)가 습득을 촉진한다고 보는 증거를 제시할 필요가 있다.

(2) 고쳐말하기(recast)의 실험연구

앞서 서술한 기술적 연구의 성과를 정리하면, 몰입식 교육이나 의사소통 기반 교실에서 교사가 고쳐말하기(recast)를 빈번하게 제공하는 것은 사실이다. 하지만 그것이 SLA를 정말로 촉진했는지는 명확하지 않다. 고쳐말하기(recast)에 대해 즉각적 반응(uptake)이 있는지의 여부가 종종 논쟁이 되어왔지만, 고쳐말하기(recast)의 효과는 역시 실험으로 증명할 수밖에 없다. 앞서 서술한 바와 같이 Mackey(1999)는 그때까지의 인터액션 가설의 실증연구가, 인터액션에 의해 이해 가능하게 된 인풋과 습득의 직접적인 인과관계를 발견하지 못한 부분에 Pienemann(1989 등)의 연구를 통해 제시된 영어 의문문의 보편적 발달단계를 습득의 목표로써 이용하는 수법을 도입하였다. 그리고 동일한 수업으로 복수의 연구에서 고쳐말하기(recast)를 제공받은 학습자는 발달단계가 상승되었다는 사실을 증명하는 데 성공하였다.

예를 들어, Mackey & Philp(1998)은 영어학습자를 NS와 짝으로 하여 영어 의문문의 사용이 필수적인 과제(task)를 이용한 인터액션에서 실험군에는 집중적으로 고쳐말하기(recast)를 제공하였다. 그 결과, 고쳐말하기(recast)가 제공된 직후의 학습자의 발화를 보면 오류는 거의 정정되지 않았지만, 사전 테스트에서 의문문의 발달단계가 상위 수준에 있는 학습자가 집중적으로 고쳐말하기(recast)를 제공받은 경우, 고쳐말하기(recast)를 제공받지 않은 학습자와 비교하여 실험 시작 시의 발달단계보다 위 단계의 의문문의 사용이 현저하게 증가했다는 사실을 알 수 있었다. 특히 이 효과는 지도 직후보다도 오히려 지연 테스트 결과에서 현저하게 나타났다. 따라서 고쳐말하기(recast)도 그 시점의 발달적 준비성(readiness)에 합치되면 효과적이라고 할 수 있다. 또한 효과가 늦게 나타난다는 점이 중요하다. Mackey & Goo(2007)의 메타분석에서는 피드백 유형 중에는 고쳐말하기(recast)가 가장 많이 연구되었고, 효과 크기는 사후 테스트 전체에서는 0.96이라는 대(大) 정도의 효과 크기 수치를 얻을 수 있었다(직후 테스트에서는 1.69, 지연 테스트에서는 1.22였는데, 지연 테스트를 실시한 연구자체가 적었다고 한다).

기존 교실에서 한 학기에 걸쳐서 고쳐말하기(recast)를 통한 지도를 포함시킨 준실험(quasi-experimental) 연구로는 Doughty & Verela(1998)가 대표적이다. 이과를 배우면서 영어를 공부하는 내용 중심의 ESL 교실에서 먼저 교실 담화를 분석하고, 이과 실험 레포트에 필수적인 단순 과거와 조건문을 지도 대상으로 하였다. 구두 레포트에서는 인토네이션을 강조하거나 교정적 고쳐말하기(corrective recast)를 통해 학생의 오류를 반복해서 정정하고, 필기 레포트에서는 오류에 동그라미를 치고, 옆에 올바른 언어형식을 제시하였다. Doughty & Varela의 교정적 고쳐말하기(recast)의 조작적 정의는 학습자의 오류를 강조하고, 오류가 있는 발화를 반복하기도 한다. 이와 같은 지도는 학습자에게 인지 비교의 기회를 제공하고, 고쳐말하기를 통한 지도를 받지 못한 수업과 비교하면 학기 말에는 큰 개선이 보였다. 따라서 수업의 주요한 초점이 의미나 커뮤니케이션이어도 언어형식에 초점을 둔 FonF 지도를 커리큘럼으로 추가 가능하다고 할 수 있다. 과거형이나 조건문은 과학 실험 보고서에서는 자연스럽게 사용되므로 코스에서 언어형식의 초점을 유지하기는 비교적 용이하다. 지도 대상의 언어형식 선택은 고쳐말하기(recast)의 성패에 크게 관여한다고 할 수 있다. 또한 Doughty(1999a,b)는 고쳐말하기(recast)가 효과를 발휘하기 위한 기준으로서 (1) 고쳐말하기(recast)가 오류 부분의 발화에 인접할 것, (2) 피드백의 유형이 일관되게 유지될 것, (3) 학습자의 발화에 대한 다른 반응과는 명확히 구별될 것, (4) 특정 기간 집중적으로 실시할 것을 들고 있다.

이와 같은 연구에 대해서 Lyster & Saito(2010)는 고쳐말하기(recast)가 일반적으로 암시적 피드백으로 분류되지만, 오류를 강조하는 고쳐말하기(recast)는 명시적 피드백이어서 독립변수가 명확히 구분되지 않는다는 문제점을 지적하였다. 즉 Doughty & Varela(1998)의 고쳐말하기(recast)는 (기존의 교실에서 실시했기 때문에 순수한 실험 설계가 아니지만,) 본래의 피드백으로써의 고쳐말하기(recast)의 변수와 인토네이션으로 강조하는 인풋 강화의 변수가 동시에 존재하고 있어, 고쳐말하기(recast)만의 효과라고 단정하기 어렵다고 비판하였다. 또한 R. Ellis(2007)는 암시적 피드백(부분적 고쳐말하기(recast))과 명시적 피드백(메타언어적 설명)을 비교한 실험을 하였지만, 여기에서 사용된 고쳐말하기(recast)는 발화 전체의 반복이 아니라 오류 부분만을 반복하는 방식으로 명시적인 오류 정정에 가까운 것까지 고쳐말하기(recast)에 포함하고 있어 고쳐말하기(recast)의 조작적 정의가 여러 선행연구에서 일관성이 없다는 문제점이 남아있다.

또한 고쳐말하기(recast)의 효과에는 다양한 요인이 영향을 미친다는 사실도 실험으로 나타났다. 먼저 고쳐말하기(recast)의 지도 효과는 모든 언어형식에서 동등하게 보이지는 않으며 지도 대상이 되는 언어형식의 선택이 중요해진다. 앞서 기술한 Mackey & Philp(1998)에도 제시되었듯이 발달적 준비성(readiness)이 있는 언어형식에 대해 고쳐말하기(recast)를 한다는 것은 하나의 성공 열쇠라 할 수 있다. Long(2007)은 선행연구를 개관하며, 고쳐말하기(recast)가 습득이 어렵고 장기 학습이 필요한 언어형식에 적합하며 명시적인 피드백은 단기 학습으로 개선이 보이는 비교적 쉬운 언어형식에 적합하다고 하였다. 실제로는 언어형식의 난이도를 판정하는 일은 어려운 문제이며(DeKeyser, 2005의 문헌고찰 참조), 의문문의 보편적인 발달단계는 언어 처리 상의 인지 자원의 제약에서 기인한 학습자 관점의 난이도 계층이라고 할 수 있다. 고쳐말하기(recast)의 실험 연구에서는 복수의 언어형식을 대상으로 다루었지만, 역시 효과는 동일하게 나타나지 않았다. 고쳐말하기(recast)의 효과는 그 측정 방법에도 좌우된다. 고쳐말하기(recast)와 같은 암시적인 피드백을 통한 지도 효과는 암시적인 지식을 측정하는 테스트를 이용해야 한다.

고쳐말하기(recast)의 효과에 관한 연구는 특히 고쳐말하기(recast)가 모호하다며 비판적인 연구자들이 유도(prompt)와 비교하면서 실험이 이루어지는 경우가 많다. 하지만 유도(prompt)에는 메타언어적 피드백, 추출(ellcitation), 반복, 명확성 요구가 포함되며, 명시적 피드백에서 암시적 피드백까지 광범위한 피드백 유형이 포함된다. 또한 선행연구들 사이에서 이용되는 유도(prompt)의 유형도 다르다. 교실담화 연구에서 고쳐말하기(recast)의 효과를 의문시한 Lyster(2004)는 실험연구에서도 고쳐말하기(recast)의 반증을 입증하였다. 몰입식 교육에서 프랑스어 명사의 젠더와 관사를 목표언어 형식으로 하여 문자·부호를 강조한 텍스트를 읽거나 메타언어적 설명 등을 한 후에 고쳐말하기(recast)를 제공받은 그룹과 유도(prompt)를 제공받은 그룹을 비교하였다. 이 실험에서 유도(prompt)란, 명확성 요구, 반복, 메타언어적 단서, 추출 중 하나가 제공되거나, 또는 조합도 제공되지만, 어찌되었든 올바른 언어형식은 제공하지 않고 학습자의 자기정정을 끌어낸다는 의미이다. Lyster는 분석 결과, 유도(prompt)가 전체적으로 고쳐말하기(recast)보다 뛰어나다는 사실을 보고하였다. 단, 유도(prompt)는 메타언어적인 필기 테스트에서는 고쳐말하기에 비해 지속효과도 있지만, 구두의 자발적인 테스트에서는 지도 직후와 8주 후에도 고쳐말하기(recast)와의 유의차는 나오지 않았다. 따라서 암시적, 절차적 지식의 습득을 목표로 한 경우에도 유도(prompt)가 영향이 있는지는 명확하지 않다. 이 실험에서는 유도(prompt)에는 4종류, 그리고 그것들을 조합한 것을 포함하기 때문에 고쳐말하기(recast)와의 1대1의 비교가 아니며, 유도(prompt)의 무엇이 유효한지는 확실하지 않다. 따라서 R. Ellis, Loewen, & Erlam(2006)이나 R.Ellis(2007)는 암시적 피드백인 고쳐말하기(recast)와 명시적 피드백인 메타언어적 설명을 비교하였다. 그 결과 명시적 피드백이 더 효과가 있다고 하였는데, 고쳐말하기(recast)라고 해도 발화 전체가 아니라 잘못된 곳을 반복하는 부분적 고쳐말하기(recast)를 제공하고 있어, 고쳐말하기(recast)라기보다는 명시적 정정에 가깝다.

이와 같이 선행연구에는 고쳐말하기(recast)의 조작적 정의가 각 연구마다 다르다는 문제점이 있다. 유도(prompt)가 고쳐말하기(recast)보다 효과적이라고 하는 연구의 대부분은 명시성의 수준이 상이하여 McDonoguh(2007)는 유도(prompt)와 고쳐말하기(recast)의 차이에 의한 것인지, 수정 아웃풋의 유무에 의한 것인지, 혹은 그 양쪽인지가 모호하다고 하였다. 이에 McDonough는 암시적 유형의 피드백으로서 유도(prompt) 중에 가장 암시적인 명확성 요구와 고쳐말하기(recast)를 비교하였다. 태국 EFL의 대학생 74명에게 명확성 요구 그룹, 고쳐말하기(recast) 그룹, 피드백을 받지 않은 통제군으로 나누어, 영어 과거형을 목표언어 형식으로 양방향과 단방향의 정보 격차(information gap) 과제를 수행하게 하였다. 그 결과, 명확성 요구와 고쳐말하기(recast)는 유사하게 통제군보다 효과가 있다고 하였다.

　　Goo & Mackey(2013)는 고쳐말하기(recast)가 학습자에게 고쳐말하기(recast)로서 인식되기 어렵고, 아웃풋을 끌어내는 유도(prompt)가 더 효과적이라는 주장에 대해 반박하며 "The case against the case against recasts(고쳐 말하기 비판론에 대한 반론)"라는 타이틀의 논문을 발표하면서 선행연구를 정리하였다. 고쳐말하기(recast)의 효과에 영향을 주는 요인으로서는 발달적 준비성(readiness) (Mackey & Philp, 1998; Ammar, 2008; Ammar & Spada, 2006 등), 숙달도(Ammar & Spada, 2006), 인토네이션이나 고쳐말하기(recast)의 길이, 변경 부분(Egi, 2007a, b; Loewen & Philp, 2006; Nassaji, 2009; Philp, 2003; Sheen, 2006 등), 목표언어 형식(R. Ellis, 2007; Iwashita, 2003 등), 개인 격차(Mackey, Philp, Egi, Fujii, & Tatsumi, 2002; Tromfivich, Ammar, & Gatbonton, 2007 등), 효과 측정 방법(Spada & Lightbown, 2008 등) 등을 들 수 있다. 그중에서도 학습자의 개인 격차는 고쳐말하기(recast)를 이용할 수 있는지의 여부에 크게 영향을 주는 요인으로 간주되었다. Robinson(2002)은 지각 속도(perceptual speed)나 패턴 인지능력이 고쳐말하기(recast)의 주목(気づき)을 좌우하며, 설령 주목이 일어난다고 해도 음운적 작동 기억의 용량이 부족한 경우에는 리허설(심적 복창)을 잘

할 수 없기 때문에 장기 기억에 통합되기 어려워질 가능성이 있다고 하였다.

또한 Goo & Mackey(2013)는 부정 피드백이 고쳐말하기(recast)와 유도(prompt) 모두 효과적이지만, 학습자에게 유효한 교실담화 상황이 다르기 때문에 어느 방식이 더 효과적인지에 대한 논쟁을 지속하는 것은 생산적이지 않다고 주장하였다. 대신 어떤 조건에서 고쳐말하기(recast)가 더 효율적으로 작용하는지 탐구하는 것이 더 중요하다고 하였다. 더불어 지도 효과는 심리언어면에서 보았을 때 왜 효과적인지 과학적인 검증이 필요하다고 생각된다(유도(prompt)는 자기정정, 즉 아웃풋을 촉진하는 피드백이며, 그 효과에 대해서는 2.4에서 논의하기로 한다).

2.3.5 고쳐말하기(recast)의 심리언어적 타당성

고쳐말하기(recast)는 암시적인 부정 피드백으로서 종종 분류되지만, 실제로는 부분적인 정정을 하고 있다는 의미에서는 부정 증거를 제공하지만, 올바른 모델을 제시한다는 의미에서는 긍정 증거도 동시에 제공하고 있다. UG 입장의 연구자는 고쳐말하기(recast)가 부정 증거로서 효과적이라기보다는, 말을 정정하여 모델을 제시한다는 의미에서 긍정 증거 제공이 SLA에 기여한다는 견해(Schwartz, 1993)도 내고 있다. 따라서 Leeman(2003)은 고쳐말하기(recast)의 어느 측면이 SLA를 촉진하는지를 검증하였다. 스페인어 초급학습자를 대상으로 명사구의 성, 수 일치를 타깃으로 (1) 고쳐말하기(recast) (암시적 부정 증거+긍정 증거), (2) 탁월성의 강화(타깃을 강조한 모델, 부정 피드백 없음), (3) 부정 증거(잘못된 발화의 반복만)의 3조건을 비교하였다. 4번째 통제군은 강조하는 부분이 없는 긍정 증거만을 받았다. 그 결과, 지도효과가 보인 것은 (1)과 (2)의 그룹뿐이었다. 따라서 고쳐말하기(recast)는 부정 증거가 아니라, 학습자 발화의 일부가 다른 말투로 변화하면서 지각적 탁월성이 높아져 SLA에 기여한다고 추측하였다. 즉 지각적 탁월성이 주목을 촉진한다고 할 수 있다.

Goo & Mackey(2013)가 주장한 것처럼 고쳐말하기(recast)를 장려하기 위해서는 이론적인 검증이 필요하다. Doughty(2001)는 그때까지의 FonF가 교육적인 용어로 논의되어 왔다는 점을 비판하며 인지적인 용어로 FonF를 논할 필요가 있다면서, 고쳐말하기(recast)의 인지적 기반을 논하였다.
　　SLA에서 장려하는 지도 기술은 학습자의 내적 메커니즘에 비추어 타당성이 있어야 한다. 고쳐말하기(recast)는 학습자가 표현하고 싶은 의미 내용을 나타내는 데에 새로운 언어형식이 있다는 사실을 제시하고, 학습자가 자신이 이용한 언어형식과 비교할 수 있다는 인지 비교의 기회를 제공한다는 점에서 의미가 있다고 할 수 있다. 인지 비교를 하기 위해서는 SLA에 필요한 언어 데이터를 작동 기억이라는 정보 처리의 작업장에 저장하는 것이 조건이다. Doughty(2001)는 FonF가 언어형식, 의미, 기능의 통합적 처리를 할 수 있도록 짧고 간결하게 인지적 개입을 하여, 인지적 매핑(mapping)을 촉진하는 일이 중요하다고 논하였다. 매핑(mapping)은 Levelt(1993)의 언어 처리 모델(본서의 제2장, 제2절 참조)에서 개념적 표상과 단어의 음운형식의 사이에서 발생하며, 그때 화용적, 의미적, 통사적 정보 등이 그 프로세스에 영향을 미친다고 하였다. [그림 4-2]는 Levelt의 언어 처리 모델 중, 심적 어휘집으로의 어휘 접속 단계를 확대한 내용이다. 스피치 플래닝의 형식 처리에서는 심적 어휘집의 표제어로의 접속과 표제어에 대응하는 음운형식으로의 접속 2단계가 있으며, 양자의 상호작용은 있지만 각각의 부문은 독립된 자율적인 과정이라고 여겨진다. 표제어에는 사전적인 의미뿐만 아니라, 화용적, 의미적, 통사적인 언어정보도 포함된다. Doughty는 표제어의 의미정보와 음운형식과의 사이에 교육적 개입을 위한 작은 '인지의 창문(cognitive window)'이 열려 있으며, 그것이 곧 고쳐말하기(recast)의 기회라고 보았다.

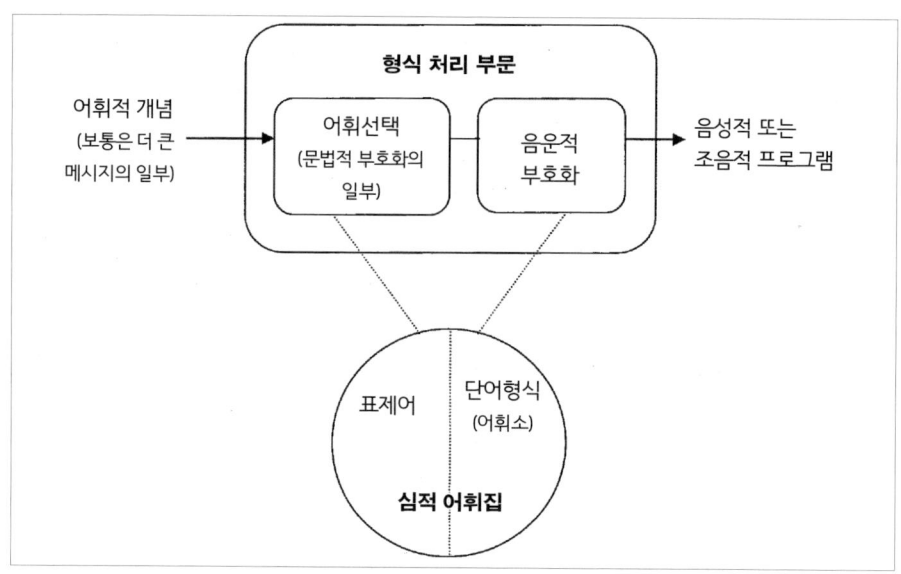

[그림 4-2] 스피치 산출에서의 어휘 접속
(Levelt, 1991, p.4, Doughty(2001)에 인용)

또한 학습자가 고쳐말하기(recast)를 의식하여 인풋이 인지된 정보(intake)가 되기 위해서는 학습 목표에 선택적으로 주의가 기울여져야 하는데, Doughty(1999a, b)는 고쳐말하기(recast)가 학습자의 잘못된 발화에 인접하여 제시되는 경우, 음운 고리(언어성 단기 기억)에 도달하는 20~30초 사이에 언어습득에 필요한 인지 비교의 기회가 충분히 제공된다고 논하였다. Doughty(2001)는 더 나아가 정보에 초점적 주의(focal attention)가 기울여지는 주변에 떠도는 '유동성 주의(roving attention)'를 이용한다면 인지 비교에 사용할 수 있는 시간은 더욱 길어진다고 논하였다. WM은 초점적 주의가 미친 장기 기억(LTM)에서 활성화된 LTM의 부분 집합으로, 스피치 에러의 실증연구 등을 보면, 예를 들어 반드시 초점적 주의가 미치지 못한 정보라도 인간은 기억해 둘 수 있다는 증거가 있다고 한다. 따라서 Doughty는 좀 전까지 주의를 기울이고 있었고 시간과 함께 사라져가는 정보, 즉 유동성 주의가 미치는 정보는 LTM에서 빠르고 쉽게 재활성화될 수 있기 때문에 교육적 개입이 가능하다고 하였다. 다시 말하면 학습자가 조금 전의 자신의 발화를 다시 WM의 작업장으로 불러내고, 인풋(고쳐말하기(recast))과 스스로의 아웃풋의 인지 비교를 촉구하기 위해서 고쳐말하기(recast)에 의한 인지적 개입이 필요하다. 그리고 유동성 주의를 활용하면 학습자의 '인지의 창문'이 열려 있는 시간은 이전 고려된 시간보다도 더 길어져, 1분 미만의 유예 시간이 존재한다고 Doughty는 보았다. 즉, 학습자는 고쳐말하기(recast)에 의해 목표언어와 중간언어의 차이를 의식하는 데에 충분한 인지 자원을 갖고 있다는 의미이다. 그리고 '인지의 창문'이 열려 있는 잠깐 사이에 개입한다면 학습자는 스피치 플래닝의 생성 과정을 방해받지 않고 스스로 아웃풋 안에 고쳐말하기(recast)가 제공된 언어형식을 받아들여 스피치 플래닝을 수정할 수 있다고 하였다. 일상생활의 실례나 실험을 통한 스피치 에러 연구에서는 언어의 음운, 어휘, 형태소와 동일한 수준에서 교체가 일어난다고 여겨지며, 이 메커니즘을 이용하면 중간언어가 발달하는 방향으로 인지적 개입이 일어날 가능성이 있다.

　더 나아가 고쳐말하기(recast)의 모호성에 대한 비판으로는 고쳐말하기(recast)에 대한 즉각적 반응(uptake)이 적고, 수정 아웃풋으로 이어지지 않는다는 점(Lyster & Ranta, 1997 등)이 지적되었는데, 즉각적 반응(uptake) 대신에 심리학의 '프라이밍(priming)'이란 개념을 이용한 의식의 지표가 제안되기도 하였다(McDonough, 2005; McDonough & Mackey, 2006 등). 심리학에서는 미리 받은 자극(프라임)의 영향을 받아 후속 자극(타깃)에 대한 반응이 변화하는 현상을 '프라이밍(priming)'이라고 부른다. 이러한 현상은 가까운 일상 대화의 담화에서도 관찰된다. 예를 들면, 어떤 화자가 수동 구문을 이용하면 그 뒤에 이어지는 대화 안에서 몇 번의 화자 교체를 거친 후라도 처음에 수동문을 생성한 화자 혹은 대화에 참가한 다른 화자가 이전 발화에 영향을 받아 어휘가 다르더라도 동일 수동 구문의 사용이 늘어나는 일이 발생한다. 어떤 화자가 이용한 어휘나 형식표현이 계속해서 대화 참가자 중에서 반복 사용될 때도 있다. 이와 같이 특정한 경험이 의도적으로 기억하려고 하는 의식이 없어도 이후의 문제해결을 촉진하는 효과를 초래하는 현상을 '프라이밍(priming) 효과'라고 한다. Jourdenais(2001)는 성찰(reflection) 보고에서 언어화한 주목이 반드시 언어산출로 이어지지는 않는다고 발표하였는데, Robinson(2003)도 학습자에게 언어형식에 주목했는지를 언어화하여 발표하게 하는 메타언어적인 성찰(reflection)에 의한 방법이 아니라 프라이밍(priming)이 더 진정한 주목을 반영하고 있다고 하였다. 만약 고쳐말하기(recast)에 의한 프라이밍(priming) 효과 및 습득 촉진이 증명된다면 고쳐말하기(recast)보다 수정 아웃풋을 이끌어내는 유도(prompt)가 습득에 더 도움을 준다는 주장을 반론할 수 있다.

McDonough & Mackey(2006)는 태국 EFL 학습자 58명과 영어 NS를 짝으로 인터액션을 시켜 사전 테스트와 사후 테스트(직후 3주일 후, 6주일 후)를 진행하는 실험 설계를 통해 프라이밍(priming) 효과를 조사하였다. 영어 의문문의 발달단계를 목표언어 형식으로 하여 고쳐말하기(recast)군과 통제군으로 나누고 정보 격차(information gap) 과제 등에 의한 전달활동 20분 세션을 3회 실시하였다. 고쳐말하기(recast)군은 담화 안에서 자연스러운 피드백을 받았으며, 통제군은 피드백을 받지 않았으며 커뮤니케이션의 단절이 있는 경우에는 다음 화제로 넘어갔다. 효과 측정에는 정보의 흐름이 단방향인 정보 격차(information gap) 과제를 개인별로 실시하고, 의문문의 발달단계를 조사하였다. 먼저 인터액션에서 프라이밍(priming)으로서 고쳐말하기(recast) 후 화자 교체 6회 이내에 고쳐말하기(recast)가 제공된 의문문과 동일한 구문이 산출된 발화가 특정되었다. 다음은 고쳐말하기(recast) 직후에 학습자가 발화를 반복한 경우 (1)과 고쳐말하기(recast) 후에 프라이밍(priming) 산출이 있는 경우 (2)의 예이다. 전자는 고쳐말하기(recast) 직후에 학습자가 고쳐말하기(recast)를 반복하였지만, 그 후의 발화에서는 원래 발달단계의 의문문을 산출하였다. 한편 후자는 고쳐말하기(recast) 직후에 반복은 보이지 않았지만, 화자 교체를 거쳐 고쳐말하기(recast)가 제공된 의문문과 동일한 발달단계의 문장을 산출하였다. 로지스틱 회귀분석의 결과 고쳐말하기(recast)에 의한 프라이밍(priming)은 의문문의 발달에 유위미하게 관여하였으나, 고쳐말하기(recast) 직후의 반복은 의문문의 발달에 관여하지 않았다고 보고되었다(프라이밍(priming)에 대해서는 2.5에서 추가로 고찰한다).

(1) 고쳐말하기(recast) 직후에 반복을 동반하는 경우

    NNS: where you live in Vietnam? (단계3)

    NS: where did I stay in Vietnam? (고쳐말하기(recast) 단계5)

    NNS: where did you stay? (반복, 단계5)

    NS: I started in Hanoi and went down the coast to Hui and Danang and I dended in Saigon

    NNS: where the event take place? (단계3 오류는 미정정)

(2) 고쳐말하기(recast) 후에 프라이밍(priming) 산출이 있는 경우

    NNS: why he get divorced? (단계3)

    NS: why did he get divorced? (고쳐말하기(recast) 단계5)

    NNS: yeah

    NS: because he know his wife was having and affair so he didn't want to be with her anymore

    NNS: so where did Mr.Smith live? (단계5)

    NS: with his friend

(McDonough & Mackey, 2006, pp.710-711)

2.4 아웃풋

2.4.1 아웃풋 가설

Swain(1985, 1994, 1995)은 학습자가 자신의 발화가 오류라는 사실을 나타내는 부정 피드백을 받고 발화 수정을 요구받아 언어를 산출하는 행위도 SLA에는 중요하다고 생각하였다. 이것이 소위 '아웃풋 가설(Output Hypothesis)'이다. Swain이 '아웃풋 가설'을 제안한 배경에는 장기간에 걸쳐 캐나다 몰입식 프로그램에 참가한 학습자가 청해력이나 유창성은 NS 수준이 되었어도 문법적인 정확성에서는 NS에는 훨씬 미치지 못하는 수준에 머물렀다는 사실이 있다(Swain 1991의 정리를 참조). 몰입식 교육에서는 교과 학습 과정에서 충분한 인풋을 받고 있지만, 학습자가 언어를 산출하는 기회는 상당히 한정되어 있다. 학습자는 자신이 생각하는 내용을 표현해 보기까지는 그 시점에서 스스로 중간언어로 말하고 싶은 내용을 적절히 표현할 수 있는지를 자각하지 못한다. 따라서 인풋뿐만 아니라, 상대방에게 '이해 가능한 아웃풋(comprehensible output)'을 산출하는 일도 중요하다고 생각하게 되었다.

인터액션에서 학습자의 아웃풋을 이끌어내기 위해서는 학습자가 정확하게 의미를 전달하도록 강요받는다는 점에서 대화적 조정 중에서도 특히 명확성 요구(clarification request)가 효과적이라고 여겨졌다(Pica, Holliday, Lewis, & Morgenthaler, 1989). 학습자가 NS로부터 명확성 요구를 받아 '강요 아웃풋(pushed output)'을 산출하는 일이 중요하다. Swain(1993)이나 Kowal & Swain(1994)은 강요 아웃풋이 학습자를 인풋의 의미적 처리에서 통사적 처리로 전환시키는 데에 효과적이라고 논하였다. Swain(1994, pp.1-2)은 강요 아웃풋에는 다음과 같이 세 가지 기능이 있다고 하였는데, (4) 유창성의 향상 기능은 후에 추가되었다(Swain, 1995).

(1) 주목(noticing) 기능: 아웃풋이 주목을 생기게 한다고 가정한다. 즉

목표언어를(소리내어 혹은 작은 소리로) 산출할 때 학습자는 말하고 싶은 내용과 말할 수 있는 내용의 차이를 깨닫게 되고, 이는 자신이 모른다는 사실, 혹은 부분적으로밖에 알지 못한다는 사실을 깨닫는 계기로 작용한다.

(2) 가설검증(hypothesis testing) 기능: 언어 산출이 언어학습 과정에 도움이 되는 또 하나의 방법은 가설검증을 통해서이다. 즉 아웃풋 산출은 이해 가능성, 또는 언어적 적절함에 대한 가설검증을 시도하는 하나의 방법이다.

(3) 메타언어적(성찰적) 기능: 학습자가 자신의 목표언어 사용에 대해서 성찰함에 따라 아웃풋이 메타언어적 기능을 가지게 되며, 학습자가 언어지식을 조절하여 내재화를 할 수 있게 된다.

(4) 유창성의 향상 기능

또한 [그림 4-3]과 같이 커뮤니케이션의 필요성이 생겼을 때 학습자는 아웃풋을 하고 이에 대해 피드백을 얻을 수 있다. 따라서 인풋을 분석하여 내재화된 언어형식은 새로운 아웃풋이 되어 학습자로부터 발화된다. 이와 같은 사이클을 반복하면서 아웃풋은 습득에 기여된다.

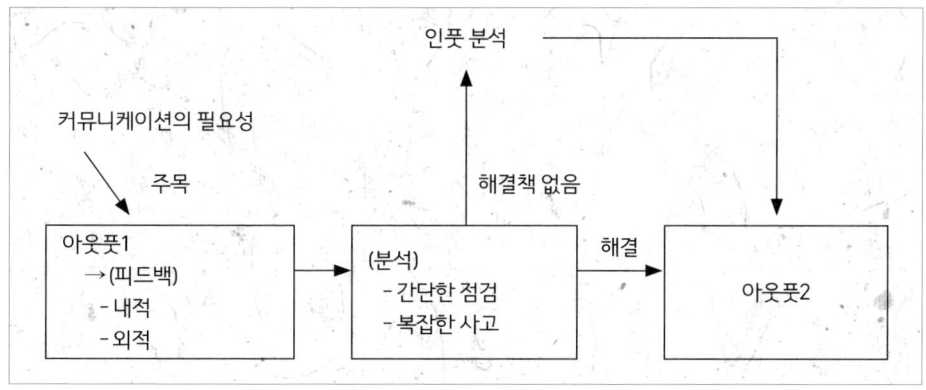

[그림 4-3] 아웃풋과 제2언어 습득(Swain & Lapkin 1995, p.388)

2.4.2 아웃풋에 관한 실증연구

(1) 협력적 대화

Swain(1994, 1995)은 자신이 제창한 아웃풋 가설의 실증연구(Kowal & Swain, 1994, Swain & Lapkin, 1995) 중에서 교사가 읽는 한 구절을 듣고 짝과 함께 그것을 재구축하는 '딕토글로스(dictogloss)라는 과제를 '협력적 대화(collaborative dialogue)라고 정의하고 그 효과를 검증하였다. 학습자가 언어형식에 대해 논의하고 있는 발화 부분을 언어 관련 에피소드(language-related episode: LRE)로 규정하고, 이 분석을 통해 아웃풋이 인풋의 의미 처리를 넘어 통사 수준의 심도 있는 언어 처리를 촉진한다고 하였다. Swain(2000)은 외부로 드러난 사회적 활동으로서의 인터액션과 문제해결 활동에서 학습자의 내면 인지와의 매개 도구로서의 언어 역할에 착목하여 사회문화이론(Lantolf, 2000a, b)도 도입하게 되었다. 수치적 데이터나 실증 증거를 제시하지 않은 사회문화이론(Sociocultural Theory)의 접근법은 Long 등 상호교류적, 인지주의적인 FonF의 연구자와 종종 대립하지만, Swain은 인터액션을 중시하면서도 학습자 간 메타토크(meta-talk)적인 요소도 인정하였다. 전면적으로 의미 중심으로 수업을 실시하는 몰입식 교육에서는 때때로 이와 같은 메타토크(meta-talk)를 포함한 연습을 도입할 필요성이 있다고 생각된다. 학습자는 자신보다 능력이 높은 친구와의 인터액션에서 자신의 현재 능력과 친구의 도움에 의해서 나오는 상한선과의 사이, 즉 사회문화이론에서 말하는 바의 '근접 발달영역(zone of proximal development)'에서 주어진 과제의 문제를 해결하면서 언어를 더 높은 단계로 최대한으로 끌어올린다.

Swain & Lapkin(1995)은 프랑스어(L1:영어)를 배우는 학생에게 신문기자 역할로 프랑스어로 기사를 작성하게 한 뒤 그 편집 과정에서 프랑스어 또는 영어로 생각하고 있는 내용을 소리내어 말하도록 지시하고, 사고 발화법(think-aloud)을 활용해 분석함으로써 아웃풋 가설의 증거를 제시하였다. 이 분석 자료에 따르면, 학생은 언어적 차이를 인식하고, 오류를 정정하기 위해서 스스로의 명시적인 문법지식을 검색하거나 규칙을 적용하려고 하였다.

즉 Swain & Lapkin은 아웃풋은 자신이 표현할 수 있는 것과 그렇지 못한 것의 차이를 명확히 해, Swain 등이 '내적' 피드백이라고 부르는 인지과정을 한층 촉진하는 데에 도움이 된다고 하였다. 마찬가지로 Swain & Lapkin(1998)은 프랑스어 재귀동사의 문법 수업을 5분 시행한 후에 학습자 그룹에게 다른 그림을 절반씩 갖게 하고, 둘이서 순번을 바꿔가며 이야기를 완성하는 과제를 수행하도록 하고 과제 간의 LRE를 분석하였다. LRE는 학습자끼리가 산출하려고 하는 언어에 대해서 말하거나 서로의 언어사용을 문제로 삼거나, 자신 혹은 상대방의 오류를 정정하는 일종의 메타토크(meta-talk)이다. 이 에피소드의 발생 수와 그룹의 대화나 과제 후의 재귀동사의 문법 테스트 점수와의 관계를 분석한 결과, LRE의 빈도는 사후 테스트 결과에 영향을 미치고 있다는 사실이 밝혀졌다. 따라서 이 종류의 대화가 가설을 형성, 검증하거나, 규칙을 새로운 맥락에 확대 사용하는 내적 과정을 활성화한다고 하였다.

또한 Swain(1998)은 LaPierre(1994)의 예비 연구를 인용하여 학습자의 언어지식의 내재화에 대한 아웃풋의 효과를 제시하였다. 이 연구에서는 '딕토글로스'를 활용한 텍스트 재구성 과제에서 학습자는 짧은 지문을 들으면서 메모를 하고, 그 후에 메모에 기초하여 모든 언어 자원을 활용하여 둘이서 공동으로 지문을 재생하도록 요구받았다. 그 결과 메타토크(meta-talk), 즉 언어지식에 관한 대화를 사전에 모델링 세션으로 제공할 경우, 학습자는 명시적 지식을 이용하여 문제를 해결하는 데 성공했다는 사실이 밝혀졌다. 이 순서는 학습자의 중간언어와 목표언어와의 사이의 '공백(hoels)'을 깨닫게 하고, 더 나아가 가설 형성과 검증으로 이끌어간다고 하였다. 하지만 이들 대부분의 연구는 모두 기술(記述)적이었고, 습득이 일어났다는 점은 전혀 증명되지 않았다(동일한 비판이나 방법론상의 문제점에 관한 상세한 논의는 Shehadeh, 2002를 참조). Swain & Lapkin(1998)은 사전 테스트-사후 테스트의 설계에서 LRE와 언어 발달의 관계를 찾으려고 시도했지만, 동일한 과제에서도 그룹에 따라 주의를 기울이는 언어형식이 다르기 때문에 메타토크(meta-talk)와 언어 발달의 관계를 파악하지는 못하였다.

실험연구로서는 Izumi(2002)가 텍스트를 시각적으로 강조한 독해교재를 활용한 인풋 강화의 유무(±IE)와 텍스트를 읽고 중요하다고 생각되는 단어에 밑줄을 긋고, 그 후에 텍스트 재구성을 통해서 언어산출을 하는 아웃풋 강화, 이렇게 두 가지 지도기법의 적용 여부(±O)에 따라 4개의 실험군을 비교하였다. 아웃풋 강화가 없는 경우에는 대신 텍스트에 관한 내용질문에 응답하게 하였다. 실험군에는 (1) +O+IE, (2) +O-IE, (3) -O+IE, (4) -O-IE의 4가지 조건을 두었다. 그리고 테스트만 받은 통제군과 비교해 관계대명사를 목표언어 형식으로 한 컴퓨터 학습의 효과를 검증하였다. 주목(気づき)은 텍스트를 이해하기 위해 읽는 동안 작성한 메모에서 관계대명사의 수로 측정하였다. 지도 효과는 두 문장 연결 테스트, 그림 단서로 평서문이 주어지고 관계대명사를 사용하여 설명하는 테스트, 이렇게 2종류의 산출 테스트, VanPatten 등의 인풋 처리에 준하는 해석 테스트, 15초로 문법성을 판단하고 비문에 대해서는 오류를 정정하게 하는 테스트와 같이 4종류의 테스트로 측정하였다. 그 결과 실험군은 통제군보다도 지도 효과가 나타났지만, 실험군 안에서는 인풋 강화와 아웃풋 강화의 양쪽 지도가 있었던 그룹이 이해하기 위해서만 텍스트를 읽은 그룹보다 학습 효과가 컸다. 또한 시각적 인풋 강화는 언어형식으로 주의를 환기시켜 주목을 유도하였으나, 반드시 학습 효과로 이어지는 것은 아니라고 하였다. 따라서 Izumi는 시각적 인풋 강화가 지각적으로 언어형식을 검출할 수 있더라도 표면적이며, 아웃풋 강화가 심층 수준의 인지 처리를 더 촉진한다고 하였다.

협력적 대화는 딕토글로스(dictogloss)뿐만 아니라, 커뮤니케이션 격차가 있는 과제를 통한 인터액션에서도 LRE가 자연적으로 발생한다는 사실이 입증되었다. 협력적 대화가 L2 학습을 촉진한다는 사실을 보여주는 연구(Qin, 2008; Swain & Lapkin, 2002; Tocalli-Beller & Swain, 2005; Watanabe & Swain, 2007, 2008; William, 2001; Zeng & Takatsuka, 2009)는 축적되어 왔지만, 협력적 대화의 성패는 앞서 기술한 고쳐말하기(recast)와 동일하게 학습자의 숙달도 수준이나 짝끼리의 역학 관계(숙달도 수준이나 적극성의 차이) 등, 다른 요인에도 좌우된다. 예를 들면 Leeser(2004)는 숙달도 수준이 높은 학습자가 LRE가 생기는 빈도가 더 높고, 거기서 생긴 문제를 해결할 수 있다고 하였다. 또한 숙달도가 높은 학습자와 숙달도가 낮은 학습자의 조합에서도 양측 모두 협력적 대화에서 도움을 받을 수 있지만, 협력적 대화에 참가하는 개별 학습자가 활동 목표를 어떻게 파악하고, 과제를 얼마나 심도있게 수행하는지에 따라 형성되는 협동적 지향이 존재한다는 점이 더 중요하다고 하였다.(Dobao, 2012; Kim & McDonough, 2008; Watanabe, 2008; Watanabe & Swain, 2007, 2008).

(2) 유도(prompt)

Swain은 최근에는 협력적 대화에 관심을 가지고 있지만, 아웃풋 가설(Swain, 1985)을 처음 제안했을 당시에는 학습자가 자신의 발화가 오류라는 사실을 나타내는 부정 피드백을 통해 수정을 강요받는다면, 의미를 정확히 전달하기 위해 아웃풋을 수정하는 것이 습득으로 이어진다고 가정하였다. 즉 대화 상대방에게 '이해 가능한 아웃풋'의 제시가 중요하다고 생각하였다. Pica, Holliday, Lewis & Morgenthaler(1989)는 아웃풋 가설을 지지하는 증거로서 모어화자가 명확한 요구를 통해 커뮤니케이션상의 문제를 지적한 경우, NNS는 자신의 아웃풋을 수정하는 경향이 있다는 사실을 발표하였다. 이와 같은 강요 아웃풋을 이끌어내는 것이 중요하다. 한편 자신의 이해가 올바른지 어떤지 상대방에게 확인하는 확인 체크와 같은 피드백은 올바른 언어형식이 모어화자 측으로부터 제공되므로 학습자의 언어 발달에는 영향력이 적다. 따라서 학습자에게 의미를 명확히 하도록 요구하는 명확성 요구와 같은 오픈 신호는 학습자 측에서 아웃풋이 정정된다는 점에서 확인 체크보다 효과적이라고 할 수 있다. 또한 Pica et al.(1989)은 NNS에 의한 수정은 의미적인 것보다 오히려 형태소나 통사와 관련된 내용이었다는 점도 발표하였다.

마찬가지로 Gass & Varonis(1989)는 NNS 간의 담화에서 자유대화보다 그림 과제에서 더 많은 수정(repair)이 일어난다는 점을 발표하였다. 즉 학습자는 대답이 정해져 있지 않은 자유대화와 비교하여 더욱 상세하고 정확한 정보가 요구되는 그림 과제에서 아웃풋을 하도록 강요받았다. 또한 학생 그룹으로 서로 협력하여 수정된 올바른 언어형식은 그 직후뿐만 아니라, 담화의 뒷 부분에서도 자주 나타난다는 점이 밝혀졌다. 또한 Lyster & Ranta(1997)는 교실관찰 데이터 분석에서 자기 혹은 동료에 의해 수정(repair)으로 연결되는 피드백이나 더 나아가 피드백을 끌어내는 교정적 피드백에 대한 학생의 반응을 규명하였으며, 내용중심(content based)의 어학교실에서도 의미 확인 과정뿐만 아니라, 언어형식의 확인 과정도 이루어지고 있다는 점을 발표하였다. 이들 연구는 언어습득이 실제로 일어났음을 증명하지는 않았지만, 학습자가 인터액션에서 의미의 명확성을 요구받은 경우, 메시지를 전달하기 위해서 아웃풋을 조절할 수 있다는 점을 제시하였다.

Shehadeh(1999)는 기존의 실험연구(Pica, Lincoln-Porter, Paninos, & Linnell, 1996 등)가 타자가 명확성 요구를 했을 때의 강요 아웃풋에만 착목한 점에 대해 화자가 명확성 요구를 받지 않고 스스로의 발화를 명확히 고쳐 말하고자 하는 시도나 학습자가 오히려 스스로 깨달아 스스로 수정하기를 선호하는 경향이 있다고 보고하였다. 이 경향은 NS의 인터액션의 규범에도 일치하며, 학습자가 자신의 문법지식 등에 비추어 산출한 아웃풋도 중간언어문법의 형성에 중요하다고 할 수 있다. 또한 Shehadeh(2002)는 아웃풋을 이해 가능한 아웃풋, 정확한 아웃풋, 목표언어에 가까운 아웃풋과 같이 세 가지로 구별하여, 어떤 아웃풋이 언어 발달에 영향을 미치는지를 검증해야 한다고 하였다. 왜냐하면, 이해 가능하지만, 정확하지 않은 아웃풋, 정확하지만 목표언어답지 않은 아웃풋 등이 자주 발생할 수 있기 때문이다. 또한 인터액션에서는 대화 상대방이 꼭 적절한 피드백을 제공한다고는 할 수 없다는 문제점도 지적하였다. 따라서 기술적인 연구뿐만 아니라, 변수를 조절한 실험연구를 통해 아웃풋의 역할을 검증할 필요가 있다. 또한 Shehadeh는 강요 아웃풋이 음운, 어휘, 형태소, 통사 등의 어떤 언어적 특징에 효과가 있는지도 차별화할 필요가 있다고 기술하였다.

더 나아가 인풋 강화와 아웃풋 강화의 양쪽을 도입하여 인터액션 강화(Interaction Enhancement)를 통해 의사소통 과제 중에서 FonF를 실현한 예(Muranoi, 2000)도 있다. 인터액션 강화란, 교사가 학습자에게 아웃풋을 하도록 강요하고, 학습자의 중간언어와 목표언어와의 차이를 인식시키기 위해 반복을 요구하고, 더 나아가 잘못된 아웃풋을 학습자에게 정정하게 하는 교육적 개입이다. 시나리오 기반 문제해결 과제에서 먼저 학습자 그룹끼리 인터액션을 시행하고, 그 후에 교사와 대표 학습자 한 사람이 인터액션을 시행하여 인터액션 강화가 이루어졌다. Muranoi는 영어 관사를 목표언어 항목으로 설정하고 일본의 영문과 대학생을 피험자로 실험을 진행하였다. 과잉 일반화된 오류에 대해서 반복을 요구하고, 학습자가 아웃풋을 수정하여 올바르게 사용하면 그것을 반복하고, 수정하지 못하면 교정적 고쳐말하기(recast)를 제시하였다. 그 후에 교실 전체에서 인터액션이 잘 이루어졌는지의 여부를 이야기하였다. 이때 부정관사의 문법적 설명을 받은 그룹과 커뮤니케이션이 잘 이루어졌는지에 초점을 두고 서로 이야기한 그룹을, 인터액션 강화를 하지 않고 과제를 시행하여 의미 중시의 피드백을 받은 그룹과 비교하였다. 그 결과 인터액션 강화+명시적 문법 설명의 그룹이 관사에 관한 중간언어 지식의 재구성에 가장 효과가 있었고, 5주 후까지 효과가 지속된 것으로 나타났다. 또한 부정관사의 지도효과는 정관사에까지 파급되었고, 인터액션을 시행한 학습자뿐만 아니라, 인터액션을 관찰한 학습자에게도 지도 영향이 있었다는 사실도 보고되었다. 즉, 사람 수가 많은 교실에서도 의사소통 중심의 과제를 넣어 FonF를 실현할 수 있다는 점이 입증되었다.

최근에는 고쳐말하기(recast)의 모호성 문제를 지적하는 연구자(Lyster, 1998; Panova & Lyster, 2002 등)로부터 고쳐말하기(recast)보다 유효한 기술로써 유도(prompt)의 우위성을 주장하는 연구도 진행되었다. 유도(prompt)란, 오류의 재형성 이외의 방법으로 학습자에게 자기 수정(self-repair)을 강요하는 다양한 신호를 말하며, '추출(elicitation)' '메타언어적 단서(metalinguistic clues)' '명확성 요구' 및 '반복'을 포함한다(Lyster & Saito, 2010, p.152). 즉 모델을 제공하지 않은 피드백을 한데 묶어 '유도(prompt)'라고 부른다(Lyster, 2004). 교정적 피드백에 대해서는 그 정의가 연구자 간에 늘 차이가 존재하지만, Adams, Nuevo, & Egi(2011)는 분류기준으로써 오류를 특정하는 명시성, L2모델의 제공, 학습자로부터 수정 아웃풋의 추출이라는 관점에서 분류하였다. 유도(prompt)는 모델을 제공하지 않은 피드백이라고 간주할 수 있다. 피드백의 명시성은 명시적, 암시적이라는 양자택일이 아니라 연속성이 있다(Loewen & Nabei, 2007)고 파악하였다. 〈표 4-4〉는 교정적 피드백을 분류한 내용이다.

유도(prompt)의 실증연구는 종종 고쳐말하기(recast)와의 비교에서 이루어진다. 예를 들면, Lyster(2004)는 캐나다의 몰입식 교육에서 세 가지 실험군과 지도를 받지 않은 통제군으로 나누어 유도(prompt)와 고쳐말하기(recast)를 비교하였다. 프랑스어 명사의 젠더를 목표언어 형식으로 설정하고 실험군에는 먼저 인풋 강화의 교재를 통한 주목 활동, 귀납적인 규칙 발견과 메타언어적 설명에 의한 인식(awarness) 활동, 분석과 유창성 모두를 높이는 연습활동으로 이루어지는 Form-Focused Instruction(FFI)을 진행하였다. 이때 첫 번째 실험군에는 유도(prompt) (명확성 요구, 반복, 메타언어적 단서, 추출)를 제공하고, 두 번째 실험군에는 고쳐말하기(recast)를 제공하고 세 번째 실험군은 FFI만의 지도를 하였다. 지도 효과는 필기에 의한 그림 선택 테스트, 텍스트 완성 테스트, 구두에 의한 그림 묘사 테스트를 통해 측정되었다. 그 결과, 세 가지 실험군은 명사 젠더의 정확성에서 통제군보다 유의하게 개선이 보였다. 필기 과제에서는 유도(prompt)가 고쳐말하기(recast)보다 우수하고, FFI만 시행한 실험군도 통제군과의 유의차가 보였다. 그룹 모두 2개월 후에도 직후 테스트와 점수가 바뀌지 않았다. 한편 구두 과제에 대해서는 세 가지 실험군에 차이는 보이지 않았다. 자발적인 구두산출 테스트에서 실험군의 차이가 보이지 않았기 때문에 유도(prompt) 보다는 FFI의 영향이 컸을 가능성도 있다.

〈표 4-4〉 교정적 피드백의 분류
(Adams, Nuevo, & Egi, 2011, p.44 참조)

인풋/ 아웃풋의 구별	피드백	NNS의 오류에 대한 NS의 피드백의 예	명시적 / 암시적 구별
인풋 제공	명시적 정정	No, it's not goed-went.	더 명시적
	고쳐말하기(recast)	John went to school	더 암시적
아웃풋 유도	메타언어적 피드백	-ed is for past tense of regular verbs, and "go" is an irregular verb.	더 명시적
	추출	John...?	
	반복	John goed to school?	
	명확성 요구	Parden?	더 암시적

또한 Lyster & Izquierdo(2009)는 캐나다 중급 프랑스어 대학생 학습자 25명을 대상으로 프랑스어의 명사 젠더를 목표언어 형식으로 실험을 하였다. 먼저 교실에서 1주일에 걸쳐 3시간의 FFI 지도를 하고 그 후에 교실 바깥에서 피드백 활동을 실시하여 물건을 특정하는 과제나 그림 묘사 과제를 부과하고 14명에게는 고쳐말하기(recast)를, 11명에게는 유도(prompt)에 의한 피드백을 제공하였다. 유도(prompt)는 명확성 요구를 하여 1회로 오류가 고쳐지지 않을 때는 오류를 반복한다는 순서로 이루어졌다. 효과는 그림 선택 테스트와 그 반응시간 및 그림 묘사 테스트를 통해 측정되었다. 그 결과 고쳐말하기(recast)와 유도(prompt) 모두 발생 수는 거의 같은 빈도였지만, 당연한 결과로서 수정(repair)은 유도(prompt)가 고쳐말하기(recast)보다 훨씬 더 많았다. 하지만 그룹 모두 유의하게 수행(performance)이 개선되고, 지연 테스트에서도 그 효과를 유지하였다. Lyster 등은 교실 지도가 FFI인 경우, 고쳐말하기(recast)가 일반적으로 더 주목하기 쉬워, 유도(prompt)와의 차이가 나오지 않는다고 하였다. 확실히 명사 젠더와 같이 명사구의 재형성으로 끝나는 짧은 고쳐말하기(recast)는 명시성이 높다고 여겨진다(Egi, 2007a; Loewen & Philp, 2006; Philp, 2003; Sheen, 2006 등). 이 실험은 고쳐말하기(recast)가 한 번뿐인 피드백이지만, 유도(prompt)는 오류가 한 번에 고쳐지지 않을 때에는 명확성 요구와 반복 요구의 두 번의 피드백을 받게 되어 비교 레벨이 맞지 않아 보인다. 또한 고쳐말하기(recast)는 의미 중시의 지도를 하는 피드백이지만, FFI를 3시간이나 진행해, 본래의 고쳐말하기(recast)가 목표로 하는 지도와는 다르게 보인다.

Nassaji(2009)는 유도(prompt)의 하나인 추출을 고쳐말하기(recast)와 비교하였다. 캐나다 성인 ESL 중급학습자 42명을 NS 교사와 짝으로 하여 인터액션을 진행하였다. 학습자는 4장의 그림을 다시 배열하고 그것을 묘사하는 시나리오를 작성하였다. 필기와 마찬가지로 구두로도 산출하고 그때 추출이나 고쳐말하기(recast)를 통한 피드백을 받았다. 처음 필기 과제가 사전 테스트가 되며, 직후 테스트에서는 자신이 작성한 시나리오를 정정하게 하였다. 2주일 후에도 첫 시나리오를 보이고 정정하게 하였다. 그 결과 기술적 통계로만 보았을 때, 고쳐말하기(recast)와 추출에 큰 차이는 보이지 않았다. 하지만 사전 테스트에서 직후 테스트까지 포함하여 35~45분밖에 걸리지 않아 학습 시간이 짧았기 때문에 습득하는 데에 시간이 걸린다는 암시적 지도의 효과를 발견하지 못한 것은 당연할지 모른다.

Ammar & Spada(2006)는 캐나다에서 5개월 간 진행된 ESL 집중 프로그램에 참가한 초등학교 5~6학년 63명을 대상으로 준실험을 진행하였다. 목표언어 형식은 영어의 소유 한정사(3인칭 단수 his/her)로, 모어 프랑스어와 젠더를 정하는 방식이 다르기 때문에 영어 습득이 어렵다고 한다. 4주간 30~45분의 활동을 12회 진행하는데, 1회째는 문법을 설명하고 남은 11회는 의사소통 활동을 하였다. 고쳐말하기(recast)군과 유도(prompt)군, 활동만 한 통제군을 두었다. 유도(prompt) 그룹은 요구 내용이 모호한 명확성 요구는 제외하고, 추출, 반복, 메타언어적 피드백 3종류의 피드백을 받았다. 또한 고쳐말하기(recast)는 보통 암시적이지만, Ammar & Spada는 명사구 내의 고쳐말하기(recast)이기 때문에 명시적인 피드백이라고 간주하였다. 따라서 실험은 명시적인 고쳐말하기(recast)와 유도(prompt)의 비교가 되는 셈이 되었다. 그림 묘사 테스트에서는 지도 직후와 4주 후 모두 두 가지 실험군이 통제군보다 유의하게 점수가 높았다. 하지만 지도 직후는 유도(prompt)와 고쳐말하기(recast)에 차이가 보이지 않았지만, 지연 테스트에서 유도(prompt)가 고쳐말하기(recast)보다 더 유의하게 점수가 높은 결과가 나왔다.

구절(passage)의 오류 정정 테스트에서는 지도 직후에 이미 유도(prompt)가 고쳐말하기(recast)보다 더 유의하게 점수가 높았으며, 4주 후에는 그 차이가 더욱 커졌다.

　Ammar & Spada의 연구에서 한층 더 중요한 결과는 숙달도가 높은 학습자는 교정적 피드백의 유무와 관계없이 교실 지도에서 도움을 받았지만, 숙달도가 낮은 학습자는 피드백을 통해서 도움을 받았으며, 그중에서도 유도(prompt)가 고쳐말하기(recast)보다 더 점수가 높았다는 사실이다. Ammar(2008)는 Ammar & Spada(2006)와 동일한 실험으로 얻은 데이터로 구두 그림 묘사 테스트와 컴퓨터상에서 그림과 지문이 들어간 빈칸 채우기 테스트를 실시하고, 정답뿐만 아니라 반응시간도 측정하고 분석하였다. 그 결과, 유도(prompt)가 고쳐말하기(recast)나 피드백이 없었던 통제군보다 더 효과적이고 특히 숙달도가 낮은 학습자에게 유효했다고 하였다. 또한 유도(prompt)가 컴퓨터 테스트 반응시간도 더 빨랐다고 하였다. 하지만 Loewen & Nabei(2007)는 고쳐말하기(recast), 명확성 요구, 메타언어적 피드백 세 가지 실험군과 피드백을 받지 않은 통제군을 비교하였다. 그 결과 시간제한을 설정하지 않은 문법성 판단 테스트에서 차이는 보이지 않았으며, 시간제한이 있는 문법성 판단 테스트에서는 실험군과 통제군 사이에 유의차가 있지만, 실험군 안에서는 차이가 보이지 않았다. 시간제한이 있는 문법성 판단 테스트는 시간제한이 없는 문법성 판단 테스트 직후 동일한 문제로 진행되었기 때문에 연습 효과가 나타났을 가능성도 있다.

　이와 같이 인터액션에서 아웃풋의 역할에 대해서 당초에는 명확성 요구에 의한 '강요 아웃풋'의 중요성이 주목받았는데, 그 후에는 고쳐말하기(recast)와의 비교에서 명확성 요구를 포함한 '유도(prompt)'로서 연구되는 경우가 많았다. '유도(prompt)'를 제창한 연구자는 메타언어적인 FonFS의 지도를 먼저 실시하고, 그 후에 피드백 활동 시간을 가져, 유도(prompt)나 고쳐말하기(recast)를 제공하는 실험을 많이 진행하였다. FonFS의 요소를 배제하고 처음부터 의미 중시의 지도에서 고쳐말하기(recast)를 제창하려는 연구자와 근본적으로 접근법이 다르다. 또한 유도(prompt)는 명시적인 피드백에서 암시적인 피드백까지를 포함하며 이것을 한데 아울러 다양한 피드백의 유형을 '유도(prompt)'라 하고 '고쳐말하기(recast)'와 비교하는 경우가 많아, 비교 단위로써는 불균형하다. 명시적인 피드백에 적합한 교실 상황과 명확성 요구와 같은 암시적 피드백에 적합한 교실 상황은 다르다고 할 수 있기 때문에 구별해서 연구할 필요가 있다. '전이 적절성 처리의 원리'로 생각하면, 메타언어적 피드백은 문법 연습문제를 푸는 명시적 학습에는 효과적일지 모르지만, 의미 있는 맥락에서 언어형식, 의미/기능과의 매핑(mapping)을 촉진하기 위해서는 명확성 요구와 같은 암시적 피드백의 유효성을 입증하는 것이 중요하다.

2.4.3 아웃풋의 심리언어적 타당성

de Bot(1996)은 아웃풋 가설을 심리언어적인 메커니즘으로 파악하여 설명하려고 하였다. de Bot은 Levelt(1989, 1993)의 L1 언어 처리 모델을 L2로 응용하였다고 알려졌는데, 또한 이 모델을 사용해서 아웃풋 가설의 타당성에 대해서 심리언어면에서의 설명을 시도하고 특히 어휘 접속이라는 관점에서 아웃풋을 논하였다. '어휘'가 의미하는 바가 깊고, Levelt의 모델에서도 표제어에는 다양한 언어정보가 포함되어 있다는 사실이 전제가 되었다. 예를 들면, 〈표4-5〉는 프랑스어의 "tuer"(죽이다)와 "mourir"(죽다)의 표제어에 포함되는 언어정보이다.

〈표 4-5〉 표제어 "tuer"와 "mourir"에 포함되는 문법적 의미정보
(de Bot, 1996 참조)

"tuer" (죽이다)	개념적 특정: 원인(X("die")Y)
	개념항: (X, Y)
	통사적 범주: 동사
	문법적 기능: (속성[素性], 행위)
	어휘 포인터: 245
	변별적 파라미터(parameter): 시제, 상, 무드, 사람, 숫자, 피치(pitch)·악센트

"mourir" (죽다)	개념적 특정: (X("die")) 개념항: (X) 통사적 범주: 동사 문법적 기능: (속성[素性]) 어휘 포인터: 687 변별적 파라미터(parameter): 시제, 상, 무드, 사람, 숫자, 피치(pitch)·악센트

표제어에는 언어화하기 이전에 생성된 메시지 개념과 합치시키기 위해 필요한 의미적 정보와 문장 표층구조를 구축하는 통사적 정보가 저장되어야 한다. 즉 어휘가 의미와 언어형식을 연결시키는 작용을 한다. 단, de Bot은 어휘 수준의 처리 과정은 자율적이며 외부로부터의 조작이 불가능한 영역으로 보았다. Levelt의 언어 처리 모델에서는 언어 처리 시스템 전체가 절차적 지식에 의존해 움직이지만, 심적 어휘집의 정보만은 선언적 지식으로 이루어진다고 하였다. 표제어의 상기와 같은 정보는 선언적 지식이다.

새로운 지식을 제공할 수 있는 인풋과 달리 아웃풋을 통해 완전히 새로운 언어형식을 학습한다고는 생각하기 어렵다. 따라서 de Bot은 Anderson(1983)에 근거하여 아웃풋의 가장 중요한 역할은 선언적 지식을 절차적 지식으로 전환하는 과정에 작용하는 것이라고 추측하였다. 즉 이것은 Swain(1995)의 '아웃풋 가설' 중에서 제안된 네 가지 기능 중에서 '유창성의 향상 기능'을 가장 중요시한 셈이 된다.

아웃풋을 반복함으로써 언어형식과 의미/기능의 관계가 강화되지만, de Bot은 내적 규칙에 기반하여 생성된 아웃풋이 부정 피드백을 받아, 이와 같은 관계의 발달이 차단됨으로써 주목(気づき)이 발생한다고 하였다. 또한 외부에 발화로써 표출된 스피치가 아니라 내적 스피치가 이해과정으로 되돌아와, 모니터 기능이 작동함에 따라 '가설 검증' 기능이 작용한다고 보았다. de Bot(1996)은 Swain & Lapkin(1995)의 텍스트 재구성 과제의 프로토콜 분석을 토대로 학습

자들이 언어에 대해 논의하는 메타토크(meta-talk)가 수시로 보이기 때문에 거기에 아웃풋의 '메타언어적 기능'도 작용한다고 보았다. 더 나아가 Izumi(2003)는 언어산출에서 문법적 부호화는 회피할 수 없는 과정이라는 점, 또한 내적 스피치와 발화로써 외부로 표출된 스피치, 양쪽에 언어이해 과정의 모니터 기능이 작용하여 내적으로 학습자의 문법 의식화를 촉진시켰다고 보았다. 이것이 Swain(1994, 1995 등)이 아웃풋의 역할로서 중요시하는 의미 처리에서 통사 처리로의 전환이다.

2.5 프라이밍(priming) 활동

인풋 아웃풋 모두 다양한 과정이고 SLA에 다른 기여를 한다고 여겨지지만, Mackey & Goo(2007)의 메타분석에 따르면, 수정 아웃풋(modified output)의 기회 유무를 비교해도 효과 크기의 차이가 보이지 않았으며, 모두 효과 크기가 컸다고 한다. 2.3.5에서도 언급한 바와 같이 고쳐말하기(recast)가 반드시 수정 아웃풋을 이끌어내지는 않지만, 프라이밍(priming) 효과에 의해 이후의 발화에 고쳐말하기(recast)가 된 문장구조를 학습자가 사용한 사실이 확인되었다. 따라서 McDonough & Mackey(2006)는 '수정 아웃풋'이라는 용어의 사용법을 의문시하였다. 피드백을 받은 직후의 수정 아웃풋만이 수정 아웃풋으로 계산되어 시간이 조금 경과하고 나서 수정된 아웃풋은 포함되지 않았다는 문제점을 지적하였다. 따라서 McDonough 팀은 SLA에서 프라이밍(priming) 그 자체에 대해서 일련의 연구를 시행하고, 그 메커니즘을 밝히려고 하였다.

프라이밍(priming)은 L1의 심리언어학(Bock, 1995; Bock & Loeball, 1990 등)에서 연구되어 왔는데, 특히 L2의 언어형식의 습득과 연결해서 최근에 논의되고 있다(McDonough & Trofimovich, 2009; Trofimovich & McDonough, 2011 등).

언어사용이라는 맥락에서 프라이밍(priming)이란 '이전의 언어접촉이 그 후의 언어 처리에 어떠한 영향을 미치는 현상을 말하며, 지각 또는 산출이라는 형태로 발생하는 것(McDonough & Trofimovich, 2009, p.1)'을 가리킨다. 언어형식에 관해서는 특정 구조에 관해서 이전에 경험이 있으면 그 구조를 산출한다는 언어 사용자의 일반적인 경향(McDonough & Trofimovich, 2009, p.98)을 '통사적 프라이밍(syntactic priming)'이라고 한다. 예를 들면, 앞의 담화 속에서 누군가가 수동태를 사용하면, 그 후에 발화하는 대화 상대방도 능동태가 아니라 수동태를 사용하게 되거나 영어 여격 교체와 같이 2개 구조의 선택지가 있는 경우, 방금 들은 구조에 영향을 받아 대화의 다른 참가자도 동일한 구조를 계속해서 사용하는 현상이 일어난다고 알려져 있다. 언어 사용자는 특정 통사적 구조를 이해, 혹은 산출할 때 활성화한 구조의 프레임의 잔상이 남아 있기 때문에 다음에 이해/산출할 때 완전히 새로운 통사구조를 활성화하기보다는 동일한 구조의 프레임을 이용하는 편이 인지적 부담이 경감되기 때문이라고 생각된다.

예: 영어의 여격 교체
    a. Bob gave Mary a ring.   (이중 목적격)
    b. Bob gave a ring to Sue.   (전치사구)

McDonough(2005)는 태국 EFL 대학생 109명 중에서 의문문의 발달단계가 4단계인 학습자를 실험 대상으로 해서, 발달단계가 3단계와 5단계였던 학습자와 실험 결석자를 제외한 60명의 학습자에게 정보교환 과제나 정보 격차 과제(information-gap tasks)를 부과하였다. 이 연구에서는 수정 아웃풋이 '대화 상대방의 부정 피드백에 대해서 의문문의 재형성을 동반하는 학습자의 반응'이라고 정의되어 있다. 피드백을 받지 않은 통제군이 설정되었으며 강세와 인토네이션의 상승으로 반복과 명확성 요구를 통해 수정기회가 제공된 강화 실험군1, 명확성 요구를 받아 수정기회가 제공된 실험군2, 강세와 인토네이션의 상승을 통한 반복뿐이고 수정 기회가 없었던 실험군3, 이렇게 세 가지 실험군을 비교하였다. 사전 테스트를 1주차에 실시하고, 사후 테스트를 2, 5, 8주차에 실시하였다. 로지스틱 회귀분석을 실시한 결과, 의문문의 발달(4단계에서 5단계로)에 가장 크게 기여한 요인은 수정 아웃풋이라는 사실을 알 수 있었다. 또한, 명확성 요구는 의문문의 발달 예측인자가 되지 않았지만, 발달과 유의미한 상관이 보였기 때문에 SLA에 간접적인 역할을 한다고 하였다. 즉 명확성 요구보다는 산출된 수정 아웃풋 그 자체가 SLA에는 중요하다.

McDonough(2006)는 더 나아가 통사적 프라이밍(priming) 연구도 진행하였다. 1대 1의 인터액션에서 구조를 선택할 여지가 있는 경우에 동일한 구조를 반복해서 사용한다는 사실이 L1 연구(Branigan, Pickering, & Cleland, 2000; Hartsuiker, Picekring, & Veltkamp, 2004 등)에서 알려졌다. McDonough는 L1 연합 스크립팅(confederate scripting)의 기법을 L2에 응용하였다. 이 기법에서는 그림과 설명문을 매칭하는 활동으로 참가자와 실험 협력자가 1 세트의 그림을 가지고 교대로 그림(그림 아래에 지정 동사가 있음)을 서로 묘사한다. 상대방의 묘사를 들으면서 청자는 테이블 위에 진열된 그림에서 맞는 그림을 찾아낸다. 그때 실험 협력자가 제공하는 문장이 참가자의 다음 그림 묘사의 프래임(사용하게 하고 싶은 통사구조)이 되도록 그림의 제시 순서를 조작해 둔다. L1에서는 이해 프라이밍(priming)을 조사하는 기법이지만, McDonough는 산출 프라이밍(priming)에도 적용할 수 있도록 개량하였다. 이해 프라이밍(priming)군은 교대로 그림을 서로 묘사만 하지만, 산출 프라이밍(priming)군은 먼저 상대방의 문장을 반복하고 나서 자신의 그림을 묘사하도록 지시 받았다. 60분간 세션을 진행한 결과, 이해 프라이밍(priming)과 산출 프라이밍(priming)에는 차이가 보이지 않았지만, 통사적 프라이밍(priming)은 전치사 여격에서만 발생하였다. 두 번째 실험에서는 이중목적의 여격에만 집중하여 동일한 실험을 진행하였는데, 역시 이중목적 여격의 프라이밍(priming)은 발생하지 않았다는 사실을 알 수 있었다.

2.3.5에서 언급한 McDonough & Mackey(2006)는 SLA로의 영향이 고쳐말하기(recast)에서 왔는지, 프라이밍(priming)에서 왔는지, 혹은 그 결합(combination)에 의한 것인지가 밝혀지지 않아서 McDonough & Mackey(2008)는 프라이밍(priming) 그 자체의 효과를 살펴보고자 하였다. 태국 EFL 대학생 46명과 실험 협력자를 짝으로 하여 영어 의문문을 대상으로 프라이밍(priming) 실험을 진행하였다. 1주차에 사전 테스트를 실시하고, 2주차에 20분 세션을 2회 실시하고, 3주차와 7주차에 사후 테스트가 실시되었다. 통제군은 테스트만 받았다. 틀린 그림 찾기나 지도(map) 과제나 인터뷰, 추측 게임을 하는 중에 실험 협력자는 학습자보다 먼저 이야기하고 프라이밍(priming) 기회를 만들어 가능한 실제 커뮤니케이션이 되도록 지시받았다. 이 연구에서는 실험 협력자 발화에서 10회 이내의 화자교체에서 일어난 것을 프라이밍(priming)이라고 정의하고, 학습자의 발달단계보다 높은 의문문의 프라이밍(priming)이 일어난 지점을 특정하였다. 그 결과 통사적 프라이밍(priming)과 언어 발달에는 유의미한 양(긍적)의 상관관계가 보였다. 또한 발달단계가 올라간 참가자는 실험 협력자와 다른 의문사 및 주동사(主動詞)를 가지고 대상이 되는 의문문 구조를 산출하는 경향이 높았다. 즉 통사적 프라이밍(priming)은 학습자가 넓은 범위의 의문사나 주동사에 통사적 구조를 적용할 때 언어 발달이 보인다고 하였다. 이것은 고쳐말하기(recast) 직후의 단순한 반복으로는 언어 발달로 이어지지 않는다(McDonough & Mackey(2006)는 점을 설명하는 근거가 될 수 있다.

이와 같은 프라이밍(priming)의 메커니즘은 근래의 SLA 연구에서 주목받는 용법 기반 접근법의 구문 습득(Bybee, 2008; N.Ellis, 2008; Lieven & Tomasello,

2008 등)⁶⁶과 연결시켜 이해할 수 있다. 용법 기반 접근법에서는 명제를 나타내는 형식과 의미가 대응된 단위를 '구문(construction)'이라고 부른다. 구문에서는 개개의 어휘 항목과 구문 그 자체가 발화전체의 해석에 기여한다고 할 수 있다. 구문은 형식과 의미의 연결이 전제이며, 어휘적 동사와 관련된 통사적 패턴에 의해 작동하며, 항목 기반의 과정을 통해 습득된다. 구문 습득에서는 먼저 인풋 중에 높은 빈도의 전달 기능을 나타내는 어휘 기반의 프레임 목록을 만들어 내고, 게슈탈트적(특정 일관성이 있는 덩어리)인 표현으로 사용된다. 다음으로 이들 어휘적 프레임에서 전달장면의 사용을 반복함으로써 유추되고 일정한 규칙성이 추출되어, 복잡하고 추상적인 구문을 파생시킨다. 거기에는 인풋 중의 어휘나 구문의 빈도가 관련되어 있고, 높은 빈도로 발생하는 구문은 일반화되기 쉽다고 할 수 있다. 또한 앞서 기술한 바와 같이 여격 교체 구문에서는 가능한 한 넓은 범위의 어휘로 확대해 가는 것이 중요하다고 한다면, 특히 유형(type) 빈도가 중요하다고 할 수 있다.

McDonough & Kim(2009)이 이 유형 빈도의 중요성을 검증한 실험을 실시하였다. 태국 대학의 EFL 학습자 85명을 NS와 짝으로 하여 영어 의문문을 대상으로 프라이밍(priming) 활동을 진행하고 사전/사후 테스트를 설계해 유형 빈도의 효과를 조사하였다. 교재에는 어휘적 동사와 의문사를 조절한 높은 빈도의 프라임 교재와 낮은 빈도의 프라임 교재가 준비되었다. NS는 그림 카드와 프라임 카드(동사와 조동사가 도치된 의문문), 학습자는 그림 카드와 지시 카드(주어와 동사만)를 60장씩 가지고, 과제를 수행하면서 서로 질문하였다. 그 결과, McDonough & Mackey(2008)와 마찬가지로 유형 빈도가 높은 지시 카드를 제공받은 학습자가 더 정확한 wh-의문문(주어와 조동사의 도치)의 생성으로 이어

---

66 児玉·野澤(2009)는 제1언어 습득에서 용법 기반 접근법에 대해 설명하였다.

진다는 사실을 알았다. 또한 McDonough & Chaikitmongkol(2010)은 선행 연구가 학습자와 훈련을 받은 NS를 짝으로 하여 인터액션을 실시하였기 때문에 학습자끼리의 인터액션이라도 통사적 프라이밍(priming)이 일어나는지를 조사하였다. 태국 대학의 EFL학습자를 대상으로 교실에서 프라이밍(priming) 과제를 부과하였는데, 프라이밍(priming)군은 통제군보다 직후 테스트 그리고 4주 후의 지연 테스트에서 모두 통제군보다 올바른 의문문을 생성하였다고 발표하였다. 즉 학습자끼리의 인터액션에서도 통사적 프라이밍(priming)이 일어나 중간언어 발달단계의 더 높은 의문문 산출을 촉진하였다.

또한 McDonough(2011)는 태국 EFL학습자의 대체의료를 테마로 한 교실에서 프라이밍(priming) 실험을 진행하였다. 일반적인 전달활동과 동일한 과제를 개발하여 학습자가 서로 질문하면서 프라이밍(priming)을 촉진하는 활동을 진행하였다. 목표언어 형식은 wh-의문문과 조동사가 들어간 의문문이다. 참가자는 프라임 문장(목표언어 형식이 들어간 완전한 문장)과 유도(prompt, 의문사, 동사, 명사 등의 지시만) 모두를 받아서 서로 질문하였다. 또한 프라임과 유도(prompt)에서 동일한 어휘 항목(동사 또는 명사)을 반복하는(=어휘적 증강: lexical boost) 활동과 이와 같은 반복이 없는 활동을 비교하였다. 왜냐하면 여격 교체의 프라이밍(priming)에서도, 프라임에서 동사 give의 전치사구의 여격이 사용된 경우에, 유도(prompt)에서 give를 지정한 경우가 그 이외의 동사를 지정하는 경우보다 더 통사적 프라이밍(priming)이 일어나기 쉽다고 여겨졌기 때문이다. 8주에 걸쳐 동일한 테마에 대해 학습하는 과정에서 10~15분의 통사적 프라이밍(priming) 활동을 4회 실시하였다. 학습자가 유도(prompt)에서 생성한 의문문을 분석하여 어휘적 증강이 있는 편이 없는 경우보다 많은 목표언어 형식을 생성하여 통계상으로도 유의하다는 사실을 알 수 있었다. 이것은 McDonough 자신의 그때까지의 연구(McDonough & Kim, 2009; McDonough & Mackey, 2006)에서 어휘의 다양성이 중요하다고 했던 입장과 모순되었다. 동일한 데이터를 이용한 McDonough & Chaikitmongkol(2010)에서는 학습부터 1주일 후와 5주 후의 사후 테스트에서 본 바로는 어휘적 증강이 없는 편이 프라이밍(priming)과 산출 상관이 높다는 점도 확인되었다.

McDonough(2011) 자신도 인정했지만, 학습자간의 프라이밍(priming) 활동은 목표언어 형식을 이끌어내는 과제를 통한 전달활동을 설계하거나 조정하기가 어렵고, 예상에 반하여 통사적 프라이밍(priming)이 그다지 생기지 않는 활동이나 교재가 내용적으로 어려워 프라이밍(priming) 활동이 원활하게 진행되지 않았던 경우도 있다고 한다. 향후 실험 설계의 개선도 필요하다.

통사적 프라이밍(priming)이 일어나는 이유로는 처음에 특정 구조를 이해하고, 산출할 때 구조적 정보와 어휘적 정보가 활성화되고 그 남아있는 활성화 상태가 계속되어 동일한 구조를 표출한다는 입장과, 화자가 처음 구조를 처리할 때 메시지 형식과 의미 사이의 연합을 암시적으로 학습하고 이 형식과 의미의 매핑(mapping)이 이후의 사용을 촉진한다는 입장이 있는데, McDonough(2011)는 이 모두가 프라이밍(priming)을 설명할 수 있다고 생각하였다. 만약 이 프라이밍(priming)이 이후의 산출을 촉진한다고 하면, 협동 프라이밍(priming) 활동은 명시적인 지도를 하지 않아도 학습 대상이 되는 구조 모델을 제공하고, 그 산출을 이끌어내는 획기적인 기법이 될 수 있다. 그것을 실증하는 대규모 연구 프로젝트의 첫걸음으로서 Trofimovich, McDonough, Neumann(2013)은 교실 인터액션에서 협동 과제가 청각적 및 통사적 프라이밍(priming)을 이끌어내는지를 조사하였다. 청각적 프라이밍(priming)이란 발화된 단어 또는 단어의 결합 처리를 할 때 언어 사용자에게 그 이전에 동일한 경험이 있으면 처리가 촉진되는 현상(McDonough & Trofimovich, 2009, p.20)을 말한다. 캐나다 대학에서 ESL 코스에서 영어를 배우는 성인 학습자 42명을 대상으로 '가족(가족 내 폭력, 결혼)' 및 '사회적행동(이민, 직장 차별)'에 관한 테마 학습 중에서 짝을 이루어 퀴즈형식으로 하위테마에 관한 신념(believe)이나 사실에 대해서 질문하는 활동을 진행하였다. 목표 구조는 '가족'이 관계대명사, '사회적 행동'이 수동태였다. 청각적 프라이밍(priming) 대상의 단어도 음절의 길이나 강세의 위치를 고려해 선정하였으며, 과제에 배치하였다.

프라임에는 구조와 강세 양쪽을 통합한 것, 구조만 있는 것, 강세만 있는것, 프라임이 없는 것, 이렇게 4종류가 설정되었으며 학습자의 인터액션에서 프라임 문장과 유도(prompt)를 통해 생성된 문장을 분석하였다. 그 결과 청각적 및 통사적 프라이밍(priming)을 이끌어내는 협동 과제를 설계할 수 있으며, 학습자끼리 피드백을 제공하거나 인풋을 조절하기가 어려운 교실 상황에서 NS와 같은 모델을 제공할 수 있다는 점에서 단어와 구조를 통합한 프라이밍(priming) 활동의 진행이 유의미하다고 하였다. 이상과 같이 프라이밍(priming) 연구는 이제 막 시작되었는데, 용법 기반 접근법에 의한 SLA의 메커니즘을 푸는 열쇠가 될 수 있으며, 또한 프라이밍(priming) 활동이 교실에서 암시적인 방식으로 학습자에게 목표언어의 모델을 제공하는 활동이 될 수 있으므로 향후 연구가 발전되기를 기대한다.

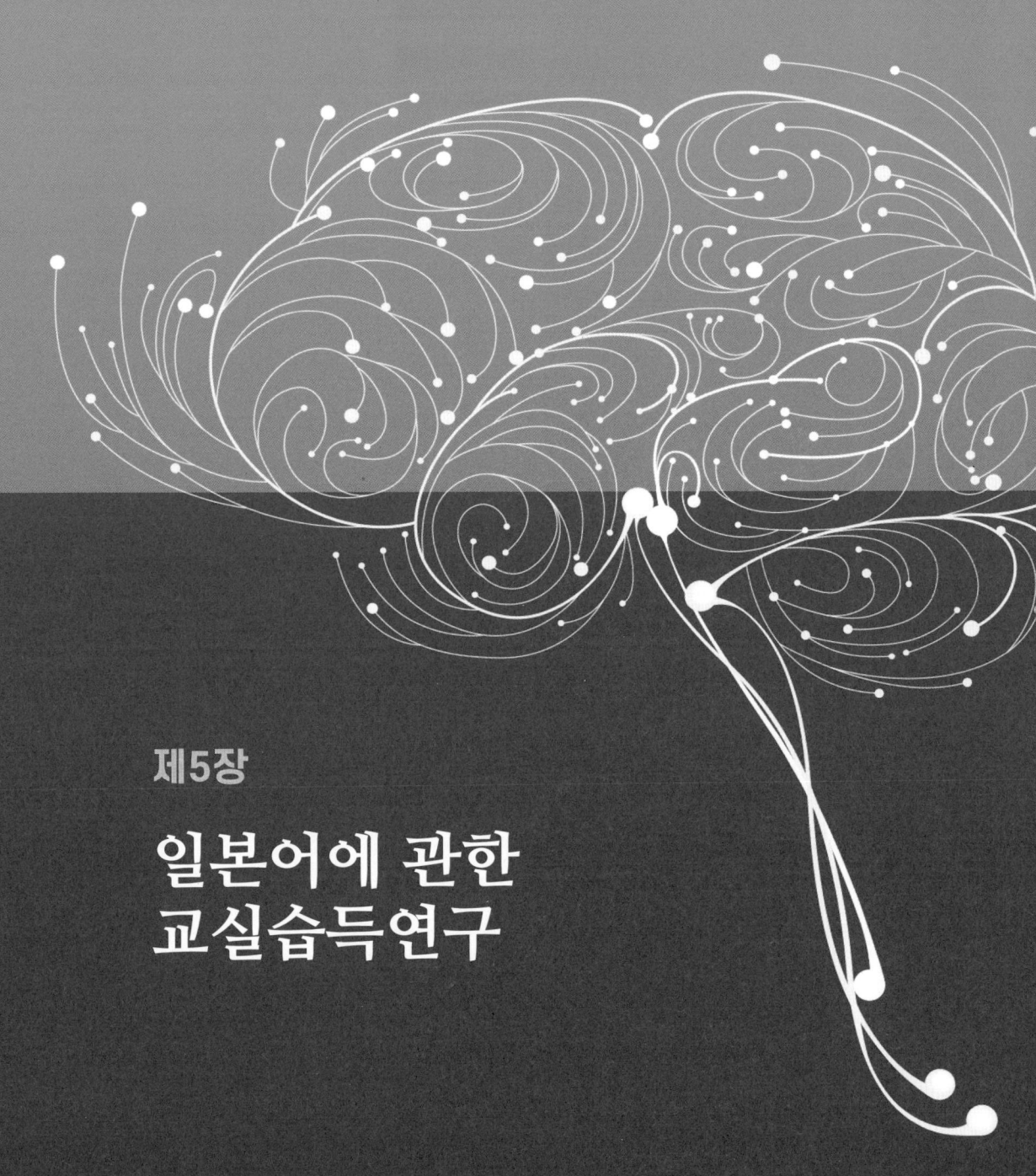

제5장

일본어에 관한 교실습득연구

1
초기의 인터액션 연구

본격적인 교실습득연구는 인풋 가설이나 인터액션 가설의 검증부터 시작되었으며, 연구의 계기 중 하나는 모어화자(NS)가 비모어화자(NNS)에게 사용하는 포리너 토크(Foreigner Talk)의 특징이 밝혀진 것이었다. 일본어에 관해서도 몇몇 연구가 이루어졌다. 초기 연구에서는 스쿠타리데스(1981)가 NS와 NNS가 짝이 된 10개 그룹의 자유 대화를 녹음한 뒤, 실험 참가자에게 '이 발화는 일본인에게 사용할 것인가'라는 질문을 하여 사용하지 않는다고 판단한 발화를 포리너 토크(Foreigner Talk)로 분류하고 그 특징을 기술하였다. 영어 포리너 토크(Foreigner Talk)에도 보이는 특징 외에 문법적인 문장이 많거나,[67] 기본 문형을 그대로 사용한 문장이 많다는 점 등이 보고되었다. 이 조사에서는 각각의 그룹이 일본어와 영어 교환 레슨을 하는 사이이기 때문에 포리너 토크(For-

---

[67] 보통 포리너 토크(Foreigner Talk)는 NNS에 의해 이끌려서인지, NS끼리의 대화와 비교하면, NS가 비문법적인 문장을 말하는 비율이 높아진다고 한다.

eigner Talk)라고 해도 교사 발화(Teacher Talk)적인 성격도 있다. 志村(1989)는 Long(1980)에 근거해 NS-NS와 NS-NNS 각 4쌍 15~20분 정도의 자유대화를 녹음하여 단어 수나 T 유닛(주절을 포함한 문장 단위)의 개수 등을 분석하여 포리너 토크(Foreigner Talk)의 언어적 수정의 특징으로서 질적·양적으로 발화가 단순화된 점, 문법적으로 잘못된 문장이나 미완성된 문장이 적은 점, 일본어 기본문형이 많이 사용된 점, 평서문보다 의문문이 많은 점, 조사가 생략되지 않는 점을 제시하였다. 志村는 일반적으로 생각했던 것 보다 포리너 토크(Foreigner Talk)는 문법적이었다고 하였다. 조사대상이 된 NS의 정보가 기재되지 않아서 NS가 일본어교사인지의 여부가 불분명하다.

또한 坂本 외(1989)는 언어적 수정이라는 특징을 갖춘 포리너 토크(Foreigner Talk)와 NS의 보통 말투의 조사(調査) 문장 14개 쌍을 만들어서 초급부터 고급까지의 수준이 다른 학생에게 들려주고 호감도를 5단계로 답하도록 하였다. 그 결과 학습자의 수준이 낮으면 낮을수록 포리너 토크(Foreigner Talk)에 대한 호감도가 높고, 수준이 높을수록 호감도는 반대로 낮다는 사실이 밝혀졌다. 조사 문장은 초급 교과서 전반의 어휘, 문형에서 선택하였으며, 중·고급 학습자에게는 포리너 토크(Foreigner Talk)가 환영받지 못한 듯하다. 또한 中窪(1997)는 사전에 간략화된 수정 인풋을 청취에 이용하면, 중급 학생에게는 NS가 수정을 가하지 않은 텍스트 보다 청해 테스트의 성적이 좋아, 이해 가능한 인풋을 포함한 교재를 제시함으로써 습득도 진행이 된다고 보았다.

상기 연구는 포리너 토크(Foreigner Talk)의 언어적 수정(간략화)에 초점을 두고 있지만, Long(1980)은 언어적 수정보다 오히려 상호교류적 조절에 근거해 인터액션 가설을 제안하였다. 포리너 토크(Foreigner Talk)는 NS측의 스피치에 초점을 두었지만, NS-NNS 간의 인터액션에서 NNS가 무엇을 했는지를 조사한 연구도 있다. 町田(1997)는 여행회사에 전화해서 필요한 정보를 얻는다는 과제

(task)를 통해 NS-NS, NS-NNS, 수준이 다른 NNS끼리의 담화를 비교하였다. 그 결과 NNS가 먼저 수행하는 의미 확인 과정은 언어능력이 낮은 준중급학습자에게 가장 많이 보이고, 수준이 높을수록 그 빈도는 감소하였다. 하지만 의미 확인 과정이라고 하더라도, 상대방의 발화를 반복하기만 하는 단순한 것이 많고, 명확성 요구나 확인 요구 등의 적극적인 작용을 하는 발화는 아니었다. 尾崎(1993)는 NNS의 문제 처리 방법으로서 사용되는 정정 전략을 담화자료에서 분석했는데, 모호한 되묻기는 반복 요구인지 설명 요구인지가 NS에게는 전달되지 않아 다시 묻는 상황에 직면하는 경우가 많았다고 하였다.

또한 猪崎(1997)는 언어상의 오류 정정을 포함하는 '수정'이라는 단어를 이용하였으며 이것을 커뮤니케이션의 규칙 위반에 의해 생긴 트러블을 제거하기 위한 처치, 방법이라고 정의하고, 수정 요구나 실제 수정이 어떻게 이루어졌는지를 조사하였다. 프랑스인 대학생과 교실에 게스트로 찾아온 일본인의 인터뷰를 녹음하고, 그 후 녹음 테이프를 근거로 교사의 피드백 시간을 설정하여, 학습자의 발화 의도 등을 확인하고 NS-NNS 담화를 분석하였다. 여기서는 NS가 의미에 영향을 주지 않는 규칙 위반에 대해서는 수정 요구를 하지 않았으며, 또한 NNS는 문장 수준의 수정을 시도한 횟수는 단어 수준 수정의 1.5배나 되었는데, 수정에 성공한 경우는 적었다고 한다. 猪崎는 尾崎(1993)[68]와 마찬가지로 NNS의 '반복'이 무엇을 요구하는지가 모호하여, NS로부터 필요한 반응을 이끌어 내지 못했다고 발표하였다. 町田나 猪崎의 연구는 NNS가 NS에 대해서 정중하게 행동해야 하는 관계이며, 이와 같은 상대방에게 명확성 요구 등을 하는 것은 실례라고 느꼈을 수도 있고, 그래서 동등한 입장인 학습자끼리의 인터액션이 교실에서는 필요하다고 할 수 있다. 尾崎도 NS와의 인터액션에는 인풋을 이해 가능

---

68 NNS의 되묻기 전략 등 NS-NNS의 접촉장면의 담화구조에 관해서는 호주 모나슈 대학에서 종종 연구되었다(宮崎 1990, Miyazaki, 1999 등을 참조).

하게 할 뿐만 아니라, 설령 의미 확인 과정의 관점에서는 모호하더라도 NS에 대한 정중함이라는 관점에서는 적절한 경우도 있다고 하였다.

이와 같이 인터액션에서 NNS가 다양한 전략을 이용하여 이해 가능한 인풋을 얻으려고 하는데, 그것만으로는 습득이 진행되지 않는다. 역시 NS측이 단지 언어적으로 간략화해서 전하는 인풋에 머물지 않는 양질의 인풋을 제공할 필요가 있다. 村上(1997a)는 NS와 NNS와의 인터액션의 경험의 차이가 의미 확인 과정에 영향을 미치는지를 조사하였다. 일본어교육 경력 25년 이상의 교사와 경험이 적은 일본어교사, 유학생과의 접촉이 있는 대학직원, 일본어학습자를 거의 접한 경험이 없는 일본인 각각 3명이 학습자와 짝을 이루어 정보의 흐름이 양방향인 정보 격차 과제(information-gap tasks)를 진행하였다. 그 결과 의미 확인 과정의 빈도는 직원 그룹이 가장 높았다. 이것은 평소에 유학생과 접하여 진정한 커뮤니케이션을 해야 할 필요를 느꼈기 때문으로 보인다. 또한 접촉 경험이 없는 일본인과 경험이 오래된 교사의 의미 확인 과정 빈도가 낮았는데, 전자는 NNS와의 인터액션에 익숙하지 않기 때문이고, 후자는 지나치게 익숙해져 대체적으로 이해하여, 의미 확인 과정을 하려고 하지 않았다고 해석하였다. 여기서는 村上자신도 지적한 바와 같이 NNS 1명이 NS의 대화상대로서 동일한 과제를 12회 시행한 셈이 되어, NNS 자신이 과제에 익숙해진 것도 문제점으로 생각할 수 있다. 타 언어의 선행연구와 비교해 보면, 2장의 그림에서 틀린 곳 찾기는 일반적으로는 정보의 흐름이 양방향의 과제로 보이지만, 그림이 있으면 언어 이외의 문제해결 전략을 발달시킬 가능성도 있다(Brooks & Donate, 1994; Platt & Brooks, 1994).

더 나아가 村上(1997b)는 동일한 연구방법으로 이번에는 2종류의 과제 비교를 하였다. 여기서는 틀린 그림 찾기 과제를 양방향, NNS가 스스로의 연구에 대해서 말하는 과제를 단방향이라고 정의하고, 앞서 기술한 그룹과 동일하게 4

개 그룹의 차이를 살펴보았다. 그 결과 어느 그룹이든 단방향의 과제에서 의미 확인 과정의 빈도가 감소한다는 사실을 알았다. 양방향의 과제에서 의미 확인 과정이 많이 일어나는 현상은 영어로 진행된 선행연구(Doughty & Pica, 1986; Pica & Doughty, 1988)의 결과와도 일치한다. 따라서 NS측의 NNS와의 접촉경험이 의미 확인 과정에 영향을 준다기 보다 과제 구조가 영향이 더 컸다고 할 수 있다. 또한 NNS가 전공분야를 이야기하는 과제는 NS가 어디까지 정보를 확보하면 좋은지에 대한 제약이 없다. 따라서 단방향의 과제는 과제의 목표가 수렴적인지 확산적인지라는 요소도 더해지는데, 전공분야에 대한 이야기 과제는 확산적인 목표의 특징도 갖추었다고 생각된다.

인터액션 가설 그 자체를 실제 증명하려고 한 연구로는 Loschky(1994)가 있다. Loschky는 당시 해명하지 못했던 인풋과 습득과의 직접적인 인과관계를 증명할 수 없는지 모색하였다. 이때 이용한 목표언어 형식은 일본어 존재문이다. NS가 물건의 위치를 묘사하고 NNS가 그 묘사대로 그림에 물건을 기입해 가는 과제를 진행하였다. 그때 인터액션이 있는 그룹과 그렇지 않은 그룹을 비교하였다. 인터액션 그룹의 NNS는 필요하면 명확성 요구나 확인 체크를 하도록 사전에 들었으며, NS로부터는 과제 수행시에 제대로 이해했는지, 이해하지 못했는지에 대한 피드백을 받았다. 인터액션이 없는 그룹의 NNS는 미리 메시지 잉여정보를 포함한 인풋, 즉 간략화라기보다 정교화된 인풋을 듣고 과제를 수행하였다. 과제 수행 직후의 이해는 올바르게 물건이 작성되었는지와 같은 과제의 완성도로 판정되었으며, 인터액션이 있는 그룹이 더 정교화된 인풋을 듣기만 한 그룹보다 이해가 뛰어났다는 사실이 밝혀졌다. 이것은 미리 조정된 인풋보다 인터액션을 통해 상호 조정된 인풋이 이해에 더 영향력이 있다는 의미이다. 또한 Loschky는 어휘 식별 테스트와 문장 해석 테스트를 진행하여, 이해(과제 완성도)와 습득의 관계를 밝히려고 했는데, 양자의 상관관계는 발견하지 못하였다. 그는 이 두 가지 필기 테스트에서 습득을 살펴보았는데, 본인이 직접, 언어 산출 중에 목표언어 형식이 포함되었는지를 보았다는 뜻은 아니다.

또한 인터액션 중의 아웃풋에도 초점을 둔 연구로 Iwashita(1999)가 있다. Iwashita는 학습자끼리의 인터액션에서 과제 유형에 따라 생성되는 대화의 특징이 아웃풋에 어떠한 영향을 미치는지를 조사하였다. 학습자 24명이 단방향과 양방향이 제한된 과제(closed task)를 짝 활동으로 실시하였다. 데이터는 C-unit[69]을 이용하여 코딩하였으며, 명확성 요구와 확인 체크를 통해 아웃풋이 강요된 경우의 발화를 분석하였다. 단방향의 과제는 학습자의 한쪽이 그림을 묘사하고, 다른 한쪽이 그림을 그리는 과제로, 역할을 바꿔서 다른 그림을 이용하여 두 번째도 실시되었다. 양방향의 과제는 3~4장의 그림이 주어지고, 서로의 그림을 묘사하면서 스토리 순번을 정해가는 내용이었다.

그 결과 단방향의 과제가 양방향의 과제보다 명확성 요구나 확인 체크 빈도가 높고, 수정 아웃풋의 양도 많다는 사실이 파악되었다. 이것은 학습자끼리의 인터액션에서도 서로 피드백을 주고 수정 아웃풋을 산출할 수 있다는 사실을 나타내고 있다. 단 양방향의 과제는 인터액션과 수정 아웃풋의 양이 단방향보다도 적었지만, 통사 수정 아웃풋 양상에 관해서는 단방향의 과제보다 많았고, 과제 성질, 과제 수행에 사용되는 언어형식 등 다양한 요소가 관련된다고 할 수 있다. Iwashita는 양방향의 과제에서는 스토리 순서를 정하는 데에 시간의 흐름이나 그림에 그려진 사건 간의 관계를 이야기하기 위해 복잡한 통사를 이용할 필요가 있다고 지적하였다. 단 확인 체크보다 명확성 요구가 수정 아웃풋을 많이 생산한다는 가설은 입증하지 못하였다. 이것은 단어 한개 수준의 확인 체크가 많이

---

69 C-unit란 전달상의 의미 덩어리(그것이 단어 단위, 구 단위, 문장 단위든 문법적이든 비문법적이든)를 1단위로 하는 분석방법이다(Rulon & McCreary, 1986). 그 외에도 자주 사용되는 T-unit은 하나의 주절을 포함해서 1단위로 하고, 문장의 복잡성을 기준으로 이용된다.

사용된 점이 원인이지만, Iwashita는 대화적 조정의 특징보다도 오히려 과제의 구조가 수정 아웃풋에는 더 큰 영향을 미친다고 보았다.

　이상과 같이 인터액션 연구에 관해서는 일본어만으로 이론을 구축할 만큼 연구가 축적되지 않았다. Iwashita(1999)는 일본어학습자의 인터액션을 연구하는 의의를, 지금까지의 데이터가 엄밀한 의미에서 제2언어로서의 영어(영어권 학습자)에 편중되었다는 점, 일본어는 유형적으로도 타 언어와 다른 대화 특징(예: 맞장구)이 있어서 다른 결과가 나올 가능성이 있다는 점 등을 들고 있다. 인터액션 연구는 그대로 지도 효과를 살펴보는 연구로도 연결되는데, 관련 연구에 대해서는 제4절에서 다루겠다.

2
사회문화이론으로 본 접근법

인간의 인지는 사회에서의 인터액션을 통해서 발달한다고 파악하여 상호교류론자(Interactionist)와는 다른 시점에서 인터액션을 중시하는 비고츠키 학파가 사회문화이론(Sociocultural Theory) (Lantolf, 2000a, b)을 수립해, 언어학습 분야에도 커다란 영향을 끼쳤다. 사회문화이론에서 SLA란 새로운 사고나 인터액션의 방법을 배우는 과정이라 여겨졌으며, 그 안에서 내면의 사고가 표출된 인지적 도구로서 언어를 중시하였다. 따라서 L2 능력이 낮은 경우에는 L2 학습에서 학습자 자신이 L1을 이용하는 것도 긍정적으로 파악하고, 사적 스피치 역할에도 착목하였다. 사적 스피치란 음량이 작은 개인적인 소곤거림과 같은 것이고 대화 상대방의 반응도 결여된 것이다. 이 접근법에서는 상호교류론자가 주장하는 의미 확인 과정을 나타내는 대화적 조정의 특징만으로는 인터액션을 파악할 수 없다고 생각하였다. 학습자는 자신보다 능력이 많은 친구와의 인터액션에서 주어진 과제의 문제해결을 하면서 자신의 현재 능력과 친구의 도움을 통해

끌어내진 잠재능력의 한계, 즉 근접 발달영역(ZPD: Zone of Proximal Development)의 상한까지 언어능력을 끌어올릴 수 있다고 보았다.

Ohta(2000a)은 미국에서 일본어를 배우는 대학생 7명의 수업 중의 발화를 1년에 걸쳐 관찰하고, 교사의 교정적 피드백, 특히 고쳐말하기(recast)에 대한 반응을 분석하였다. 사적 스피치를 분석해 보면, 인터액션에 직접 참가하지 않고 듣기만 하는 학습자라도 마이크에 잡힌 사적 스피치에는 교사가 다른 학습자에게 하는 피드백에 반응한다는 사실을 알 수 있었다. Ohta는 성인이라면 소리를 내지 않고도 가만히 반응할 수 있기 때문에 교정적 피드백이 학습자에게 이용되었는지의 여부를 측정하는 기준으로 즉각적 반응(uptake)을 사용하는 것은 적절하지 않다고 주장하였다. 또한 Ohta(2000b)는 미국 대학교 학습자 그룹(pair) 한 쌍이 의사소통적인 상황이 없는 문법적 과제(번역 과제)를 진행한 인터액션을 분석하여 학습자가 얼마나 서로 도우면서 문장을 구성했는지를 제시하였다. 그리고 상호교류론자가 습득에 효과적이라고 하는 과제의 특징(Pica, Kanagy, & Falodun, 1993)을 갖추지 않은 메타언어적인 과제라도 공동작업 과정에서 학습자는 상대로부터 피드백을 받고, 점차 자기 주도적으로 올바른 문장을 만들 수 있도록 하게 하는 과정 중에 언어를 발달시킨다고 하였다. 따라서 Ohta는 습득에 효과가 있다고 하는 과제의 특징만으로는 과제를 분석하지 못한다고 주장하였다.

Ohta는 대학생에게서 데이터를 수집했지만, Takahashi(1998)는 미국 초등학교에서 일본어를 배우는 어린이가 교실에서 공동작업 동안에 어떻게 언어를 발달시킬 수 있는지를 조사하였다. 3년간에 3회에 걸쳐 8개 교실에서 합계 24회의 수업을 관찰하였는데 교실담화를 분석한 결과, 교사나 동급생의 피드백이 도움이 되어 단어 수준의 발화에서 문장 수준으로 언어를 발달시켜 인터액션이 점점 적극적으로 다이나믹하게 변화해 간 사실을 발표하였다. Takahashi는 몇 번의 대화를 주고받으면서 하나의 발화를 공동으로 만들어 가는 발판지원(scaffolding)이 언어 수준을 향상시키는 데에 효과적이라고 하였다.

　더 최근에는 Yoshida(2008, 2009, 2010)가 사회문화이론의 틀로 일련의 교실관찰 연구를 진행해서, 교정적 피드백에 대한 학습자의 인식을 조사하였다. Yoshida(2008)는 교사가 교정적 피드백에 대한 어떠한 반응인 즉각적 반응(uptake)을 학습자가 올바른 형태로 주목하는 증거라고 간주하고 있는데, 실제로는 학습자가 꼭 주목하는 것은 아니라고 하였다. Yoshida(2010)는 호주 대학교 2학년의 30시간 분량의 수업 녹음 자료 가운데 교사 2명과 학습자 7명의 인터액션 부분, 수업관찰 메모, 자극 재생법에 의한 후속 인터뷰를 질적으로 분석하였다. 그 결과, 교정적 피드백에 대한 반응이 있는 비율은 고쳐말하기(recast)가 52%, 메타언어적 피드백이 50%, 명시적 정정이 60%였다. 하지만 교사가 교정적 피드백을 제시한 의도와 학습자의 인식에는 차이가 있으며, 교정적 피드백이 명시적인 편이 학습자에게는 그 의도가 인식되기 쉽다고 하였다. 또한 교정적 피드백에 대한 학습자의 인식과 그에 대한 교사의 이해에도 차이가 있다는 점을 지적하였다. 학습자는 교사의 피드백 내용을 이해하지 못한 사실을 드러내기 두려워하여 어떠한 반응을 해 버리는 경향이 있고, 특히 능력이 높은 학습자에 대해서 교사가 피드백의 의도를 이해했다고 자주 오해한다고 하였다. Yoshida(2009)는 교사가 시간적인 제약 때문에 고쳐말하기(recast)를 선호하는 경향이 있지만, 학습자는 추출이나, 명확성 요구 등 의미 확인 과정을 촉진하는 교정적 피드백을 요구한다고 하였다. 이 종류의 교정적 피드백은 Lyster(2004 등)가 고쳐말하기(recast)보다 효과적이라고 제창한 '유도(prompt)'로 분류된다.

　사회문화이론의 연구자들은 종종 Long(1980, 1996)의 인터액션 가설을 비판의 대상으로 삼았는데, SLA의 교실습득연구에서 실증적, 과학적 접근법으로 보면, 사회문화이론 연구는 관찰하고 기술하기를 반복할 뿐으로 수치적 데이터의 통계분석에 의한 실험 증거는 제시하지 않아, 이론적 증거가 될만한 설득력 있는 근거가 없어 보인다. 하지만 명확성 요구에 의한 강요 아웃풋의 역할을 중시하여, 아웃풋 가설을 제창한 Swain(2000)과 같이 원래는 상호교류론이나 Focus on Form의 틀로 연구를 하였으나, 최근에는 겉으로 표면화된 사회적 활동인 인터액션과 문제해결활동에서 학습자의 내면 인지와의 매개 도구로써의 언어 역할에 착목한 연구자도 있다.

Haneda(1996)는 캐나다 대학교에서 2학년 일본어 과정을 마친 학습자(일본에서 말하는 초급 수료자) 8명을 대상으로 읽어주는 텍스트를 짝을 이루어 재구성하는 딕토글로스(dictogloss)를 진행하였다. 학습자는 메모를 하면서 '캐나다인 학습자의 일본생활 경험'에 관한 텍스트를 3회 듣고, 그 후 짝이 되어 가능한 한 정확히 텍스트를 재생하여 글을 작성하도록 지시받았다. 목표언어 형식은 '~なければならない / いけない' '동사+こと / の' 및 조사 사용이었다. 인터액션은 녹음해서 전사(轉寫)하였으며, 언어 관련 에피소드(language related episodes)의 프로토콜 분석이 이루어졌다. 이 중에서 37개의 언어 관련 에피소드를 특정하여 Kowal & Swain(1994)의 중학생 몰입식 교육을 받은 학습자와 비교해 보았더니 대학생이 문법에 관한 언어 관련 에피소드 비율이 높다는 사실이 밝혀졌다. 텍스트 재생에서 중학생은 의미 재생에 초점을 두었으며, 스스로의 말로 텍스트를 재구성하려고 하는 경향이 보였지만, 대학생은 언어 관련 에피소드 중에서도 어휘 확인이 많았으며, 주의는 언어형식에 더 맞추어졌다. 또한 37개의 언어 관련 에피소드 중 27개는 문제해결에 성공하였다는 점도 보고되었다. 하지만 짝 활동의 인터액션 패턴에는 공동으로 적극적으로 과제에 참가한 짝부터 짝 한쪽만이 적극적인 짝, 한쪽이 그다지 반응하지 않는 짝 등, 개인 격차가 크다는 사실을 알 수 있었다. Swain(2000)이나 Haneda(1996) 연구에서는 L2 학습에서 언어 관련 에피소드의 출현을 중시하고 있어서 교육적이지만, 습득으로 이어졌다는 증명은 되지 않았다.

3
인풋 처리-경합모델

　　SLA에서 인풋의 중요성이 인식된지 오래되었지만, 인풋 처리 과정을 밝히는 연구는 뒤처지고 있다고 한다(Doughty, 2003). 그중에 인풋 처리 측면을 가장 잘 설명하고 있는 SLA이론의 하나가 '경합모델(Competition Model)'이다. 경합모델은 언어습득을 기능 레벨(의미 혹은 발화 의도)과 형식 레벨(표층 형식 혹은 표현 수단)을 직접 결합해 가는 과정이다. 이 과정에서 통사나 의미 등의 단서(cue)가 중요하다. 예를 들면, 문장을 처리할 때 행위자를 특정하는 데에는 명사구의 유생성(animacy)이나 어순, 격 표시 등이 단서가 된다(본서 제2장 2.4도 참조). 어떤 단서가 특히 중요한지는 언어에 따라 다르며, L1 처리 전략은 L2로 전이되기 쉬워서 L2의 단서가 L1과 다른 경우에는 어려움이 따른다고 할 수 있다. 영어와는 다른 언어적 특징을 갖는 일본어는 경합모델의 실험에서도 거론된다. 문장을 처리하는 전략은 L1에서 L2로 전이된다고 할 수 있어서 L2로서의 일본어가 어떻게 단서를 습득해 가는지가 연구과제가 된다.

Sasaki(1991, 1994, 1997a)는 일련의 연구에서 일본어의 기본적인 타동사문 즉 동사 하나에 명사가 2개로 배열된 문장을 해석할 때 어순이나, 격, 명사의 유생성(animacy)이라는 단서를 학습자가 어떻게 파악하여 주어를 특정하는지를 실험하였다. 초기 연구(Sasaki, 1991)에서는 미국 대학교에 재학하고 있는 일본어모어화자, 일본어학습자(L1:영어) 및 영어모어화자, 영어학습자(L1:일본어)를 대상으로 통사적 단서(어순)와 어휘/의미적 단서(유생/무생)를 대립시켜 배열한 일본어, 또는 영어의 녹음 테이프(총 3개, 81개 문장)를 들려주고 문장의 주어 즉 행위자를 구두로 특정하게 하였다. 그 결과 미국인 일본어학습자는 일본어모어화자와 가까운 반응, 즉 유생성의 단서에 의존하는 경향이 보였지만, 일본인 영어학습자는 모어인 일본어 패턴을 전이하는 경향이 강하고, 영어모어화자에게 나타나는 통사적 단서로의 이행이 없었다는 사실을 알 수 있었다. 이 연구에서는 일본어에서 중요한 단서로 보이는 격조사를 생략한 점, 학습자의 숙달도를 고려하지 않았던 점 등의 문제점을 개선하여, 다음 실험이 다시 진행되었다.

Sasaki(1994)는 제2언어의 진척도와 문장 처리 전략과의 관계를 조사하였다. 미국 대학교 일본어학습자(L1:영어) 초급과 중급 각각 10명 및 고급 영어학습자로 간주되는 일본인 대학원생 10명의 3그룹을 대상으로 경합모델의 실험이 진행되었다. 앞서 진행된 연구와 마찬가지로 테이프로 타동사 1개와 명사구 2개로 배열된 문장을 듣고 구두로 주어, 즉 행위자를 특정하는 실험으로 일본어판과 그것과 병행하는 내용의 영어판을 각각 45분 진행하였다. 실험 재료 중에서 조작된 내용은 어순(NNV, NVN, VNN)과 유생성(제1명사가 유생, 제2명사가 유생, 양쪽 유생), 격 표시(영어는 명사, 주격 he/she, 대격 him/her, 일본어는 명사에 격조사 'が/を'를 표시, 또는 무표시)와 같은 단서이고, 일본어와 영어 각각 144개의 자극문이 작성되었다. 그 결과 미국인 학습자의 일본어 진척도와 일본어 격 표시 단서 의존 경향 사이에는 양의 상관관계가 발견되었다. 즉 진척도가 올라가면

의미적 단서에 대한 의존에서 격 표시 단서의 의존으로 이동한다는 의미이다. 이것은 문법 단서의 전이가 차단된 경우, 즉 영어 어순이 일본어에서는 통용되지 않는다고 이해한 경우, 일본어 학습 초기 단계에서는 어휘적 의미, 즉 2개 명사구의 어느 쪽이 유생인지가 상당히 중요한 근거가 된다고 할 수 있다. 이것은 Sasaki(1991)를 지지하는 결과가 되었다. 더 나아가 일본어모어화자는 일본어와 영어 모두 격 표시에 의존하는 전략을 이용하여 문장을 처리하고 있는데, 영어모어화자는 영어와 일본어 처리에서 다른 전략을 이용한다는 사실을 알았다. 이를 통해 Sasaki는 미국인 일본어학습자가 일본어 어순 스키마와 격 표시 단서(격조사)와의 사이에서 충돌을 회피하려고 일본어 격 표시 전략으로 어쩔 수 없이 전환하기 때문에 일본어는 영어와는 다른 전략으로 문장을 처리하려고 한다고 하였다. 한편 영어학습자인 일본인에게는 그러한 충돌이 없어서 영어를 처리할 때에도 일본어와 동일한 격 의존의 전략을 계속 사용한다고 보았다.

　　Sasaki는 성인 학습자를 대상으로 문장 이해를 할 때의 인풋 처리 전략을 조사하였으며, Rounds & Kanagy(1998)는 미국의 몰입식 학교에 다니는 아동을 대상으로 경합모델에 관한 실험을 하였다. 유치원부터 7학년(일본의 중학교 1학년 상당) 89명에게 1주일 간격을 두고 영어판과 일본어판으로 각각 48개의 자극문을 테이프로 녹음해서 제시하고, 8초 이내에 3개의 그림에서 문장과 맞는 그림을 선택하게 하였다. 일본어 실험 과제(protocol)는 NNV 배열 안에 격 표시의 단서, 즉 격 표시가 없는 것(조사 없음), 규범의 어순에서 격 표시가 있는 것(조사 있음), 규범이 아닌 어순에서 격 표시가 있는 것(NをNは / がV)과 그리고 유생성의 단서, 즉 제1명사가 유생, 제2명사가 유생, 양쪽 유생이 대립하도록 문장이 조작되었다. 결과는 분산분석에 의해 아동을 연령층에 따라 4개의 그룹으로 나누어 비교하였다. 그 결과 단서의 계층은 어순〉의미〉격 표시 순서라는 사실이 밝혀졌다. 일본어를 제2언어로서 배우는 아동들은 격 표시가 되지 않

는 경우, 규범의 어순에 의지하는 경향이 성인보다 약간 높은 듯 하다(Rounds & Kanagy(1998)는 76%, Sasaki(1991)는 67%). 하지만 습득 초기 단계에서 NNV를 일본어 규범 어순의 SOV라고 해석하려고 하는 경향은 Sasaki(1991)와 일치하였다. Rounds & Kanagy 연구에서 제시된 성인과 아동의 차이는 성인이 숙달도가 높아질수록 일본어의 격 표시 단서에 민감해지는 반면 아동은 나이가 들어도 어순 의존을 좀처럼 버리지 못한다는 것이었다. Sasaki는 교실담화에서 주어의 생략이 종종 일어나서, 성인 학습자는 어순 의존의 전략이 약해져 간다고 하였지만, Rounds & Kanagy에서는 몰입식 교실담화에서 교사의 문절 1460개를 조사하였으나 일본어의 규범적인 어순에서 벗어난 문장은 발견되지 않았다고 하였다. 또한 몰입식 교실에서는 그때그때의 이해가 올바른지의 여부가 특별히 문제가 되지 않아서 잘못된 해석에 대해서 피드백을 받는 일이 없었을 것이라고 논하였다. 따라서 아동이 산수나 이과 등을 배우는 의미를 중시한 교실환경에서 L2를 배울 때는 일본어에서 격을 나타내는 후치사가 중요한 역할을 한다는 점을 주목하게 하는 교실 지도가 필요하다.

　문장을 해석할 때에 격 표시가 중요한 단서가 된다는 점과 관련하여 'は'와 'が'의 습득에 대해서도 경합모델을 이용하여 설명하려고 한 연구가 있다. 원래 일본어의 격조사 습득, 특히 'は'와 'が'는 연구자들 사이에서 관심이 높은 분야이지만(결과 내용은 八木 1998 참조), 富田(1997)는 'は'와 'が'가 문맥에 따라 어느 것을 선택해야 할지가 달라지는데, 이와 같이 단서가 대립하는 경우에는 문장 처리도 어렵고 습득도 늦어진다고 추정해, '부분 단서' '전체 단서'라는 개념을 이용하여 실험을 설계하였다. 부분 단서란 'は' 또는 'が' 어느 한쪽의 언어형식만을 제시할 경우, 즉 경합하는 단서가 없는 경우이다. 예를 들면, '誰が行きますか.'라는 의문문의 경우, 조사는 'が' 이외에는 있을 수 없다. 한편, 전체 단서란 2개 이상의 상반되는 단서가 공존하는 경우이고, 이 경우에는 1개의 단서만을 이해해서는 불충분하고 문맥 안에서 의미를 이해하는 고도한 언어능력을 필요로 한다.[70] 富田는 'は'와 'が'를 국지적 환경과 전체적 환경으로 구별함으로써 습득과정을 정밀하게 검증하려고 하였다. 피험자는 미국 대학교 2학년부터 4학년까지 35명이다. 클로즈 테스트(Colze Test, 대화문에서 조사 빈칸 메우기) 48개 문제('は' 'が'를 각각 24개 문제, 국지적/전체적 각각 24개 문제)를 피험자에게 부과하여 오답률을 분산분석하였다. 그 결과, 올바른 사용순서는 국지적 'は'→국지적 'が'→전체적 'は'→전체적 'が'의 순이었다. 'は'와 'が'의 선행연구에서는 'が'가 오답률이 더 높다고 하였지만, 국지적 'が'와 전체적 'は'만을 비교하면 반대 결과가 나와, 富田는 문맥에서 언어환경을 자세하게 조사하지 않고 습득 순서를 결정하였다는 문제점을 지적하였다. 전체적 단서에 관해서는 학년이 올라가도 오답률은 그다지 낮아지지 않아서 문맥에서의 지도가 필요하다.

  富田(1997)에서 구체적인 예를 들면, 'は'와 'が'의 담화기능의 단서로서 'は'에는 문맥지시(전제)와 대비(기지: 既知), 'が'에는 중립적 묘사(眼前描写)와 초점이 있지만, 동일 문맥에서 단서가 경합하는 경우가 있다. (1)에서는 대비와 중립적 묘사·초점이 상반되고, (2) (3)에서는 대비와 초점이 대립하고 있는 것처럼 보이는데, 모어화자 사이에서도 선택은 미묘하다고 하지만, 선택은 대개 일치해, 학습자가 이것을 습득하기란 어려울 듯 하다. 따라서 富田는 학습자가 양쪽을 사용했을 때의 의미, 뉘앙스의 차이를 이해한 후에 선택할 수 있게 되는 것이 중요하다고 설명하였다.

---

70 市川(1989)는 작문 오류분석에서 종속절 안의 'は'의 오류나, 단문 수준에서도 담화 안에서 언제 무엇을 주제로 하여 부각하는지를 모르기 때문에 'が'와의 혼동이 일어난다는 사실을 제시하고 문장 수준보다 오히려 담화 수준에서의 문법의 중요성을 지적하였다.

(1) (낮 무렵의 대화)
　　A: あれ, テレビがつかないぞ。停電かな。
　　B: ちょっと待ってください。あら, ステレオは(が?)つきますけど。

(2) A: 今度の商談がうまくいってくれるといいんだけどなあ。
　　B: こっちはよくても, むこうは／が うんと言わないだろう。

(寺村 1991)

(3) A: もっとゆっくりして行けばいいのに。
　　B: ええ, でも門限(は?)が11時なんです。

(丹羽 1998)

　그 외에 Sasaki(1997b, 1998)는 명사 3개와 동사 1개로 이루어진 더욱 길게 배열된 문장에 대해서도 경합모델을 이용한 실험을 진행하였다. Sasaki(1998)는 이중 목적의 능동문(예: 'ナオミがケンに手紙を書く。')과 타동사의 사역문(예: 'ナオミがケンに手紙を書かせる。')을 실험 대상의 문장으로 선택하였다. 행위자를 특정하기 위해서는 격 표시와 동사의 형태가 단서가 된다. 실험에는 미국 대학교 또는 대학원에 재학 중인 일본인 대학생 6명과 동 대학에서 일본어 학습을 시작한지 4학기째의 영어를 모어로 하는 일본어학습자 9명이 참가하였다. 실험은 사전 테스트→피드백Ⅰ→피드백Ⅱ→사후 테스트라는 형태로 총 25분 정도 걸렸으며, 컴퓨터로 진행되었다. 사용된 자극문은 능동문과 사역문이 반반씩이고 각각 '~가~에'와 '~에~가'의 어순을 반반씩 포함하였다. 즉 4개 유형의 문장이 있고, 4개 세션에 각각 24개 문장이 사용되었으며, 6개 동물 중에서 어느 것이 행위자인지 그림을 보고 선택하는 형식이었다. 피드백 세션에서는 컴퓨터 화면에 "That's right." "That's wrong" 등의 메시지가 나왔으며, 그 후 동일한 그림이 다시 한번 나타나며 정답을 보여주었다. 반응시간과 행위자의 선택 데이터를 기반으로 피드백이 포함된 4개 세션에 대해서 그룹별, 문장의 태(voice), 격 표시 순서에 따른 차이를 분산분석을 통해 결과를 분석하였다. 또한 Sasaki(1997b)에서는 개인 점수를 분석하고, 개인 격차를 고려하여 결과가 논의되었다. 그 결과 일본어학습자가 어순에 상당히 의존한다는 사실을 확인하였다. 또한 모어화자도 어순 의존의 경향을 보여, 명사 2개와 타동사 1개로 조사한 선행연구와는 다른 결과가 나왔다. 일본어모어화자는 규범에 맞는 어순에서는 괜찮지만, 규범에 맞지않는 '~に~が'일 때에 오류가 많아지는데, 복잡한 언어형식과 기능의 매핑(mapping)이 요구될 때는 작동 기억에 불필요한 부담이 되기 때문이라고 하였다. 또한 학습자에게는 피드백의 효과가 나타나, 오류가 감소하는 데에 반해 모어화자는 처음부터 학습자보다 오류가 많았으며, 피드백을 제공해도 오류가 감소하지 않는다는 사실을 확인하였다. 따라서 모어화자가 문장을 이해할 때는 상향식(bottom-up) 문장 처리가 아니고 하향식(top-down) 지식을 이용하여 이해하는 경향이 강하다고 보았다. 또한 학습자가 능동문에서는 'が'가 행위자를 나타내는 명사에 붙는다고 알고 있어도 이 전략을 사역문으로 이행할 수 없을것 같다고 하였다.

  Mitsugi & MacWhinney(2010)는 일본어의 뒤섞인 문장(scrambled sentences)의 문장 처리 전략을 조사하였다. 일본어는 동사가 문장 말미에 온다는 규칙 이외에 어순은 비교적 자유롭다. 이와 같은 통사적인 재편성을 '뒤섞기(scrambling)'라고 한다. 성인 NS는 뒤섞인 문장을 이해할 때 격조사의 정보를 이용함으로써 누가적(累加的)으로 문장을 해석하여, 어떤 문장이라도 신속하고 쉽게 문장을 처리할 수 있다고 하였다(Miyamoto, 2002). 따라서 L2 학습자의 문장 처리 전략을 조사하였는데, 실험 참가자는 일본어 NS, 일본어와 단서(cue)의 의존이 동일한 한국어 NS 및 일본어와 단서가 다른 영어 NS의 일본어학습자 각각 16명이었다(한국어와 영어 그룹의 학습배경이나 일본어능력은 동등하였다). 일본어학습자는 미국대학교 4학기째와 6학기째의 일본어 이수자였다. 실험에서 이용된 어순은 아래 4개 형태의 문장이고 참가자는 컴퓨터 화면상에서 한 단어씩 자신의 속도로 문장을 읽었다. 12개 문장에 4개 형태의 어순의 문장을 작성하여, 합계 48개의 자극문이 길이나 복잡성이 동등한 필러(filler) 문장과 함께 가나표기로 제시되었다. 참가자가 다음 단어로 넘어가는 버튼을 누르는 시간은 기록되었으며, 한 문장을 모두 읽을 때마다 행위자를 특정하는 내용 질문을 제공하였다.

(4) a. 규범적 어순

オフィスで 忙しい社員が 厳しい社長に 熱いお茶を 出した。

b. 여격(dative)이 뒤섞인 문장

オフィスで 厳しい社長に 忙しい社員が 熱いお茶を 出した。

c. 대격(accusative)이 뒤섞인 문장

オフィスで 熱いお茶を 忙しい社員が 厳しい社長に 出した。

d. 여격-대격이 뒤섞인 문장

オフィスで 厳しい社長に 熱いお茶を 忙しい社員が 出した。

(Mitsugi & MacWhinney, 2000에서 인용-)

그 결과, 일본어 NS는 뒤섞인 문장에서도 규범적 어순의 문장과 마찬가지로 재빨리 문장을 처리할 수 있었으며, 문장을 해석하는 데 있어 어려움은 보이지 않았다. 또한 L2 학습자의 데이터를 보면, 학습자도 일본어 NS와 마찬가지로 L1의 언어배경과는 관계없이 격 표시로 작동된 NS 수준의 처리 전략을 이용할

수 있게 되었다는 사실이 밝혀졌다. 단 데이터를 상세히 검토해 본 결과, 한국인 학습자는 대격의 명사구가 문두에 오는 문장을 여격의 명사구가 문두에 오는 문장보다 더 유의미하게 처리할 수 있다는 사실도 확인하였다. 대격 조사('を')는 복수의 기능을 갖는 주격(nominative) 'が' 등과 비교하면, 항상 통사의 목적어를 나타낸다는 점에서 단서의 타당성이나 강도가 높기 때문이라고 논하였다. 이 실험에서는 적어도 이중목적어의 문장 처리에 대해 일정 수준의 L2 학습자가 NS와 비슷한 처리 전략을 사용하였다고 할 수 있다.

또한 언어전이의 문제를 검토하기 위해 白・向山(2014)는 몽골어 단일언어화자, 중국어 단일언어화자 및 몽골어와 중국어의 이중언어화자인 일본어학습자를 대상으로 일본어 문장 처리 실험을 진행하였다. 몽골어는 유형론적으로 일본어와 매우 유사하고 중국어는 일본어와는 유형이 다른 언어이다. 따라서 몽골어화자와 중국어화자의 일본어 문장 처리를 비교하고 더 나아가 일본어와 유형론적으로 동일한 언어 하나를 습득 완료한 이중언어화자의, 제3언어로서의 일본어 문장 처리를 보았다. 이 연구에서는 다른 선행연구가 다룬 유생성의 단서는 다루지 않았으며, 어순과 격 표시에만 초점을 맞추었다. 또한 한자의 영향을 배제하기 위해 문장은 히라가나 표기로 컴퓨터를 통해 제시하였다. 행위자의 선택뿐만 아니라, 읽기 시간도 측정하여 문장 처리의 속도도 조사하였다.

그 결과 우선 일본어와 유형이 동일한 몽골어화자가 유형이 다른 중국어화자보다 읽기 시간이 빠르고 문장 처리가 빠르다는 사실이 밝혀졌다. 몽골어화자와 중국어화자 양쪽 모두 격조사가 있고 주어가 문두에 있는 문장(격 있음 SOV/SVO문장)에서는 문장을 올바르게 해석했지만, 격조사가 있고 목적어가 문두에 있는 문장(격 있음 OSV/OVS문장)에서는 몽골어화자가 제1명사를 행위자로 선택하는 오답률이 30~40%로 중국어화자보다 높았다. 하지만 OVS문장에 대해서는 몽골어화자의 읽기 시간이 중국어화자보다 유의미하게 짧았다. 이것은 몽골어가 일본어와 유형적으로 동일해도 몽골어화자가 단시간에 문장을 처리했기 때문에 오히려 잘못된 해석을 했으리라고 보았다. 격조사가 없는 SOV/SVO문장에서는 양 언어의 화자간에 차이는 보이지 않았다. 또한 중국어와 몽골어 각각의 단일언어화자와 양 언어의 이중언어화자의 일본어 문장 처리를 비교해 본 결과, 문장 해석의 패턴에서 유의미한 차이가 보이지 않았다. 한편 읽는 시간에서 단일언어화자는 문장 조건에 따라 읽는 시간이 다른 데에 반해, 이중언어화자는 모든 문장 조건에서 읽는 시간이 일정하였다. 단 이중언어화자는 격조사가 있는 경우에는 몽골어 단일언어화자보다 늦어지고, 중국어 단일언어화자와 비슷한 정도의 시간이 필요하였다. 격조사가 없는 경우에는 중국어 단일언어화자보다 빠르고 몽골어 단일언어화자와 비슷한 정도의 시간이 걸렸다. 이것은 이중언어화자는 3개 언어의 단서가 활성화되고 인지적인 부하가 높아 단시간에 연계와 경합이 일어났기 때문이라고 하였다.

경합모델은 인풋이 어떻게 처리되는지를 설명하는 이론으로서 유의미하지만, 연구는 문장 처리에서 행위자를 특정하는 프로세스에 관한 내용이 많았다. 제창자인 MacWhinney(2005, 2008)는 L1과 L2 습득 양쪽을 설명할 수 있는 통합모델(Unified Model)로서 경합모델을 한층 확대, 발전시켰다. 그리고 경합은 청각, 어휘, 형태소, 통사 더 나아가 언어산출과 관련된 메시지 형성, 문장이나 조음(構音)의 플래닝까지 모든 수준에서 일어난다고 하였다. 또한 청킹(chunking)이나 단서의 저장 등 기억의 메커니즘과도 관련시켜 언어산출까지 설명하는 포괄적인 이론을 목표로 하였다. 경합모델은 일본어 인풋 처리 과정을 밝히기 위한 유효한 이론이다.

4
교실 지도의 효과

4.1 서술적 문헌고찰 vs 체계적 문헌고찰

 SLA 연구에서 교육적인 시사점을 이끌어내기 위해서는 교실 지도의 효과를 조사한 단 하나의 실험연구 결과로만 보기에는 불충분하다. 반증이 제시되기도 하고 데이터 수집의 상황이 다른 경우 반드시 동일한 결과가 나온다고 할 수는 없다. 따라서 전체적인 연구동향을 확인하기 위해서는 선행연구를 개관하는 전망논문이나 문헌고찰 논문을 통한 종합적 검토가 필요하다. 최근에는 체계적 문헌고찰(systematic review)이라는 새로운 문헌고찰 방법도 이용되고 있다. 제4장에서도 언급한 것처럼 Norris & Ortga(2000)가 교실 지도의 효과에 관한 체계적 문헌고찰을 SLA 연구에 도입한 이래, L2연구에도 도입하게 되었다. 기존의 서술적 문헌고찰(narrative review)은 선행연구의 결과와 고찰에 기반하여 문헌고찰을 하는 연구자가 나름대로 해석을 하여 선행연구의 성과를 밝힌 것이다. 연구자가 결론짓고 싶은 주장에 맞는 논문을 모으는 경향이 있고, 자칫하면 주관적으로 해석한다는 결점을 지적받았다.

한편 체계적 문헌고찰은 문헌고찰에 포함하는 논문의 기준을 명확히 정해서 데이터베이스에서 논문을 검색하고, 그 방법에 관한 정보도 논문 중에 상세하게 제시한다. 양적 연구의 문헌고찰에서는 통계 처리를 하고, 복수의 연구결과를 양적으로 통합하는 메타분석을 진행한다. 이 경우에는 검색하여 모은 논문에서 메타분석에 포함하기 위해서 자세히 조사한 조건이나 변수를 코딩하기 위한 조작적 정의 등도 밝힌다. 이와 같은 메타분석은 동일한 연구과제를 다룬 연구가 축적되어서야 비로서 가능해진다. 체계적 문헌고찰은 서술적 문헌고찰과 비교하면 객관성이 높다고 할 수 있지만, 어느 논문을 문헌고찰에 포함할지, 무엇을 독립변수, 종속변수로 세울지의 기준은 연구자가 정하기 때문에 누가 문헌고찰을 해도 완전히 동일한 결과가 나오지는 않는다. 예를 들면, 학술지 간행논문은 지도 효과가 있는 연구가 채택되기 쉽지만, 간행되지 않은 박사논문까지 포함하면 효과 크기가 낮아진다는 점도 실제로 발생한다. 또한 체계적 문헌고찰의 도입으로 서술적 문헌고찰이 완전히 불필요한 것은 아니다. 서술적 문헌고찰은 선행연구가 적은 맹아적인 연구과제에 대해서 관련 주변영역(예를 들면 제1언어 습득이나 심리학)의 동향과 비교하여 향후 연구 방향성을 제언하는 이론적인 논문이나 동일 연구과제라는 더 큰 분야를 넓게 개관하는 문헌고찰에 적합하다고 할 수 있다(⟨표 5-1⟩의 정리를 참조).

⟨표 5-1⟩ 서술적 문헌고찰과 체계적 문헌고찰의 차이

	서술적 문헌고찰 (narrative review)	체계적 문헌고찰 (systematic review)
논문 검색 방법	연구자가 수집, 선택 (그 기준은 거의 제시되지 않음)	데이터베이스의 검색 방법이나 논문 선택의 기준을 논문 중에 명기
연구성과의 평가	연구자나름의 해석 (주관적이 되기 쉬움)	통계에 의해 복수의 연구성과를 양적으로 통합(객관적)

	서술적 문헌고찰 (narrative review)	체계적 문헌고찰 (systematic review)
문헌고찰의 강점	선행연구가 적은 경우에 관련 영역의 동향에서 연구 방향을 제안하는 문헌고찰이나 더 큰 영역의 연구성과를 개관하는 문헌고찰에 적합	동일 연구과제에 대해서 시행된 연구논문이 축적되었을 때에 객관적으로 연구성과를 밝힐 수 있음

일본어 SLA 연구에서는 小柳(2002)가 서술적 문헌고찰 안에서 Focus on Form의 전체 연구동향과 함께 일본어 교실습득연구에 대해서도 정리하였다. 그리고 Koyanagi(2016)에서는 그 이후의 논문을 포함하여 교실 지도의 효과에 관한 체계적 문헌고찰을 하였다. 다음 절에서 일본어 교실 지도의 효과에 관한 연구를 정리하고 향후 연구 가능성에 대해서 고찰하겠다.

4.2 교실 지도 효과의 크기

Koyanagi(2016)는 1990년부터 2012년 7월까지 간행된 국내외 논문에서 14편을 선정[71]해서, 메타분석을 하였다. 14편 중 순수한 실험(experimental design) (참가자를 무작위 배분으로 그룹 편성한 것)이 11편, 준실험(quasi-experimental design) (기존의 교실을 이용한 것)이 3편이었다. 복수의 목표언어 형식을 다룬 연구가 있어서, 언어형식의 성질에 따라 지도 효과가 달리 나타날 수(Dekeyser, 1995)가 있기 때문에 효과 크기는 각각의 언어형식에 대해서 산출되었다. 따라서 효과 크기의 산출에 이용된 연구는 17편이었다. Norris & Ortega(2000)가 1980년부터 1998년의 교실 지도의 효과에 관한 메타분석을 실시했을 때에는 49편의 논문이 대상이 되었는데, 그것과 비교하면 논문 편수는 한정되었다. 또

---

[71] 상세한 기준은 Koyanagi(2016)를 참조. 효과 크기를 산출하기 위해 기술통계(평균점과 표준편차) 정보가 제시된 논문만을 메타분석에 포함하였다.

한 Lee & Huang(2008)이 시행한 시각적 인풋 강화의 메타분석에서는 16편의 논문이 포함되었으며, 시각적 인풋 강화 연구는 아직 시작한 지 얼마 안 된 분야라고 기술하였다. 일본어 교실 지도 효과 연구도 아직 한정된 범위로밖에 진행되지 않는 것에 유의하며, 체계적 문헌고찰 결과를 다음과 같이 정리하고자 한다(문헌고찰에 포함된 논문 일람은 부록을 참조).

〈표 5-2〉 **실험 참가자의 특징**(Koyanagi, 2016 참조)

샘플 규모	실험 참가자 합계: 460명 실험 단위: M=32.86명, SD: 14.92명(n=14) 실험군 단위: M=13.43명, SD=6.37명(k=35)
학습환경	JSL1: 4.3%(n=2) JFL: 85.7%(n=12)
교육기관	대학교: 78.6%(n=11), 성인 어학학교: 21.4%(n=3)
학습자의 숙달도 수준	초급(하): 50%(n=7), 초급(상): 35.7%(n=5) 중급(하): 7.1%(n=1), 불명: 7.1%(n=1)
학습자 L1	영어: 78.6%(n=11), 중국어: 14.3%(n=2) 이탈리아어: 7.1%(n=1)

실험 참가자의 특징은 〈표 5-2〉와 같다. 14편 중 12편이 JFL환경(특히 미국)에서 이루어졌으며, 따라서 참가자 L1은 대부분이 영어 또는 영어 이중언어화자였다. 샘플 규모는 1개의 실험에서 32.86명, 1개의 실험군 또는 통제군 참가자 수의 평균이 13.43명이다. 구미어 연구에서는 최근에 실험 참가자 숫자가 커지는 경향이 있어서 일본어 연구의 샘플 규모는 그것과 비교하면 작다. 하나의 교육기관에서 모집하는 참가자 숫자에 제약이 있다는 점도 원인 중의 하나이다. 또한 참가자의 일본어 수준은 대부분 초급이다. 일본어교육에서는 초급에서 기본문형을 가르치고, 중급 이후부터는 독해 비중이 높아지기 때문에 문법 습득이라면 초급학습자를 대상으로 한 연구가 많다고 할 수 있다.

교육적 학습 유형은 제4장의 1.3에서 언급한 Norris & Ortega(2000)의 조작적 정의에 기반하여 명시성과 언어 처리 모드의 관점에서 분류하였다. 그 결과는 〈표 5-3〉과 같다. 14편의 논문은 35개의 실험군 또는 통제군을 포함하고 있다. 그중 60%가 명시적 학습, 22.9%가 암시적 학습을 하였으며, 학습을 전혀 하지 않은 진짜 통제군이 존재한 실험은 6편이었다. 실험 대상이 초급학습자이고 교사와 학습자 모두 문법 규칙 학습에 대한 기대가 커서, 그것을 반영해서인지 실험 설계도 명시적인 학습이 늘어났다. 암시적인 FonF는 모두 고쳐말하기(recast)였다.

〈표 5-3〉 실험에서 이용된 학습 유형(Koyanagi, 2016 참조)

명시성	처리 모드	k	합계
명시적	FonM	1	21(60.0%)
	FonF	6	
	FonFS	14	
암시적	FonF	7	8(22.9%)
	FonFS	1	
	통제군	6	6(17.1%)

또한 학습 시간이 1시간 미만의 연구가 21.4%, 1시간 이상 3시간 미만이 21.4%, 3시간 이상 6시간 미만이 57.2%였다. 사전 테스트의 타이밍을 보고한 연구는 10편뿐이었지만, 이들 평균은 3.5일 전이었다. 테스트를 통한 학습 효과 및 사전 테스트를 통한 목표언어 형식에 대한 인식(awarness)이 높아질 우려 등을 생각하면, 사전 테스트와 학습 간격은 시간을 더 두어야 해서 메타분석 결과 해석에서는 이와 같은 연구상의 문제점을 가미하여 해석할 필요가 있다. 학습 지속효과를 측정한 연구는 적지만 지연 테스트를 진행한 연구 8편의 지연 테스트의 타이밍은 학습으로부터 평균 34.1일 후이다. 14편의 연구는 지도 효과의 측정 테스트를 복수로 이용한 것이 많았는데, 메타언어적인 테스트가 37.5%,

해석 테스트가 28.1%, 제약이 있는 산출 테스트가 9.4%, 자유산출 테스트가 25%였다. 한편의 연구에 여러 종류의 테스트가 이용된 경우는 각각의 효과 크기를 계산하여 그 평균치를 산출하였다.

⟨표 5-4⟩[72]는 학습 유형에 따른 효과 크기를 통제군과 비교해서 나타낸 것이다. 학습을 전혀 받지 않은 통제군을 두는 것이 장려되었는데(Norris & Ortega, 2000), 이와 같은 통제군이 있는 연구는 6편뿐이어서 언어형식에 가장 주의를 기울이지 않은 유형의 학습을 대조군으로서 효과 크기를 계산하였다. ⟨표 5-5⟩는 실험군, 통제군 각각의 사전 테스트와 비교한 직후 테스트 및 지연 테스트의 효과 크기를 나타낸 것이다. 전체적으로 모든 유형의 학습도 그 효과 크기는 크다. 단 앞서 기술한 바와 같이 사전 테스트 후 그다지 시간을 두지 않고 학습을 한 연구가 많고 학습자의 인식(awarness)을 높일 가능성이 있어서 결과 해석에는 주의가 필요하다.

⟨표 5-4⟩ 학습 유형에 따른 효과 크기(통제군과 대조군과의 비교) (Koyanagi, 2016 참조)

	학습 유형	k	M	SD	신뢰구간
직후 테스트	명시적 FonF	5	1.38	0.26	±0.23
	암시적 FonF	11	0.77	0.57	±0.64
	명시적 FonFS	9	0.82	0.42	±0.27
지연 테스트	명시적 FonF	5	1.13	0.25	±0.22
	명시적 FonFS	5	0.53	0.25	±0.22

---

72 효과 크기의 산출방법은 Norris & Ortega(2000)와 마찬가지로 Cohen's d (Cohen, 1988)를 이용하였다. 효과 크기는 소≥0.20, 중≥0.50, 대≥0.80 라고 간주한다. 효과 크기는 메타분석에 이용될 뿐만 아니라, 학술지 Language Learning 등이나 L2 연구논문 모두 효과 크기의 보고가 필수로 되어 있다.

<표 5-5> 학습 유형에 의한 효과 크기(사전 테스트와의 비교) (Koyanagi, 2016 참조)

	학습 유형	k	M	SD	신뢰구간
사전 < 직후	명시적 FonM	1	(2.73)		
	명시적 FonF	8	2.74	1.29	±0.89
	암시적 FonF	9	2.25	3.12	±2.04
	명시적 FonFS	9	2.63	1.25	±0.82
	암시적 FonFS	1	(1.04)		
	통제군	7	0.54	0.42	±0.31
사전 < 지연	명시적 FonF	5	1.68	0.20	±0.18
	암시적 FonF	3	0.56	1.28	±1.45
	명시적 FonFS	3	1.18	2.98	±0.24
	암시적 FonFS	1	(0.94)		
	통제군	3	0.69	0.51	±0.58

Norris & Ortega(2000)는 1980년부터 1998년의 지도 효과에 관한 연구의 메타분석을 하였으며 효과의 크기를 다음과 같이 발표하였다.

명시적 FonF 〉 명시적 FonFS 〉 암시적 FonF 〉 암시적 FonFS 〉 FonM

1990년부터 2012년의 일본어 연구를 종합해 보면, 거의 동일한 효과 크기의 순서를 보이는 것으로 나타났다. 단 Norris & Ortega나 Doughty(2003)가 지적한 방법론상의 문제점은 일본어 교실습득연구에도 해당된다. 예를 들면, 지도를 진행하지 않는 순수한 통제군이 없는 연구가 많은 점, 암시적 학습을 조사한 연구가 적은 점, 암시적 지도의 효과를 검출할 수 있을 것으로 보이는 자발적

언어산출을 측정한 연구가 적은 점, 지속효과를 측정한 연구가 적은 점 등이다. 앞으로 더욱 엄밀한 실험 설계에 의한 연구가 필요하다(제4장 1.3도 참조).

　일본어 교실 지도의 효과 연구의 문제점으로서 해외에서 진행된 연구(JFL)가 대부분이고, 일본국내에서 진행된 연구(JSL)가 적다. JFL과 JSL 각각의 환경에서 SLA 연구를 진행하는 이점이나 약점도 있다. JFL에서는 구미어의 SLA 연구의 영향을 받기 때문에 해외 동향에 맞춘 연구가 이루어진 경우가 많고 최신 이론에 근거하고 있다. 또한 일본어와의 접촉이 적기 때문에 실험 이외의 매개변수를 통제하기 쉽다. 하지만 고급학습자를 많이 모으기가 어렵다는 문제점이 있다. 한편 JSL에서는 초급에서 고급까지 다양한 학습자가 있지만, 매개변수를 통제하기 어렵다. 따라서 JSL에서는 L1배경이나 교실 바깥에서의 일본어 사용시간, 주거형태(홈스테이인지의 여부 등) 등이 다른 학습자를 실험군이나 통제군에 균등하게 배분할 필요가 있다. 또한 JFL, JSL 양쪽에 해당되는 점인데, 실제 초급학습자가 실험 대상이 되는 경우가 많았다. 하지만 중고급이 되어도 습득이 어려운 언어형식도 있고, 선행연구에서 실험 대상이 된 학습자보다 일본어 수준이 더 높은 학습자도 지도 효과의 실험 대상이 될 수 있다. 이러한 점에서 수준이 높은 학습자가 많은 JSL환경이 데이터를 더 수집하기 쉽다는 이점이 있다. 어찌되었든 JFL과 JSL 양쪽에서 실증연구를 축적해서, 종합적으로 지도 효과의 크기를 검증해 나가는 일이 중요하다.

4.3 목표언어 형식의 선택

　일본어 선행연구를 살펴보면, 교사 또는 연구자가 초급학습자에게 어렵다고 생각하는 언어형식이 실험 대상이 되는 경우가 많았다. 하지만 교실 지도 효과의 실험 대상이 되는 목표언어 형식은 SLA이론에서 교육적 개입을 하는 의미가 있다고 설명 가능한 것이나 중고급이 되어도 습득이 어렵다고 하는 언어형식에서 선택하는 것도 중요하다. 암시적인 교육적 개입을 실행한 연구는 적지만, 암시적 학습은 특히 학습자가 보아도 어려운 언어형식에 적합하다(Long, 2007)고 한다. 또한 제3장에서 다룬 것처럼 학습자 입장에서 본 언어 처리상의 어려움도 고려할 필요가 있다. 또한 교육적 개입을 한 언어형식은 투과성(permeability)이 있고, 지도 효과를 기대할 수 있어야 한다.

일본어에서는 예를 들면 小柳(1998, 2004b)[73]가 조건문 'と'를 선택한 이유를 稲葉(1993)와 Inaba(1991)에 근거하여 설명하였다. 조건문 'と' 'ば' 'たら'에 관해서는 반드시 전건이 후건에 선행해서 일어난다는 시간 순서에 조건이 있는데, Inaba(1993)는 영어를 L1으로 하는 일본어학습자의 습득을 전이 가설(Transfer Hypothesis) (White, 1989)을 통해 설명할 수 있다고 하였다. 전이 가설에 따르면 습득의 어려움은 두 언어 간의 거리에 따라 양방향에 동일하게 나타나지 않고 어떤 문법 규칙의 적용 범위가 상위 집합인지 부분 집합인지에 따라 정해진다고 한다. 예를 들면 L1이 부분 집합인 경우, L2를 습득하는 데에는 규칙의 적용 범위를 넓힐 필요가 있는데 이것은 긍정 증거, 즉 주위의 NS가 사용한다고 하는 정보가 있으면 습득에 그다지 문제가 발생하지 않는다([그림 5-1]). 반대로 L1이 상위 집합이고 L2가 부분집합인 경우는 규칙의 적용 범위를 좁히기 위해서 부정 증거가 필요하다. NS가 사용하지 않는다는 것도 일종의 간접적인 부정 증거가 되지만 L2 학습자는 상당히 의식하기 어렵다. 따라서 부정 피드백을 제공하는 등의 교육적 개입을 하는 의미가 생긴다([그림 5-2]). White(1989)는 보편문법에 기반한 SLA에 대한 접근법에서 파라미터를 재설정할 때 통사 영

---

73 小柳(1998)는 메타분석에 포함된 Koyanagi(1999)와 동일한 실험에 기반하지만, 지도 대상이 된 언어형식을 선택한 이유에 대한 설명이 상세하다. 小柳(1998)는 통합 점수로 논하기 때문에 개별 테스트의 점수를 제시한 Koyanagi(1999)를 메타분석의 효과 크기의 계산에 이용하였다.

역에 전이가 양방향으로는 일어나지 않았다고 보고하였는데, Inaba(1993)는 이 전이 가설이 일본어 조건문의 의미영역에도 적용할 수 있다고 말하였다. 또 하나의 선택 이유는 조건문의 후건에는 명령, 의뢰, 금지, 권유, 희망 등의 의사표현을 세울 수 없다는 모달리티 제한이 있으며, 영어에서의 의미 분기현상도 4개의 조건문('と' 'ば' 'たら' 'なら')의 습득을 어렵게 하고 있다(稲葉 1991) ([그림 5-3]). 자연습득환경에는 없는 부정 피드백을 학습자에게 제공할 수 있는 점은 교실습득환경의 강점 중의 하나이다.

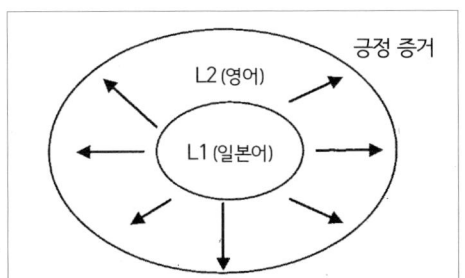

[그림 5-1] 일본어(L1)화자가 영어(L2)를 배우는 경우

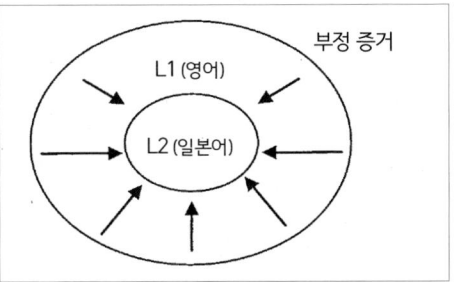

[그림 5-2] 영어(L1)화자가 일본어(L2)를 배우는 경우

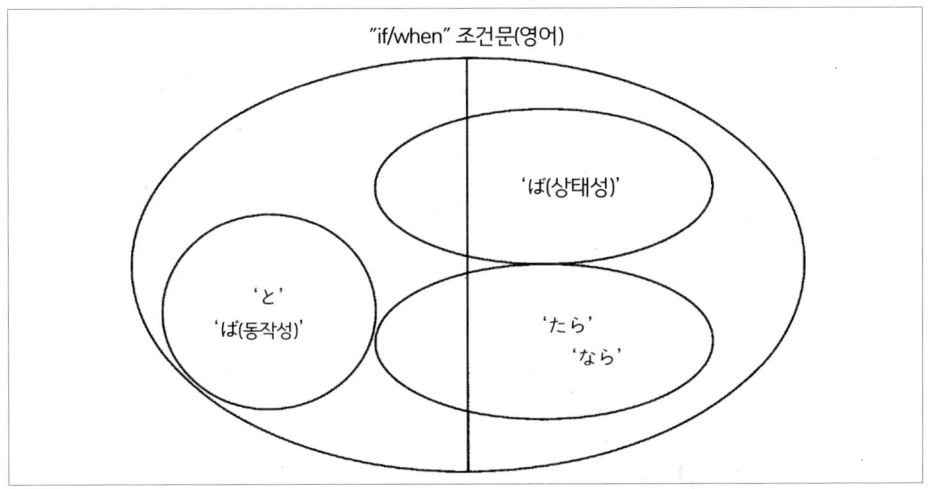

[그림 5-3] 영어와 일본어 조건문의 의미영역(稲葉 1991)

또한 습득 순서나 단계를 고려한 지도 효과의 실험도 가능해진다. 영어 교실 지도의 효과를 조사한 연구에서 종종 관계대명사가 목표언어의 형식이 되었다. 관계대명사 구조에는 유형론적 보편성에서 주어 〉 직접목적어 〉 간접목적어 〉 사격(斜格, 전치사의 목적격) 〉 속격(属格, 소유격) 〉 비교급의 목적격과 같은 계층이 있다고 한다. 주어의 관계대명사절은 유형론적으로 모든 언어에서 보인다. 흔한 구조로 무표(unmarked)이다. 한편 비교급의 목적격은 드물게만 보이는 구조이고, 유표(marked)이다(Keenan & Komrie, 1977). 이것이 '명사구 접근도 계층가설(Noun Phrase Accessibility Hierarchy: NPAH)'이다. 이것은 언어유형론으로 본 계층인데, 그대로 SLA에서 습득의 난이도에도 해당된다고 한다. Pienemann(1989)의 '교수가능성 가설'에서는 발달적 준비성(readiness, 학생이 학습하기에 알맞은 상태, 역주)을 고려해 학습자가 현재 도달한 단계에서 한단계 위의 형식을 가르치면, 습득이 가장 촉진된다고 하였으나, NPAH에서는 다른 예측이 성립되었다. 영어 관계대명사의 습득에서 더 유표한 형식을 중심으로 지도를 하면, 그 효과는 무표형식에까지 확산된다고 알려졌다. 학습자는 이와 같은 '투사장치(projection device)'를 가지고 있다고 할 수 있다(Zobl, 1983, 1985). 실제로 지도 대상이 아닌 무표형식의 습득에까지 지도 효과가 투사되었다는 사실이 실증연구(Doughty, 1991 등)에서 밝혀졌다. NPAH의 예측은 언뜻 '교수가능성 가설'과 모순되지만, 관계대명사는 Pienemann의 발달단계의 가장 위 단계에 위치하며 그 안에서의 투사 효과이기 때문에 상반된다고는 할 수 없다.

NPAH에 대해서는 영어 습득에 관한 다양한 실증연구가 있는데, 일본어에서도 적용할 수 있는지는 아직 충분히 검증되지 않았다. 일본어 연체 수식절은 주요부가 뒤에 위치하는(head last) 언어이기 때문에 수식부가 명사 앞에 놓이는 점, 관계대명사를 갖지 않는 점 등에서 영어와 다른 특징을 갖는다. 大関(2005)나 Ozeki & Shirai(2007)는 일본어에서는 연체 수식절을 처리하는 난이도가 반드시 NPAH에 따르지는 않으며 오히려 피수식어인 명사의 유생성이 처리에 영향을 미친다고 하였다. 여기서 지도 효과의 실험으로서 연체 수식절을 목표언어 형식으로 한 연구가 Yabuki-Soh(2007)이다. 사격(전치사의 목적어)의 연체 수식절을 도입하여 그 효과가 다른 연체 수식절에 미치는지를 조사하였다. 그 결과 NPAH의 계층과 완전히 일치하지는 않았지만, 사격뿐만 아니라 무표 구조에도 효과가 미친다는 사실이 밝혀졌다. 단 효과 측정은 다양한 유형의 연체 수식절을 포함한 질문문에 답하는 이해 테스트와 두 문장 연결을 통한 산출 테스트가 이용되었으며, 자발적인 산출에 어떠한 영향이 있는지는 불분명하다.

언어형식에 따라 앞서 기술한 바와 같이 학습자에게 투사 장치가 있어서, 유표 형식을 가르치면 무표형식에도 지도 효과가 미친다고 한다면, 습득 시간을 단축할 수 있게 되며 그것도 교실 지도를 진행하는 의미 중의 하나가 된다. 하지만 이와 같은 언어형식은 한정되어있기 때문에 더 장기적인 전망으로 습득을 보면, 역시 습득 단계에서 발달적 준비성(readiness)의 고려가 중요하다. 영어에서는 처리 가능성 이론에 기반하여 Mackey & Philp(1998)이 의문문의 발달단계가 올라간 점을 근거로 고쳐말하기(recast)에 의한 교육적 개입의 효과를 제시하였는데, 일본어에서는 이와 같은 연구는 아직 보이지 않는다. 습득은 복잡하고 누가적(累加的)인 과정을 거치므로 최근에는 습득 단위가 각각의 언어형식이 아니라 처리 단위라고 하는 견해(Doughty, 2003)도 보인다. 제3장에서 살펴본 바와 같이 처리상의 난이도에 따른 발달단계를 고려하여 교실 지도가 SLA에 미치는 영향을 밝히는 연구가 필요하다.

더 나아가 小柳(2002, 2004b)에서도 지적한 바와 같이 일본어는 언어형식과 의미/기능의 매핑(mapping)을 습득이라고 파악하는 인지적 접근법의 SLA 연구에서 더 중요한 연구대상의 언어라고 생각한다. 그 이유는 일본어학에서는 종종 지적을 받는데, 일본어는 묘사하는 사건에 대한 화자의 태도나 시점을 형태소나 통사로 나타내는 경우가 적어도 영어보다 훨씬 많은 언어(kuno & Kaburaki, 1977 등)라고 한다(제3장 2.2.1도 참조). 예를 들면 화자의 시점이 영어에서는 부사나 삽입구로 나타내는 데에 반해, 일본어에서는 표증구조 수준에서 문법적으로 부호화된다. de Bot(1992, 1996)은 Levelt(1989)의 언어산출 모델을 L2에도 적용하여, 언어산출 메시지 생성단계의 두 과정과 L2와의 관계를 논하였다. 하나는 전달 목표를 책정하는 매크로 플래닝의 과정이며 모든 언어에 공통적이다. 또 하나는 화자의 전달 의도의 정교화를 도모하는 마이크로 플래닝의 과정이며 이것은 언어 고유의 것이라고 한다. 일본어는 이 단계에서 사건에 대한 태도나 화자의 시점을 플래닝에 포함하고 이를 형태소나 통사의 문법 부호화로 연결시킬 필요가 있다. 학습자의 L1이 이와 같은 플래닝을 필요로 하지 않는 언어라면 더욱 그렇다.

일본어 발달단계에 관한 연구에서는 Kawaguchi(1999)나 田中(1996)가 일본어에서 시점을 통일하는 데에는 통사의 충분한 발달이 필요하다고 하였다. 예를 들면, 田中(1996)는 시점의 통일에 이르는 아래와 같은 발달단계를 특정하였다.

  제1단계: 주어가 다른 복문을 생성
  제2단계: 어느 쪽인가의 주어를 생략→종종 오해가 생긴다
  제3단계: 주어를 통일한 복문의 표출→수동을 사용하지 못하고 뒤틀린 문장으로
  제4단계: 수동을 사용할 수 있으며, 주어를 통일

(田中 1996)

또한 田中(1996, 1997)는 간접수동이 중고급이 되어도 상당히 올바르게 습득되지 않는다는 사실을 제시하고, 민폐가 되는 상황이나 피해 장면에서의 연습

이 부족하기 때문이라고 지적하였다. 이처럼 발달단계의 제약을 받고 화자의 시점과도 관련된 언어형식은 지도 효과를 조사하는 연구의 적절한 목표언어 형식이 될 수 있다. 또한 의미 있는 맥락을 중시하고, 그 안에서 목표언어 형식의 처리를 촉진하는 Focus on Form과 같은 교육적 개입은 타 언어보다 일본어에서 더욱 의미가 있다고 할 수 있다.

4.4 암시적 지도 효과

최근의 SLA 연구에서는 '과제 중심의 교수법(Task-based Language Teaching: TBLT)'[74]이 제창되었다. TBLT는 실생활에서 경험할 가능성이 있는 과제 장면에서 언어 학습을 전제로 하고 있으며, 교실에서는 실생활의 목표 과제에 근접하도록 배열한 교육적 과제를 중심으로 교실 지도를 진행하고 과제에 기반한 언어운용의 평가를 하여 배운 스킬을 실생활에 전이시키려고 한다. SLA에서는 지금까지 인터액션 가설의 증명에도 과제가 많이 이용되었는데, 과제의 인지적인 난이도를 조작함으로써 암시적으로 학습자의 주의를 언어형식에도 기울이게 하려고 다양한 시도가 이루어졌다(小柳 2013의 문헌고찰 참조). 하지만 과제의 인지적 난이도에 따라 학습자의 언어운용(정확성, 복잡성, 유창성)에 영향을 주려고 한 연구는 일본어에서는 거의 이루어지지 않았다. 여기서는 과제 수행 시에 중요한 피드백, 특히 고쳐말하기(recast)의 역할에 대해서 일본어에 관한 연구를 살펴보기로 한다. 교실 지도 내용이 메타언어적인 경우는 명시적 피드백이 유효할지 모르지만, 의미 중시의 지도에서는 고쳐말하기(recast)와 같은 암시적 피드백이 커뮤니케이션의 흐름을 저해하지 않고, 또한 가동하는 학습자의 언어 처리

---

[74] 제2언어 습득연구회 논문집 『第二言語としての日本語の習得研究』의 제16호(2013)에는 TBLT가 특집으로 구성되어 있다.

시스템의 진행을 중단하지 않으면서, 언어형식의 인지적 수용을 촉진하는 방법이라고 할 수 있다. 따라서 피드백은 SLA 연구에서도 TBLT를 제창하는 데에서도 중요한 과제이다.

우선 Roberts(1995)는 미국 대학교 일본어 수업을 50분간 녹화하고, 그 후에 수업에 참가한 학생 3명에게 그 녹화자료를 보여주고, 교사가 오류 정정을 하려고 하는 부분의 오류의 종류는 무엇인지를 물었다. 조사, 어휘, 음운에서 화용론적 지식에 이르기까지의 오류와 고쳐말하기(recast)에서 반복 요구, 확인 체크까지 다양한 유형의 피드백에 대해서 기술적, 질적으로 분석하였다. 그 결과, 학생은 교사가 오류를 정정하고 있다거나 그 오류가 어떤 종류인지를 잘 알지 못한다는 사실을 밝혀냈다.

Roberts의 연구는 소규모였지만, Moroishi(2001)는 미국 대학교 일본어 6개 교실, 15시간 분량을 비디오로 녹화하고 교실담화를 분석하였다. 그 결과 일본인 교사가 교실에서 가장 많이 사용한 피드백은 고쳐말하기(recast)였다. 하지만 즉각적 반응(uptake)의 관점으로 보았을 때, 명확성 요구나 더욱 명시적인 정정이 효과적이었다. 교사는 오류에 대한 고쳐말하기(recast)뿐만 아니라, 정정하지 않아도 학습자의 정확한 발화를 인정하는 신호로써 그 발화를 반복하는 경우도 많았으며, 고쳐말하기(recast)와의 구별이 어렵고 모호성이 남는다고 하였다. Moroishi(2002)는 더 나아가 미국 대학교 일본인 교사 3명의 교실 인터액션의 총 5시간 분량의 비디오 녹화를 이용하여, 고쳐말하기(recast)와 즉각적 반응(uptake)과의 관계를 살펴보았다. 그 결과 일본인 교사가 교실에서 고쳐말하기(recast)를 가장 많이 사용하였으며, 통사와 형태소의 오류에 대해서 52%, 발음에 대해서 38%, 어휘에 대해서 10%의 고쳐말하기(recast)를 제공하였다. 비디오 섹션 후에 비디오를 보면서 성찰(reflection)한다는 자극성 재생법(stimulated recall)을 이용하여 학습자 9명의 성찰(reflection) 코멘트를 통해서 고쳐말하기

(recast)에 대한 인식을 조사한 결과, 고쳐말하기(recast)를 학습자는 절반 정도 올바르게 인식하였다. Mackey, Gass, & McDonough(2000)의 영어(ESL) 연구와 비교하면 형태소와 통사 오류에 대한 고쳐말하기(recast)를 정확히 고쳐말하기(recast)라고 인식한 비율이 높았는데, 그렇다 하더라도 교사의 피드백 의도와 학습자의 인식 사이에 차이가 나타났다.

    이들의 교실담화 연구는 일반 교실에서 무엇이 일어나는지, 그 일면을 보여주었지만, 다음 연구단계는 피드백이 SLA에 미치는 영향을 실험에서 확인할 필요가 있다. 초기 연구[75]로서 Koyanagi, Moroishi, Muranoi, Ota, & Shibata(1994, 小柳 1998 안에서 보고)가 조건문 'と'와 'ば'의 구별을 학습하는 과제에서 피드백의 효과를 조사하였다. 당시, Caroll & Swain(1993)이나 Tomasello & Herron(1989)와의 사이에서 명시적 피드백과 암시적 피드백 중 어느 쪽이 유효한지에 대한 문제에 견해의 차이가 생겨서 설계되었다. 참가자는 먼저, 모델링 세션에 참가하여 목표언어 형식의 'と' 'ば'의 양쪽의 치환이 가능한 문장 6쌍과 'ば'만 가능한 문장을 6개 보도록 하였다. 그 후 사전 테스트를 시행한 뒤, 사전 테스트 성적을 기반으로 계층별로, 학습자들을 명시적 피드백군, 암시적 피드백군, 그리고 피드백 없이 과제만 수행하는 통제군으로 무작위 배정하였다. 피험자는 1주일 후에 1대 1의 대면식 피드백 세션에 참가하고, 전건을 작성한 카드를 보고 후건을 선택하는 과제와 전건을 제공하여 문장을 완성하는 과제를 수행하였다. 명시적 피드백군은 오류를 바로 지적한 문법 설명과 모델이 제공되었다. 암시적 피드백군에서는 오류가 있는 경우에는 학습자 자신에게 이것으로 괜찮은지를 묻고 그래도 고쳐지지 않았을 때에 고쳐말하기(recast)를 하였다. 통제군에서는 오류는 무시하고 다음으로 진행되었다. 세션 직후와 2주일 후

---

[75] 그 외에도 Nagata(1993, 1997 등)가 컴퓨터 교재개발 과정에서 그 효과를 검증한 실험연구가 있다(메타분석에 포함된다). 과제(task) 상황은 메타언어적인 것이다.

에 2번에 걸쳐 사후 테스트를 진행하여, 총 3번의 테스트 모두 문법성 판단 테스트와 구두 문장 완성 테스트를 통해 학습자의 능력을 살펴보았다. 구두 문장 산출능력은 실험 직후에 실험군 양쪽 모두 크게 실력이 늘었지만 문법성 판단 테스트는 암시적 피드백군만이 실력이 늘었다. 하지만, 2주일 후에는 실력을 유지하지 못해, 통계상의 유의차를 검출할 수는 없었다. 이 결과는 참가자 수(14명)가 적은 점과 지도 시간(20~30분)이 짧은 점에서도 기인했다고 할 수 있다. 또한 과제 자체가 상당히 메타언어적인 세션이었다고 할 수 있다.

더 나아가 小柳(1998)는 조건문 'と'의 습득에서 의사소통 과제의 효과를 조사하였다. 이 연구에서는 Loschky & Bley-Vroman(1993)이 도입한 '과제의 언어형식 필수성(task-essentialness)'이라는 개념을 이용하여 학습자가 언어형식에 주의를 기울이지 않으면 달성하지 못하는 과제를 설계하였다. 교사측이 과제에 언어형식을 미리 포함시킬 수 있다는 점에서 언어산출 과제보다 청해 과제가 필수성이 더 높으며, 언어산출 과제에서는 특정 언어형식의 사용이 '자연스러운(natural)' 수준에 머문다고 하였다. 小柳(1998)는 이것을 과제 활동의 과정에서 학습자의 주의를 언어형식에 기울이게 하려고 시도하였다. 우선 학습자에게 앞으로 들어올 인풋에 대한 준비성(readiness)을 높이기 위해 간략한 문법 설명(Tomlin & Villa, 1994)을 하고, 인풋에서 인지된 정보(intake)로 이어지는 처리 과정을 강화하는 인풋 과제를 통해 주목의 기회를 늘리고 나서(VanPatten, 1990, 1993) 아웃풋 과제를 진행한다는 순서가 언어습득에 가장 영향을 미친다고 가정하였다. 아웃풋군에는 오류에 대해서 반복하도록 요구하였으며, 정정이 되지 않았을 때는 명확성 요구를 통해 강요 아웃풋을 이끌어내고, 그래도 정정되지 않으면 고쳐말하기(recast)를 제공한다는 순서로 일관성 있는 피드백을 수행하였다. 이 아웃풋군과 비교하기 위해 아웃풋 과제 대신에 인풋 과제를 계속 수행한 인풋군을 설정하였다. 또한 아웃풋의 질이라는 점에서 FonF와는 다른

FonFS의 전형인 청화식교수법 유형의 기계적 드릴을 실시한 드릴군, 그리고 지도를 받지 않는 통제군을 비교하였다. 피험자는 미국 대학교에서 일본어 이수 4학기째의 학생 30명이었다. 목표언어 형식의 조건문 'と'는 의사소통 과제라는 연구목적상 '길 찾기를 가르친다' '기계 사용법을 설명한다' 등과 같이 그림으로 나타내기 쉬우며, 시간적 순서제한(Inaba, 1993)과 모달리티 제한(稲葉 1991)이 있어서, 학습자에게는 습득이 어렵고, 또한 선행연구(Koyanagi et al., 1994)에서 지도 효과를 기대할 수 있다는 이유에서 선택되었다. 사전 테스트, 2번의 사후 테스트(지도 직후와 2개월 후)에서 문법성 판단 테스트, 청해 테스트, 언어산출 테스트(구두 및 필기)를 실시하고 효과를 측정하였다.

 그 결과, 3개 실험군은 지도 직후에는 동등한 효과가 나타났으며, 모든 그룹에서 사전 테스트와 직후 테스트의 결과는 유의미한 차이가 있었다. 하지만 지연 테스트를 보면, 드릴군은 2개월 후에는 점수가 낮아지고, 지도 효과를 유지한 아웃풋군은 인풋군과의 차이가 분명하다는 사실이 밝혀졌다. 따라서 기계적 드릴, 즉 FonFS에서는 단기 학습 효과가 있지만, 진정한 의미에서 중간언어 문법지식을 재구성할 만큼의 습득은 일어나지 않는다고 할 수 있다(테스트 스킬별의 논의는 Koyanagi, 1999 참조). 아웃풋군과 인풋군의 차이는 검출하지 못하였다. 차이가 나지 않는 이유로서 아웃풋군은 참가자 1명이 교사와 인터액션하는 동안에 다른 참가자는 인풋군과 동일하게 묘사를 듣고 과제를 완성했기 때문에 차이를 발견하지 못하였다고 생각할 수 있다. 실제 1대 1에서 인터액션을 실시한 예비실험에서는 인풋군보다 아웃풋군이 직후 테스트 점수가 더 높았다(단 예비실험의 지연 테스트는 시행하지 않았다).

 또한 드릴군은 명시적 문법 설명을 듣지 않아서(대신 모델 대화와 영어 번역이 제시됨), 이 실험 결과를 해석할 때 매개변수가 될 가능성이 있다. 이 문제에 대해서는 VanPatten & Oikkernon(1996)이 문법 설명을 변수로 하여, 문법 설명만,

문법 설명+과제, 과제만의 그룹을 비교하여, VanPatten이 제창한 인풋 처리 지도에서 습득을 촉진하는 요인은 문법 설명이 아니고 과제(task)라고 주장하였다. 그 후의 연구동향에서 보더라도 아마 명시적 문법 설명은 주목의 가능성을 높이는 효용은 있지만, 습득에 영향을 미칠 정도는 아니라고 추정된다.

　　문법 설명과 관련하여 Moroishi(1999)는 일본어 추량조동사의 사용법을 습득했는지 알아보기 위해 과제 활동을 한 그룹과 과제에 더하여 문법 설명을 들은 그룹을 비교하였는데, 문법 설명을 들은 그룹, 즉 명시적 지도가 암시적 지도보다 더 효과적이라고 하였다. FonF의 제창자들(Doughty, 2003; Long & Robinson, 1998)은 지도를 할 때 메타언어적 지식을 완전히 배제해야 한다는 강경한 입장을 취했는데, Moroishi의 경우는 'ようだ' 'そうだ' 'らしい' 'だろう'의 각각의 추량조동사를 이미 학습한 학습자에게 4가지의 차이를 설명한 것이며 전혀 지식이 없는 학습자에게 메타언어적 지식을 제공한 것은 아니다. 처음에 설명을 제시하고 연역적으로 배우게 하는 것보다는 어느 정도 스킬을 발달시킨 시점에서 유사한 언어형식의 설명을 제공하면 학습자의 머리가 깨끗이 정리되어 효과적이라고 할 수 있다.

　　小柳(1998)의 연구는 인풋에서 아웃풋으로 이어지는 활동 속에서 학습자가 언어형식에 주의를 유지하도록 지도 흐름을 중시하면서 실험을 진행했기 때문에 고쳐말하기(recast)에만 독립변수를 한정시킨 실험이 아니다. 이 후에는 일본어의 정보 격차(information gap) 과제를 이용하여 고쳐말하기(recast)에 초점을 둔 연구가 이루어졌다. Long, Inagaki, & Ortega(1998), Inagaki & Long(1999)은 모델을 제공하는 경우와 고쳐말하기(recast)를 하는 경우의 지도 효과의 차이를 조사하였다. 피험자는 미국 대학교 일본어 과정 2학기째의 학생 24명이었다. 목표언어 형식은 형용사 '색+크기+NP'(예: 赤くて大きい箱) (어순 및 て형)와 존재문이고, 지도를 받은 4개의 실험군과 한자 연습을 하고 목표언어 형

식의 지도를 받지 않는 통제군이 설정되었다. 여기서는 지도 순서에 의한 효과나 테스트 형식의 효과를 조절하기 위해서 실험 설계는 균형을 맞추었다. 지도 시에는 피험자가 교사와 스크린을 사이에 둔 장소에서 커뮤니케이션 게임을 진행하였다. 형용사에 대해서는 다양한 색이나 크기의 색종이를 가지고 묘사(6개 항목)하고, 이에 대해서 고쳐말하기(recast)나 모델이 제공되었다. 존재문에 대해서는 좌석이 그려진 방 그림에 인형을 2개 놓고, 2개의 인형 위치 관계를 묘사(6개 항목)하고, 교사 측도 학습자가 묘사한 대로 인형을 놔두고 고쳐말하기(recast)나 모델로 피드백을 주었다.

(5) 테이프: Please choose two dolls and, using one sentence, describe their relative position from your vantage point.
　　학습자: ジョーは舞の前にいます。
　　테이프: はい。
　　교사: 〈고쳐말하기〉 舞の前にジョーがいますね。
　　　　　〈모델〉　　 ジョーは舞の前にいます。

목표언어 형식별로, 또한 2종류의 지도방법 각각에 대해 사전 테스트와 사후 테스트 간의 점수를 비교하고, t검정을 실시한 결과, 모델과 고쳐말하기(recast) 모두 어떠한 지도도 받지 않은 통제군보다는 효과가 있다는 사실을 확인하였다. 하지만 고쳐말하기(recast)가 모델보다도 효과가 있다는 가설은 입증되지 못하였다. 참가자 중에는 고등학교에서 목표언어 형식을 이미 배운 학습자가 섞여 있었다는 점도 원인 중의 하나로 들 수 있다. 또한 참가자는 상대방인 교사가 인형을 설명한 대로 배치할 수 있게 묘사해야 하므로 아웃풋을 할 때 언어형식에 주의가 기울여져, 인풋 그 자체의 효과를 조사한 실험이라고 보기 어렵다는 문제점도 지적되었다.

Ishida(2004)는 시계열(time-series) 설계를 이용하여, 실험군이나 통제군 같은 그룹 단위의 비교가 아니라 미국 대학생 4명을 대상으로 'V-ている(상(aspect))'에 대해서 집중적인 고쳐말하기(recast)를 시행한 경우의 점수 추이를 조사하였다. 학습자는 1주일에 2회 간격으로 1대 1의 30분 세션에 8회 참가하였다. 8회 중 처음 2회와 마지막 2회는 사전 테스트, 사후 테스트로 그 사이의 4회가 학습 세션이다. 세션은 매일의 활동이나 주말 일 등에 대해 이야기하거나 그림을 묘사하고, 학습 세션에서는 목표언어 형식의 오류에 대해서 고쳐말하기(recast)를 제공받았다. 참가자 4명 중 2명은 7주 후에 지연 테스트도 받았다. 그 결과 고쳐말하기(recast)를 통해 학습자의 목표언어 형식의 정확성이 늘어나고 또한 학습자가 받은 고쳐말하기(recast)의 횟수와 목표언어 형식의 사용과의 상관이 높았다는 점이 밝혀졌다. 또한 'V-ている'는 상(aspect) 가설에서 보통 진행을 나타내는 용법이 결과를 나타내는 용법보다 습득이 더 빠르다고 여겨졌는데, Ishida 연구에서는 결과 'V-ている'가 정확성이 더 높았다고 하였다. 이 연구의 참가자는 교실에서 사용한 교과서를 통해 'V-ている' 형태를 먼저 학습하였으며, 고쳐말하기(recast)는 학습자가 사전에 학습한 언어 형식에서 이미 특정한 스킬을 발달시키고 있는 경우, 더 효과적으로 작용한다고 논의되었다.

岩下(2006)는 호주 대학생을 대상으로 존재문(명사와 조사의 어순)과 상(aspect)의 동사 어미(V-ている)를 목표언어 형식으로 해서 피드백의 역할을 검증하였다. 대학생이 일본인(NS)과 45분의 인터액션을 진행하고, 이 때에 NS가 제공한 피드백을 고쳐말하기(recast), 의미 확인 과정, 완성모델, 번역모델, 심플모델(오류가 없는 발화에 대해 목표언어 형식을 이용하여 피드백한 것) 이렇게 다섯 가지로 분류하였다. 참가자 55명 중 41명이 실험군이고 각각 NS와 짝으로 단방향

의 정보 격차(information gap) 과제를 진행하였다. 14명은 통제군이고, NS와 짝이 되어 피드백을 받지 않고 자유 대화를 실시하였다. 사전 테스트와 사후 테스트는 그림을 묘사하여 목표언어 형식이 산출되었으며, 피드백의 유형별 빈도와 언어산출 테스트의 점수 관계를 중회귀분석(重回歸分析)을 통해 검증하였다. 그 결과, 과제를 통한 인터액션을 실시한 실험군은 자유대화를 실시한 통제군보다 목표언어 형식의 습득에 진전이 있었지만 어떤 유형의 피드백이 효과적인지는 언어형식에 따라 다르다는 점도 밝혀졌다. 동사의 어미에 대해서는 고쳐말하기(recast)가, 존재문 어순에 대해서는 모델이 더 효과가 있었다.

또한 菅生(2008)는 일본에서 배운 학습자에게 수익표현(보조동사와 조사)을 대상으로 고쳐말하기(recast)와 유도(prompt)를 비교하여 주목의 지표로서 즉각적 반응(uptake)을 조사하였다. 그리고 수익표현의 보조동사는 정확히 주목하였지만, 조사는 주목하지 못하였다고 하였다. 하지만 사전/사후 테스트가 설계된 연구가 아니기 때문에 수익표현의 습득 그 자체를 측정하지는 않았다. 더욱 최근에는 Egi(2007a, b, 2010)가 고쳐말하기(recast)에 관한 일련의 연구를 진행하였으며, 학습자의 고쳐말하기에 대한 인식을 성찰(reflection) 보고를 통해 조사하였다. 그러나 이러한 연구들도 실험연구가 아니다. 예를 들면, Egi(2007a)는 초급 후반부터 중급 수준의 학습자 49명을 대상으로 NS와의 과제 기반 인터액션 세션을 2회 설정하고 정보의 흐름이 단방향인 그림 묘사 과제와 양방향인 잘못된 그림 찾기 과제를 수행하였다. NNS는 NS보다 고쳐말하기(recast)를 더 제공받았으며, 31명은 10~15초 사이에 노크 소리가 두 번 울리면, 고쳐말하기(recast) 후와 그 이외의 발화 후 사이의 생각(思考)을 모어(L1)인 영어로 이야기하였다. 18명은 자극 재생법을 활용하여 세션 후에 녹화 비디오를 보면서 그때 무엇을 생각했는지 성찰(reflection)하였다. 성찰(reflection) 코멘트를 분석한 결과, 짧은 고쳐말하기(recast)가 고쳐말하기(recast)로 더 인식하기 쉽고, 긴 고쳐말하기(recast)는 내용에 대한 반응이라고 오해받는 경우가 많았다고 한다. 또한 고쳐말하기(recast)는 원래 발화에서 교정된 부분이 많을수록 학습자는 이것을 내용에 대한 반응이라고 판단하는 경향이 있었다.

Egi(2007b)는 앞서 서술한 연구와 동일한 데이터를 이용하여 학습자 각각을 대상으로 실시한 직후 테스트와 2주일 후의 지연 테스트의 결과를 발표하였다. 테스트는 세션에서도 이용된 그림 묘사과제를 사용하여, NS에게 고쳐말하기(recast)를 받은 언어항목에 대한 변화를 보았다. 직후 테스트에서 보는 한, 고쳐말하기(recast)의 인식 정도에 따라 점수 득점에 유의차가 보였다. 형태소·통사의 경우 고쳐말하기(recast)를 부정 증거 또는 긍정 증거, 혹은 이 양쪽이 포함된다고 인식하는 학습자의 점수가, 고쳐말하기(recast)를 내용에 대한 반응이라고 해석한 학습자의 점수보다 높았다. 어휘는 고쳐말하기(recast)를 긍정 증거라고 해석한 학습자의 점수가 가장 높았으며, 언어영역에 따라 다른 결과가 나타났다.

어떠 유형의 고쳐말하기(recast)가 더욱 효과적인지 예를 들면, 고쳐말하기(recast)의 길이, 교정된 부분, 대상이 되는 목표언어 형식에 의한 차이 등에 대해서는 제4장에서도 언급한 바와 같이 서구 언어권에서도 다양한 연구가 이루어졌다. 따라서 고쳐말하기(recast)의 효과에 대해서는 일본어 연구에만 착목하여 논하는 데에 그치지 말고, 다른 언어도 포함한 연구성과의 전체상을 파악할 필요가 있다. 또한 엄밀하게 통제된 일본어 고쳐말하기(recast)에 관한 실험은 아직 거의 이루어지지 않았으며, 고쳐말하기(recast)의 즉각적 반응(uptake)이나 사후 성찰(reflection) 인터뷰에만 의지하지 말고, 습득을 직접 측정하는 사전-사후 테스트의 실험 설계 연구가 필요하다.

SLA에서 인지심리학의 전이 적절성 처리의 원리(Principle of transfer appropriate processing) (Morris, Bransford, & Frank, 1977)를 도입하게 된 계기는 제2장에 기술되어 있다. 이것은 기억할 내용을 암기할 때의 처리 방법과 동일한 방식으로 테스트를 받으면, 테스트 성적이 더욱 좋아진다는 견해이다. SLA에 적용하면, 암시적 교실 지도의 효과는 암시적 지식의 습득을 측정하는 자발적이고 자유로운 언어산출 테스트에서 가장 잘 드러난다고 할 수 있다. 또한 언어 테스트는 본래, 목표언어 사용영역에서 학습자가 어느 정도의 언어운용을 할 수 있는지를 예측할 수 있어야 하기 때문에(Bachman, 1990), 교육 현장에서 실생활에 가까운 과제를 통한 언어운용을 측정하는 일은 의미가 있다. 그리고 전이 적절성 처리의 원리(Transfer Appropriate Processing Principle)의 관점에서 보면, 교실 지도 방식이 TBLT라면, 교실 지도와 언어 테스트 간의 일관성이 유지될 수 있으며, 더 나아가 교실지도를 통해 키운 언어운용 능력이 실생활에서도 효과적으로 전이될 수 있다고 판단된다. 교실 지도의 방향과 지도 효과를 측정하는 테스트의 방향을 재검토하기 위해서는 이론적 근거를 제시하는 SLA 교실연구가 그 어느 때보다 더 중요하다고 할 수 있다.

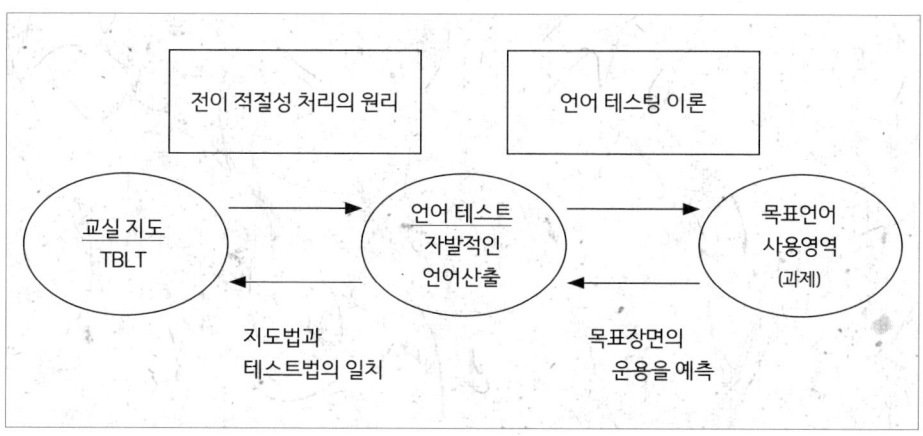

[그림 5-4] 교실 지도와 언어 테스트의 관계

부록

일본어 메타분석(Koyanagi, 2016)을 포함한 논문 목록

(통제군이 없는 경우는 * 그룹이 비교 대조군)

	참가자 유형	교실 지도		명시성	언어 처리 모드	목표언어 형식	지도 시간	효과 측정방법	테스트		
									사전	직후	지연
Nagata (1993)	⟨JFL⟩ 미국 대학생 34명	1)	CALI+ 메타언어 피드백	명시적	FonFS	조사 수동 V-ている	중간	- 필기산출 - 장기 보유 테스트	△	○	○
		2)*	CALI (피드백 없음)	명시적	FonFS						
Loschky (1994)	⟨JFL⟩ NS-NNS 그룹 41조	1)	의미 확인 과정	암시적	FonF	존재문	짧음	- 문장 확인 테스트	○	○	×
		2)	간략화 인풋	암시적	FonF						
		3)*	베이스 라인 인풋								
Nagata (1996)	⟨JFL⟩ 미국 대학생 26명	1)	CALI+ 메타언어적 피드백	명시적	FonFS	조사	중간	- 조사의 빈칸 메우기 - 이해 테스트	○	○	○
		2)*	워크북								
Nagata (1997)	⟨JFL⟩ 미국 대학생 14명	1)	CALI+ 메타언어적 피드백	명시적	FonFS	조사	중간	- 조사의 빈칸 메우기	○	○	×
		2)*	CALI+ 영어번역 피드백								
Nagata (1998)	⟨JFL⟩ 미국 대학생 14명	1)	인풋 중심 CALI	명시적	FonFS	경어동사	중간	- 보유 테스트 - 이해/산출 - 자유대화	×	○	○
		2)*	아웃풋 중심 CALI								

	참가자 유형	교실 지도		명시성	언어 처리 모드	목표언어 형식	지도 시간	효과 측정방법	테스트		
									사전	직후	지연
Inagaki & Long (1999)	〈JFL〉 미국 대학생 24명	1)	고쳐말하기	암시적	FonF	형용사의 어순 존재문	간결	- 그림 묘사	○	○	×
		2)	모델	암시적	FonF						
		3)*	통제군								
Koyanagi (1999)	〈JFL〉 미국 대학생 30명	1)	인풋중심의 과제	명시적	FonF	조건문 「と」	중간	- 문법성 판단이해	○	○	○
		2)	아웃풋중심의 과제	명시적	FonF			- 구두그림 묘사			
		3)	기계적 드릴	명시적	FonFS			- 필기그림 묘사			
		4)*	통제군								
Moroishi (1999)	〈JFL〉 미국 대학생 42명	1)	과제+문법 설명	명시적	FonF	추량 조동사	중간	- 문법성판단	○	○	○
		2)	과제	암시적	FonF			- 구두산출			
		3)*	통제군					- 필기산출			
Kondo-Brown (2001)	〈JFL〉 50명	1)	설명+기계적 드릴	명시적	FonFS	수수표현	간결	- 동사의 빈칸 메우기	○	○	○
		2)	설명+인풋	명시적	FonF			- 청해(해석)			
		3)*	통제군 (설명만)								
向山 (2004)	〈JSL〉 일본어 학교 중국인 28명	1)	문법중심의 의사소통 (+설명)	명시적	FonFS	연체수식	짧음	- SPOT	○	○	○
		2)	문법중심의 의사소통	명시적	FonFS			- 문법성판단			
								- 그림 묘사			
								- 청해			
岩下 (2006)	〈JFL〉 호주 대학생 55명	1)	NS와 짝으로 과제	명시적	FonF	조사(위치) V-ています		- 그림 묘사	○	○	△
		2)*	통제군 (자유대화)								

	참가자 유형	교실 지도		명시성	언어 처리 모드	목표언어 형식	지도 시간	효과 측정방법	테스트		
									사전	직후	지연
Lee & Benati (2007c)	〈JFL〉 이탈리아어 어학학교 27명	1)	구조화 인풋	암시적	FonF	동사의 현재형/과거형	중간	- 해석 - 문장완성	○	○	×
		2)*	전통적 지도	명시적	FonFS						
Yabuki-Soh (2007)	〈JFL〉 캐나다 대학생 60명	1)	형식중심	명시적	FonFS	연체수식	중간	- 이해 - 두 문장 연결	○	○	×
		2)	의미중심	명시적	FonM						
		3)	의미+형식 (모든 것에 문법 설명)	명시적	FonFS						
中上 (2009)	〈JSL〉 일본어 학교 15명	1)	처리 지도	명시적	FonF	사역	짧음	- 이해 - 문장완성	○	○	○
		통제군 / 대조군 없음									

인용 문헌

Adams, R., Nuevo, A.M., & Egi, T. (2011). Explicit and implicit feedback, modified output and SLA: Does explicit and implicit feedback promote learning and learner-learner interactions? *Modern Language Journal, 95*, Supplement, 1, 42-63.

赤塚紀子 (1998).「第I部 条件文とDesirability の仮説」中右実 (編)『モダリティと発話行為』(pp.1-97). 研究社出版.

Akatsuka, N., & Clancy, P.(1993). Affect and conditionals: Evidence from Japanese and Korean acquisition. *In Japanese/Korean Linguistics* 2 (pp.177-192). Stanford: CSLI.

Alanen, R. (1995). Input enhancement and rule presentation in second language acquisition. In R. Schmidt (Ed.), *Attention and awareness in foreign language learning* (pp.259-302). Honolulu: University of Hawai'i, Second Language Teaching & Curriculum Center.

Allen, Q. L. (2000). Form-meaning connections and the French causative: An experiment in processing instruction. *Studies in Second Language Acquisition, 22*, 69-84.

Ammar, A. (2008). Prompts and recasts: Differential effects on second language morphosyntax. *Language Teaching Research*, 12, 183-210.

Ammar, A, & Spada, N. (2006). One size fits all? Recasts, prompts, and L2 learning. *Studies in Second Language Acquisition*, 28, 543-574.

Andersen, R. W. (1984). The One-to-One Principle of interlanguage construction. *Language Learning*, 34, 77-95.

Andersen, R., & Shirai, Y. (1994). Discourse motivation for some cognitive acquisition principles. *Studies in Second Language Acquisition*, 16, 133-156.

Andersen, R. W., & Shirai, Y. (1996). The primacy of aspect in first and second language acquisition. In W. C. Ritchie, & T. K. Bhatia (Eds.), *Handbook of second language acquisition* (pp.527-571). San Diego, CA: Academic press.

Anderson, J. R. (1983). *The architecture of cognition*. Cambridge, MA: Harvard University Press.

Anderson, J. R. (1985). *Cognitive psychology and its implications*. 2nd ed. New York: Freeman.

Anderson, J. R., & Fincham, J. M. (1994). Acquisition of procedural skills from examples. *Journal of Experinnental Psychology: Learning Memory and Cognition*, 20, 1322-1340.

Anderson, J. R., & Lebriere, C. (1998). *The Atomic component of thought*. Mahwah, NJ: Lawrence Erlbaum.

浅山佳郎(1995)「自動詞使役と他動詞に関する中間言語について」『神奈川大学言語研究』18, 83-96. 神奈川大学言語研究センター.

Bachman, L. F. (1990). *Fundamental considerations in language testing*. Oxford, UK: Oxford University Press.

Baddeley, A. D. (1986). *Working memory*. Oxford, UK: Oxford University Press.

Baddeley, A. D. (2000). The episodic buffer: A new component of working memory? *Trends in Cognitive Sciences*, 4, 417-423

Baddeley, A. D., & Hitch, G. J. (1974). Working memory. In G. A. Bower (Ed.), *The psychology of learning and motivation: Advances in research and theory* (Vol. 8, pp.47-89). New York: Academic Press.

Baker, N. D., & Nelson, K. E. (1984). Recasting and related conversational techniques for triggering syntactic advances by young children. *First Language*, 5, 3-22.

Bates, E., & MacWhinney, B. (1989). Functionalism and the competition model. In B. MacWhinney, & E. Bates (Eds.), *The crosslinguistic study of sentence processing* (pp.3-76). New York: Cambridge University Press.

Bates, E., & MacWhinney, B. (1982). Functionalist approach to grammar. In E. Wanner, & L. Gleitman (Eds.), *Language acquisition: The state of art* (pp.173-218). New York: Cambridge University Press.

Bates, E., & MacWhinney, B. (1987). Competition, variation, and *Language Learning*. In B. MacWinney (Ed.), *Mechanisms of language acquisition* (pp.157-193). Hillsdale, NJ: Lawrence Erlbaum.

Benati, A. G. (2001). A comparative study of the effects of processing instruction and out-put-based instruction on the acquisition of the Italian future tense. *Language Teaching Research*, 5, 95-127.

Benati, A. G. (2004a). The effects of structured input and explicit information on the acquisition of Italian future tense. In B. VanPatten (Ed.), *Processing instruction: Theory, research, and commentary* (pp.207-255). Mahwah, NJ: Lawrence Erlbaum.

Benati, A. G. (2004b). The effects of processing instruction and its components on the acquisition of gender agreement in Italian. *Language Awareness*, 13, 67-80.

Benati, A. G. (2005). The effects of PI, TI and MOI in the acquisition of English simple past tense. *Language Teaching Research*, 9, 67-113.

Benati, A. G., & Lee, J. F. (2008). *Grammar acquisition and processing instruction: Secondary and cumulative effects*. Bristol, UK: Multilingual Matters.

Berry, D. C. (1994). Implicit and explicit learning of complex tasks. In N. C. Ellis (Ed.), *Implicit and explicit learning of languages* (pp.147-164). San Diego, CA: Academic Press.

Berry, D. C. (1998). *How implicit is implicit learning?* Oxford, UK: Oxford University Press.

Bialystok, E. (1981). The role of linguistic knowledge in second language use. *Studies in Second Language Acquisition*, 4, 31-45.

Bialystok, E. (1988). Psycholinguistic dimension of second language proficiency. In W. Rutherford, & M. Sharwood Smith (Eds.), *Grammar and second Language Teaching* (pp.31-50). Boston: Heinle & Heinle.

Bialystok, E. (1994). Analysis and control in the development of second language proficiency. *Studies in Second Language Acquisition*, 16, 157-168.

Bialystok, E. (1979). An analytical view of second language competence: A model and some evidence. *Modern Language Journal*, 63, 257-262.

Bley-Vroman, R. (1989). What is the logical problem of foreign Language Learning? In S. M. Gass, & J. Schachter (Eds.), *Linguistic perspectives on second language acquisition* (pp.41-68). Cambridge, UK: Cambridge University Press.

Bock, K. (1995). Sentence production: From mind to mouth. In J. Miller, & P. Elmas (Eds.), *Speech, language, and communication* (pp.181-216). San Diego, CA: Academic Press.

Bock, K., & Loebell, H. (1990). Framing sentences. *Cognition*, 35, 1-39.

Bohannon, J., & Stanovicz, L. (1988). The issue of negative evidence: Adult responses to children's language errors. *Developmental Psychology*, 34, 684-689.

Bornstein, R. F. (1988). Exposure and effect: Overview and meta-analysis of research, 1968-1987. *Psychological Bulletin*, 106, 265-289.

Bowerman, M. (1982). Starting to talk worse: Clues to language acquisition from children's late speech errors. In S. Strauss (Ed.), *U-shaped Behavioral Grotuth* (pp.101-145). New York: Academic Press.

Braidi, S. M. (2002). Reexamining the role of recasts in native-speaker/nonnative speaker interactions. *Language Learning*, 52, 1-42.

Branigan, H., Pickering, M., & Cleland, A. (2000). Syntactic co-ordination in dialogue. *Cognition*, 75, B13-B25.

Bresnan, J. (2001). *Lexical-functional syntax*. Malden, MA: Blackwell.

Broadbent, D. (1958). *Perception and communication*. London: Pergamon Press.

Brooks, F. B., & Donato, R. (1994). Vygotskyan approaches to understanding foreign language learner discourse during communicative tasks. *Hispania, 77*, 262-274.

Brown, R., & Hanlon, C. (1970). Derivational complexity and the order of acquisition in child speech. In J. Hayes (Ed.), *Cognition and the development of language* (pp.11-54). New York: Wiley.

Bybee, J. (2008). Usage-based grammar and second language acquisition. In P. Robinson, & N. C. Ellis (Eds.), *Handbook of cognitive linguistics and second language acquisition* (pp.216-236). New York: Routledge.

Cadierno, T. (1995). Formal instruction from a processing perspective: An investigation into the Spanish past tense. *Modern Language Journal, 79*, 179-193.

曹大峰 (2001). 「作文コーパスによる日中モダリティ表現の対照研究―概言と確言」研究代表者 前田(宇佐美) 洋. 平成11-12年度科学研究費補助金 基盤研究(B) (2) 課題番号(国) 11691041 研究成果報告書『日本語教育のためのアジア諸言語の対訳作文データの収集とコーパスの構築』(pp.72-80). 国立国語研究所

Carpenter, P. A., Just, M. A., & Miyake, A. (1994). Working memory constraints in comprehension: Evidence from individual differences, aphasia and aging. In A. C. Morton (Ed.), *Handbook of psycholinguistics* (pp.1075-1122). San Diego, CA: Academic Press.

Carroll, S., & Swain, M. (1993). Explicit and implicit negative feedback: An empirical study of the learning of linguistic generalizations. *Studies in Second Language Acquisition, 15*, 357-386.

Cheng, A. C. (2004). Processing instruction and Spanish ser and estar: Forms with semantic-aspectual value. In B. VanPatten (Ed.), *Processing instruction: Theory, research, and commentary* (pp.119-141). Mahwah, NJ: Lawrence Erlbaum.

Clecremens, A., Destrebecqz, A., & Boyer, M. (1998). Implicit learning: News from the front. *Trends in Cognitive Sciences, 2*, 406-416.

Cohen, J. (1988). *Statistical power analysis for the behavioral sciences* (2nd ed.). Hillsdale, NJ: Lawrence Erlbaum.

Comrie, B. (1976). *Aspect: An introduction to the study of verbal aspect and related problems*. Cambridge: Cambridge University Press.

Comrie, B. (1985). *Tense*. Cambridge: Cambridge University Press.

Comrie, B. (1996). The unity of noun-modifying clauses in Asian languages. *In Pan-Asiatic Linguistics: Proceedings of the Fourth International Symposium on Languages and Linguistics, January 8-10*, 1996, 1077-1088. Salaya, Thailand: Institute of Language and Culture for

Rural Development, Mahidol University at Salaya.

Cowan, N. (1997). *Attention and memory: An integrated framework*. New York/Oxford: Oxford University Press.

Cromer, R. (1974). The development of language and cognition: The Cognition Hypothesis. In B. Foss (Ed.), *New perspectives in child development* (pp.184-252). Harmondsworth: Penguin Education.

Cromer, R (1988). The Cognition Hypothesis revisited. In F. S. Kessel (Ed.), *The development of language and language researchers: Essays in honor of Roger Brown* (pp.223-248). Hillsdale, NJ: Lawrence Erlbaum Associates.

Crowell, S. E. (2004). The neurobiology of declarative memory. In J. H. Schumann, S. E. Crowedll, N.E. Jones, N. Lee, A. Schuchert, & L. A. Wood (Eds.), *The neurobiology of learning: Perspectives from second language acquisition* (pp.75-110). Mahwah, NJ: Lawrence Erlbaum.

Danemann, M., & Carpenter, P.A. (1980). Individual differences in working memory and reading. *Journal of Verbal Learning and Verbal Behavior*, 19, 450-466.

de Bot, K. (1992). A bilingual production model: Levelt's 'speaking' model adapted. *Applied Linguistics*, 13, 1-24.

de Bot, K. (1996). The psycholinguistics of the output hypothesis. *Language Learning*, 46, 529-555.

de Bot, K. (2002). Cognitive processing in bilinguals: Language choice and code-switching. In R. B. Kaplan (Ed.), *The Oxford handbook of applied linguistics* (pp.286-300). Oxford, UK: Oxford University Press.

de Bot, K. Paribakht, S & Wesche, M. (1997). Toward a lexical processing model for the study of second language vocabulary acquisition: Evidence from ESL reading, *Studies in Second Language Acquisition*, 19, 309-329.

de Graff, R. (1997). Implicit and explicit experiment: Effects of explicit instruction on second language acquisition. *Studies in Second Language Acquisition*, 19, 249-279.

DeKeyser, R. M. (1994). Implicit and explicit learning of L2 grammar: A pilot study. *TESOL Quarterly*, 28, 189-194.

DeKeyser, R. M. (1995). Learning second language grammar rules: An experiment with a miniature linguistic system. *Studies in Second Language Acquisition*, 17, 379-410.

DeKeyser, R. M. (1997). Beyond explicit rule learning: Automatizing second language morphosyntax. *Studies in Second Language Acquisition*, 19, 195-221.

DeKeyser, R. M. (1998). Beyond focus on form: Cognitive perspective on learning and practicing second language grammar. In C. Doughty, & J. Williams (Eds.), *Focus on form in classroom second language acquisition* (pp.42-63). New York: Cambridge University Press.

DeKeyser, R. M. (2001). Automaticity and automatization. In P. Robinson (Ed.), *Cognition and second language instruction* (pp.125-151). Cambridge, UK: Cambridge University Press.

DeKeyser, R. M. (2005). What makes learning second-language grammar difficult? A review of issues. *Language Learning*, 55, Supplement 1, 1-25.

DeKeyser, R. M. (2007). *Practice in a second language: Perspectives from Applied Linguistics and cognitive psychology*. Cambridge, UK: Cambridge University Press.

DeKeyser, R. M., Salaberry, R., Robinson, P., & Harrington, M. (2002). What gets processed in processing instruction? A commentary to Bill VanPatten's "Processing in struction: An update." *Language Learning*, 52, 805-823.

DeKeyser, R. M., & Sokalski, K. (1996). The different role of comprehension and production practice. *Language Learning*, 46, 613-641.

Demetras, M., Post, K., & Snow, C. (1986). Feedback to first language learners: The role of repetition and clarification requests. *Journal of Child Language*, 13, 275-292.

Di Biase, B., & Kawaguchi, S. (2002). Exploring the typological plausibility of Processability Theory: Language development in Italian second language and Japanese second language. *Second Language Research*, 3, 274-302.

Dobao, A. F. (2012). Collaborative dialogue in learner-learner and learner-native speaker interaction. *Applied Linguistics*, 33, 229-256.

土井利幸, 吉岡薫 (1990). 「助詞の習得における言語運用上の制約 - ピーネマン・ジョンストンモデルの日本語習得研究への応用」 *Proceeding of the 1st Conference on Second Language Acquisition and Teaching*, 1, 23-33.

Doughty, C. (1991). Second language instruction does make a difference: Evidence from an empirical study of SL relativization. *Studies in Second Language Acquisition*, 13, 431-469.

Doughty, C. (1994). Fine-tuning of feedback by competent speakers to language learners. In J. Alatis (Ed.), *GURT (Georgetown University Round Table) 1993: Strategic interaction and language acquisition* (pp.96-108). Washington, DC: Georgetown University Press.

Doughty, C. (1998). Acquiring competence in a second language: Form and function. In H. Byrnes (Ed.), Learning foreign and second languages (pp.128-156). New York:Modern Language Association.

Doughty, C. (1999a). Psycholinguistic evidence for recasting as focus on form. Paper presented at the Annual Conference of the American Association for Applied Linguistics. Stamford, CT.

Doughty, C. (1999b). The psycholinguistic plausibility of recasts. Paper presented at AILA '99. Tokyo: Waseda University.

Doughty, C. (2001). Cognitive underpinnings of focus on form. In P. Robinson (Ed.), *Cognition and second language instruction* (pp.206-257). New York: Cambridge Uni versity Press.

Doughty, C. (2003). Instructed SLA: Constraints, compensation, and enhancement. In C. J. Doughty, & M. H. Long (Eds.), *The handbook of second language acquisition* (pp.256-310). Malden, MA: Blackwell.

Doughty, C. (2004). Commentary: When PI is focus on form it is very good, but when it is focus on forms. In B. VanPatten (Ed.), *Processing instruction: Theory, research, and commentary* (pp.257-270).Mahwah, NJ: Lawrence Erlbaum.

Doughty, C., & Pica, T. (1986). "Information gap" tasks: Do they facilitate second language acquisition? *TESOL Quarterly*, 20, 305-325.

Doughty, C., & Varela, E. (1998). Communicative focus on form. In C. Doughty, & J. Williams (Eds.), *Focus on form in classroom second language acquisition* (pp.114-138). New York: Cambridge University Press.

Doughty, C., & Williams, J. (1998a). Issues and terminology. In C. Doughty, & J. Williams (Eds.), *Focus on form in classroom second language acquisition* (pp.1-11). New York: Cambridge University Press.

Doughty, C., & Williams, J. (1998b). Pedagogical choices in focus on form. In C. Doughty, & J. Williams (Eds.), *Focus on form in classroom second language acquisition* (pp.197-261). New York: Cambridge University Press.

Doughty, C., & Williams, J. (1998c). *Focus on form in classroom second language acquisition* (pp.197-261). New York: Cambridge University Press.

Egi, T. (2007a). Interpreting recasts as linguistic evidence: The roles of linguistic target, length, and degree of change. *Studies in Second Language Acquisition*, 29, 511-537.

Egi, T. (2007b). Recasts, learners' interpretations, and L2 development. In A. Mackey (Ed.), *Conversational interaction in second language acquisition* (pp.249-267). Oxford, UK: Oxford University Press.

Egi, T. (2010) Uptake, modified output, and learner perceptions of recasts: Learner perception as awareness. *Modern Language Journal*, 94, 1-21.

江原有輝子 (1995). 「メキシコ人学習者の構文の習得」『言語文化と日本語教育』9,

257-268. お茶の水女子大学.

Ellis, N. C. (1993). Rules and instances in foreign Language Learning: Interactions of implicit and explicit knowledge. *European Journal of Cognitive Psychology*, 5, 289-319.

Ellis, N. C. (1994). *Implicit and explicit learning of languages*. San Diego, CA: Academic Press.

Ellis, N. C. (1996). Sequencing in SLA: Phonological memory, chunking, and points of order. *Studies in Second Language Acquisition*, 18, 91-126.

Ellis, N. C. (1999). Cognitive approaches to SLA. *Annual Review of Applied Linguistics*, 19, 22-42.

Ellis, N. C. (2001). Memory for language. In P. Robinson (Ed.), *Cognition and second language instruction* (pp.33-68). Cambridge, UK: Cambridge University Press.

Ellis, N. C. (2002). Frequency effects in language acquisition: A review with implications for theories of implicit and explicit language acquisition. *Studies in Second Language Acquisition*, 24, 143-188.

Ellis, N. C. (2003). Constructions, chunking, and connectionism: The emergence of second language structure. In C. J. Doughty, & M. H. Long (Eds.), *The handbook of second language acquisition* (pp.63-103). Malden, MA: Blackwell.

Ellis, N. C. (2008). Usage-based and form-focused language acquisition: The associative learning of constructions, learned attention, and the limited L2 endstate. In P. Robinson, & N. C. Ellis (Eds.), *Handbook of cognitive linguistics and second language acquisition* (pp.372-405). New York: Routledge.

Ellis, N. C., & Schmidt, R. (1998). Rules of associations in the acquisition of morphology? The frequency by regularity interaction in human and PDP learning of morphosyntax. *Language and Cognitive Processes*, 13, 307-336.

Ellis, R. (1985). *Understanding second language acquisition*. Oxford, UK: Oxford University Press.

Ellis, R. (1994). Implicit/explicit knowledge and language pedagogy. *TESOL Quarterly*, 28, 166-172.

Ellis, R. (1994). *The study of second language acquisition*. Oxford: Oxford University Press.

Ellis, R. (1999). Item versus system learning: Explaining free variation. *Applied Linguistics*, 20, 460-480.

Ellis, R. (2001). Investigating form-focused instruction. *Language Learning*, 51, Supplement, 1, 1-46.

Ellis, R. (2002). Methodological options in grammar teaching materials. In E. Hinkel, & S. Fotos (Eds.), *New perspectives on grammar teaching in second language classroom* (pp.155-179). Mahwah,

NJ: Lawrence Erlbaum.

Ellis, R. (2007). The differential effects of corrective feedback on two grammatical structures. In A. Mackey (Ed.), *Conversational interaction in second language acquisition* (pp.339-360). Oxford, UK: Oxford University Press.

Ellis, R., & Barkhuizen, G. (2005). *Analysing learner language*. Oxford, UK: Oxford University Press.

Ellis, R., Basturkmen, H., & Loewen, S. (2001). Learner uptake in communicative ESL lessons. *Language Learning*, 51, 281-318.

Ellis, R., Loewen, S., & Erlam, R. (2006). Implicit and explit corrective feedback and the acquisition of L2 grammar. *Studies in Second Langueg Acquisition*, 28, 339-368.

Ellis, R., Loewen, S., Elder, C., Erlam, R., Philp J, & Reinders, H. (2009). *Implicit and explicit knowledge in second Language Learning, testing and teaching*. Bristol, UK: Multilingual Matters.

Fabbro, F. (1999). *The neurolinguistics of bilingualism: An introduction*. Hove, UK: Psychology Press.

Farley, A.P. (2004a). Processing instruction and the Spanish subjunctive: Is explicit information needed? In B. VanPatten (Ed.), *Processing instruction: Theory, research, and commentary* (pp.227-239). Mahwah, NJ: Lawrence Erlbaum.

Farley, A. P. (2004b). The relative effects of processing instruction and meaning-based output instruction. In B. VanPatten (Ed.), *Processing instruction: Theory, research, and commentary* (pp.143-168). Mahwah, NJ: Lawrence Erlbaum.

Farrar, M. J. (1990). Discourse and the acquisition of grammatical morphemes. *Journal of Child Language*, 17, 607-614.

Farrar, M. J. (1992). Negative evidence and grammatical morpheme acquisition. *Developmental Psychology*, 28, 90-98.

Fernández, C. (2008). Reexamining the role of explicit information in processing instruction. *Studies in Second Language Acquisition*, 30, 277-305.

Fillmore, C. J. (1979). On fluency. In C. J. Fillmore, D. Kempler, & W. S-Y. Wang (Eds.), *Individual differences in language ability and language behavior* (pp.85-101). New York:Academic Press.

Foster, P. (1998). A classroom perspective on the negotiation of meaning. *Applied Linguistics*, 18, 39-60.

Foster, P., & Skehan, P. (1996). The influence of planning and task types on second language performance. *Studies in Second Language Acquisition*, 18, 299-324.

Fraser, C. A. (1999). Lexical processing strategy use and vocabulary learning through reading. *Studies in Second Language Acquisition*, 21, 225-241.

Frensch, P.A. (1998). One concept, multiple meanings: On how to define the concept of implicit learning. In M. A. Stadler, & P. A. Frensch (Eds.), *Handbook of implicit learning* (pp.47-104), Thousand Oaks, CA: Sage Publications.

深尾まどか (2005). 「「よね」再考―人称と共起制限から」『日本語教育』125, 18-27.

Ganschow, L , & Sparks, R. (2001). Learning difficulties and foreign Language Learning: A review of research and instruction. *Language Teaching*, 34, 79-98.

Gass, S. M. (1994). The reliability of second language grammaticality judgments In E. E. Tarone, S. M. Gass, & A. D. Cohen (Eds.), *Research methodology in second-language acquisition* (pp.303-322). Hillsdale, NJ: Lawrence Erlbaum.

Gass, S. M. (1999). Discussion: Incidental vocabulary learning. *Studies in Second Language Acquisition*, 21, 319-333.

Gass, S. M., & Mackey, A. (2000). *Stimulated recall methodology in Second Language Research*. Mahwah, NJ: Lawrence Erlbaum.

Gass, S. M., Mackey, A., & Ross-Feldman, L. (2005). Task-based interactions in classroom and laboratory settings. *Language Learning*, 55, 575-611.

Gass, S. M., Svetics, I., & Lemelin, S. (2003). Differential effects of attention. *Language Learning*, 53, 497-545.

Gass, S. M., & Varonis, E. M. (1989). Incorporated repairs in nonnative discourse. In M. Eisenstein (Ed.), *The dynamic interlanguage* (pp.71-86). New York: Plenum.

Geva, E., & Ryan, E. B. (1993). Linguistic and cognitive correlates of academic skills in first and second languages. *Language Learning*, 43, 5-42.

Goldschneider, J. M., & DeKeyser, R. M. (2001). Explaining the "natural order of L2 morpheme acquisition" in English: A meta-analysis of multiple determinants. *Language Learning*, 51, 1-50.

Goo, J., & Mackey, A. (2013). The case against the case against recasts. *Studies in Second Language Acquisition*, 35, 127-165.

Gordon, P. C., & Holyoak, K. J. (1983). Implicit learning and generalization of the "mere exposure" effect. *Journal of Personality and Social Psychology*, 45, 492-500.

Graf, P. (1994). Explicit and implicit memory: A decade of research. In C. Umiltà, & M. Moscovitch (Eds.), *Attention and performance. XV: Conscious and nonconscious information processing* (pp.681-696), Cambridge, MA: MIT Press.

Gregg, K. (1984). Krashen's monitor and occam's razor. *Applied Linguistics*, 5, 79-100.

Green, P., & Hecht, K. (1992). Explicit and implicit grammar: An empirical study. *Applied Linguistics*, 13, 168-184.

郡司隆男・坂本勉 (1999).『言語学の方法』(現代言語学入門1) 岩波書店.

Gullberg, M., & Indefrey, P. (2010). *The earliest stages of language learning*. Malden, MA: John Willey & Sons.

白春花・向山陽子 (2014)「モノリンガルおよびバイリンガル日本語学習者の文処理 - 競合モデルに基づく類型論的視点からの分析 -」『第二言語としての日本語の習得研究』17, 23-40.

Haneda, M. (1996). Peer interaction in an adult second-language class: An analysis of collaboration on a form-focused task.『世界の日本語教育』6, 101-123.

Harrington, M., & Sawyer, M. (1992). L2 working memory capacity and L2 reading skill. *Studies in Second Language Acquisition*, 14, 25-38.

Hartsuiker, R. J, Pickering, M. J., & Veltkamp, E. (2004). Is syntax separate or shared between languages? *Psychological Science*, 15, 409-414.

花田敦子 (2001).「談話資料に見る「は」「が」の習得」『久留米大学外国語教育研究書紀要』8, 89-108.

羽藤由美 (2006).『英語を学ぶ人・教える人のために - 「話せる」のメカニズム』世界思想社.

橋本ゆかり (2006).「日本語を第二言語とする英語母語幼児のテンス・アスペクトの習得プロセス」『日本語教育』131, 13-22.

蓮沼昭子 (1995).「対話における確認行為『だろう』『じゃないか』『よね』の確認用法」仁田義雄 (編)『複文の研究(下)』(pp.389-419) くろしお出版.

早津惠美子 (2005).「現代日本語の「ヴォイス」をどのように捉えるか」『日本語文法』5(2), 21-38.

Henry, N., Culman, H., & VanPatten, B. (2009). More on the effects of explicit information in instructed SLA: A partical replication and a response to Fernández (2008). *Studies in Second Language Acquisition*, 31, 559-575.

Herron, C., & Tomasello, M. (1988). Learning grammatical structures in a foreign language: Modelling versus feedback. *French Review*, 61, 910-922.

Holmes, W. M., & Dejean de la Batie, B. (1999). Assignment of grammatical gender by native speakers and foreign learners of French. *Applied Psycholinguistics*, 20, 479-506.

堀口純子 (1983).「授受表現にかかわる誤りの分析」『日本語教育』52, 91-103.

堀口純子 (1987).「「~テクレル」と「~テモラウ」の互換性とムード的意味」『日本語学』6 (4), 59-72.

Hulstijn, J. H. (1990). A comparison between the information-processing and the analysis/control approaches to Language Learning. *Applied Linguistics*, 11, 30-45.

Hulstijn, J. H. (2002). Toward a unified account of the representation, processing and acquisition of second language knowledge. *Second Language Research*, 18, 193-223.

Hulstijn, J. H., & De Graff, R. (1994). Under what conditions does explicit knowledge of a second language facilitate the acquisition of implicit knowledge? A research proposal. *AILA Review*, 11, 97-113.

市川保子 (1988).「クイズ・テストの結果と習得状況の流れ - 文法教育への一考察」『日本語教育』64, 164-175.

市川保子 (1989).「取り立て助詞『は』の誤用 - 談話レベルの誤用を中心に」『日本語教育』67, 159-164.

市川保子 (1997).『日本語誤用例文小辞典』凡人社.

池上嘉彦 (1981).『「する」と「なる」の言語学 - 言語と文化のタイポロジーへの試論』大修館書店

生田守・久保田美子 (1997).「上級学習者における格助詞「を」「に」「で」習得上の問題点 - 助詞テストによる横断的研究から」『日本語国際センター紀要』7, 17-34.

今井新悟 (2010).「間接受身再考」『日本語教育』146, 117-128.

今井陽子 (2000).「上級学習者における格助詞「に」「を」の習得 -「精神的活動動詞」と共起する名詞の格という観点から」『日本語教育』105, 51-60.

稲葉みどり (1991).「日本語条件文における意味領域と中間言語構造」『日本語教育』75, 87-99.

Inaba, M. (1993). Subset Principle vs. Transfer Hypothesis: Can L2 learners disconfirm superset grammar without evidence? *JACET Bulletin*, 23, 37-56.

Inagaki, S., & Long, M. H. (1999). Implicit negative feedback. In K. Kanno (Ed.), *The acquisition of Japanese as a second language* (pp.53-70). Amsterdam: John Benjamins.

庵功雄・高梨信乃・中西久美子・山田敏弘 (2000).『初級を教える人のための日本語文法ハンドブック』スリーエーネットワーク.

猪崎保子 (1997).「日本人とフランス人日本語学習者の会話にみられる「修正」のストラテジー」『世界の日本語教育』7, 77-95.

石田敏子 (1991).「フランス語話者の日本語習得過程」『日本語教育』75, 64-77.

石田敏子 (1996).「非漢字系日本語学習者の作文力の伸びの分析 - 電子メールを利用した日本語作文通信教育のための基礎的研究」『第5回小出記念日本語教育研究会論文集』

29-43.

Itani-Adams, Y. (2007). *One Child, Two Languages: Bilingual First Language Acquisition in Japanese and English* (Doctoral dissertation, University of Western Sydney).

乾敏郎・安西裕一郎 (2001).『認知発達と進化』岩波書店.

Iwasaki, J. (2004). *The acquisition of Japanese as a second language and Processability Theory: A Longitudinal Study of Naturalistic Child Learner*. (Doctoral dissertation, Edith Cowan University).

Iwashita, N. (1999). Tasks and learners' output in nonnative-nonnative interaction. In K. Kanno (Ed.), *The acquisition of Japanese as a second language* (pp.31-52). Amsterdam: John Benjamins.

Iwashita, N. (2003). Negative feedback and positive evidence in task-based interaction. *Studies in Second Language Acquisition*, 25, 1-36.

岩下倫子 (2006).「母語話者(NS)との会話練習でみられるフィードックの第二言語習得における役割」『第二言語としての日本語の習得研究』9, 42-62.

Ishida, M. (2004). Effects of recasts on the acquisition of the aspectual form *-te i-(ru)* by learners of Japanese as a foreign language. *Language Learning*, 54, 311-394.

Izumi, S. (2002). Output, input enhancement, and the noticing hypothesis: An experimental study of ESL relativization. *Studies in Second Language Acquisition*, 24, 541-577.

Izumi, S. (2003). Comprehension and production processes in second Language Learning: In search of the psycholinguistic rationale of the output hypothesis. *Applied Linguistics*, 24, 168-196.

Izumi, S., Bigelow, M., Fujiwara, M., & Fearnow, S. (1999). Testing the output hypothesis: Effects of output on noticing and second language acquisition. *Studies in Second Language Acquisition*, 21, 421-452.

Jones, N.E. (2004). The neurobiology of memory consolidation. In J. H. Schumann, S.E. Crowell, N. E. Jones, N. Lee, S. A. Schuchert, & L. A. Woods (Eds.), *The neurobiology of learning: Perspectives from second language acquisition* (pp.111-142). Mahwah, NJ: Lawrence Erlbaum.

Jourdenais, R. (2001). Cognition, instruction and protocol analysis. In P. Robinson (Ed.), *Cognition and second language instruction* (pp.354-375). New York: Cambridge University Press.

Jourdenais, R., Ota, M., Stauffer, S., Boyson, B., & Doughty, C. (1995). Does textual enhancement promote noticing? A think-aloud protocol analysis. In R. Schmidt (Ed.), *Attention and awareness in foreign language learning* (pp.183-216). Honolulu: University of Hawai'i at Manoa, Second Language Teaching & Curriculum Center.

門田修平・野呂忠司(編) (2001).『英語リーディングの認知メカニズム』くろしお出版.

Kahneman, D. (1973). *Attention and effort.* Englewood Cliffs, NJ: Prentice-Hall.

鎌田修 (1999).「KYコーパスと第二言語としての日本語の習得研究」研究代表者 カッケンブッシュ・寛子. 平成8-10年度科学研究費補助金基盤研究(A) (1) 課題番号 08308019 研究成果報告書『第2言語としての日本語の習得に関する総合研究』227-237.

Kandel, E., Schwartz, J., & Jessell, T. (2000). *Principles of neural science* (4th ed.). New York: McGraw-Hill.

Kanno, K. (2007). Factors affecting the processing of Japanese relative clauses by L2 learners. *Studies in Second Language Acquisition, 29,* 197-218.

Kaplan, R., & Bresnan, J. (1982). Lexical-Functional Grammar: A formal system for grammatical representations. In J. Bresnan (Ed.), *The mental representation of grammatical relations* (pp.173-281). Cambridge, MA: MIT Press.

Karmiloff-Smith, A. (1984). Children's problem solving. In M. Lamb, A. Brown, & B. Rogoff (Eds.), *Advances in Developmental Psychology, Vol.III.* Hillsdale, NJ: Erlbaum.

加藤英司 (1984),「接続詞・接続助詞の使用頻度と日本語能力の関係」『日本語教育』53, 139-147.

加藤重広 (2003).『日本語修飾構造の語用論的研究』ひつじ書房.

川人光男・銅谷賢治・春野雅彦 (2002).「計算神経科学の挑戦 - 討論『脳と言語と心の科学 - その研究アプローチを探る』」『科学』72 (9), 879-886.

Kawaguchi, S. (1999). The acquisition of syntax and nominal ellipsis in JSL discourse. In P. Robinson' (Ed.), *Representation and process: Proceedings of the 3rd Pacific Second Language Research form, Vol.1* (pp.85-94). Tokyo: PacSLRF.

Kawaguchi, S. (2005a). Argument structure and syntactic development in Japanese as second language. In M. Picnemann (Ed.) *Cross-linguistic aspects of processability theory* (pp.243-298). Amsterdam: John Benjamins.

Kawaguchi, S. (2005b). Processability Theory and Japanese as a Second Language.『第二言語としての日本語の習得研究』8, 243-298.

Keck, C. M., Iberri-Shea, G., Tracy-Ventura, N., & Wa-Mbaleka, S. (2006). Investigating the empirical link between task-based interaction and acquisition: A meta-analysis. In J. M. Norris, & L. Ortega (Eds.), *Synthesizing research on language learning and teaching* (pp.91-131). Amsterdam/Philadelphia: John Benjamins.

Keenan, E., & Comrie, B. (1977). Noun phrase accessibility and universal grammar. *Linguistic*

Inquiry, 8, 63-99.

Kellerman, E. (1985). If at first you do succeed. In S. M. Gass, & C. Madden (Eds.), *Input in second language acquisition* (pp.345-353). Rowley, MA: Newbury House.

Kempen, G., & Hoenkamp, E. (1987). An incremental procedural grammar for sentence formulation. *Cognitive Science*, 11, 201-259.

菊池民子・猪狩美保・獄志江 (1997).「日本語モダリティ表現の予測能力とその習得に関する研究」『第二言語としての日本語の習得研究』1, 71-82.

Kim, Y., & McDonough, K. (2008). The effect of interlocutor proficiency on the collaborative dialogue between Korean as a second language learners. *Language Teaching Research*, 12, 211-234.

金田一春彦 (1950).「国語動詞の一分類」『言語研究』15, 48-63.(金田一春彦 (編) (1976).『日本語動詞のアスペクト(pp.5-26)』むぎ書房에 수록).

木下りか (1998).「ヨウダ・ラシイ - 真偽判断のモリティ体系における「推論」」『日本語教育』96, 154-165.

木下りか (2013).『認識的モダリティと推論』ひつじ書房.

金水敏 (1992).「場面と視点 - 受身文を中心に」『日本語学』11(9), 12-19.

小林典子 (1996).「相対自動詞による結果・状態の表現 - 日本語学習者の習得状況」『文藝言語研究 言語篇』29, 41-56.

Koda, K. (1993). Transferred L1 strategies and L2 syntactic structure in L2 sentence comprehension. *Modern Language Journal*, 77, 499-500.

児玉一宏・野澤元 (2009).『言語習得と用法基盤モデル - 認知言語習得論のアプローチ』研究社.

小池圭美 (2002).「Focus on form と言語形式: 海外における研究の概観と日本語習得研究への提言」『言語文化と日本語教育 増刊特集号 第二言語習得・教育の研究最前線 2002年版』136-149. 日本言語文化学研究会.

小松伸一 (2000)、「意識と無意識の記憶」太田信夫・多鹿秀継(編)『記憶研究の最前線』(pp.125-148), 北大路書房.

小宮千鶴子 (1984),「使役表現の広がり - 日英語間の発想のずれと指導上の問題」『日本語教育』53, 149-165.

Kondo-Brown, K.(2001). Effects of three types of practice in teaching Japanese verbs of giving and receiving.『第二言語としての日本語の習得研究』4, 82-115.

小西行郎 (2003). 『赤ちゃんと脳科学』集英社.

小西行郎 (2004). 『早期教育と脳』光文社.

Kormos, J. (2006). *Speech production and second language acquisition*. Mahwah, NJ: Lawrence Erlbaum.

Kowal, M., & Swain, M. (1994). From semantic to syntactic processing: How can we promote it in the immersion classroom? In R. K. Johnson, & M. Swain (Eds.) 1994: *Immersion Education: International Perspectives*. (manuscript) OISE, Toronto.

小山悟 (2004).「日本語のテンス・アスペクト習得における普遍性と個別性」小山悟・大友可能子・野原美和子(編)『言語と教育 - 日本語を対象として』(pp.415-436). くろしお出版.

Koyanagi, K. (1999). Differential effects of focus on form vs. focus on forms. 『第10回国際大学第二言語習得研究学会論文集』(pp.1-31).

Koyanagi, K. (2016). The role of instruction in acquiring Japanese as a second language. In M. Minami (Ed.), *Handbook of Japanese Applied Linguistics (Handbook of Japanese language and linguistics series, Vol. 11)* (pp.199-222). Berlin/Boston: De Gruyter Mouton.

Koyanagi, K., Moroishi, M., Muranoi, H., Ota, M., & Shibata, N. (1994). Negative feedback and the acquisition of Japanese conditionals. Poster presented at the Second Language Research Forum (SLRF). Montreal, McGill University.

小柳かおる (1998).「条件文習得におけるインストラクションの効果」『第二言語習得としての日本語の習得研究』2, 1-26.

小柳かおる (2000). パネルディスカッション「教室志向の第二言語習得研究 - 言語形式の焦点化(Focus on Form)」日本語教育における研究アジェンダと教育上の実践『第11回第二言語習得研究会 全国大会予稿集』(pp.34-40).

小柳かおる (2001).「第二言語習得過程における認知の役割」『日本語教育』109, 10-19.

小柳かおる (2002).「Focus on Form と日本語習得研究」『第二言語としての日本語の習得研究』5, 62-96.

小柳かおる (2003).「日本語教育とSLA(第二言語習得)研究」『Sophia Linguistica』50, 15-24.

小柳かおる (2004a).「教室第二言語習得研究と英語教育」(特集 第二言語習得研究の最前線)『英語教育』53 (5), 8-11.

小柳かおる (2004b).『日本語教師のための新しい言語習得概論』スリーエーネットワーク.

小柳かおる (2004c).『日本語習得の認知過程と教育的介入:「~ている」の中間言語文法知識の生成』平成14年度~平成15年度科学研究費補助金研究成果報告書(基盤研究 (C) (2) 課題番号 14580339).

小柳かおる (2005a).「言語処理の認知メカニズムと第二言語習得 - 記憶のシステムから見た手続き的知識の習得過程」『言語文化と日本語教育 増刊特集号 第二言語習得・教育の研究最前線2005年版』11-36. 日本言語文化学研究会.

小柳かおる (2005b).「教室の外の実践につなぐ効果的な教室指導のあり方 - 第二言語習得の認知心理面からの考察」『日本語学』24(3), 22-30.

小柳かおる (2008a).「文法の習得(第3節)」(第3章 混合環境(自然習得+教室習得)における日本語習得) 坂本正・小柳かおる・長友和彦・畑佐由紀子・村上京子・森山新 (編)『多様化する言語習得環境とこれからの日本語教育』スリーエーネットワーク.

小柳かおる (2008b).「第二言語得研究から見た日本語教授法・教材 - 研究の知見を教育現場に生かす」『第二言語としての日本語の習得研究』11, 23-41.

小柳かおる・迫田久美子 (2006).「第二言語習得研究と日本語指導」迫田久美子(編)『講座・日本語教育学 第3巻 言語学習の心理』(pp.95-125). スリーエーネットワーク.

Krashen, S. D. (1977). The monitor model for adult second language performance. In M. Burt, H. Dulay, & M. Finocchiaro (Eds.), *Viewpoints on English as a second language* (pp.152-161). New York: Regents.

Krashen, S. D. (1980). The input hypothesis. In J. Alatis (Ed.), *Current issues in bilingual education* (pp.168-180). Washington, DC: Georgetown University Press.

Krashen, S. D. (1985). *The Input Hypothesis: Issues and Implications*. New York: Longman.

Kroll, J., & de Groot, A. M. B. (1997). Lexical and conceptual memory in the bilingual: Mapping form to meaning in two languages. In A. M. B. de Groot, & J. Kroll (Eds.), *Tutorials in bilingualism: Psycholinguistic perspectives* (pp.169-199). Mahwah, NJ: Lawrence Erlbaum.

久保田美子 (1994).「第二言語としての日本語の縦断的習得研究 - 格助詞「を」「に」「へ」「で」の習得過程について」『日本語教育』82, 72-85.

工藤真由美 (1995).『アスペクト・テンス体系とテクスト - 現代日本語の時間の表現』ひつじ書房.

久野暲 (1973).『日本文法研究』大修館書店.

久野暲 (1978).『談話の文法』大修館書店.

Kuno, S., & Kaburaki, E. (1977). Empathy and syntax. Linguistic Inquiry, 8, 627-672.

黒野敦子 (1995).「初級日本語学習者における「-テイル」の習得について」『日本語教育』87, 153-164.

Lamendella, J. T. (1977). General principles of neurofunctional organization and their manifestation in primary and non primary language acquisition. *Language Learning*, 27,

155-196.

Lantolf, J. P. (2000a). *Sociocultural theory and second Language Learning*. Oxford, UK: Oxford University Press.

Landolf, J. P. (2000b). Second language learning as a mediated process. *Language Teaching*, 33, 79-96.

LaPierre, D. (1994). *Language output in a cooperative learning setting: Determining its effects on second Language Learning*. MA thesis. University of Toronto.

Laufer, B. (1997). The lexical plight in second language reading. In J. Coady, & T. Huckin (Eds.), *Second language vocabulary acquisition* (pp.20-34). Cambridge, UK: Cambridge University Press.

Lee, J. F., & Benati, A. G. (2007a). *Delivering processing instruction in classrooms and in virtual contexts: Research and practice*. London, UK: Equinox.

Lee, J. F., & Benati, A. G. (2007b). *Second language processing: An analysis of theory, problems and possible solutions*. London/New York: Continuum.

Lee, J. F., & Benati, A. G. (2007c). The effects of structured input activities on the acquisition of two Japanese linguistic features. In J. F. Lee, & A. G. Benati (Eds.), *Delivering processing instruction in classroom and virtual contexts: Research and practice* (pp.49-71). London, UK: Equinox.

Lee, J. F., & Benati, A. G. (2009). *Research and perspectives on processing instruction*. Berlin: Mouton de Gruyter.

Lee, J. F., Benati, A. G., & Hikima, N. (2010). Exploring the effects of processing instruction on discourse-level interpretation tasks with the Japanese passive construction. In A. G. Benati, & J. F. Lee (Eds.), *Processing instruction and discourse* (pp.148-177). London/New York: Continuum.

Lee, N. (2004). The neurobiology of procedural memory. In J. H. Schumann, S. E. Crowell, N.E. Jones, N. Lee, S. A. Schuchert, & L. A. Woods (Eds.), *The neurobiology of learning: Perspectives from second language acquisition* (pp.43-73). Mahwah, NJ: Lawrence Erlbaum.

Lee, S. (2007). Effects of textual enhancement and topic familiarity on Korean EFL students' reading comprehension and learning of passive form. *Language Learning*, 57 87-118.

Lee, S., & Huang, H. (2008). Visual input enhancement and grammar learning: A metaanalytic review. *Studies in Second Language Acquisition*, 30, 307-331.

Leeman, J. (2003). Recasts and second language development: Beyond negative evidence. *Studies in Second Language Acquisition*, 25, 37-63.

Leeman, J. (2007). Feedback in L2 learning: Responding to errors during practice. In R. M. DeKeyser (Ed.), *Practice in a second language: Perspectives from Applied Linguistics and cognitive psychology* (pp.111-137). Cambridge, UK: Cambridge University Press.

Leeman, J., Arteagoitia, L, Fridman, B., & Doughty, C. (1995). Integrating attention to form with meaning: Focus on form in content-based Spanish instruction. In R. Schmidt (Ed.), *Attention and awareness in foreign language learning* (pp.215-258). Honolulu: University of Hawai'i at Manoa, Second Language Teaching & Curriculum Center.

Leeser, M. J. (2004). Learner proficiency and focus on form during collaborative dialogue. *Language Teaching Research*, 8, 55-81.

Lennon, P. (1990). Investigating fluency in EFL: A quantitative approach. *Language Learning*, 40, 387-417.

Lennon, P. (2000). The lexical element in spoken second language fluency. In H. Riggenbach (Ed.), *Perspectives on fluency* (pp.25-42). Ann Arbor, MI: The University of Michigan Press.

Leow, R. (1996). Grammaticality judgment tasks and second-language development. In J. E. Alatis, C.A. Strachle, M. Ronkin, & B. Gallenberger (Eds.), *Linguistics, language acquisition, and language variation: Current trends and future prospects* (pp.126-139). Washington, DC: Georgetown University Press.

Leow, R. (1997). The effects of input enhancement and text length on adult L2 readers' comprehension and intake in second language acquisition. *Applied Language Learning*, 8, 151-182.

Leow, R. (1998). The effects of amount and type of exposure on adult learners' L2 development in SLA. *Modern Language Journal*, 82, 49-68.

Leow, R. (2000). A study of role of awareness in foreign language behavior: Aware versus unaware learners. *Studies in Second Language Acquisition*, 22, 557-584.

Leow, R. (2001). Do learners notice enhanced forms while interacting with the L2? An online and offline study of the role of written input enhancement in L2 reading. *Hispania*, 84, 496-509.

Levelt, W. J. M. (1989). *Speaking: From intention to articulation*. Cambridge, MA: MIT Press.

Levelt, W. J. M. (1991). Accessing words in speech production: Stages, Processes and representation. In W. J. M. Levelt (Ed.), *Lexical access in speech production* (pp.1-22). Cambridge, MA: Blackwell.

Levelt, W. J. M. (1993). Language use in normal speakers and its disorders. In G. Blanken, J. Dittmann, H. Grimm, J. C. Marshall, & C-W. Wallesch (Eds.), *Linguistic disorders and pathologies* (pp.1-15). Berlin: de Gruyter.

Levelt, W. J. M. (1999a). Language production: A blueprint of the speaker. In C. Brown, & P. Hagoort (Eds.), *Neurocognition of language* (pp.83-122). Oxford, UK: Oxford University Press.

Levelt, W. J. M. (1999b). Models of word production. *Trends in Cognitive Sciences*, 3, 223-232.

Li, S. (2010). The effectiveness of corrective feedback in SLA: A meta-analysis. *Language Learning*, 60, 309-365.

Lieven, E., & Tomasello, M. (2008). Children's first language acquisition from a usagebased perspective. In P. Robinson, & N. C. Ellis (Eds.), *Handbook of cognitive linguistics and second language acquisition* (pp.168-196). New York: Routledge.

Lightbown, P.M.(1983). Exploring relationship between developmental and instructional sequences in L2 acquisition. In H. Seliger, & M. Long (Eds.), *Classroom-oriented research in second language acquisition* (pp.217-243). Rowley, MA: Newbury House.

Lightbown, P. M. (1985). Great expectations: Second language acquisition research and classroom teaching. *Applied Linguistics*, 6, 173-189.

Lightbown, P. M., & Spada, N. (1990). Focus-of-form and corrective feedback in communicative language teaching: Effects on second language learning. *Studies in Second Language Acquisition*, 12, 429-448.

Lightbown, P.M., & Spada, N. (1997). Learning English as a second language in a special school in Quebec. *Canadian Modern Language Review*, 53, 315-355.

Liu, N, & Nations, I. S. P. (1985). Factors affecting guessing vocabulary in context. *RELC Journal*, 16, 33-42.

Loewen, S., & Nabei, T. (2007). Measuring the effects of corrective feedback on L2 knowledge. In A. Mackey (Ed.), *Conversational interaction in second language acquisition* (pp.361-377). Oxford, UK: Oxford University Press.

Loewen, S., & Philp, J. (2006). Recasts in the adult L2 classroom: Characteristics, explicitness and effectiveness. *Modern Language Journal*, 90, 536-556.

Logan, G. D. (1988). Toward an instance theory of automatization. *Psychological Review*, 95, 492-527.

Logan, G. D. (1990). Repetition priming and automaticity: Common underlying mechanisms? *Cognitive Psychology*, 22, 1-35.

Long, M. H. (1980). *Input, Interaction and Second Language Acquisition*. Ph.D dissertation. University of California, Los Angeles.

Long, M. H. (1981). Input, interaction and second language acquisition. In H. Winitz (Ed.), *Native Language and Foreign Language Acquisition, Annual of the New York Academy of Science*, 379, 259-278.

Long, M. H. (1983). Does second language instruction make a difference? A review of research. *TESOL Quarterly*, 17, 359-382.

Long, M. H. (1988). Instructed interlanguage development. In L. Beebe (Eds.), *Issues in second language acquisition: Multiple perspectives* (pp.115-141). Cambridge, MA: Newbury House.

Long, M. H. (1991). Focus on form: A design feature in Language Teaching methodology. In K. de Bot, D. Coste, C. Kramsch, & R. Ginsberg (Eds.), *Foreign language research in crosscultural perspective* (pp.39-52). Philadelphia, PA: John Benjamins.

Long, M. H. (1996). The role of the linguistic environment in second language acquisition. In W. C. Ritchie, & T. K. Bhatia (Eds.), *Handbook of second language acquisition* (pp.413-468). San Diego, CA: Academic Press.

Long, M. H. (2000). Focus on form in task-based Language Teaching. In R. H. Lambert, & E. Shohamy (Eds.), *Language policy and pedagogy* (pp.179-192). Amsterdam/Philadelphia: John Benjamins.

Long, M. H. (2007). *Problems in SLA*. Mahwah, NJ: Lawrence Erlbaum.

Long, M. H., & Doughty, C. J. (2003). SLA and cognitive science. In C. J. Doughty, & M. H. Long (Eds.), *The handbook of second language acquisition* (pp.866-870). Malden, MA: Blackwell.

Long, M. H., Inagaki, S., & Ortega, L. (1998). The role of implicit negative feedback in SLA: Models and recasts in Japanese and Spanish. *Modern Language Journal*, 82, 357-371.

Long, M. H., & Robinson, P. (1998). Focus on form: Theory, research, and practice. In C. Doughty, & J. Williams (Eds.), *Focus on form in classroom second language acquisition* (pp.15-41). New York: Cambridge University Press.

Loschky, L. (1994). Comprehensible input and second language acquisition: What is the relationship? *Studies in Second Language Acquisition*, 16, 303-323.

Loschky, L & Bley-Vroman, R. (1993). Grammar and task-based methodology. In S. M. Gass, & G. Crookes (Eds.), *Tasks and Language Learning: Integrating theory and practice* (pp.123-167). Clevedon, UK: Multilingual Matters.

Loup, G. (1996). Grammatical knowledge and memorized chunks: A response to Ellis. *Studies in Second Language Acquisition*, 18, 355-360.

Lyster, R. (1998). Recasts, repetition, and ambiguity in L2 classroom discourse. *Studies in Second Language Acquisition*, 20, 51-81.

Lyster, R. (2004). Differential effects of prompts and recasts in form-focused instruction. *Studies in Second Language Acquisition*, 26, 399-432.

Lyster, R., & Izquierdo, J. (2009). Prompts versus recasts in dyadic interaction. *Language Learning*, 59, 453-498.

Lyster, R., & Mori, H. (2006). Interactional feedback and instructional counterbalance. *Studies in Second Language Acquisition*, 28, 269-300.

Lyster, R, & Ranta, L. (1997). Corrective feedback and learner uptake: Negotiation of form in communicative classrooms. *Studies in Second Language Acquisition*, 19, 37-66.

Lyster, R., & Saito, K. (2010). Oral feedback in classroom SLA: A meta-analysis. *Studies in Second Language Acquisition*, 32, 263-302.

町田延代 (1997).「電話におけるフォリナートーク・ディスコースの違い - 日本語非母語話者の言語能力と交渉」『第二言語としての日本語の習得研究』1, 83-99.

Mackey, A. (1999). Input, interaction, and second language development: An empirical study of question formation in ESL. *Studies in Second Language Acquisition*, 21, 557-587.

Mackey, A., & Goo, J. (2007). Interaction research in SLA: A meta-analysis and research synthesis. In A. Mackey (Ed.), *Conversational interaction in second language acquisition* (pp.407-452). Oxford, UK: Oxford University Press.

Mackey, A., Gass, S., & McDonough, K. (2000). How do learners perceive interactional feedback? *Studies in Second Language Acquisition*, 22, 471-497.

Mackey, A., Oliver, R., & Leeman, J. (2003). Interactional input and the incorporation of feedback: An exploration of NS-NNS and NNS-NNS adult and child dyads. *Language Learning*, 53, 33-66.

Mackey, A, & Philp, J. (1998). Conversational interaction and second language development: Recasts, responses, and red herrings? *Modern Language Journal*, 82, 338-356.

Mackey, A., Philp, J., Egi, T., Fujii, A., & Tatsumi, T. (2002). Individual differences in working memory, noticing of interactional feedback and L2 development. In P. Robinson (Ed.), *Individual differences and instructed* language learning (pp.181-209). Amsterdam/Philadelphia: John Benjamins.

Mackey, A., Polio, C, & McDonough, K. (2004). The relationship between experience, education and teachers' use of incidental focus-on-form techniques. *Language Teaching Research*, 8, 301-327.

MacWhinney, B. (1987). The competition model. In B. MacWhinney (Ed.), *Mechanisms of language acquisition* (pp.249-308). Hillsdale, NJ: Lawrence Erlbaum.

MacWhinney, B. (1997). Second language acquisition and the competition model. In J. Kroll, & A. De Groot (Eds.), *Tutorials in bilingualism* (pp.113-142). Mahwah, NJ: Law rence Erlbaum.

MacWhinney, B. (2005). A unified model of language acquisition. In J. F. Kroll, & A. M. B. de Groot (Eds.), *Handbook of bilingualism: Psycholinguistic approaches* (pp.49-67). Oxford: Oxford University Press.

MacWhinney, B. (2008). A unified model. In P. Robinson, & N. C. Ellis (Eds.), *Handbook of cognitive linguistics and second language acquisition* (pp.341-371). New York: Routledge.

MacWhinney, B. (2011). The logic of the unified model. In S. M. Gass, & A. Mackey (Eds.), *The Routledge handbook of second language acquisition* (pp.211-227). Oxon, UK: Routledge.

Major, R. C. (1996). Chunking and phonological memory: A response to Ellis. *Studies in Second Language Acquisition*, 18, 351-354.

Mandler, G. (1980). Recognizing: The judgment of previous occurrence. Psychological Review, 87, 252-271.

Mandler, G. (1988). Memory: Conscious and unconscious. In P. R. Solomon, G. R. Goethals, C. M. Kelly, & B. R. Stephens (Eds.), *Memory: Interdisciplinary approaches* (pp.84-106). New York: Springer-Verlag.

Manza, L, Zizak, D., & Reber, A. S. (1998). Artificial grammar learning and the mere exposure effect: Emotional preference tasks and the implicit learning process. In M. A. Stadler, & P. A. Frensch (Eds.), *Handbook of implicit learning* (pp.201-222). Thousand Oaks, CA: Sage Publications.

Marsden, E. (2006). Exploring input processing in the classroom: An experimental comparison of processing instruction and enriched input. *Language Learning*, 56, 507-566.

Marsden, E., & Chen, H-Y. (2011). The roles of structured input activities in processing instruction and the kinds of knowledge they promote. *Language Learning*, 61, 1058-1098.

益岡隆志 (1991).『モダリティの文法』くろしお出版.

益岡隆志 (2007).『日本語モダリティ探究』くろしお出版.

松田由美子・斎藤俊一 (1992).「第二言語としての日本語学習に関する縦断的事例研究」『世界の日本語教育』2, 129-156. 国際交流基金.

松本裕治・今井邦彦・田窪行則・橋田浩一・郡司隆男 (1997).『言語の科学入門1』(岩波講座言語の科学) 岩波書店.

松岡弘 (1987).「「のだ」の文・「わけだ」に関する一考察」『言語文化』24, 7-19.

メイナード, K・泉子 (1993).『会話分析』くろしお出版.

McDonough, K. (2005). Identifying the impact of negative feedback and learners' responses to ESL question development. *Studies in Second Language Acquisition*, 27, 79-103.

McDonough, K. (2006). Interaction and syntactic priming: English L2 speakers' production of dative constructions. *Studies in Second Language Acquisition*, 28, 179-207.

McDonough, K. (2007). Interactional feedback and the emergence of simple past activity verbs in L2 English. In A. Mackey (Ed.), *Conversational interaction in second language acquisition: A collection of empirical studies* (pp.323-338). Oxford, UK: Oxford University Press.

McDonough, K. (2011). Eliciting wh-question through collaborative syntactic priming activities during peer interaction. In P. Trofimovich, & K. McDonough (Eds.), *Applying priming methods to L2 learning, teaching and research: Insights from psycholinguistics* (pp.131-151). Amsterdam/Philadelphia: John Benjamins.

McDonough, K., & Chaikitmongkol, W. (2010). Collaborative syntactic priming activities and EFL learners' production of wh-questions. *Canadian Modern Language Review*, 66, 811-835.

McDonough, K., & Kim, Y. (2009). Syntactic priming and EFL learners' production of wh-questions. *Modern Language Journal*, 93, 386-398.

McDonough, K., & Mackey, A. (2006). Responses to recasts: Repetitions, primed production, and linguistic development. *Language Learning*, 56, 693-720.

McDonough, K., & Mackey, A. (2008). Syntactic priming and ESL question development. *Studies in Second Language Acquisition*, 30, 31-47.

McDonough, K., & Trofimovich, P. (2009). *Using priming methods in Second Language Research*. New York: Routledge.

McLaughlin, B. (1978). The monitor model: Some methodological considerations. *Language Learning*, 28, 309-332.

McLaughlin, B. (1987). *Theories of second Language Learning*. London: Edward Arnold.

McLaughlin, B. (1990). Restructuring. *Applied Linguistics*, 11, 113-128.

McLaughlin, B., & Heredia, R. (1996). Information-processing approaches to research on second language acquisition and use. In W. C. Ritchie, & T. K. Bhatia (Eds.), *Handbook of second language acquisition* (pp.213-228). San Diego, CA: Academic Press.

McLaughlin, B., Rossman, T., & McLeod, B. (1983). Second Language Learning: An information-processing perspective. *Language Learning*, 33, 135-158.

McNeil, D. (1966). Developmental psycholinguistics. In F. Smith, & G. A. Miller (Eds.), *The genesis of language: A psycholinguistic approach* (pp.15-84). Cambridge, MA: MIT Press.

Meisel, J. M., Clahsen, H., & Pienemann, M. (1981). On determining developmental stages in second language acquisition. *Studies in Second Language Acquisition*, 3, 109-135.

Methapisit, T. (2001) The usage of Japanese aspect expressions by Thai learners. 研究代表者 前田(宇佐美) 洋. 平成11-12年度科学研究費補助金 基盤研究(B) (2) 課題番号(国) 11691041 研究成果報告書『日本語教育のためのアジア諸言語の対訳作文データの収集とコーパスの構築』(pp.95-105). 国立国語研究所.

Methapisit, Tasanee・坂田睦深・CHUENSRIVIROTE, Arunee (2001).「タイ人日本語学習者のアスペクト表現」研究代表者 前田(宇佐美)洋. 平成11-12年度科学研究費補助金基 盤研究 (B) (2) 課題番号(国) 11691041 研究成果報告書『日本語教育のためのアジア諸言語の対訳作文データの収集とコーパスの構築』(pp.81-94). 国立国語研究所.

Miller, G. A. (1956). The magical number seven, plus or minus two: Some limits on our capacity for processing information. *Psychological Review*, 63, 81-97.

南不二男 (1993).『現代日本語文法の輪郭』大修館書店.

峯布由紀 (1995).「日本語学習者における文末表現の習得過程に関する研究」『日本語教育』86, 56-80.

峯布由紀 (2002).「Processability theoryに基づいた言語習得研究」『言語文化と日本語教育増刊特集号 第二言語習得・教育の研究最前線 2002年版』28-44. 日本言語文化学研究会.

峯布由紀・高橋薫・黒滝真理子・大島弥生 (2002).「日本語文末表現の習得に関する一考察 - 自然習得者と教室学習者の事例をもとに」研究代表者 長友和彦. 平成12-13年度科学研究費 萌芽的研究 課題番号 12878043 研究成果報告書『第二言語としての日本語の自然習得の可能性と限界』(pp.64-85).

峯布由紀 (2007a).「認知的な側面からみた第二言語の発達過程について - 言語と思考のprocessability」『日本語教育』134, 90-99.

峯布由紀 (2007b).『第二言語としての日本語の習得過程における言語処理の発達と言語形式の広がり』お茶の水女子大学大学院人間文化研究科博士学位論文:博甲第510号.

峯布由紀 (2012).「言語処理の発達からみたダケとシカの習得過程」*Journal CAJLE*, 13, 42-62.

峯布由紀 (2015).『第二言語としての日本語の発達過程 - 発話のための言語処理と思考の発達』ココ出版.

Mitsugi, S., & MacWhinney, B. (2010). Second language processing in Japanese scrambled sentences. In B. VanPatten, & J. J. Jegerski (Eds.), *Research in second language processing and parsing* (pp.159-175). Amsterdam/Philadelphia: John Benjamins.

三宅晶 (2000).「ワーキングメモリ - 過去, 現在, 未来」苧阪直行 (編)『脳とワーキングメモリ』(pp.311-329). 京都大学学術出版会.

Miyake, A., & Friedman, N. P. (1998). Individual differences in second language proficiency: Working memory as language aptitude. In A. F. Healy, & L. E. Bourne (Eds.), *Foreign Language Learning: Psycholinguistic studies on training and retention* (pp. 339-364). Mahwah, NJ: Lawrence Erlbaum.

Miyake, A., & Shah, P. (1999). Toward unified theories of working memory: Emerging general consensus, unresolved theoretical issues, and future research directions. In A. Miyake, & P. Shah (Eds.), *Models of working memory: Mechanisms of active maintenance and executive control* (pp.442-481). Cambridge, UK: Cambridge University Press.

Miyamoto, E. (2002). Case makers as clause boundary inducers in Japanese. *Journal of Psycholinguistic Research*, 31, 307-347.

宮崎和人 (1993).「「〜ダロウ」の談話機能について」『国語学』175, 63-50.

宮崎和人 (2005).『現代日本語の疑問表現 疑いと確認要求』ひつじ書房.

宮崎里司 (1990).「接触場面における仲介訂正ネットワーク」『日本語教育』71, 171-181.

Miyazaki, S. (1999). Communicative adjustment and adjustment marker: The point of request for clarification.『第二言語としての日本語習得研究』3, 57-93.

水谷信子 (1985).『日英比較 話しことばの文法』くろしお出版.

Morgan-Short, K., & Bowden, H. W. (2006). Processing instruction and meaningful output-based instruction: Effects on second language development. *Studies in Second Language Acquisition*, 28, 31-65.

森下正修・近藤洋史・苧阪直行 (2000).「リーディングスパンテストにおける処理と保持」苧阪直行 (編)『脳とワーキングメモリ』(pp. 181-201). 京都大学学術出版会.

Moroishi, M. (1999). Explicit vs. implicit learning: Acquisition of the Japanese conjectural auxiliaries under explicit and implicit conditions. In N. O. Jungheim, & P. Robinson (Eds.), *Pragmatics and pedagogy: Proceedings of the 3rd Pacific Second Language Research forum* Vol. 2 (pp.217-230). Tokyo: Aoyama Gakuin University.

Moroishi, M. (2001). Recasts and learner uptake in the Japanese classroom discourse. In X. Bonch-Bruevich, W. J. Crawford, J. Hellermann, C. Higgins, & H. Nguyen (Eds.), *The past, present, and future of Second Language Research: Selected proceedings of the 2000 Second Language Research forum* (pp.197-208). Boston: Cascadilla Press.

Moroishi Wei, M. (2002). Recasts, noticing and error types: Japanese laerners' perception of corrective feedback.『第二言語としての日本語の習得研究』5, 24-41.

Morris, C. D., Bransford, J. D., & Franks, J. J. (1977). Levels of processing versus transfer appropriate processing. *Journal of Verbal Learning and Verbal Behavior*, 16, 519-533.

Morris, F., & Tarone, E. (2003). Impact of classroom dynamics on the effectiveness of recasts in second language acquisition. *Language Learning*, 53, 325-268.

向山陽子 (2004).「文法指導の効果に関する実験研究概観 - 明示性の観点から」『言語文化と日本語教育 増刊特集号 第二言語習得・教育の研究最前線 2004年版』124-146. 日本言語文化学研究会.

村上かおり (1997a).「日本語母語話者の「意味交渉」に非母語話者との接触経験が及ぼす影響」『世界の日本語教育』7, 137-155.

村上かおり (1997b).「日本語母語話者の「意味交渉」にタスクの種類が及ぼす影響 - 母語話者と非母語話者とのインターアクションにおいて」『第二言語としての日本語の習得研究』1, 119-136.

Muranoi, H. (2000). Focus on form through interaction enhancement: Integrating formal instruction into a communicative task in EFL classrooms. *Language Learning*, 50, 617-673.

中窪高子 (1997).「日本語学習者の聞き取りにおける「修正」の役割 - 聴解教材開発のための実証的研究」『日本語教育』95, 13-24.

中上亜樹 (2009).「処理指導(processing Instsruction)の効果に関する研究 - 日本語の使役と謙譲表現の項目間の比較」『広島大学大学院教育学研究科紀要』58, 245-252.

Nagata, N. (1993), Intelligent computer feedback for second language instruction. *Modern Language Journal*, 77, 330-339.

Nagata, N. (1996), Computer VS. workbook instruction in second language acquisition. *CALICO Journal*, 14, 33-75.

Nagata, N. (1997). The effectiveness of computer-assisted metalinguistic instruction: A case study in Japanese. *Foreign Language Annals*, 30, 187-200.

Nagata, N. (1998). Input vs. output practice in educational software for second language acquisition. *Language Learning and Technology*, 1, 23-40.

長友和彦 (1990).「誤用分析研究 - 日本語の中間言語の解明へ向けて」平成元年度科学研究費 補助金 一般研究(B) 研究成果報告書『第2言語としての日本語の教授・学習過程の研究』1-53.

長友和彦 (1991).「談話における「が」「は」とその習得について - Systematic Variation Model」『言語理論と日本語教育の相互活性化』10-24. 津田日本語教育センター.

中川良雄 (1995).「日本語助詞習得に関する一考察 - CAIによる学習履歴の分析」「無差」2, 63-

79. 京都外国語大学.

中石ゆうこ (2005). 「対のある自動詞・他動詞の第二言語習得研究 - 「つく - つける」, 「きまる - きめる」, 「かわる - かえる」の使用状況をもとに」『日本語教育』124, 23-32.

中西久美子 (2010). 「日本語学習者・日本語母語話者のとりたて助詞の使用実態」「計量国語学」27(7), 270-282.

Nassaji, H. (2009). Effects of recasts and elicitations in dyadic interaction and the role of feedback explicitness. *Language Learning*, 59, 411-452.

Nation, P. (2000). Learning vocabulary in lexical sets: Dangers and guidelines. *TESOL journal*. 9, 6-10.

Nation, I. S. P. (2001). *Learning vocabulary in another language*. Cambridge, UK: Cambridge University Press.

ニャンジャローンスック, スニーラット (2001). 「OPIデータにおける『条件表現』の習得研究 - 中国語, 韓国語, 英語母語話者の自然発話から」『日本語教育』111, 26-35.

Newell, A. (1990). Unified theories of cognition. Cambridge, MA: Harvard University Press.

Nicholas, H., Lightbown, P.M., & Spada, N. (2001). Recast as feedback to language learners. *Language Learning*, 51, 719-758.

日本語記述文法研究会 (2009). 「第3部 格と構文」日本語記述文法研究会 (編)『現代日本語文法 2』くろしお出版.

西由美子・白井恭弘 (2001). 「アスペクト構造の語彙化における普通性と差異 - 英語と日本語の場合」南雅彦・アラム佐々木幸子 (編)『言語学と日本語教育II - New Directions in Applied Linguistics of Japanese』(pp.75-92). くろしお出版.

仁田義雄 (1989). 「現代日本語文のモダリティの体系と構造」仁田義雄・益岡隆志 (編)『日本語のモダリティ』(pp.1-56). くろしお出版.

仁田義雄 (1992). 「判断から発話・伝達へ - 伝聞・婉曲の表現を中心に」『日本語教育』77, 1-56.

野田尚史 (1991). 「文法的なヴォイスと語彙的なヴォイスの関係」仁田義雄 (編)『日本語のヴォイスと他動性』(pp.211-232). くろしお出版.

野田尚史 (2001). 「第3章 学習者独自の文法の背景 - 学習者独自の文法は必然的に生まれる」野田尚史・追田久美子・渋谷勝己・小林典子(著)『日本語学習者の文法習得』(pp.45-62). 大修館書店.

野田尚史 (2007). 「日本語非母語話者の日本語とりたて助詞の不使用」中西久実子 (編)『主題・とりたてに関する非母語話者と母語話者の言語運用能力の対照研究』(平成15-18年度科学研究費補助金基盤研究(C) (1) 研究報告書) 53-70.

Norris, J. M., & Ortega, L. (2000). Effectiveness of L2 instruction: A research synthesis and quantitative meta-analysis. *Language Learning*, 50, 417-528.

Norris, J. M., & Ortega, L. (2001). Does type of instruction make a difference? Substantive findings from a meta-analytic review. *Language Learning*, 51, Supplement 1, 157-213.

O'Brien-Malone, A., & Maybery, M. T. (1998). Implicit learning. In K. Kirsner, C. Speelman, M. Maybery, A. O'Brien-Malone, M. Anderson, & C. MacLeod (Eds.), *Implicit and explicit mental processes* (pp.37-56). Hillsdale, NJ: Erlbaum.

O'Grady, W. (1999), Toward a new nativism. *Studies in Second Language Acquisition*, 21, 621-633.

Ohta, A. S. (2000a). Rethinking interaction in SLA: Developmentally appropriate assistance in the zone of proximal development and the acquisition of L2 grammar. In J. P. Lantolf (Ed.), *Sociocultural theory and second language learning* (pp.51-78). Oxford, UK: Oxford University Press.

Ohta, A. S. (2000b). Re-thinking recasts: A learner-centered examination of corrective feedback in the Japanese language classroom. In J. K .Hall, & L. Verplaeste (Eds.), *The construction of foreign and second language learning through classroom interaction* (pp.47-71). Mahwah, NJ: Lawrence Erlbaum.

Ohta, S. S. (2001). *Second language acquisition process in the classroom: Learning Japanese.* Mahwah, NJ: Erlbaum.

奥田靖雄(布村政雄) (1977). 「アスペクトの研究をめぐって - 金田一的段階」『国語国文』8. 51-63. 宮城教育大学.

大久保愛 (1967). 『幼児言語の発達』東京堂出版.

Oliver, R. (1995). Negative feedback in child NS/NNS conversation. *Studies in Second Language Acquisition*, 18, 459-481.

Oliver, R. (1998). Negotiation of meaning in child interaction. *Modern Language Journal*, 82, 372-386.

Oliver, R. (2000). Age differences in negotiation and feedback in classroom and pairwork. *Language Learning*, 50, 119-151.

Oliver, R., & Mackey, A. (2003). Interactional context and feedback in child ESL classrooms. *Modern Language Journal*, 87, 519-533.

Oliver, R. (2009). How young is too young? Investigating negotiation of meaning and feedback in child aged five to seven years. In A. Mackey, & C. Polio (Eds.), *Multiple perspectives on interaction: Second Language Research in honor of Susan M. Gass.* New York: Taylor and Francis.

苧阪満里子 (1998).「ワーキングメモリ」苧阪直行 (編)『読み - 脳と心の情報処理』(pp.239-262). 朝倉書店.

苧阪満里子 (2002).『脳のメモ帳 ワーキングメモリ』新曜社.

苧阪満里子・苧阪直行 (1994).「読みとワーキグメモリ容量 - リーディングスパンテストによる検討」『心理学研究』66, 339-345.

苧阪満里子・苧阪直行・Groner, R. (2000).「ワーキングメモリと第二言語処理 - バイリンガルを対象としたリーディングスパンテストの結果」苧阪直行 (編著)『脳とワーキングメモリ』(pp.243-254) 京都大学学術出版会.

苧阪直行 (1994).「注意と意識の心理学」安西祐一郎・苧阪直行・前田敏博・彦坂興秀 (編)『岩波講座 認知科学9 注意と意識』(第1章) 岩波書店.

苧阪直行 (2002).「意識の科学は可能か」苧阪直行 (編)『意識の科学は可能か』(pp.1-64), 新曜社.

大島弥生 (1993).「中国語・韓国語話者における日本語モダリティ習得に関する研究」『日本語教育』81, 93-103.

大塚純子 (1995).「中上級日本語学習者の視点表現の発達について - 立場志向文を中心に」『言語文化と日本語教育』9, 281-292.

大塚容子 (1989),「視点による日英比較」『日本語教育』67, 173-180.

Overstreet, M. H. (1998). Text enhancement and content familiarity: The focus on learner attention. Spanish Applied Linguistics, 2, 229-258.

尾崎明人 (1993),「接触場面の訂正ストラテジー -「聞き返し」の発話交換をめぐって」『日本語教育』81, 19-30.

大関浩美 (2005),「第二言語における日本語名詞修飾節の産出は普遍的習得難易度階層に従うか」『第二言語としての日本語の習得研究』8, 64-82.

大関浩美 (2008),『第一・第二言語における日本語名詞修飾節の習得過程』くろしお出版.

Ozeki, H., & Shirai, Y. (2007). Does the noun phrase accessibility hierarchy predict the difficulty order in the acquisition of Japanese relative clauses? *Studies in Second Language Acquisition*, 29, 169-196.

Palmeri, T. (1997). Exemplar similarity and the development of automaticity. *Journal of Experimental Psychology: Learning, Memory and Cognition*, 23, 324-254.

Panova, I., & Lyster, R. (2002). Patterns of corrective feedback and uptake in an adult ELS classroom. *TESOL Quarterly*, 36, 573-595.

Paradis, M. (1994). Neurolinguistic aspects of implicit and explicit memory: Implications for bilingualism. In N. C. Ellis (Ed.), *Implicit and explicit learning of languages* (pp.393-419). San Diego, CA: Academic Press.

Paradis, M. (1997). The cognitive neuropsychology of bilingualism. In A. de Groot, & J. Kroll (Eds.), *Tutorials in bilingualism: Psycholinguistic perspectives* (pp.331-354). Hillsdale, NJ: Lawrence Erlbaum.

Paradis, M. (2004). *A neurolinguistic theory of bilingualism*. Amsterdam/Philadelphia: John Benjamins.

Paribakht, T. S., & Wesche, M. (1999). Reading and "incidental" L2 vocabulary acquisition: An introspective study of lexical inferencing. *Studies in Second Language Acquisition*, 21, 195-224.

Philp, J. (2003). Constraints on 'noticing the gap': Nonnative speakers' noticing of recasts in NS-NNS interaction. *Studies in Second Language Acquisition*, 25, 99-126.

Pica, T. (1984). Methods of morpheme quantification: Their effect on the interpretation of second language data. *Studies in Second Language Acquisition*, 6, 69-78.

Pica, T. (2002). Subject-matter content: How does it assist the interactional and linguistic needs of classroom language learners? *Modern Language Journal*, 82, 299-305.

Pica, T., & Doughty, C. (1988). Variation in classroom interaction as a function of participation pattern and task. In J. Fine (Ed.), *Second language discourse* (pp.41-55). Norwood, NJ: Ablex.

Pica, T., Holliday, L., Lewis, N., & Morgenthaler, L. (1989). Comprehensible output as an outcome of linguistic demands of the learners. *Studies in Second Language Acquisition*, 11, 63-90.

Pica, T., Kanagy, R., & Falodun, J. (1993). Choosing and using communication tasks for second language instruction and research. In G. Crookes, & S. M. Gass (Eds.), *Tasks and Language Learning: Integrating theory & practice* (pp.9-34). Clevedon, UK: Multilingual Matters.

Pica, T, Lincoln-Porter, F. Paninos, D., & Linnell, J. (1996). Language learners' interaction: How does it address the input and feedback needs of L2 learners? *TESOL Quarterly*, 30, 59-83.

Pica, T, Young, R., & Doughty, C. (1987). The impact of interaction on comprehension. *TESOL Quarterly*, 21, 737-758.

Pienemann, M. (1984). Psychological constraints of the teachability of languages. *Studies in Second Language Acquisition*, 6, 184-214.

Pienemann, M. (1989). Is language teachable?: Psycholinguistic experiments and hypotheses. *Applied Linguistics*, 10, 52-79.

Pienemann, M. (1998), *Language processing and second language development: Processability theory*. Amsterdam: John Benjamins.

Pienemann M. (2002). Issues in second language acquisition and language processing. *Second Language Research*, 18, 189-192.

Pienemann, M. (2003) Language processing capacity. In C. J. Doughty, & M. H. Long (Eds.), *The handbook of second language acquisition* (pp.679-714). Malden, MA: Blackwell.

Pienemann, M. (2005). An introduction to Processability Theory. In M. Pienemann (Ed.), *Cross-linguistic aspects of processability theory* (pp.1-60). Amsterdam: John Benjamins.

Pienemann, M., Di Biase, B., & Kawaguchi, S. (2005). Extending processability theory. In M. Pienemann (Ed.), *Cross-linguistic aspects of processability theory* (pp.199-251). Amsterdam: John Benjamins.

Pienemann, M., & Johnston, M. (1987). Factors influencing the development of language proficiency. In D. Nunan (Ed.), *Applying second language acquisition research* (pp.45-141). Adelaide, Australia: National Curriculum Resource Center, Adult Migrant Education Program.

Pienemann, M., & Johnston, M. (1996). A brief history of processing approaches to SLA: Reply to Mellow. *Second Language Research*, 12, 319-334.

Pienemann, M., Johnston, M., & Brindley, C. (1988). Constructing an acquisition-based procedure for second language assessment. *Studies in Second Language Acquisition*, 10, 217-243.

Pienemann, M., Johnston, M., & Meisel, J. (1993). The Multidimensional Model, linguistic profiling, and related issues: A reply to Hudson. *Studies in Second Language Acquisition*, 15, 495-503.

Pinker, S. (1991). Rules of language. *Science*, 253, 530-535.

Platt, E., & Brooks, F. (1994). The "acquisition-rich environment" revisited. *Modern Language Journal*, 78, 496-511.

Plough, I., & Gass, S. M. (1993). Interlocutor and task familiarity: Effects on interactional structure. In G. Crookes, & S. M. Gass (Eds.), *Tasks and Language Learning: Integrating theory & practice* (pp.35-56). Clevedon, UK: Multilingual Matters.

Polio, C., Gass, S. M., & Chapin, L. (2006). Using simulated recall to investigate native speaker perception in native-nonnative speaker interaction. *Studies in Second Language Acquisition*, 28, 237-267.

Posner, M. I. (1992). Attention as a cognitive and neural system. *Directions in Psychology Science*, 1, 11-14.

Qin, J. (2008). The effect of processing instruction and dictogloss tasks on acquisition of the English passive voice. *Language Teaching Research*, 12, 61-82.

Rast, R. (2008). *Foreign language input: Initial processing*. Clevedon, UK: Multilingual Matters.

Reber, A. S. (1967). Implicit learning of artificial grammars. *Journal of Verbal Learning and Verbal Behavior*, 5, 855-863,

Riggenbach, H. (1991). Toward an understanding of fluency: A microanalysis of nonnative speaker conversations. *Discourse Process*, 14, 423-441.

Roberts, M. (1995). Awareness and the efficacy of error correction. In R. Schmidt (Ed.), *Attention and awareness in foreign* language learning (pp.163-182). Honolulu: University of Hawai'i at Manoa, Second Language Teaching & Curriculum Center.

Robinson, P. (1994). Comments on Rod Ellis's "the structural syllabus and second language acquisition": Implicit knowledge, second Language Learning, and syllabus construction. *TESOL Quarterly*, 28, 161-166.

Robinson, P. (1995). Attention, memory and 'noticing' hypothesis. *Language Learning*, 45, 283-331.

Robinson, P. (1996), Learning simple and complex second language rules under implicit, incidental, rule-search, and instructed conditions. *Studies in Second Language Acquisition*, 18, 27-68.

Robinson, P. (1997a). Individual differences and the fundamental similarity of implicit and explicit adult second language learning. *Language Learning*, 47, 45-99.

Robinson, P. (1997b). Generalizability and automaticity of second language learning under implicit, incidental, enhanced, and instructed conditions. *Studies in Second Language Acquisition*, 19, 223-247.

Robinson, P. (2001a). *Cognition and second language instruction*. Cambridge, UK:Cambridge University Press.

Robinson, P. (2001b). Task complexity, cognitive resources and syllabus design: A triadic theory of task influences on SLA. In P. Robinson (Ed.), *Cognition and second language instruction* (pp.287-318). New York: Cambridge University Press.

Robinson, P. (2001c). Individual differences, cognitive abilities, aptitude complexes and learning conditions in second language acquisition. *Second Language Research*, 17, 368-392.

Robinson, P. (2002). Learning conditions, aptitude complexes, and SLA: A framework for research and pedagogy. In P. Robinson (Ed.), Individual differences and instructed language learning (pp.112-131). Amsterdam/Philadelphia: John Benjamins.

Robinson, P. (2003). Attention and memory during SLA. In C. J. Doughty, & M. H. Long (Eds.), *The handbook of second language acquisition* (pp.631-678). Malden, MA: Blackwell.

Rosa, E., & O'Neil, M. D. (1999). Explicitness, intake, and the issue of awareness: Another piece to the puzzle. *Studies in Second Language Acquisition*, 21, 511-556.

Rounds, P. L., & Kanagy, R. (1998). Acquiring linguistic cues to identify AGENT: Evidence from children learning Japanese as a second language. *Studies in Second Language Acquisition*, 20, 509-542.

Rulon, K. A., & McCreary, J. (1986). Negotiation of content: Teacher-fronted and small- group interaction. In R. Day (Ed.), *Talking to learn: Conversation in second language acquisition* (pp.182-199). Rowley, MA: Newbury House.

Russell, J., & Spada, N. (2006). The effectiveness of corrective feedback for the acquisition of L2 grammar: A meta-analysis of the research. In J. M. Norris, & L. Ortega (Eds.), *Synthesizing research on language learning and teaching* (pp.133-164). Amsterdam/Philadelphia John Benjamins.

Rutherford, W. (1987a). *Second language grammar: Learning and teaching*. London: Longman.

Rutherford, W. (1987b). The meaning of grammatical consciousness-raising. *World Englishes*, 6, 209-216.

Rutherford, W. (1988). Grammatical consciousness raising in brief historical perspective. In W. Rutherford, & M. Sharwood Smith (Eds.), *Grammar and second Language Teaching* (pp.15-18). New York: Newbury House.

Rutherford, W., & Sharwood Smith, M. (1985). Consciousness raising and universal grammar. *Applied Linguistics*, 6, 274-282. Reprinted in W. Rutherford, &M. Sharwood Smith (1988) *Grammar and second Language Teaching* (pp.107-116). New York: Newbury House.

三枝優子・大野文 (2001).「文末表現の習得」『東アジア日本語教育・日本文化』3, 59-70. 東アジア日本語教育日本文化研究学会.

佐伯哲夫 (1998).『要説 日本語文の語順』くろしお出版.

齋藤智 (2000a).「作動記憶」太田信夫・多鹿秀継 (編)『記憶研究の最前線』(pp.15-40). 北大路書房.

齋藤智 (2000b).「音韻ループと長期記憶とリズム」苧阪直行 (編著)『脳とワーキングメモリ』(pp.277-297). 京都大学学術出版会.

酒井邦嘉 (2002).『言語の脳科学 脳波どのようにことばを生みだすか』中公新書.

榊原洋一 (2004).『子どもの脳の発達 臨界期・敏感期 - 早期教育で知能は大きく伸びるのか?』

講談社.

坂本正 (1996).「助詞「は」と「が」の習得について - 文法性判断テストを通して」『平成8年度日本語教育学会秋季大会予稿集』166-171.

坂本正 (1997).「第二言語習得研究と日本語教育:助詞「は」と「が」について」ハーバード真紀・坂本正・デーヴィス, ジェームス (編)『日本語教育 - 異文化の掛け橋』(pp.175-189). アルク.

坂本正・小塚操・児崎秋江・稲葉みどり・原田千恵子 (1989).「日本語のフォーリナートークに対する日本語学習者の反応」『日本語教育』69, 121-146.

坂本正・岡田久美 (1996).「日本語の授受動詞の習得について」『アカデミア - 文学・語学編』61, 157-202. 南山大学.

迫田久美子 (1998).「誤用を産み出す学習者のストラテジー - 場所を表す格助詞「に」と「で」の使い分け」『平成10年度日本語教育学会秋季大会予稿集』128-135.

迫田久美子 (2001).「第2章 学習者の文法処理方法 - 学習者は近くを見て処理する」野田尚史・迫田久美子・渋谷勝巳・小林典子(著)『日本語学習者の文法習得』(pp.25-43). 大修館書店.

迫田久美子 (2002).『日本語教育学に生かす第二言語習得研究』アルク.

Salaberry, M. R. (1997). The role of input and output practice in second language acquisition. *Canadian Modern Language Review*, 53, 422-451.

Sanz, C., & Leow, R. R. (Eds.), *Implicit and explicit Language Learning: Conditions, processes, and knowledge in SLA and bilingualism. Washington*, DC: Georgetown University Press.

Sanz, C., & Morgan-Short, K. (2004). Positive evidence versus explicit rule presentation and explicit negative feedback: A computer-assisted study. *Language Learning*, 54, 35-78.

Sasaki, Y. (1991). English and Japanese interlanguage comprehension strategies: An analysis based on the competition model. *Applied Psycholinguistics*, 12, 47-73.

Sasaki, Y. (1994). Paths of processing strategy transfer in learning Japanese and English as a foreign language: A competition model approach. *Studies in Second Language Acquisition*, 16, 43-72.

Sasaki, Y. (1997a). Material and presentation condition effects on sentence interpretation task examinations of the competition experiment. *Second Language Research*, 13, 66-91.

Sasaki, Y. (1997b). Individual variation in a Japanese sentence comprehension task: Form, function, and strategies. *Applied Linguistics*, 18, 508-537.

Sasaki, Y. (1998). Processing and learning of Japanese double-object active and causative sentences: An error feedback paradigm. *Journal of Psycholinguistic Research*, 27, 453-479.

澤田美恵子 (2007). 『現代日本語における「とりたて助詞」の研究』くろしお出版.

サウェットアイヤラム・テーウイット (2009). 「受身文の談話機能の習得 - タイ人日本語学習者を対象に」『第二言語としての日本語の習得研究』12, 107-126.

Sawyer, M., & Ranta, L. (2001). Aptitude, individual differences, and instructional design. In P. Robinson (Ed.), *Cognition and second language instruction* (pp.319-353). Cambridge, UK: Cambridge University Press.

Saxton, M. (1997). The contrast theory of negative input. *Journal of Chile Language*, 24, 139-161.

Schmidt, R. W. (1990). The role of consciousness in second language learning. *Applied Linguistics*, 11, 129-158.

Schmidt, R. W. (1992). Psychological mechanisms underlying second language fluency. *Studies in Second Language Acquisition*, 14, 357-385.

Schmidt, R. W. (1994). Implicit learning and the cognitive unconscious of artificial grammars and SLA. In N. C. Ellis (Ed.), *Implicit and explicit learning of languages* (pp.165-209). New York: Academic Press.

Schmidt, R. W. (1995). Consciousness and foreign Language Learning: A tutorial on the role of attention and awareness in learning. In R. Schmidt (Ed.), *Attention and awareness in foreign language learning* (pp.1-63). Honolulu: University of Hawai'i, Second Language Teaching & Curriculum Center.

Schmidt, R. W. (2001). Attention. In P. Robinson (Ed.), *Cognition and second language instruction* (pp.3-32). Cambridge, UK: Cambridge University Press.

Schmidt, R. W., & Frota, S. N. (1986). Developing basic conversational ability in a second language: A case study of an adult learner of Portuguese. In R. Day (Ed.), *Talking to learn: Conversation in second language acquisition* (pp.237-326). Rowley, MA: Newbury House.

Schneider, W., & Shiffrin, R. (1977). Controlled and automatic human information processing in detection, search and attention. *Psychological Review*, 84, 1-66.

Schuchert, S. A. (2004). The neurobiology of attention. In J. H. Schumann, S. E. Crowedll, N. E. Jones, N. Lee, A. Schuchert, & L. A. Wood (Eds.), *The neurobiology of learning: Perspectives from second language acquisition* (pp.143-173). Mahwah, NJ: Lawrence Erlbaum.

Schumann, J. H. (2004). Introduction. In J. H. Schumann, S. E. Crowedll, N. E. Jones, N. Lee, A. Schuchert, & L. A. Wood (Eds.), *The neurobiology of learning: Perspectives from second language acquisition* (pp.1-7). Mahwah, NJ: Lawrence Erlbaum.

Schumann, J. H., Crowell, S. E., Jones, N. E., Lee, N, Schuchert, A., & Wood, L. A. (2004). *The neurobiology of learning: Perspectives from second language acquisition*. Mahwah, NJ: Lawrence

Erlbaum.

Schwartz, B. D. (1993). On explicit and negative data effecting and affecting competence and linguistic behavior. *Studies in Second Language Acquisition*, 15, 147-163.

Schwartz, B. D. (1999). Let's make up your mind: "Special nativist" perspectives on language, modularity of mind, and nonnative language acquisition. *Studies in Second Language Acquisition*. 21, 635-655.

Segalowitz, N. S. (2003). Automaticity and second languages. In C. J. Doughty, & M. H. Long (Eds.), *The handbook of second language acquisition* (pp.382-408). Malden, MA: Blackwell.

Segalowitz, N. S., & Segalowitz, S. J. (1993). Skilled performance, practice, and the differentiation of speed-up from automatization effects: Evidence from second language word recognition. *Applied Psycholinguistics*, 14, 369-385.

Segalowitz, S. J., Segalowitz, N. S., & Wood, A. G. (1998). Assessing the development of automaticity in second language word recognition. *Applied Psycholinguistics*, 18, 53-67.

Selinker, L. (1972). Interlanguage. *International Review of Applied Linguistics*, 10, 209-230.

Sharwood Smith, M. (1981). Consciousness raising and the second language learner. *Applied Linguistics*, 2, 159-168. Reprinted in W. Rutherford, & M. Sharwood Smith (1988). *Grammar and second Language Teaching* (pp.51-60). New York: Newbury House.

Sharwood Smith, M. (1991). Speaking to many minds: On the relevance of different types of language information for the L2 learner. *Second Language Research*, 7, 119-132.

Sharwood Smith, M. (1993). Input enhancement in instructed SLA: Theoretical bases. *Studies in Second Language Acquisition*, 15, 165-179.

Sheen, Y. (2004). Corrective feedback and learner uptake in communicative classrooms across instructional settings. *Language Teaching Research*, 8, 263-300.

Sheen, Y. (2006). Exploring the relationship between characteristics of recasts and learner uptake. *Language Teaching Research*, 103, 361-392.

Shehadeh, A. (1999). Non-native speaker's production of modified comprehensible output and second language learning. *Studies in Second Language Acquisition*, 49, 627-675.

Shehadeh, A. (2002). Comprehensible output from occurrence to acquisition: An Agenda for acquisitional research. *Language Learning*, 52, 597-647.

柴田美紀 (1998).「日本語学習者の談話におけるテンス・アスペクトの形態素の使用について」『第二言語としての日本語の習得研究』2, 68-102.

渋谷勝己 (1998).「中間言語研究における可能表現の諸相」『阪大日本語研究』10, 67-81.

Shiffrin, R. M., & Schneider, W. (1977). Controlled and automatic human information processing II: Perceptual learning, automatic, attending, and a general theory. *Psychological Review*, 84, 127-190.

青水昭子 (1995).「中級学習者の発話の発展 - インタビュー分析から」『日本語・日本文化研究』3, 74-82. 京都外国語大学留学生別科.

志村明彦 (1989).「日本語のForeigner Talkと日本語教育」『日本語教育』68, 204-215.

塩川絵里子 (2007).「日本語学習者によるアスペクト形式「テイル」の習得 - 文末と連体修飾節との関係を中心に」『日本語教育』134, 100-109.

白井恭弘 (1998).「言語学習とプロトタイプ理論」奥田祥子 (編)『ボーダーレス時代の外国語教育』(pp・70-108), 未來社.

Shirai, Y., & Kurono, A. (1998) The acquisition of tense-aspect marking in Japanese as a second language. *Language Learning*, 48, 245-279.

Shook, D. (1994). FL/L2 reading grammatical information, and the input-to-intake phenomenon. *Applied Language Learning*, 5, 57-93.

Shook, D. (1999). What foreign language reading recalls reveal about the input-to-intake phenomenon. *Applied Language Learning*, 10, 39-76.

Simard, D., & Wong, W. (2001). Alertness, orientation, and detection: The conceptualization of attentional functions in SLA. *Studies in Second Language Acquisition*, 23, 103-124,

Skehan, P. (1996). A framework for the implementation of task-based instruction. *Applied Linguistics*, 17, 38-62.

Skehan, P. (1998). *A Cognitive approach to language learning.* Oxford, UK: Oxford University Press.

Skehan, P., & Foster, P. (1999). The influence of task structure and processing conditions on narrative retelling. *Language Learning*, 49, 93-120.

Slobin, D. I. (1973). Cognitive prerequisites for the development of grammar. In C. A. Ferguson, & D. I. Slobin(Eds.), *Studies of child language development* (pp.175-208). New York: Holt, Rinehart & Winston.

Sokolik, M. E., & Smith, M. E. (1992). Assignment of gender to French nouns in primary and secondary language: A connectionist model. *Second Language Research*, 8, 39-58.

Spada, N. (1987). Relationships between instructional differences and learning outcomes: A process-product study of communicative language teaching. *Applied Linguistics*, 8, 137-161.

Spada, N. (1997). Focus-on-form instruction and second language acquisition. A review of classroom and laboratory research. *Language Teaching*, 30, 73-87.

Spada, N., & Lightbown, P.M. (1993). Instruction and the development of questions in L2 classrooms. *Studies in Second Language Acquisition*, 15, 205-224.

Spada, N., & Lightbown, P.M. (1999). Instruction, first language influence, and developmental readiness in second language acquisition. *Modern Language Journal*, 83, 1-22.

Spada, N., & Lightbown, P. M. (2008). Form-focused instruction: Isolated or integrated? *TESOL Quarterly*, 42, 181-207.

Sparks, R., & Ganschow, L. (2001). Aptitude for learning a foreign language. *Annual Review of Applied Linguistics*, 21, 90-111.

Stadler, M. A., & Frensch, P.A. (1998). *Handbook of implicit learning*. Thousand Oaks, CA: Sage Publications.

菅谷奈津恵 (2002a).「日本語のテンス・アスペクト習得に関する事例研究 - 自然習得をしてきた露・英・仏語母語話者を対象に」研究代表者 長友和彦. 平成12-13年度科学研究費補助金萌芽的研究 課題番号 1287043 研究成果報告書『第二言語としての日本語の自然習得の可能性と限界』102-114.

菅谷奈津恵 (2002b).「第二言語としての日本語のアスペクト習得研究概観 -「動作の持続」と「結果の状態」のテイルを中心に」『言語文化と日本語教育 増刊特集号 第二言語習得・教育の研究最前線2002年版』70-86. 日本言語文化学研究会.

菅谷奈津恵 (2005).『第二言語としての日本語のアスペクト習得研究 - 内在アスペクトと母語の役割』お茶の水女子大学大学院人間文化研究科博士論文.

菅生早千江 (2008).「受益表現の誤用と訂正フィードバックに対する中上級日本語学習者の反応 - リキャストと自己訂正を促す介入の比較」『日本語教育』139, 52-61.

スクータリデス, A. (1981).「外国人の日本語の実態(3) 日本語におけるフォリナー・トーク」『日本語教育』45, 53-62.

Swain, M. (1985). Communicative competence: Some roles of comprehensible input and comprehensible output in its development. In S. M. Gass, & C. Madden (Eds.), *Input in second language acquisition* (pp.235-253). Rowley, MA: Newbury House.

Swain, M. (1991). French immersion and its off-shoots: Getting two for one. In B. F. Freed (Ed.), *Foreign language acquisition research and the classroom* (pp.91-103). Lexington, MA: Heath.

Swain, M. (1993). The output hypothesis: Just speaking and writing aren't enough. *Canadian Modern Language Review*, 50, 158-164.

Swain, M. (1994). Three functions of output in second language learning. Paper presented at the

Second Language Research Forum Montreal, McGill University.

Swain, M. (1995). Three functions of output in second language learning. In G. Cook, & B. Seidlhofer (Eds.), *Principle & Practice in Applied Linguistics* (pp.125-144). Oxford, UK: Oxford University.

Swain, M. (1998). Focus on form through conscious reflection. In C. Doughty, & J. Williams (Eds.), *Focus on form in classroom second language acquisition* (pp.64-81). New York: Cambridge University Press.

Swain, M. (2000). The output hypothesis and beyond: Mediating acquisition through collaborative dialogue. In J. P. Lantolf (Ed.), *Sociocultural theory and second language learning* (pp.97-114). Oxford, UK: Oxford University Press.

Swain, M., & Lapkin, S. (1995). Problems in output and the cognitive processes they generate: A step towards second language learning. *Applied Linguistics*, 16, 371-391.

Swain, M., & Lapkin, S. (1998). Interaction and second language learning: Two adolescent French immersion students working together. *Modern Language Journal*, 82, 320-337.

Swain, M., & Lapkin, S. (2002). Talking it through: Two French immersion learners' response to reformulation. *International Journal of Educational Research*, 37, 285-304.

Takahashi, E. (1998). Language development in social interaction: A longitudinal study of a Japanese FLES program from a Vygotskyan approach. *Foreign Language Annals*, 31, 392-406.

高橋太郎 (1985). 『現代日本語動詞のアスペクトとテンス』秀英出版.

田丸淑子・吉岡薫・木村静子(1993),「学習者の発話に見られる文構造の長期的観察」『日本語教育』81, 43-54.

田中真理 (1991).「インドネシア語を母語とする学習者の作文に現れる「受身」についての考察」『日本語教育』74, 109-122.

田中真理 (1996).「視点・ヴォイスの習得 - 文生成テストにおける横断的及び縦断的研究」『日本語教育』88, 104-116.

田中真理 (1997).「視点, ヴォイス, 複文の習得要因」『日本語教育』92, 107-118.

田中真理 (1999a), 平成8-9年度科学研究費(C)(2)課題番号 08680323 研究成果報告書『視点・ヴォイスに関する習得研究 - 学習環境と contextual variability を中心に』.

田中真理 (1999b).「OPIにおける日本語のヴォイスの習得状況: 英語・韓国語・中国語話者の場合」研究代表者 カッケンブッシュ・寛子. 平成8-10年度科学研究費補助金 基盤研究(A) (1) 課題番号 08308019 研究成果報告書『第2言語としての日本語の習得に関する

総合研究』335-350.

田中真理 (2010). 「第二言語としての日本語の受身文の習得研究 - 今後の研究の可能性」『第二言語としての日本語の習得研究』13, 114-146.

寺尾康 (2002). 『言い間違いはどうして起こる?』岩波書店.

寺村秀夫 (1982). 『日本語のシンタクスと意味 I』くろしお出版.

寺村秀夫 (1984), 『日本語のシンタクスと意味 II』くろしお出版.

寺村秀夫 (1991). 『日本語のシンタクスと意味 III』くろしお出版.

寺村秀夫 (1993). 「連体修飾のシンタクスと意味 - その1~その4」『寺村秀夫論文集I』(pp.157-320). くろしお出版 (寺村秀夫 (1975~1978). 「連体修飾のシンククスと意味 - その1~その4」『日本語・日本文化』4~7 大阪外国語大学 다시 게재).

Tocalli-Bellar, A., & Swain, M. (2005). Reformulation: The cognitive conflict and L2 learning it generates. *International Journal of Applied Linguistics*, 15, 5-28.

Tomasello, M., & Herron, C. (1988). Down the garden path: Including and correcting overgeneralization errors in the foreign language classroom. *Applied Psyholinguistics*, 9, 237-246.

Tomasello, M., & Herron, C. (1989). Feedback for language transfer errors: The garden path technique. *Studies in Second Language Acquisition*, 11, 385-395.

富田英雄 (1997). 「L2日本語学習者における「は」と「が」の習得: キューの対立が引き起こす難しさ」『世界の日本語教育』7, 157-174.

Tomlin, R., & Villa, V. (1994). Attention in cognitive science and second language acquisition. *Studies in Second Language Acquisition*, 16, 183-204.

Toth, P.D. (2006). Processing instruction and a role for output in second language acquisition. *Language Learning*, 56, 319-385.

Towell, R., Hawkins, R., & Bazergui, N. (1996). The development of fluency in advanced learners of French. *Applied Linguistics*, 17, 84-119.

Towse, J. N., Hitch, C. J., & Hutton, U. (1998). A reevaluation of working memory capacity in children. *Journal of Memory and Language*, 39, 195-217.

遠山千佳 (2003). 「自然習得者による「は」の習得 - タガログ語を母語とする学習者の発話から」『言語文化と日本語教育』25, 54-65. お茶の水女子大学日本言語文化学研究会.

Trahey, M. (1996). Positive evidence in second language acquisition. *Second Language Research*, 12, 111-139.

Trahey, M., & White, L. (1993). Positive evidence and preemption in the second language classroom. *Studies in Second Language Acquisition*. 15, 181-204.

Trofimovich, P., Ammar, A, & Gatbonton, E. (2007). How effective are recasts? The role of attention, memory, and analytical ability. In A. Mackey (Ed.), *Conversational interaction in second language acquisition* (pp.171-195). Oxford, UK: Oxford University Press.

Trofimovich, P., & McDonough, K. (2011). *Applying priming methods to L2 learning teaching and research: Insights from psycholinguistics*. Amsterdam/Philadelphia: John Benjamins.

Trofimovich, P.,McDonough, K., & Neumann, H. (2013). Using collaborative tasks to elicit auditory and structural priming. *TESOL Quarterly*, 47, 177-186.

Truscott, J. (1999). What's wrong with oral grammar correction. *Canadian Modern Language Review*, 55, 437-455.

坪根由香里 (1994),「「ものだ」に関する一考察」『日本語教育』84, 65-77.

坪根由香里 (1997),「「ものだ」「ことだ」「のだ」の理解難易度調査」『第二言語としての日本語の習得研究』1, 137-156.

Tulving, E. (1991). Concepts of human memory. In L. Squire, G. Lynch, N. M. Weinberger,& J.L. McGaugh (Eds.), *Memory: Organization and locus of change* (pp.3- 32). New York: Oxford University Press.

内田伸子 (1996),『子どものディスコースの発達 - 物語産出の基礎過程』風間書房.

内田伸子 (1999),『発達心理学』岩波書店.

Ullman, M. T. (2001a). The declarative/procedural model of lexicon and grammar. *Journal of Psycholinguistic Research*, 31, 37-69.

Ullman, M. T. (2001b). The neural basis of lexicon and grammar in first and second language: The declarative/procedural model. *Bilingualism: Language and Cognition*, 4, 105-122.

Ullman, M. T., Corkin, S., Coppola, M., Hickok, G., Growdon, J. H., Koroshertz, W. J., et al. (1997). A neural disassociation within language: Evidence that the mental dictionary is part of declarative memory, and that grammatical rules are processed by the procedural system. *Journal of Cognitive Neuroscience*, 9, 266-276.

VanPatten, B. (1989). Can learners attend to form and content while processing input? *Hispania*, 72, 409-417.

VanPatten, B. (1990). Attending to form and content in the input: An experiment in consciousness. *Studies in Second Language Acquisition*, 12, 287-301.

VanPatten, B. (1993). Grammar teaching for the acquisition-rich classroom. *Foreign Language*

Annals, 26, 435-450.

VanPatten, B. (1994). Cognitive aspects of input processing in second language acquisition. In P. Hashemipour, R. Maldonado, & M. van Maerssen (Eds.), *Festschrift in honor of Tracy D. Terrell* (pp.170-183). New York: McGraw-Hill.

VanPatten, B. (1996). *Input processing and grammar instruction: Theory and research*. Norwood, NJ: Ablex.

VanPatten, B. (2002a). Processing instruction: An update. *Language Learning*, 52, 755-803.

VanPatten, B. (2002b). Processing the content of input-processing and processing instruction research: A response to DeKeyser, Salaberry, Robinson, and Harrington. *Language Learning*, 52, 825-831.

VanPatten, B., & Cadierno, T. (1993a). Explicit instruction and input processing. *Studies in Second Language Acquisition*, 15, 225-243.

VanPatten, B., & Cadierno, T. (1993b). Input processing and second language acquisition: A role for instruction. *Modern Language Journal*, 77, 45-57.

VanPatten, B., & Fernández, C. (2004). The long-term effects of processing instruction. In B. VanPatten (Ed.), *Processing instruction: Theory, research, and commentary* (pp.273-289). Mahwah, NJ: Lawrence Erlbaum.

VanPatten, B., & Jegerski, J. (2010a). Second language processing and parsing: The issues. In B. VanPatten, & J. Jegerski (Eds.), *Research in second language processing and parsing* (pp.3-23). Amsterdam/Philadelphia: John Benjamins.

VanPatten, B., & Jegerski, J. (2010b). *Research in second language processing and parsing*. Amsterdam/Philadelphia: John Benjamins.

VanPatten, B., & Oikkernon, S. (1996). Explanation versus structured input in processing instruction. *Studies in Second Language Acquisition*, 18, 495-510.

VanPatten, B., & Sanz, C. (1995). From input to output: Processing instruction and communicative tasks. In F. Eckman, D. Highland, P. W. Lee, J. Mileham, & R. R. Weber (Eds.), *Second language acquisition theory and pedagogy* (pp.169-185). Mahwah, NJ: Lawrence Erlbaum.

VanPatten, B., & Wong, W. (2004). Processing instruction and the French causative: Another replication. In B. VanPatten (Ed.), *Processing instruction: Theory, research, and commentary* (pp.97-118). Mahwah, NJ: Lawrence Erlbaum.

Vendler, Z. (1957). Verbs and times. *The philosophical review*, 143-160.

Watanabe, Y. (2008). Peer-peer interaction between L2 learners of different proficiency levels: Their interactions and reflections. *Canadian Modern Language Review, 64*, 605-635.

Watanabe, Y., & Swain, M. (2007). Effects of proficiency differences and patterns of pair interaction on second Language Learning: Collaborative dialogue between adult ESL learners. *Language Teaching Research, 11*, 121-142.

Watanabe, Y., Swain, M. (2008). Perception of learner proficiency: Its impact on the interaction between an ESL learner and her higher and lower proficiency partners. *Language Awareness, 17*, 115-130.

White, J. (1998). Getting the learners' attention: A typographical input enhancement study. In C. Doughty, & J. Williams (Eds.), *Focus on form in classroom second language acquisition* (pp.85-113). Cambridge, UK: Cambridge University Press.

White, L. (1987). Against comprehensible input: The input hypothesis and the development of second language competence. *Applied Linguistics, 8*, 95-110.

White, L. (1989). The adjacency condition on case assignments: Do learners observe the Subset Principle? In S. M. Gass, & J. Schachter (Eds.), *Linguistic perspectives on second language acquisition* (pp.134-158). Cambridge, UK: Cambridge University Press.

White, L. (1991). Adverb placement in second language acquisition: Some effects of positive and negative evidence in the classroom. *Second Language Research, 7*, 133-161.

White, L., Spada, N., Lightbown, P. M., & Ranta, L. (1991). Input enhancement and L2 question formation. *Applied Linguistics, 12*, 416-432.

Wickens, C. (1989). Attention and skilled performance. In D. Holding (Ed.), *Human skills* (pp.71-105). New York: Wiley.

Wilkins, D. A. (1976). *Notional Syllabus*. Oxford, UK: Oxford University Press.

Williams, J. (1999). Learner-generated attention to form. *Language Learning, 49*, 583-625.

Williams, J. (2001). The effectiveness of spontaneous attention to form. *System, 29*, 325-340.

Williams, J. N. (1999). Memory, attention, and inductive learning. *Studies in Second Language Acquisition, 21*, 1-48.

Willingham, D. B., & Goedert-Eschmann, K. (1999). The relation between implicit and explicit learning: Evidence for parallel development. *Psychological Science, 10*, 531-534.

Wong, W. (2004a). The nature of processing instruction. In B. VanPatten (Ed.), *Processing instruction: Theory, research, and commentary* (pp.33-63). Mahwah, NJ: Lawrence Erlbaum.

Wong, W. (2004b). Processing instruction in French: The roles of explicit information and structured input. In B. VanPatten (Ed.), *Processing instruction: Theory, research, and commentary* (pp.187-205). Mahwah, NJ: Lawrence Erlbaum.

許夏珮 (1997). 「中・上級台湾人日本語学習者による「テイル」の習得に関する横断研究」『日本語教育』95, 37-48.

許夏珮 (2000). 「自然発話における日本語学習者による「テイル」の習得研究 - OPIデータの分析結果から」『日本語教育』104, 20-29.

許夏珮 (2002). 「日本語学習者によるテイタの習得に関する研究」『日本語教育』115, 41-50.

許夏珮 (2005). 『日本語学習者によるアスペクトの習得』くろしお出版.

Yabuki-Soh, N. (2007). Teaching relative clauses in Japanese: Exploring alternative types of instruction and the projection effect. *Studies in Second Language Acquisition*, 29, 219-252.

Yagi, K. (1992). The accuracy order of Japanese particles 『世界の日本語教育』2, 15-26.

八木公子 (1996). 「初級学習者の作文にみられる日本語の助詞の正用順序 - 助詞別, 助詞の機能別, 機能グループ別に」『世界の日本語教育』6, 65-81.

八木公子 (1998). 「中間言語における主題の普遍的卓越 -「は」と「が」の習得研究からの考察」『第二言語としての日本語の習得研究』2, 57-67.

八木公子 (2000). 「『は』と『が』の習得 - 初級学習者の作文とフォローアップインタビューの分析から」『世界の日本語教育』10, 91-107.

山鳥重・辻幸夫 (2006). 『心とことばの脳科学』大修館書店.

山下光 (2000). 「記憶の病理」太田信夫・多鹿秀継 (編)『記憶研究の最前線』(pp.287-307). 北大路書房.

山内博之 (1997). 「日本語の受身文における「持ち主の受身」の位置付けについて」『日本語教育』92, 119-130.

山内博之 (1999). 「OPI 及び KYコーパスについて」研究代表者 カッケンブッシュ・寛子. 平成8-10年度科学研究費補助金 基盤研究 (A) (1) 課題番号 08308019 研究成果報告書『第2言語としての日本語の習得に関する総合研究』238-245.

楊凱栄 (1989). 『日本語と中国語の使役表現に関する対照研究』くろしお出版.

横林宙代 (1995). 「中級・上級学習者の発話に現れる助詞」『国際言語文化研究』1, 125-140. 鹿児島純心女子大学.

Yoshida, R. (2008). Teachers' choice and learners' preference of corrective-feedback types. *Language Awareness*, 17, 78-93.

Yoshida, R. (2009). *Learners in Japanese language classrooms: Overt and covert participation*. London: Continuum.

Yoshida, R. (2010). How do teachers and learners perceive corrective feedback in the Japanese language classroom? *Modern Language Journal*, 94, 293-314.

尹喜貞 (2004).「第2言語としての日本語授受動詞習得研究概観」『言語文化と日本語教育増刊特集号 第二言語習得・教育の研究最前線 2004年版』168-181. 日本言語文化学研究会.

尹喜貞 (2006).「授受補助動詞の習得に日本語能力, 及び学習環境が与える影響 - 韓国人学習者を対象に」『日本語教育』130, 120-129.

Zajonc, R. G. (1968). Attitudinal effects of mere exposure. *Journal of Personality and Social Psychology Monographs*, 9, 1-27.

Zeng G & Takatsuka, S. (2009). Text-based peer-peer collaborative dialogue in a computer-mediated learning environment in the EFL context. *System*, 37, 434-446.

張威(1998).『結果可能表現 - 日本語・中国語対照研究の立場から』くろしお出版.

張興・徐一平 (2001).「中国人学習者の作文における命題目当てのモダリティ表現について - 中国語との対照を含めて」研究代表者 前田(宇佐美)洋. 平成11-12年度科学研究費補助金 基盤研究 (B) (2) 課題番号(国) 1691041 研究成果報告書『日本語教育のためのアジア諸言語の対訳作文データの収集とコーパスの構築』国立国語研究所 61-71.

張恵芳 (2010).「自然会話に見られる「ダロウ」と「デハナイカ」の表現機能の違い - 用法上互換性を持つ「認識喚起」の場合」『日本語教育』145, 49-59.

Zobl, H.(1983). *Markedness and the projection problem. Language Learning*, 33, 293-313.

Zobl, H. (1985). Grammars in search of input and intake. In S. M. Gass, & C. G. Madden (Eds.), *Input in second language acquisition* (pp.329-344). Rowley, MA: Newbury House.

색인

ㄱ

가능문 135
가능표현 144, 149-154
가설검증 96, 112, 291, 304
가설검증형 23, 25, 26
가정적 189
강요 아웃풋 245, 290, 296, 297, 302, 325, 352
개념 구동형 53, 59, 112
개념 처리 66, 70, 77, 118, 257, 261
개념 처리 부문 65, 66, 70
개연성(蓋然性) 175, 176, 180, 181
검색 19, 48, 49, 56-58, 61, 62, 74, 86-95, 108, 111, 112, 217, 221, 293, 337
검출 40-42, 48, 52, 72, 266, 294, 342, 352, 353
격조사 61, 122, 126-129, 132, 152, 155, 204, 327-329, 332, 334
결과 153, 157, 158, 161-168, 171, 173, 197, 204, 356
경계감 40-41
경합 44, 45, 61, 68, 78-80, 171, 172, 226, 248, 326-329, 331, 335
경합모델 44, 61, 78-80, 226, 248, 326-329, 331, 335
고쳐말하기(recast) 263, 267-269, 270-289, 295, 298-303, 305, 308, 323-324, 340, 347, 349-352, 355-358
과거 170, 171
과잉 일반화 101, 103, 214, 218, 264, 297
과잉 학습 214
과제 중심의 교수법 (Task based Language Teaching: TBLT) 112, 220, 261, 349
과제의 언어형식 필수성 (task-essentialness) 229, 352
교수가능성 가설 (Teachability Hypothesis) 74, 346
교실 관찰연구 271, 324
교실습득연구 19, 25, 29, 52, 63, 72, 87, 94, 209, 218, 245, 249, 315, 324, 338, 342
교실습득환경 211, 214, 345
교정적 고쳐말하기(recast) 270, 276, 280, 297
교육문법 가설(Pedagogical Grammar Hypothesis) 34, 39
교육적 개입 24-26, 52, 69, 71, 74, 96, 222, 225, 251, 259, 270, 285, 286, 297, 344, 347, 349
구조적 인풋 활동 229, 235, 238, 247, 249, 250
귀납적 96, 98, 100, 108, 216, 260, 264, 299
규칙 기반 86-90, 94-96, 100-102, 108, 111, 112
근본적 유사 가설 (Fundamental Similarity Hypothesis) 54
근본적 차이 가설 (Fundamental Differences Hypothesis) 54
근접 발달영역(ZPD: Zone of Proximal Development) 292, 323
긍정증거 216, 238, 241, 264, 267-269, 284, 344, 358
기억 19-22, 29, 36, 38, 42-44, 47, 48, 50-59, 62, 63, 69, 72, 75-77, 84, 87-95, 100, 101, 106-113, 154, 212, 216, 253, 274, 284, 285, 335, 358

ㄴ

내적 기록체계(inner scribe) 51
내적 한계 159
논 인터페이스 가설 33, 85, 94
뇌과학 17-25, 38, 49, 89, 110, 209

ㄷ

다차원 모델
(Multidimensional Model) 45, 74, 118

단기 기억 48, 112

단서(cue) 45, 61, 79, 80, 228, 248, 282, 294, 327-330, 332-335

단서의 강도(cue strength) 79

단서의 타당성 79, 334

담화 처리 68

대량의 인풋(input flood) 218, 267

대비 'は' 124, 134

대화적 조정 210, 261, 290, 321, 322

데이터 구동형 53, 54, 89, 106, 112

독립변수 24, 103, 223, 234, 242, 268, 280, 337, 354

딕토글로스(dictogloss) 247, 292-295, 325

ㄹ

리허설 48, 53-55, 106, 112, 283

ㅁ

마이크로 처리 72, 73

마이크로 플래닝 67

매개변수 24, 223, 259, 343, 353

매크로 처리 72, 73

매크로 플래닝 67

매핑(mapping) 36, 61, 71-73, 79, 84, 86, 88, 90, 216, 248, 252, 285, 303, 311, 332

메타분석 106, 221, 242, 254, 258, 262, 268, 279, 305, 337-342, 344, 351, 360

메타언어적 단서 298

명시적 설명 91, 103, 104, 227, 230, 234-242, 246, 250, 266

명시적 정정 268, 282, 299, 324

명시적 지식 33, 34, 37, 56-58, 94, 98, 106, 211, 237-241, 293

명시적 피드백 97, 265, 281-282, 351

명시적 학습 21, 54, 58, 87, 90, 94-99, 104-112, 222, 223, 242, 254, 303

명확성 요구 210, 261, 263, 273, 275, 277, 282, 283, 290, 296-303, 307, 317-320, 324, 325, 350, 352

모니터 이론 84, 210

모달리티 45, 125, 153, 175, 176, 180-182, 186, 190-194, 204, 345, 353

모어의 영향 142, 145, 165, 169, 182, 194, 199

목표언어 형식 105, 222, 231, 232-247, 255, 259, 267, 271, 282, 283, 288, 294, 298-301, 310, 319, 320, 325, 338, 340, 343, 347-349, 351, 353, 354-357

몰입 71, 218-220, 273-275, 278, 282, 290, 292, 298, 325, 328, 329

문법성 판단 테스트 92, 98, 99, 106, 163, 169, 222, 241, 245, 246, 258, 302, 352, 353

문법소성 67

문법적 부호화 67, 305

문법적 해독 68

南(1993) 122, 186, 192

미래 170

ㅂ

반복 157, 164, 170, 171, 204, 210, 276, 277, 282, 297-300, 317, 350, 352

반응시간 90, 91, 100, 102, 236, 300, 302, 332

발달 117

발달단계 29, 63, 74-78, 83, 85, 120-121, 122, 124, 129-132, 163, 194, 203-206, 211, 256, 260, 262, 265, 266, 274, 279, 281, 289, 306, 308, 310, 346, 348

발달적 준비성(readiness) 71, 259, 274, 279, 281, 283, 347

발화 의도 74, 118, 119, 205, 317, 326

범례 43, 53, 88, 89, 92, 96, 106, 108, 111, 112, 217

베르니케 영역(Wernicke's area) 59

보편문법 21, 43, 62, 79, 269, 344

복문 75, 117-119, 124-125, 130, 134, 155, 172-175, 187, 188, 193, 194, 204, 348

복잡성 82, 83, 104, 216, 320, 333, 349

부정 증거 216, 238, 263, 267-269, 284, 344, 358

부정 피드백 251, 263-268, 273, 276, 277, 284, 290, 295, 304, 306, 344

부조사 125, 129, 132, 204

부호화 48, 50, 57, 58, 67, 70, 76, 246, 248, 348

분석적 실러버스 216, 220

분절화 43, 76, 77

브로카 영역(Broca's area) 21, 59

비선언적 기억 57

ㅅ

사고 발화법(think-aloud) 255, 259, 292

사고의 부담 205

사례 이론 88, 92, 108, 112

사실적 188

사역문 135, 136, 150, 233, 331

사역표현 150, 204

사회문화이론 292, 322-324

상(aspect) 125, 155, 159-162, 166-169, 175, 303, 356

상(aspect) 가설 162, 166-168, 356

상향식(bottom-up) 47, 51, 68, 212, 253, 332

생득주의자 101, 269

서술적 문헌고찰 221, 336, 337

서열학습(sequence learning) 60, 107

선언적 기억 56-59, 101, 109, 165

선언적 지식 35, 59, 66, 69, 85-88, 90, 91, 106, 109-112, 304

선택적 주의(selective attention) 41, 74, 261

소성(素性)의 일치 120

수동문 124, 135-143, 146, 150, 154, 158, 159, 287

수수표현 122, 124, 136, 137, 144-149, 155, 204

수정 아웃풋 272-277, 283, 287, 288, 298, 305-307, 320

수정(repair) 275, 296, 298, 300

스킬 습득론 35, 84-86, 109, 111

스피치 플래닝 285, 287

습득 순서 28, 163, 211, 330, 346

습득/학습 가설 33, 211

시각-공간적 스케치 판(visuo-spatial sketch pad) 50

시각적 인풋 강화 250-261, 294, 339

시각적 정보(visual cache) 50

시점 124, 136-144, 147, 149, 154, 193, 194, 322, 347

시점 계층구조(hierarchy) 138, 139, 142

시제 125, 155, 161, 162, 166, 175, 303

スタイル의 대표적(prototype)인 의미 16

실험군 96, 98, 221, 231, 244-246, 262, 264, 266, 279, 294, 298-302, 307, 339, 341, 343, 352-357

실험실 연구 93, 97, 103, 105, 209, 268

심리언어적 타당성 284, 303

심적 노력 45, 46, 83

심적 어휘집 65-70, 74-76, 101, 251, 286, 304

심적 표상(mental representation) 36, 49, 52, 58, 60, 72, 74, 76, 85-88, 93-96, 111, 216

ㅇ

아웃풋 가설 70, 290-293, 295, 303, 304, 325

암시적 모드 107, 109, 111

암시적 지식 33, 34, 37, 56-58, 85, 95, 104, 106, 211, 239, 241

암시적 피드백 97, 265, 270, 271, 281-282, 303, 349-352

암시적 학습 21, 42, 54, 59, 62, 89-99, 100-113, 222, 223, 242, 254

어휘 기능 문법 120, 122

어휘·기능문법 76

어휘소 65-67, 252

언어 처리 19, 29, 40, 45, 63, 64, 66, 68-72, 74-78, 83, 85, 95, 111, 117-119, 121, 122, 132, 155, 175, 185-187, 193, 201-209, 212, 215, 220, 222, 227, 239, 250, 251, 259, 267, 281, 285, 292, 303, 306, 340, 344, 349

언어 관련 에피소드 (language-related episode: LRE) 263, 292, 325

언어성 단기 기억 52, 286

언어습득장치 215 , 269

언어적성 98, 260

에피소드 기억 56

에피소드 완충제(episode buffers) 51

연결주의(connectionist) 62, 99-102, 111

연역적 96, 98, 178, 235, 246, 250, 354

연용 수식절 188

연체 수식절 169, 188, 194-202, 346

오류 263, 271, 280, 301

오류 정정 263, 281, 301, 317, 350

오용률 90, 91

완곡 148, 179-181

외국어 학습장애 77

용법 기반 접근법 308, 312

우발적 92, 103, 105, 106, 111, 217, 246, 271

우발적 학습군 92

유도(prompt) 106, 183, 268, 276, 281-284, 288, 295, 298-303, 324, 357

유동성 주의 286

유지 리허설 53, 54, 106

유창성 45, 56, 62, 81-84, 90-93, 96, 212, 215, 290, 291, 299, 304, 349

음성적 해석 처리 부문 (Acoustic phonetic processor) 68

음운 고리 50, 51, 286

음운식별 능력 77

음운적 부호화 65, 67

음운적 저장(phonological store) 50

음운적 해독 68

의도적 96, 106-108, 217

의미 기억 56, 57

의미 확인 과정 210, 261-263, 271, 278, 296, 317-319, 322, 324, 356

의식 19, 33, 36-41, 48, 54, 57, 84, 92, 94, 96, 100, 108-109, 111, 118, 210, 211

의식화 34, 39, 305

이용가능성(availability) 79

이해 체크 210, 261, 263, 277

인공문법(artificial grammar) 57, 107

인공언어 57, 91-99, 102, 104, 254

인식(awareness) 19, 21, 33, 36-44, 48, 52-55, 72, 96, 98, 106, 112, 254, 259, 299, 340, 341

인지된 정보(intake) 42, 227, 233, 242, 244, 286, 352

인지 비교 48, 74, 96, 264, 280, 285, 287

인지 자원 21, 48, 61, 69, 75, 76, 83, 261, 274, 281, 286

인지의 창문 285, 286

인지적 기반 285

인지적 접근법 19-20, 24, 25, 52, 347

인지적 개입(cognitive intrusion) 74, 285, 287

인터액션 가설 210, 262, 263, 279, 315, 316, 319, 324, 349

인터액션 강화 297, 298

인풋 가설 78, 210, 315

인풋 강화 39, 41, 92, 218, 250-260, 280, 294, 297, 299

인풋 처리의 원리 227, 228, 248

인풋 처리 지도 226-228, 230, 243, 244, 249, 250, 261, 354

일본어 계층구조 122, 123

읽기 폭 검사(RST: reading span test) 49

ㅈ

자극 재생법 275, 324, 357

자기정정 83, 268, 282, 284

자동사 135, 144, 149-154, 158, 159

자동성 40, 62, 81, 83, 84, 88, 94, 111

자동적 처리 35, 46, 84, 85

자동화 21, 34, 35, 46, 56, 57, 60, 62, 63, 66, 75, 76, 81-93, 96, 104, 108, 111, 118, 119, 122, 194, 232, 260

자연습득 34, 71, 75, 113, 122, 185, 200, 211, 214, 345

자연습득환경 71, 113, 211,
214, 220, 345

자연언어 57, 93, 103

작동 기억 21, 29, 47-49, 51, 56, 77, 118, 119, 227, 260, 274, 283, 285, 332

잠재 기억 43, 54-58, 111, 253

장기 기억 19, 21, 35, 47, 49, 53, 56, 112, 137

재구축, 재구성 36, 73, 85, 87, 96, 216, 247, 267, 292-294, 298, 304, 325, 353

전이 가설(Transfer Hypothesis) 344

전이 적절성 처리의 원리 112, 250, 303, 358

절차적 기억 56-59, 62, 101, 109, 113, 165

절차적 지식 35, 57-59, 66, 69, 85-88, 91, 95, 100, 101, 106, 109-112, 222, 282, 304

절차화 35, 86, 91, 96, 109

점증 절차적 문법(Incremental Procedural Grammar) 76

정교화 리허설 53, 54

정서적 활동 229, 231, 238-243

교정적 피드백 97, 255, 263-266, 268, 270, 275, 278, 296, 298, 299, 302, 323-324

정확성 71, 82, 90-93, 103,
212, 216, 236, 266, 274, 290, 299, 349, 356

조음 처리 부문(Articulator) 68

조음 컨트롤 과정 50

조작적 정의 43, 55, 108, 221-225, 230, 280, 282, 337, 339

종속변수 223, 268, 337

종속절 내의 'が' 124, 133

주의 21, 25, 38-50, 53, 54, 61, 69-71, 74, 77, 83-87, 96, 105, 112, 118, 129, 150, 170, 209, 213-216, 219, 222, 226-229, 237-240, 247, 251, 254, 256, 261, 274, 286, 294, 325, 341, 349, 352, 354-356

주의 자원 45, 46, 70, 83-87, 118, 213

준실험 266, 268, 280, 301, 338

중간언어 25, 34, 36, 52, 74, 96, 214, 215, 222, 232, 234, 245, 267, 270, 275, 287, 290, 293, 297, 298, 310, 353

중앙 실행체계 50, 51, 261

즉각적 반응(uptake) 273-279, 287, 323, 324, 350, 357, 358

증거성 176-180

지각 속도(perceptual speed) 283

지각적 탁월성 40, 251, 256,

284

지금, 여기 185-187, 205

지시적 활동 229, 231, 236, 238-242

지향성 40, 41

직후재생 274

진행 157-169, 171, 204, 356

ㅊ

처리 가능성 이론 29, 70, 74-76, 117-122, 130, 163, 194, 203, 347

처리 단위(processing units) 63, 77, 78, 347

청자 지향의 모달리티 176, 182

청크(chunk) 60-62, 66, 71, 77, 86, 89

청킹(chunking) 59-63, 77, 86, 89, 112, 335

체계적 문헌고찰 336-339

초점적 주의 36, 49, 50, 53, 104

추론 51, 89, 178, 180, 252

추출 60, 77, 96, 102, 223, 235, 259, 262, 281, 298-301, 309, 324

친밀도(familiarity) 257, 258, 261, 278

ㅌ

타동사 135, 137, 139, 149-152, 155, 158, 159, 327,

332

夕 162

태(voice) 125, 134, 136, 142, 149, 152, 155, 332

テイル 162

통사적 프라이밍(priming) 306-312

통제군 98, 224, 231, 235, 240, 241, 244, 245, 255, 258, 262, 264, 266, 283, 284, 288, 294, 298-302, 306, 308, 310, 339-343, 351, 353, 355-357

통제적 처리 35, 46, 84, 85

통합모델(Unified Model) 80, 335

통합적 실러버스 215, 219

투사 장치(projection device) 347

ㅍ

패턴 인지 61, 72, 274, 283

프라이밍(priming) 56, 287-289, 305-312

프로토콜 분석 42, 43, 54, 253, 260, 304, 325

플래닝 44, 66, 67, 69, 70, 285, 335

피드백 97, 104, 230, 235, 238, 245, 250, 261, 263-284, 288, 291, 293, 295-306, 312, 317-323, 329, 331, 349-352, 356, 257, 375

ㅎ

하나의 사건 171

'は'와 'が' 132, 134, 329, 330

하향식(top-down) 51, 68, 90, 212, 257, 261, 332

항목 기반 88, 90, 94, 95, 112, 309

현재 170, 171

현재 기억(explicit memory) 56-59, 111

현재-결과 170-173

협력적 대화 292-295

형식 처리 부문 65-67

화자의 시점 348

화자의 태도 176, 347

확신도 177-180

확인 체크 210, 263, 277, 296, 319, 320, 350

효과 크기 223, 241, 258, 262, 268, 279, 305, 337, 338, 341, 342, 344

A

A유형 123, 192-194, 204

ACT*이론 35, 84-90, 103

B

B유형 123, 192-194, 204

C

C유형 123, 192-194, 204

F

Focus on Form(FonF) 28, 39, 55, 71-74, 79, 83, 93, 209-213, 216-223, 230, 247, 251, 254, 259, 268, 280, 285, 292, 297, 298, 325, 338, 340-342, 349, 352, 354

Focus on FormS(FonFS) 71, 93, 211-216, 218-223, 246, 250, 272, 302, 340-342, 353,

Focus on Meaning(FonM) 70-73, 93, 211, 213, 215, 218-222, 226, 340-342

Form-Focused Instruction(FFI) 218-220, 299-300

M

meaning-focused instruction 218, 220

N

Noun Phrase Accessibility Hierarchy(NPAH) 197-200, 202, 346, 347

O

One to One Principle 187, 205

U

U자형 곡선(U-shaped behavior) 101

U자형 행동 78

본서는 다음과 같이 분담해서 집필하였다.

고야나기 가오루: 서문, 1, 2, 3, 4, 5, 6장 담당
미네 후유키: 3장 담당

인지적 접근법으로 본 제2언어 습득
일본어 문법 습득과 교실 지도의 효과

초판 1쇄 인쇄 2025년 9월 19일
초판 1쇄 발행 2025년 9월 25일

저 자 고야나기 가오루, 미네 후유키
옮 김 조영남, 우기홍
펴낸이 김재광
펴낸곳 솔과학
편 집 바다
영 업 최희선
디자인 본문·표지 장덕종
등 록 제10-140호 1997년 2월 22일
주 소 서울특별시 마포구 독막로 295번지 302호(염리동 삼부골든타워)
전 화 02)714-8655
팩 스 031)422-4656
E-mail solkwahak@hanmail.net

ISBN 979-11-7379-020-1 93730

ⓒ 솔과학, 2025
값 33,000원

원서 정보
小柳かおる・峯布由紀. (2016). 認知的アプローチから見た第二言語習得―日本語の文法習得と教室指導の効果―. くろしお出版

이 책의 내용 전부 또는 일부를 이용하려면 반드시 저작권자와 도서출판 솔과학의 서면 동의를 받아야 합니다.